# 100

Zusammenfassungen von Meisterwerken der Selbsthilfe-Literatur: Die Schlüssel zum Erfolg in persönlicher Entwicklung, Finanzen, Beruf, Beziehung und Glück

*Autor: Simon Mayer*

© Simon Mayer 2023

A&S Kulturverlag

Das Werk einschließlich aller seiner Teile ist urheberrechtlich geschützt. Jede Verwertung außerhalb der engen Grenzen des Urheberrechtsgesetzes, ist ohne Zustimmung des Urhebers unzulässig und strafbar. Dies gilt insbesondere für die elektronische oder sonstige Vervielfältigung, Übersetzung, Verbreitung und öffentliche Zugänglichmachung.

# Inhaltsverzeichnis

Vorwort ..................................................................................................... 8

Über den Autor ........................................................................................ 9

Der reichste Mann von Babylon ............................................................ 10

Denke nach und werde reich ................................................................. 14

Das Gesetz des Erfolgs ........................................................................... 19

Sorge dich nicht – lebe! .......................................................................... 24

Wie man Freunde gewinnt und Menschen beeinflusst ......................... 28

Die Kunst des öffentlichen Redens ........................................................ 33

Rich Dad Poor Dad ................................................................................ 37

Rich Dad's Cashflow Quadrant: Wegweiser zur finanziellen Freiheit ........ 41

Das Business des 21. Jahrhunderts ........................................................ 46

Die Gesetze der Gewinner ..................................................................... 51

Der Weg zur finanziellen Freiheit: Ihre erste Million in 7 Jahren ......... 55

Ein Hund namens Money ...................................................................... 59

The Secret – Das Geheimnis .................................................................. 63

Grenzenlose Energie – das Powerprinzip ............................................. 69

Das Robbins Power Prinzip: Befreie die innere Kraft ........................... 73

Die 7 Wege zur Effektivität: Prinzipien für persönlichen
und beruflichen Erfolg ........................................................................... 77

Money: Die 7 einfachen Schritte zur finanziellen Freiheit .................... 81

Die Prinzipien des Erfolgs: Bridgewater-Gründer Ray Dalios
Principles mit dem Prinzip der stetigen Verbesserung ......................... 85

Die 1%-Methode – Minimale Veränderung, maximale Wirkung:
Mit kleinen Gewohnheiten jedes Ziel erreichen ................................... 89

Der Weg zum Wesentlichen: Der Klassiker des Zeitmanagements ...... 94

Die 4-Stunden-Woche: Mehr Zeit, mehr Geld, mehr Leben ................ 99

Tools der Titanen: Die Taktiken, Routinen und Gewohnheiten
der Weltklasse-Performer, Ikonen und Milliardäre ............................. 103

Tools der Mentoren: Die Geheimnisse der Weltbesten für Erfolg, Glück und den Sinn des Lebens ........................................................................ 108

Die Gaben der Unvollkommenheit: Leben aus vollem Herzen - Lass los, was du glaubst sein zu müssen und umarme, was du bist ........... 113

Verletzlichkeit macht stark: Wie wir unsere Schutzmechanismen aufgeben und innerlich reich werden ........................................................ 117

Dare to lead – Führung wagen: Mutig arbeiten. Überzeugend kommunizieren. Mit ganzem Herzen dabei sein. ........................................ 121

Das 80/20-Prinzip: Mehr Erfolg mit weniger Aufwand ............................ 125

Jetzt! Die Kraft der Gegenwart .................................................................. 129

Die subtile Kunst des darauf Scheißens ..................................................... 133

Everything is F*cked: Ein Buch über Hoffnung ....................................... 137

Unfu*k Yourself: Raus aus dem Kopf, rein ins Leben ............................. 141

Du bist der Hammer: Hör endlich auf, an deiner Großartigkeit zu zweifeln, und beginn ein fantastisches Leben ............................................ 145

Der Mönch, der seinen Ferrari verkaufte .................................................. 149

Der 5-Uhr-Club: Gestalte deinen Morgen und in deinem Leben wird alles möglich ........................................................................................ 153

Miracle Morning: Die Stunde, die alles verändert .................................... 157

Eat that Frog: 21 Wege, wie Sie in weniger Zeit mehr erreichen ............ 161

Maximum Achievement: Strategies and Skills that Will Unlock Your Hidden Powers to Succeed ................................................................. 165

Keine Ausreden!: Die Kraft der Selbstdisziplin ........................................ 169

Ich zeige Dir wie Du reich wirst: Das einzigartige 6-Wochen-Programm, das wirklich funktioniert ..................................... 173

Die 10X Regel: Der feine Unterschied zwischen Erfolg und Misserfolg ................................................................................................... 178

Essentialismus: Die konsequente Suche nach Weniger. Ein neuer Minimalismus erobert die Welt .................................................................. 182

Das Café am Rande der Welt: eine Erzählung über den Sinn des Lebens ............................................................................................................ 186

The Big Five for Life: Was wirklich zählt im Leben .................................. 190

Die Macht der Gewohnheit: Warum wir tun, was wir tun,
und wie wir es ändern können .................................................................. 194

Die Macht Ihres Unterbewusstseins ......................................................... 198

Power: Die 48 Gesetze der Macht ............................................................ 202

Perfekt! Der überlegene Weg zum Erfolg ................................................ 207

Der tägliche Stoiker: 366 nachdenkliche Betrachtungen über
Weisheit, Beharrlichkeit und Lebensstil .................................................. 211

Dein Hindernis ist Dein Weg: Mit der Weisheit der alten Stoiker
Schwierigkeiten in Chancen verwandeln ................................................. 216

Dein Ego ist dein Feind: So besiegst du deinen größten Gegner ............. 220

GRIT - Die neue Formel zum Erfolg: Mit Begeisterung und
Ausdauer ans Ziel .................................................................................... 224

Mach dein Bett: Die 10 wichtigsten Dinge, die ich als Navy SEAL
gelernt habe und die auch dein Leben verändern ..................................... 228

12 Rules For Life: Ordnung und Struktur in einer chaotischen Welt ....... 232

Die Traumjoblüge: Warum Leidenschaft die Karriere killt ..................... 236

Konzentriert arbeiten: Regeln für eine Welt voller Ablenkungen ............ 240

The One Thing: Die überraschend einfache Wahrheit über
außergewöhnlichen Erfolg ....................................................................... 244

Can't Hurt Me: Beherrsche deinen Geist und erreiche jedes Ziel ............ 248

Still: Die Kraft der Introvertierten ........................................................... 252

Ikigai: Gesund und glücklich hundert werden ......................................... 256

Selbstbild: Wie unser Denken Erfolge oder Niederlagen bewirkt ............ 260

Lean Startup: Schnell, risikolos und erfolgreich Unternehmen
gründen .................................................................................................... 264

Crushing it: Großartige Strategien für mehr Umsatz und mehr
Einfluss in sozialen Medien ..................................................................... 269

Frag immer erst: warum: Wie Top-Firmen und Führungskräfte
zum Erfolg inspirieren ............................................................................. 273

Der Millionär gleich nebenan: Erstaunliche Geheimnisse des Reichtums .................................................................................... 277

Über die Psychologie des Geldes: Zeitlose Lektionen über Reichtum, Gier und Glück ................................................................ 281

Die Mäusestrategie für Manager: Veränderungen erfolgreich begegnen ... 285

Denken Sie groß!: Erfolg durch großzügiges Denken ............................ 289

Wie wir denken, so leben wir: As A Man Thinketh ............................... 293

Outliers: Die Geheimnisse erfolgreicher Menschen ............................... 297

Kompromisslos verhandeln: Die Strategien und Methoden des Verhandlungsführers des FBI ................................................................. 301

Flow: Das Geheimnis des Glücks ........................................................... 306

Die vier Versprechen: Ein Weg zur Freiheit und Würde ....................... 310

Vollendung in Liebe: Von der Kunst, mit sich und den anderen glücklich zu werden ................................................................................ 314

Die fünf Sprachen der Liebe - Wie Kommunikation in der Partnerschaft gelingt ............................................................................... 318

Ein neues Ich: Wie Sie Ihre gewohnte Persönlichkeit in vier Wochen wandeln können ........................................................................ 322

Werde übernatürlich: Wie gewöhnliche Menschen das Ungewöhnliche erreichen ..................................................................... 326

Warum wir uns immer in den Falschen verlieben: Beziehungstypen und ihre Bedeutung für unsere Partnerschaft ........................................ 330

Wie man das Eis bricht: 92 Wege, um mit jedem ins Gespräch zu kommen und Vertrauen aufzubauen ..................................................... 334

Big Magic: Nimm dein Leben in die Hand und es wird dir gelingen ......... 338

101 Essays, die dein Leben verändern werden ..................................... 341

Emotionale Intelligenz 2.0 ...................................................................... 344

Denken hilft zwar, nützt aber nichts: Warum wir immer wieder unvernünftige Entscheidungen treffen .................................................. 348

Limitless: Wie du schneller lernst und dein Potenzial befreist ............... 352

| | |
|---|---|
| Good Vibes, Good Life: Wie Selbstliebe dein größtes Potenzial entfaltet | 356 |
| Die 5 Sekunden Regel: Wenn du bis 5 zählen kannst, kannst du auch dein Leben verändern | 360 |
| Die 7 Geheimnisse der glücklichen Ehe | 364 |
| Nie mehr Mr. Nice Guy: Wie Sie als Mann bekommen, was Sie wollen | 368 |
| Gewaltfreie Kommunikation: Eine Sprache des Lebens | 372 |
| Think Again – Die Kraft des flexiblen Denkens: Was wir gewinnen, wenn wir unsere Pläne umschmeißen | 377 |
| Das Think Like a Monk-Prinzip: Innere Ruhe und Kraft finden für ein erfülltes Leben | 381 |
| Loslassen - Der Pfad widerstandsloser Kapitulation | 385 |
| Lass den Sch**ß sein: Dein Tagebuch für weniger Ballast und mehr Glück im Leben | 389 |
| Stress: Warum Frauen leichter ausbrennen und was sie für sich tun können | 393 |
| Wie ich die entscheidenden 10% glücklicher wurde: Meditation für Skeptiker | 397 |
| Schnelles Denken, langsames Denken | 401 |
| Die Gewinnerformel: Für Erfolg auf ganzer Linie – Beruf, Finanzen, Privatleben | 406 |
| Erfolg braucht kein Talent: Der Schlüssel zu Höchstleistungen in jedem Bereich | 411 |
| Das Charisma-Geheimnis: Wie jeder die Kunst erlernen kann, andere Menschen in seinen Bann zu ziehen | 415 |
| Die Seele will frei sein: Eine Reise zu sich selbst | 419 |
| Dienstags bei Morrie: Die Lehre eines Lebens | 423 |
| Nachwort | 427 |
| Weitere Werke des Autors | 429 |
| Impressum | 432 |

# Vorwort

In einem Zeitalter, in dem das gesamte Wissen der Menschheit buchstäblich auf Knopfdruck verfügbar ist, kann die schiere Menge der vorhandenen Informationen oft überwältigend sein. Man sagt, dass ein Mensch mehrere Leben damit verbringen könnte, jedes Buch zu lesen, das jemals geschrieben wurde, und doch würde die Liste niemals enden. Wie findet man in diesem Ozean der Literatur die wahren Perlen, die die Kraft haben, das Leben zu verändern?

Dieses Buch ist die Antwort auf genau diese Frage.

Hin und wieder gibt es ein Buch, das wie ein Leuchtturm hervorsticht und tiefe Wahrheiten über die menschliche Natur, das Potenzial und den Zweck des Menschen ans Licht bringt. Es gibt Bücher, die sich im Laufe der Zeit als wertvoll erwiesen haben, indem sie das Leben von Millionen von Menschen berührten und monumentale Veränderungen im Bereich der Motivation, des Glücks und der Selbstverwirklichung herbeiführten. Dieser Band ist eine Hommage an eben diese Bücher.

Was Sie in Ihren Händen halten, ist nicht nur ein Buch, sondern eine kuratierte Reise, destilliert aus 100 bahnbrechenden Werken, die die Selbsthilfe in den Bereichen der persönlichen Finanzen, Beziehungen und der persönlichen Entwicklung entscheidend geprägt haben. Diese prägnanten Zusammenfassungen sollen Ihnen einen Einblick, einen Vorgeschmack auf die tiefe Weisheit geben, die in jedem der Originalwerke enthalten ist. Sie dienen sowohl als Einführung für diejenigen, die mit diesen bahnbrechenden Büchern nicht vertraut sind, als auch zur Auffrischung für diejenigen, die sie bereits gelesen haben.

Diese Zusammenstellung ist eine Einladung, tief in die Welt des Wissens einzutauchen, auf den Schultern von Giganten zu stehen und ihre Weisheit in unserem täglichen Leben anzuwenden. Ganz gleich, ob Sie am Anfang Ihrer Reise zur Selbstverwirklichung stehen oder schon weit fortgeschritten sind, hier ist für jeden etwas dabei.

Es ist an der Zeit, sich auf einen Weg der Entdeckung, Erleuchtung und Transformation zu begeben, die Schlüssel zum Erfolg zu nutzen und Ihr Leben zu bereichern.

## Über den Autor

Simon Mayer ist Autor und engagierter Literaturforscher. Nach seinem Studium der Geschichte und Rechtswissenschaften hat er sich in der Nähe von München niedergelassen, wo er sich leidenschaftlich der Aufgabe widmet, Menschen für Literatur und Kunst zu begeistern.

# Der reichste Mann von Babylon

*von George S. Clason*

## Überblick

"Der reichste Mann von Babylon" ist ein zeitloser Klassiker, der Parabeln im antiken Babylon verwendet, um finanzielle Weisheiten zu vermitteln, die heute genauso relevant sind wie zu der Zeit, als das Buch 1926 erstmals veröffentlicht wurde. Es wird oft als Eckstein in der Literatur über persönliche Finanzen gepriesen. Durch seine fesselnden Parabeln vermittelt das Buch Schlüsselprinzipien zum Sparen, Investieren und zur finanziellen Planung. Es ist ein einfacher, effektiver Leitfaden zum Ansammeln von Vermögen und Erreichen finanzieller Sicherheit.

## Zusammenfassung

Das Buch beginnt mit Arkad, dem reichsten Mann in Babylon, der von zwei Jugendfreunden, Bansir und Kobbi, die trotz harter Arbeit arm sind, angesprochen wird. Sie wollen Arkads Geheimnis des Vermögensaufbaus wissen. Arkad stimmt zu, ihnen zusammen mit anderen in einer Reihe von Lektionen zu unterrichten.

**Wichtige Lektionen:**

1. „Beginnt, euren Geldbeutel wachsen zu lassen": Arkad rät dazu, mindestens 10% des Einkommens zu sparen, bevor man etwas anderes ausgibt.

2. „Kontrolliert eure Ausgaben": Es geht nicht darum, wie viel man verdient, sondern wie viel man behält. Das Kontrollieren der Ausgaben stellt sicher, dass die gesparten 10% mit der Zeit wachsen.

3. „Lasst euer Gold sich vermehren": Arkad betont, das gesparte Geld weise zu investieren, damit es exponentiell wächst.

4. „Rettet eure Schätze vor Verlust": Das Prinzip hier ist, Investitionen zu meiden, die zu gut klingen, um wahr zu sein. Suche immer nach Investitionen, die den Hauptbetrag garantieren.

5. „Macht euer Haus zu einer rentablen Investition": Arkad schlägt vor, Eigentum zu besitzen, als sichere Methode, um Wohlstand zu vermehren.

6. „Sichert euer zukünftiges Einkommen": Diese Lektion handelt von der Rente und der Wichtigkeit, Vorkehrungen für eine Zukunft zu treffen, in der man nicht mehr arbeiten kann.

7. „Steigert eure Fähigkeit, Geld zu verdienen": Arkad ermutigt dazu, kontinuierlich zu lernen und seine Fähigkeiten zu erweitern, um die Verdienstkraft zu steigern.

**Wesentliche Parabeln**

### Die fünf Gesetzmäßigkeiten des Goldes

Diese Geschichte findet Jahre nach Arkads anfänglichen Lehren statt. Sein Schüler Nomasir erzählt seine eigene Reise und wie er all sein Gold durch törichte Entscheidungen verlor, es aber schließlich zurückerlangte, indem er sich an die "fünf Gesetze des Goldes" hielt – Prinzipien für verantwortungsvolles Geldmanagement und Investition, die Arkads Lehren widerspiegeln.

### Der Goldverleiher von Babylon

Ein Mann namens Rodan wird vorgestellt, der ein Geschenk aus Gold vom König erhält. Er konsultiert Mathon darüber, was er damit anfangen soll, und lernt Lektionen über Verantwortung und die Bedeutung, Rat bei Experten auf dem Gebiet zu suchen.

### Die Mauern von Babylon

In dieser Geschichte wird das Königreich durch starke Mauern und kompetente Führung gerettet, was eine Parallele zwischen diesen Mauern und finanzieller Sicherheit zieht. So wie Mauern eine Stadt schützen, schützen Ersparnisse und Investitionen vor unvorhergesehenen finanziellen Schwierigkeiten.

### Der Kamelhändler von Babylon

Dabasir, ein ehemaliger Sklave, der zum Geschäftsmann wurde, erzählt seine Geschichte von Erlösung und finanzieller Unabhängigkeit durch Schuldenrückzahlung und kluge Arbeit.

### Der glücklichste Mann in Babylon

Sharru Nada berichtet, wie er durch Offenheit für Möglichkeiten und kalkulierte Risiken reich wurde, wobei er betont, dass Glück dazu neigt, jene zu bevorzugen, die vorbereitet sind und aktiv nach Wegen suchen, sich selbst zu verbessern.

## Stärken und Schwächen

**Stärken**

1. Zeitlose Weisheit: Die Lektionen sind heute genauso anwendbar wie sie es waren, als sie 1926 erstmals geschrieben wurden. Aussagen wie „fange an, deinen Geldbeutel zu füttern" und „sichere ein zukünftiges Einkommen" lassen sich leicht in heutige Begriffe wie „spare mindestens 10% deines Einkommens" und „plane für die Rente" übersetzen.

2. Einfachheit: Das Buch gelingt darin, komplexe Finanzkonzepte in leicht verständliche Teile zu zerlegen. Das macht es zu einer idealen Lektüre für Menschen, die neu im Thema der persönlichen Finanzen sind.

3. Erzählform: Die Verwendung von Parabeln und Geschichten macht das Buch fesselnd und verleiht dem typischerweise trockenen Thema der Finanzplanung einen menschlichen Aspekt.

4. Breite Anziehungskraft: Seine Prinzipien sind universell, und daher ist es für Leser aller Altersgruppen und finanziellen Stände geeignet – von jungen Erwachsenen, die gerade anfangen, ihre eigenen Finanzen zu verwalten, bis hin zu älteren Personen, die ihre finanzielle Zukunft sichern möchten.

5. Motivierend: Das Buch ist nicht nur ein finanzieller Leitfaden, sondern auch ein motivierendes Werkzeug. Die Erfolgsgeschichten können als Ermutigung für die Leser dienen, ihre finanzielle Situation in den Griff zu bekommen.

6. Kurz und bündig: Es ist eine relativ schnelle Lektüre, was dem Leser ermöglicht, seine Prinzipien ohne großen Zeitaufwand aufzunehmen.

**Schwächen**

1. Veraltete Sprache: Die altertümliche Sprache mag für einige Leser abschreckend sein und den Text mühsamer erscheinen lassen, als nötig wäre.

2. Fehlende Spezifikationen: Während das Buch allgemeine Prinzipien bietet, fehlt es an konkreten, umsetzbaren Schritten, wie man diese Richtlinien in der heutigen finanziellen Landschaft anwenden kann.

3. Wiederholend: Die Kernprinzipien werden durch verschiedene Parabeln wiederholt. Dies könnte zwar der Einprägung helfen, könnte aber auch als redundant angesehen werden.

4. Kultureller Kontext: Geschrieben im Kontext einer westlichen kapitalistischen Gesellschaft, könnten seine Prinzipien nicht direkt anwendbar oder angemessen in unterschiedlichen sozioökonomischen Systemen sein.

5. Über-Vereinfachung: Das Ziel des Buches, zu vereinfachen, kann auch sein Nachteil sein, da es den Eindruck erwecken könnte, dass das Ansammeln von Wohlstand einfach ist, solange man ein paar grundlegende Prinzipien befolgt.

## Fazit

"Der reichste Mann von Babylon" ist aus gutem Grund ein Eckstein in der Literatur über persönliche Finanzen. Seine zeitlosen Lektionen über Geld werden auf eine einnehmende und zugängliche Art und Weise vermittelt. Auch wenn es vielleicht nicht tief in komplexe Finanzstrategien eintaucht, bietet es eine solide Grundlage für diejenigen, die ihre Reise zur finanziellen Unabhängigkeit beginnen möchten. Die Stärken des Buches, praktische und universell anwendbare Ratschläge zu liefern, überwiegen seine geringen Mängel, was es zu einer unverzichtbaren Lektüre für diejenigen macht, die finanzielle Weisheit suchen.

# Denke nach und werde reich

*von Napoleon Hill*

## Überblick

"Denke nach und werde reich" ist ein grundlegendes Selbsthilfebuch, das 1937 von Napoleon Hill geschrieben wurde. Das Buch, oft als der klassische Text über persönliche Entwicklung und finanziellen Erfolg angesehen, vertieft sich in die psychologische Grundlage der Vermögensbildung. Hills Werk basiert auf seiner Studie über das Leben von über 500 selbstgemachten Millionären, einschließlich Andrew Carnegie, Thomas Edison, Henry Ford und anderen erfolgreichen Persönlichkeiten des frühen 20. Jahrhunderts. Er destilliert die Eigenschaften und Verhaltensweisen, die zu ihrem Erfolg beitrugen, in praktische Prinzipien.

"Denke nach und werde reich" zeichnet sich durch seine kohärente Theorie aus, wie man Erfolg erzielen kann. Es geht nicht nur um finanziellen Reichtum, sondern auch darum, sein Potenzial zu erreichen und eine vollkommenere und bessere Person zu werden.

## Zusammenfassung

**Schlüsselprinzipien**

**Die Macht des Gedankens**

Hill beginnt mit der Betonung der Rolle des "Gedankens" bei der Erreichung von Erfolg und Reichtum. Er schlägt vor, dass die finanzielle Zukunft eines Menschen direkt das Ergebnis seiner Gedanken ist. In diesem Zusammenhang führt er das Konzept des "definitiven Hauptziels" ein, das den Ausgangspunkt aller Errungenschaften darstellt.

**Das Verlangen: Der Ausgangspunkt**

Hill argumentiert, dass ein brennendes Verlangen wesentlich ist, um etwas zu erreichen. Er umreißt eine sechsstufige Methode, um Verlangen in Reichtum umzuwandeln, die Klarheit, Entschlossenheit und einen schriftlichen Handlungsplan beinhaltet.

## Der Glaube

Nach Hill ist der Glaube ein Geisteszustand, der induziert oder entwickelt werden kann. Glaube ist wesentlich für die Leistung, und Visualisierungstechniken und Affirmationen können verwendet werden, um einen starken Glauben an sich selbst zu fördern.

## Autosuggestion

Hill führt das Prinzip der Autosuggestion ein, eine Form der Selbsthypnose, um das Unterbewusstsein zu beeinflussen. Das Kapitel betont die Bedeutung der Kombination von Affirmation und Visualisierungstechniken, um seine Ziele dem Unterbewusstsein zu kommunizieren.

## Fachkenntnisse

Das Buch weist darauf hin, dass Wissen keine Macht ist, sondern nur potenzielle Macht, bis es angewendet wird. Hill drängt die Leser, sich zu spezialisieren und Expertenwissen in ihren gewählten Bereichen zu erwerben, um einen Wettbewerbsvorteil zu erlangen.

## Fantasie

Hill identifiziert zwei Formen der Vorstellungskraft: synthetische und kreative. Synthetische Vorstellungskraft beinhaltet das Umordnen bestehender Ideen, Fakten oder Prinzipien, um etwas Neues zu schaffen. Kreative Vorstellungskraft ermöglicht die Erzeugung völlig neuer Ideen und ist die Fähigkeit, die am meisten von Visionären genutzt wird.

## Systematische Planung

Hill erläutert die Bedeutung eines präzisen Plans, um Ihre Ziele zu erreichen. Hill betont die Bedeutung von Führungsfähigkeiten und der Bildung von "Mastermind-Gruppen" - synergetischen Allianzen mit Personen, die Ihnen auf Ihrer Reise helfen können.

## Schnelle Entscheidungen

Hill betont, dass erfolgreiche Menschen schnell Entscheidungen treffen und sie langsam ändern, während erfolglose Menschen das Gegenteil tun. Unentschlossenheit führt zu Zweifeln und Misserfolg.

## Durchhaltevermögen

Durchhaltevermögen ist ein Schlüsselfaktor, um Pläne in Erfolg umzuwandeln. Hill diskutiert, wie der Mangel an Beharrlichkeit einer der Hauptgründe für Misserfolg ist und bietet Strategien, um einen beharrlichen Ansatz im Leben zu entwickeln.

## Die Macht des "Mastermind"- Prinzips

Das Konzept einer "Mastermind-Gruppe" wird als eine Versammlung von Menschen eingeführt, die Ihnen beruflich und persönlich helfen können. Diese kollektive Intelligenz ist oft größer als die Summe ihrer Teile.

## Das Unterbewusstsein

Das Buch argumentiert, dass das Unterbewusstsein wie ein Garten ist, der das zurückgibt, was Sie in ihm pflanzen. Es fungiert als Medium, um Ihre Gedankenimpulse in ihre physischen Gegenstücke zu übersetzen.

## Das Gehirn

Hill geht darauf ein, wie das Gehirn als Sender und Empfänger von Gedankenfrequenzen funktioniert und betont, dass es mächtiger sein kann, wenn es Teil einer Mastermind-Gruppe ist.

## Der sechste Sinn

Hier diskutiert Hill die Rolle des "sechsten Sinns" oder der Intuition bei der Erlangung von Reichtum. Diese Fähigkeit kann durch Meditation und Selbstreflexion entwickelt werden.

## Überwindung der Angst

Das Buch schließt mit einer Diskussion über die sechs "Geister der Angst": Armut, Kritik, Krankheit, Liebesverlust, Alter und Tod. Hill bietet praktische Ratschläge, um diese Ängste zu besiegen.

## Stärken und Schwächen

### Stärken

1. Zeitlose Prinzipien: Einer der stärksten Aspekte dieses Buches ist die Universalität und Zeitlosigkeit seiner Prinzipien. Ob es um die Idee geht, klare Ziele zu setzen, beharrlich zu sein oder sich mit einem Team von Beratern zu umgeben – diese Prinzipien sind heute genauso anwendbar wie in den 1930er Jahren.

2. Forschungsbasiert: Hill führte eine erschöpfende Studie über erfolgreiche Individuen durch, was seinen Behauptungen Glaubwürdigkeit verleiht. Seine

Arbeit basierte auf ausführlichen Interviews und der Untersuchung der Lebensgeschichten von über 500 selbstgemachten Millionären.

3. Umsetzbare Ratschläge: Hill liefert nicht nur abstrakte Konzepte; er bietet praktische Übungen und umsetzbare Schritte an, um diese Prinzipien im eigenen Leben anzuwenden.

4. Umfassender Ansatz: Das Buch beschränkt seine Lehren nicht nur auf Geschäftserfolg oder finanziellen Erfolg. Es bietet einen umfassenden Rahmen, der auf verschiedene Aspekte des Lebens anwendbar ist, einschließlich persönlicher Beziehungen, Führung und seelisches Wohlbefinden.

5. Psychologische Einblicke: Hill war seiner Zeit voraus, indem er die Psychologie hinter Reichtum und Erfolg diskutierte, einschließlich der Bedeutung von Glaubenssystemen und der Macht des Unterbewusstseins.

6. Inspirierend: Für viele ist das Buch eine unverzichtbare Motivationsquelle. Seine Berichte über reale Erfolgsgeschichten inspirieren Leser, aktiv zu werden und an ihre eigenen Fähigkeiten zu glauben.

**Schwächen**

1. Veraltete Sprache und Beispiele: Das Buch aus dem Jahr 1937 verwendet Sprache und Anekdoten, die für moderne Leser veraltet oder irrelevant erscheinen könnten.

2. Überbetonung des materiellen Aspekts des Erfolgs: Obwohl Hill persönliche Entwicklung und spirituelle Zufriedenheit anspricht, liegt der allgemeine Schwerpunkt eher auf finanziellem Wohlstand, was nicht für jeden resonieren mag.

3. Mangel an Vielfalt in den Perspektiven: Die untersuchte Stichprobe besteht hauptsächlich aus wohlhabenden, weißen, amerikanischen Männern des frühen 20. Jahrhunderts. Damit bleiben die Erfahrungen von Frauen, Minderheiten und Personen aus unterschiedlichen sozialen und kulturellen Hintergründen außen vor.

4. Gelegentliche Pseudowissenschaft: Hill greift gelegentlich Themen auf, die als pseudowissenschaftlich angesehen werden könnten, wie die Diskussion über "Gedankenschwingungen" und den "sechsten Sinn". Diese Ideen sind vielleicht nicht für jeden akzeptabel und können die evidenzbasierten Ratschläge im Buch verwässern.

5. Wiederholungen: Einige Leser mögen das Buch als etwas repetitiv empfinden, da Hill Prinzipien und Konzepte oft mehrmals bespricht, manchmal unter verschiedenen Überschriften.

6. Keine schnelle Lösung: Trotz seines Titels ist das Buch keine Anleitung zum schnellen finanziellen Erfolg. Die Prinzipien erfordern eine durchdachte Anwendung über einen langen Zeitraum, was für diejenigen, die sofortige Ergebnisse suchen, nicht attraktiv sein mag.

## Fazit

"Denke und werde reich" hat zu Recht seinen Platz als Klassiker im Genre der persönlichen Entwicklung erlangt. Das Buch hat viele Adaptionen, Kurse und eine ganze Industrie um seine Prinzipien herum hervorgebracht. Obwohl einige seiner Ideen heute als veraltet erscheinen mögen oder eine Interpretation erfordern, um in der heutigen Welt effektiv angewendet zu werden, bleibt die Kernessenz kraftvoll relevant. Seine Hauptstärke liegt in der Universalität seiner Prinzipien und seiner Fähigkeit, umsetzbare Ratschläge zu bieten. Es ist jedoch wesentlich, es als Produkt seiner Zeit zu betrachten, seine veralteten Beispiele und gelegentlichen Ausflüge in die Pseudowissenschaft zu vergeben. Für diejenigen, die bereit sind, sich kritisch mit seinen Lehren auseinanderzusetzen, kann das Buch unschätzbare Lektionen und anhaltende Inspiration bieten.

# Das Gesetz des Erfolgs

*von Napoleon Hill*

## Überblick

"Das Gesetz des Erfolgs" von Napoleon Hill ist ein umfassender Leitfaden, der die Prinzipien skizziert, die man verstehen und verinnerlichen muss, um Erfolg zu erzielen. Ursprünglich veröffentlicht im Jahr 1928, ist dieses Werk eine Erweiterung von Hills Buch "Denke nach und werde reich". Das Buch ist als ein Erfolgskurs konzipiert, unterteilt in sechzehn Lektionen, wobei jede Lektion sich auf ein grundlegendes Erfolgsprinzip konzentriert.

Durch diese sechzehn Lektionen präsentiert Hill einen ganzheitlichen Ansatz zum Erfolg, der über den rein finanziellen Gewinn hinausgeht. Er berührt Themen wie Ethik, Zusammenarbeit und persönliches Wachstum und besteht darauf, dass wahrer Erfolg auf einem Fundament allseitiger persönlicher Entwicklung aufgebaut ist. Die Gesamtbotschaft des Buches ist, dass Erfolg nicht das Ergebnis von Glück, Geburtsrecht oder sogar außergewöhnlichen Fähigkeiten ist, sondern aus dem Verständnis und der Anwendung dieser grundlegenden Erfolgsprinzipien resultiert.

## Zusammenfassung

### Lektion 1: Das Mastermind

Hill führt das Konzept des Mastermind ein, eine Gruppe von Individuen, die sich zum gegenseitigen Nutzen zusammenfinden. Er argumentiert, dass kollektive Intelligenz, wenn sie auf ein einziges Ziel konzentriert ist, viel mehr erreichen kann als individuelle Bemühungen.

### Lektion 2: Ein konkretes Hauptziel

Diese Lektion betont die Wichtigkeit, ein klares, definitives Ziel oder Zweck zu haben. Hill glaubt, dass man ein spezifisches Ziel anstreben muss, um Energie und Ressourcen effektiv zu kanalisieren.

### Lektion 3: Selbstvertrauen

Hill untersucht, wie entscheidend Selbstvertrauen für das Gelingen von Unternehmen und bedeutenden Projekten ist. Er liefert Strategien zur

Entwicklung von Selbstvertrauen, die positives Selbstgespräch und Visualisierungstechniken einschließen.

**Lektion 4: Die Gewohnheit, zu sparen**

Finanzielle Disziplin ist ein Eckpfeiler des Erfolgs. Hill drängt den Leser dazu, die Gewohnheit des Sparens zu kultivieren, da es sowohl finanzielle Sicherheit als auch das benötigte Kapital für Investitionsmöglichkeiten bietet.

**Lektion 5: Initiative und Führungsstärke**

Hill diskutiert die Bedeutung, Initiative zu ergreifen und zu führen, wenn die Situation es verlangt. Er merkt an, dass erfolgreiche Menschen oft diejenigen sind, die aufstehen und handeln, während andere zögern.

**Lektion 6: Vorstellungskraft**

Die Vorstellungskraft ist die Werkstatt des Geistes, in der alle Pläne erstellt werden. Hill ermutigt den Leser, sowohl die „synthetische" als auch die „kreative" Vorstellungskraft zu nutzen, um Ideen und Lösungen für das Erreichen der eigenen Ziele zu entwickeln.

**Lektion 7: Enthusiasmus**

Begeisterung ist ansteckend und ein wesentlicher Bestandteil, um andere zu überzeugen und zu motivieren. Hill beschreibt, wie Begeisterung erzeugt und produktiv kanalisiert werden kann.

**Lektion 8: Selbstkontrolle**

Hill argumentiert, dass Selbstkontrolle das „Balance-Rad" ist, mit dem man seine Begeisterung steuert und dorthin lenkt, wo sie benötigt wird.

**Lektion 9: Mehr als verlangt tun**

Das Extra an Einsatz in Ihren Bemühungen kommt oft in Form von zusätzlichen Belohnungen zurück, sowohl materiell als auch immateriell. Diese Lektion lehrt den Wert, mehr Wert zu geben, als man in Zahlung erhält.

**Lektion 10: Eine angenehme Persönlichkeit**

Eine angenehme Persönlichkeit macht es leichter, soziale Strukturen zu navigieren und Menschen für sich zu gewinnen. Hill betont die Wichtigkeit, eine solche Persönlichkeit als Teil des Erreichens von Erfolg zu kultivieren.

## Lektion 11: Präzises Denken

Genauigkeit im Denken beinhaltet, Fakten von Meinungen zu trennen und Entscheidungen auf der Grundlage ersterer zu treffen. Hill leitet den Leser an, wie man die Gewohnheit des genauen Denkens kultiviert.

## Lektion 12: Konzentration

Konzentration ist der Akt, die gesamte Aufmerksamkeit auf eine Aufgabe zu konzentrieren. Hill argumentiert, dass dies entscheidend für das Lösen von Problemen und für die effiziente Erledigung von Aufgaben ist.

## Lektion 13: Kooperation

Zusammenarbeit zwischen dem Individuum und anderen, sowie zwischen dem Individuum und den universellen Kräften, ist essenziell für anhaltenden Erfolg. Hill betont die Vorteile, gut mit anderen zu arbeiten und im Einklang mit dem Universum zu sein.

## Lektion 14: Scheitern

Hill rahmt das Scheitern als nur eine vorübergehende Niederlage, eine Gelegenheit zu lernen, sich anzupassen und stärker zu werden. Er rät, wie man wertvolle Lektionen aus Fehlern und Rückschlägen zieht.

## Lektion 15: Toleranz

Hill spricht über die Notwendigkeit eines offenen Geistes und der Toleranz gegenüber den Ansichten anderer als Grundstein für friedliche und konstruktive Beziehungen.

## Lektion 16: Die Goldene Regel

Die letzte Lektion ist eine Zusammenfassung der Ethik und Moral des gesamten Kurses. Hill vertritt die Philosophie, andere so zu behandeln, wie man von ihnen behandelt werden möchte.

## Stärken und Schwächen

### Stärken

1. Ganzheitlicher Ansatz: Einer der bedeutendsten Stärken des Buches ist sein umfassender, ganzheitlicher Ansatz. Hill konzentriert sich nicht nur auf finanziellen Erfolg, sondern beschäftigt sich auch mit persönlicher Entwicklung, ethischen Überlegungen und emotionaler Intelligenz.

2. Zeitlose Prinzipien: Trotz seines Alters haben die Prinzipien des Buches eine zeitlose Qualität. Sie wurden erfolgreich von Menschen aus verschiedenen Epochen und Hintergründen angewandt, was zum dauerhaften Wert des Buches beiträgt.

3. Umsetzbare Anleitung: Hill bietet zahlreiche umsetzbare Schritte, Übungen und Beispiele, die dazu beitragen, die Prinzipien in realistisches Handeln umzusetzen. Dies macht das Buch nicht nur theoretisch, sondern auch praktisch nützlich.

4. Gut Strukturiert: Die Lektionen sind klar definiert, gut organisiert und folgen logisch aufeinander. Dies macht das Buch zu einem leicht zu folgenden Leitfaden für die Selbstverbesserung.

5. Psychologische Tiefe: Hill macht hervorragende Arbeit, indem er in die Psychologie hinter jedem seiner Prinzipien eintaucht und sowohl anekdotische als auch erforschte Beweise verwendet, um seine Behauptungen zu untermauern. Dies gibt dem Leser ein tieferes Verständnis dafür, warum diese Prinzipien funktionieren.

6. Moralischer und ethischer Fokus: Im Gegensatz zu vielen anderen erfolgsorientierten Büchern legt Hill großen Wert auf Ethik und Moral und befürwortet einen Erfolg, der nicht nur persönlich, sondern auch für andere vorteilhaft ist.

**Schwächen**

1. Länge und Komplexität: Die umfassende Natur des Buches macht es zu einer langen Lektüre, was für einige abschreckend sein könnte. Darüber hinaus könnte die Komplexität einiger Lektionen mehrere Lesungen erfordern, zu denen nicht jeder bereit sein mag.

2. Veraltete Beispiele und Sprache: Angesichts der Zeit, in der es geschrieben wurde, können einige der Beispiele und die Sprache veraltet wirken, was die Identifikation für ein modernes Publikum reduzieren könnte.

3. Wiederholung: Hill wiederholt oft seine Kernpunkte in verschiedenen Lektionen. Obwohl Wiederholung beim Lernen helfen kann, kann sie auch redundant wirken und das Buch länger erscheinen lassen, als es sein muss.

4. Begrenzte Zielgruppenberücksichtigung: Obwohl Hill versucht, seine Prinzipien zu universalisieren, spiegelt das Buch manchmal eine Voreingenommenheit gegenüber einem geschäftsorientierten, größtenteils männlichen Publikum wider, wie es für seine Zeit typisch war.

5. Idealistische Untertöne: Einige Leser könnten Hills Fokus auf moralischen und ethischen Erfolg etwas idealistisch finden, besonders wenn sie nach pragmatischen Strategien suchen, die schnelle Ergebnisse erzielen.

## Fazit

„Das Gesetz des Erfolgs" von Napoleon Hill ist ein monumentales Werk in der Literatur zur persönlichen Entwicklung. Obwohl das Buch nicht ohne Mängel ist, wie seine Länge und veraltete Beispiele, überwiegen seine Stärken deutlich seine Schwächen. Die anhaltenden Prinzipien, die umsetzbare Beratung und der ganzheitliche Ansatz machen es zu einer unschätzbaren Ressource für jeden, der nach Erfolg strebt und dabei die ethische Integrität bewahren will. Trotz seiner geringfügigen Mängel bleibt dieses Buch daher eine wesentliche Lektüre für diejenigen, die sich langfristigem persönlichen und beruflichen Wachstum verpflichtet fühlen.

# Sorge dich nicht – lebe!

*von Dale Carnegie*

## Überblick

Dale Carnegies "Sorge dich nicht – lebe!" dient als praktisches Handbuch, das Menschen dabei helfen soll, ihre Sorgen zu überwinden und ein erfüllteres Leben zu führen. Das Buch wurde erstmals 1948 veröffentlicht, bleibt aber ein relevanter Leitfaden, um mit den Ängsten und Stressfaktoren des modernen Lebens umzugehen. Carnegie taucht tief in die Ursachen und Konsequenzen der Sorge ein und bietet pragmatische Lösungen, um diese effektiv zu handhaben. Das Buch ist in mehrere Abschnitte unterteilt, die sich jeweils auf unterschiedliche Aspekte von Sorge und Stress konzentrieren.

## Zusammenfassung

### Was Sie über Ihre Sorgen und Ängste wissen sollten

Im einleitenden Teil diskutiert Carnegie die hohen Kosten des Sorgens in Bezug auf Gesundheit und Wohlbefinden. Er zitiert medizinische Meinungen darüber, wie chronisches Sorgen zu schweren Gesundheitsproblemen wie Bluthochdruck, Magen-Darm-Problemen und sogar Herzerkrankungen führen kann. Er betont, dass Sorgen kein angeborenes, sondern ein erlerntes Verhalten sind und daher auch verlernt werden können.

### Die wichtigsten Methoden zum Analysieren von Angst

Carnegie führt praktische Techniken ein, um Sorgen zu analysieren. Eine der Hauptmethoden ist es, genau zu verstehen, worüber man sich sorgt, und zu entscheiden, ob es etwas ist, das man beeinflussen kann. Wenn ja, empfiehlt er, Maßnahmen zu ergreifen; wenn nicht, rät er dazu, es zu akzeptieren, da es außerhalb der eigenen Kontrolle liegt.

### Wie man mit der Gewohnheit bricht, sich Sorgen zu machen, ehe man selbst daran zerbricht

Carnegie stellt umsetzbare Schritte vor, um aus dem Teufelskreis des Sorgens auszubrechen. Zu den Techniken gehören die Konzentration auf den gegenwärtigen Tag, die direkte Konfrontation mit dem schlimmsten Szenario (womit man sich abfindet), sowie Beschäftigung als wirksame Ablenkung von Sorgen.

## Sieben Möglichkeiten zur Entwicklung einer geistigen Haltung, die Ihnen Glück und Frieden gibt.

Carnegie befasst sich mit den geistigen Einstellungen, die man annehmen kann, um ein glücklicheres Leben zu führen. Er betont die Bedeutung, den Geist mit Gedanken an Frieden, Mut, Gesundheit und Hoffnung statt mit Sorgen und Ängsten zu füllen.

### Der beste Weg, seine Sorgen und Ängste zu besiegen

Carnegie führt eine goldene Regel ein: Seien Sie beschäftigt. Er glaubt, dass Arbeit die beste Art der Ablenkung von Sorgen darstellt und den Geist auf Aufgaben konzentriert, die Aufmerksamkeit erfordern, und bietet somit einen Weg zu einem glücklicheren und erfüllteren Leben.

### Wie Sie es schaffen, keine Angst vor Kritik zu haben

Mit Kritik umzugehen, ist eine weitere bedeutende Sorgenquelle für viele Menschen. Carnegie rät, sich keine Sorgen über ungerechte Kritik zu machen und jede berechtigte Kritik zu analysieren, um daraus zu lernen.

### Sechs Arten, Müdigkeit und Sorgen fernzuhalten und voll Energie und in gehobener Stimmung zu sein

Carnegie betont die Notwendigkeit, ein ausgeglichenes Leben zu führen, um Ermüdung zu vermeiden, die er für einen Beitrag zu Sorgen hält. Unter anderem empfiehlt er, Pausen zu machen, sich zu entspannen und sich nicht über Vergangenheit oder Zukunft zu sorgen, um Energie zu bewahren.

### Wie ich meine Sorgen besiegte – 30 Erlebnisberichte

Carnegie bietet zahlreiche Beispiele aus dem wirklichen Leben von Menschen, die ihre Sorgen durch die in den früheren Kapiteln beschriebenen Methoden erfolgreich besiegt haben.

## Stärken und Schwächen

### Stärken

1. Praktische Ansätze: Eine der wesentlichen Stärken des Buches ist der Fokus auf handlungsorientierte Schritte. Carnegie bietet praktische Techniken,

um Sorgen anzugehen, was das Buch zu einem äußerst nützlichen Leitfaden für diejenigen macht, die ihr Verhalten ändern möchten.

2. Zeitlosigkeit: Obwohl es 1948 veröffentlicht wurde, bleibt der Rat weitgehend relevant. Die Probleme von Sorgen und Stress sind zeitlos, und Carnegies Empfehlungen haben immer noch Wert.

3. Anekdotische Belege: Die Einbeziehung von realen Beispielen hilft, Carnegies Punkte zu verstärken. Diese Geschichten liefern einen Konzeptnachweis und machen den Rat nachvollziehbarer.

4. Breites Spektrum: Das Buch deckt ein breites Spektrum von Sorgenquellen ab, von Kritik über Müdigkeit bis hin zu allgemeiner Angst, und bietet so eine ganzheitliche Sicht auf das Problem.

5. Leicht zu lesen: Carnegies Schreibstil ist ansprechend und unkompliziert, was es den Lesern leicht macht, zu folgen und die Kernpunkte zu verstehen.

6. Psychologische Einblicke: Das Buch taucht in einige psychologische Aspekte von Sorgen und deren Auswirkungen auf unsere körperliche Gesundheit ein und vertieft die Diskussion.

7. Gut organisiert: Das Buch ist gut strukturiert, unterteilt in deutliche Teile und Kapitel, die logisch vom Identifizieren des Problems der Sorge bis hin zur Angebot von Lösungen fortschreiten.

8. Positiver Ton: Carnegie hält im gesamten Buch einen optimistischen Ton bei, was für Leser, die mit Sorgen kämpfen und nach einem Ausweg suchen, ermutigend ist.

**Schwächen**

1. Wiederholungen: Obwohl der Rat wertvoll ist, wiederholt Carnegie manchmal denselben Punkt auf verschiedene Weise, was als repetitiv angesehen werden könnte.

2. Fehlen moderner psychologischer Forschung: Aufgrund seines Alters enthält das Buch keine neueren psychologischen und wissenschaftlichen Forschungen über Sorgen und Stress, was einige Punkte veraltet erscheinen lassen könnte.

3. Über-Vereinfachung: Einige der Prinzipien können für komplexe Probleme zu einfach erscheinen. Sorgen sind oft in tieferen psychologischen Problemen verwurzelt, die möglicherweise mehr als nur praktische Techniken zur Lösung benötigen.

4. Könnte wie Allgemeinwissen erscheinen: Einige Leser könnten den Rat als zu grundlegend oder ähnlich dem gesunden Menschenverstand finden, was den wahrgenommenen Wert des Buches verringern könnte.

5. Begrenzte demografische Repräsentation: Die realen Beispiele stammen größtenteils aus dem amerikanischen Kontext der Mitte des 20. Jahrhunderts und repräsentieren möglicherweise nicht das gesamte Spektrum menschlicher Erfahrungen mit Sorgen.

6. Keine Nachverfolgung oder kontinuierliche Unterstützung: Während das Buch umsetzbare Ratschläge bietet, bietet es keine fortlaufende Unterstützung oder Nachfolgestrategien, um sicherzustellen, dass die Techniken langfristig effektiv umgesetzt werden.

## Fazit

"Sorge dich nicht – lebe!" bietet einen umfassenden und handlungsorientierten Leitfaden, um das hartnäckige Problem der Sorgen anzugehen. Sein Rat ist praktisch, zeitlos und durch reale Beispiele untermauert, was es zu einer unschätzbaren Ressource für jeden macht, der seine mentale Gesundheit verbessern möchte. Trotz seiner Schwächen machen seine Stärken es ein Muss für jeden, der mit Sorgen und Stress kämpft.

# Wie man Freunde gewinnt und Menschen beeinflusst

*von Dale Carnegie*

## Überblick

„Wie man Freunde gewinnt und Menschen beeinflusst", geschrieben von Dale Carnegie und erstmals 1936 veröffentlicht, ist eines der meistverkauften Selbsthilfebücher aller Zeiten. Das Buch ist ein grundlegender Leitfaden zu zwischenmenschlichen Fähigkeiten, effektiver Kommunikation und der Kunst der Überzeugung. Carnegie unterteilt das Buch in mehrere Abschnitte, wobei jeder Schlüsselprinzipien vorstellt, die mit realen Beispielen und Fallstudien untermauert sind.

## Zusammenfassung

### Teil Eins: Grundlegende Techniken im Umgang mit Menschen

1. Kritisieren, Verurteilen oder Klagen Sie nicht: Carnegie betont, dass Kritik Menschen defensiv macht und sie unwahrscheinlich ihr Verhalten ändern.

2. Geben Sie ehrliche und aufrichtige Anerkennung: Lob und Anerkennung sind starke Motivatoren. Carnegie argumentiert, dass echte Komplimente eine gute Beziehung aufbauen.

3. Wecken Sie in der anderen Person ein sehnsüchtiges Verlangen: Um Menschen zu überzeugen, sollten Sie betonen, was sie gewinnen können, und nicht, was Sie erreichen wollen.

### Teil Zwei: Sechs Möglichkeiten, sich beliebt zu machen

1. Zeigen Sie echtes Interesse an anderen Menschen: Menschen reden gerne über sich selbst, und gezeigtes Interesse kann Sie sofort sympathischer machen.

2. Lächeln: Ein einfaches, aufrichtiges Lächeln kann weit führen, um Sie zugänglich und sympathisch wirken zu lassen.

3. Bedenken Sie, dass der Name einer Person für diese Person der süßeste und wichtigste Klang ist: Carnegie betont die Bedeutung, sich Namen zu merken, da dies Menschen wertgeschätzt fühlen lässt.

4. Seien Sie ein guter Zuhörer und ermutigen Sie andere, über sich selbst zu sprechen: Aktives Zuhören bringt Ihnen nicht nur wertvolle Informationen, sondern lässt auch den Sprecher sich wichtig fühlen.

5. Sprechen Sie in Begriffen der Interessen der anderen Person: Über Themen zu sprechen, die die andere Person interessieren, fördert tiefere Verbindungen.

6. Lassen Sie die andere Person sich wichtig fühlen – und tun Sie es aufrichtig: Menschen das Gefühl zu geben, wichtig zu sein, befriedigt ihr Bedürfnis, wertgeschätzt und respektiert zu werden.

**Teil Drei: 12 Möglichkeiten, die Menschen zu überzeugen**

1. Vermeiden Sie Streitigkeiten: Carnegie argumentiert, dass Streitigkeiten zwecklos sind, weil sie Menschen defensiv machen.

2. Zeigen Sie Respekt für die Meinungen anderer Personen: Selbst wenn Sie nicht einverstanden sind, mildert das Zeigen von Respekt Widerstände.

3. Geben Sie zu, wenn Sie im Unrecht sind: Carnegie schlägt vor, dass das Eingestehen eigener Fehler andere nachsichtiger und offener für Ihren Standpunkt macht.

4. Beginnen Sie auf freundliche Weise: Menschen sind aufnahmefähiger, wenn Sie Gespräche positiv beginnen.

5. Bringen Sie die andere Person sofort dazu, „Ja" zu sagen: Fragen zu stellen, die eine bejahende Antwort haben, können den Ton für eine Übereinstimmung setzen.

6. Lassen Sie die andere Person viel reden: Dies erlaubt es ihr oft, sich selbst zu überzeugen.

7. Lassen Sie die andere Person das Gefühl haben, dass die Idee von ihr stammt: Menschen sind engagierter bei Ideen, von denen sie glauben, dass sie selbst darauf gekommen sind.

8. Versuchen Sie ehrlich, die Dinge aus der Sicht der anderen Person zu sehen: Dies ermöglicht größeres Einfühlungsvermögen und Verständnis.

9. Zeigen Sie Mitgefühl mit den Ideen und Wünschen der anderen Person: Mitgefühl kann Feindseligkeit mildern und die andere Person gefügiger machen.

10. Appellieren Sie an edlere Motive: Menschen betrachten sich gerne als edel und fair; ein Appell an diese Eigenschaften kann überzeugend sein.

11. Dramatisieren Sie Ihre Ideen: Ideen werden überzeugender, wenn sie lebendig und interessant gemacht werden.

12. Stellen Sie eine Herausforderung: Menschen reagieren oft gut auf Herausforderungen, die ihre Fähigkeiten und ihren Ehrgeiz ansprechen.

**Teil Vier: 9 Möglichkeiten, die Menschen zu ändern, ohne sie zu beleidigen oder zu verstimmen**

1. Beginnen Sie mit Lob und ehrlicher Anerkennung: Ein positiver Beginn macht Menschen empfänglicher für Ihre Vorschläge.

2. Weisen Sie indirekt auf Fehler der Menschen hin: So vermeiden Sie, dass sich Menschen defensiv verhalten.

3. Sprechen Sie über Ihre eigenen Fehler, bevor Sie die andere Person kritisieren: Das macht Sie demütig und verständnisvoll.

4. Stellen Sie Fragen, statt direkte Befehle zu geben: Dadurch involvieren sich Menschen mehr in die Aufgaben.

5. Lassen Sie die andere Person ihr Gesicht wahren: Menschen werden dankbar, wenn man ihnen die Möglichkeit gibt, Fehler ohne Demütigung zu korrigieren.

6. Loben Sie auch die geringste Verbesserung: Ermutigung ist weitaus effektiver als Kritik.

7. Geben Sie der anderen Person einen guten Ruf, dem sie gerecht werden kann: Wenn Sie möchten, dass jemand sich verbessert, verhalten Sie sich so, als ob er oder sie bereits die Eigenschaften besitzt, die Sie sehen wollen.

8. Ermutigen Sie: Lassen Sie Fehler leicht korrigierbar erscheinen.

9. Machen Sie die andere Person glücklich über das, was Sie vorschlagen: Es ist wichtig, Aufgaben so zu gestalten, dass sie für Menschen attraktiv werden.

Carnegie argumentiert, dass jeder mit diesen Prinzipien seine sozialen Fähigkeiten verbessern, Menschen für sich gewinnen und einen sanften Einfluss auf sie ausüben kann. Das Buch ist reich an Anekdoten und praktischen Tipps, die die Wirksamkeit dieser Techniken in verschiedenen persönlichen und geschäftlichen Szenarien illustrieren.

## Stärken und Schwächen

**Stärken**

1. Zeitlosigkeit: Eine der größten Stärken des Buches ist seine zeitlose Beratung. Die von Carnegie dargelegten Prinzipien sind heute genauso relevant wie zur Zeit der Erstveröffentlichung des Buches im Jahr 1936.

2. Einfachheit und Klarheit: Carnegie präsentiert seine Ideen auf eine unkomplizierte Art und Weise, wobei jedes Prinzip klar dargelegt wird. Dies macht das Buch für Menschen jeden Alters und jeder Herkunft zugänglich.

3. Beispiele aus der realen Welt: Das Buch ist voll von Anekdoten, Geschichten und Beispielen, die jedes Prinzip in einem realen Kontext veranschaulichen, was die Glaubwürdigkeit und die Nachvollziehbarkeit des Buches erhöht.

4. Umsetzbare Ratschläge: Jedes Prinzip wird von praktischen Schritten begleitet, die Leserinnen und Leser sofort in ihrem Alltag umsetzen können.

5. Umfassend: Das Buch deckt eine breite Palette von Szenarien ab, in denen zwischenmenschliche Fähigkeiten entscheidend sind, von Geschäftsumgebungen bis zu persönlichen Beziehungen.

6. Universelle Anwendbarkeit: Die im Buch dargelegten Prinzipien können weltweit angewendet werden, unabhängig von kulturellen und sozialen Unterschieden.

7. Positiver Ton: Der Ton des Buches ist überwiegend positiv und ermächtigend und bietet ein Gefühl der Möglichkeit und Veränderung für diejenigen, die seine Lektionen anwenden.

8. Menschliche Psychologie: Carnegie befasst sich mit grundlegenden Aspekten der menschlichen Psychologie, erklärt, warum Menschen sich so verhalten, wie sie es tun, und wie das Verständnis dafür helfen kann, mit ihnen effektiver umzugehen.

**Schwächen**

1. Wiederholungen: Obwohl die Prinzipien des Buches wertvoll sind, könnten einige Leserinnen und Leser den Inhalt als etwas repetitiv empfinden, da dieselben Punkte oft wiederholt werden.

2. Vereinfachung: Das Buch vereinfacht manchmal komplexe menschliche Verhaltensweisen und Beziehungen. Das Leben ist nicht immer so unkompliziert, wie es eine Reihe von Regeln suggerieren könnte.

3. Manipulativer Unterton: Einige Leute interpretieren die Ratschläge des Buches als Methoden der Manipulation, im Gegensatz zum authentischen Beziehungsaufbau.

4. Veraltete Beispiele: Aufgrund des ursprünglichen Veröffentlichungsdatums sind einige der Anekdoten und gesellschaftlichen Normen, auf die im Buch Bezug genommen wird, etwas veraltet und könnten für ein modernes Publikum nicht vollständig resonieren.

5. Fehlende Tiefe in psychologischen Theorien: Während Carnegie in die Psychologie eintaucht, vertieft er sich nicht in die wissenschaftlichen Theorien hinter dem menschlichen Verhalten.

6. Fehlen von Kritik und Konfliktmanagement: Das Buch ist fast ausschließlich auf Freundlichkeit ausgerichtet und bietet keine ausreichende Anleitung für Situationen, die kritische Rückmeldungen oder Konfliktlösungen erfordern.

## Fazit

„Wie man Freunde gewinnt und Menschen beeinflusst" von Dale Carnegie bleibt ein unverzichtbarer Leitfaden, um die komplexe Welt menschlicher Beziehungen zu navigieren. Seine Prinzipien sind zeitlos, universell anwendbar und in einem leicht verdaulichen Format präsentiert. Allerdings ist das Buch nicht ohne Mängel, einschließlich einiger Wiederholungen, veralteter Beispiele und mangelnder Tiefe in psychologischen Theorien. Dennoch überwiegen seine Stärken bei Weitem seine Schwächen und machen es zu einem Muss für jeden, der seine zwischenmenschlichen Fähigkeiten und Beziehungen verbessern möchte.

# Die Kunst des öffentlichen Redens

*von Dale Carnegie*

| Überblick |
|---|

"Die Kunst des öffentlichen Redens" ist ein umfassender Leitfaden, der darauf abzielt, Menschen zu effektiven Sprechern und Kommunikatoren zu machen. Verfasst von Dale Carnegie, der für seine Kurse in Selbstverbesserung und Unternehmensschulungen bekannt wurde, bietet das Buch zahlreiche Tipps, Techniken und praktische Übungen zur Verbesserung der öffentlichen Redekunst. Es umfasst alles von der Vorbereitung und Durchführung der Rede bis hin zur Einbeziehung des Publikums, um Sie zu einem überzeugenden und selbstbewussten Sprecher zu machen.

| Zusammenfassung |
|---|

## Einführung

Das Buch beginnt mit einer Einführung in die Bedeutung des öffentlichen Redens im privaten und beruflichen Leben. Carnegie behauptet, dass effektive Kommunikation keine Gabe, sondern eine erlernbare und perfektionierbare Fähigkeit ist.

## Wichtige Konzepte

### Vorbereitung der Rede

Carnegie betont die Notwendigkeit einer gründlichen Vorbereitung. Er erläutert, wie man ein relevantes Thema wählt, Recherchen durchführt und die Bedürfnisse und Interessen des Publikums versteht. Er schlägt vor, die Rede zu gliedern, um ihr eine logische Struktur zu geben, einschließlich einer Einleitung, eines Hauptteils und eines Schlusses.

- Einleitung: Ziel ist es, das Interesse des Publikums zu wecken und den Ton für den Rest der Rede zu setzen.

- Hauptteil: Dies ist der Teil der Rede, in dem die Hauptpunkte erläutert werden. Carnegie empfiehlt, diese Punkte im Voraus sorgfältig zu recherchieren und zu organisieren.

- Schluss: Der abschließende Teil sollte die Hauptbotschaften zusammenfassen und einen bleibenden Eindruck beim Publikum hinterlassen.

**Ausarbeitung der Botschaft**

Das Buch vertieft sich in die Feinheiten des Redenschreibens, wie das Schaffen eines fesselnden Beginns und eines überzeugenden Endes. Carnegie diskutiert die Wortwahl, die Bedeutung des Geschichtenerzählens und die Rolle des Humors. Er betont die Einfachheit und Klarheit der Sprache.

**Aufbau von Selbstvertrauen**

Da Lampenfieber eine der größten Hürden für effektives öffentliches Sprechen ist, bietet Carnegie Ratschläge zur Überwindung von Nervosität. Er schlägt Techniken wie Visualisierung, Atemübungen und Übung vor, um Selbstvertrauen aufzubauen.

**Darbietung und Präsentation**

Carnegie widmet einen wesentlichen Abschnitt den technischen Aspekten der Darbietung, einschließlich Stimmmodulation, Tempo und Intonation. Er rät dazu, Gesten, Gesichtsausdrücke und Körpersprache zu nutzen, um das Publikum einzubeziehen.

**Publikumsbeteiligung**

Das Verständnis für Ihr Publikum ist entscheidend. Carnegie skizziert Strategien, um eine Verbindung zum Publikum herzustellen, wie das Stellen rhetorischer Fragen, das Anbieten von Anekdoten und die Anpassung der Botschaft an die Interessen und Bedenken des Publikums.

**Umgang mit Fragen und Unterbrechungen**

Ein wichtiger Teil des öffentlichen Sprechens ist der souveräne Umgang mit Fragen und Unterbrechungen. Carnegie schlägt Wege vor, sich darauf vorzubereiten und wie man unerwartete Fragen oder Herausforderungen des Publikums handhabt.

**Praktische Übungen**

Das Buch enthält zahlreiche praktische Übungen, die den Lesern helfen, die diskutierten Fähigkeiten und Techniken zu üben. Carnegie befürwortet nachdrücklich regelmäßiges Üben als Schlüssel zur Meisterung der öffentlichen Redekunst.

## Medien und Technologie

Obwohl das Originalwerk vor dem Zeitalter digitaler Präsentationen entstand, bieten neuere Ausgaben Ratschläge zur Integration von Folien, Videos und anderen multimedialen Elementen in Ihre Reden für maximale Wirkung.

Das Buch schließt mit einer Zusammenfassung der Hauptpunkte und ermutigt den Leser, sofort mit dem Üben zu beginnen. Carnegie wiederholt, dass öffentliches Reden eine Fähigkeit ist, die jeder erlernen kann, der bereit ist, Anstrengungen zu unternehmen.

## Stärken und Schwächen

### Stärken

1. Umfassende Abdeckung: Einer der stärksten Punkte des Buches ist seine gründliche Untersuchung des öffentlichen Redens. Von der Vorbereitung bis zur Lieferung deckt das Buch jeden möglichen Aspekt ab und bietet einen 360-Grad-Blick darauf, was es braucht, um ein Publikum zu fesseln.

2. Praktische Übungen: Das Buch ist nicht nur theoretisch; es ist vollgepackt mit Übungen, die darauf ausgelegt sind, Ihnen zu helfen, die erlernten Fähigkeiten in die Praxis umzusetzen. Dies ermöglicht aktives Lernen und erhöht die Chancen, die Informationen zu behalten und effektiv zu nutzen.

3. Psychologische Aspekte: Carnegie geht über das Grundlegende hinaus und taucht in die Psychologie hinter dem öffentlichen Reden ein. Strategien zur Überwindung von Lampenfieber, zum Umgang mit Publikumsreaktionen und zur Nutzung der Psychologie zur Einbeziehung des Publikums sind besonders hilfreich.

4. Zeitlose Prinzipien: Obwohl das Buch ursprünglich vor vielen Jahren veröffentlicht wurde, sind die Prinzipien zeitlos. Die Grundlagen effektiven Sprechens haben sich nicht verändert, was die Ratschläge heute genauso relevant macht wie bei der ersten Veröffentlichung.

5. Zugängliche Sprache: Das Buch ist in einem leicht verdaulichen Format geschrieben und damit zugänglich für Leser aller Altersgruppen und Hintergründe. Man braucht keinen Abschluss in Englisch oder Kommunikation, um die Konzepte zu verstehen.

6. Glaubwürdigkeit: Dale Carnegie ist ein anerkannter Experte auf dem Gebiet des öffentlichen Redens, der Selbstverbesserung und der zwischen-

menschlichen Fähigkeiten. Seine Glaubwürdigkeit verleiht den Ratschlägen und Strategien im Buch erhebliches Gewicht.

**Schwächen**

1. Veraltete Beispiele: Obwohl die Prinzipien zeitlos sind, können einige der im Buch verwendeten Beispiele veraltet wirken. Für ein modernes Publikum könnte die Einbeziehung zeitgenössischerer Beispiele die Ratschläge nachvollziehbarer machen.

2. Begrenzter Fokus auf digitale Kommunikation: Die ursprüngliche Version des Buches stammt aus der Zeit vor dem digitalen Zeitalter. Obwohl neuere Ausgaben aktualisiert wurden, könnte das Buch von einem tieferen Fokus auf digitale Präsentationen, Webinare und die Nutzung von Software wie PowerPoint profitieren.

3. Überbetonung formeller Reden: Das Buch konzentriert sich stark auf formelle Arten des öffentlichen Redens wie Vorträge und Unternehmenspräsentationen. Ein Abschnitt über informellere Formen des öffentlichen Redens könnte das Buch vielseitiger machen.

4. Länge und Detail: Für jemanden, der schnelle Tipps oder einen kurzen Überblick sucht, mag das Buch lang und übermäßig detailliert erscheinen. Seine Umfassendheit könnte für einige Leser überwältigend sein.

Wiederholungen: Einige Konzepte werden im Buch in verschiedenen Abschnitten wiederholt, was für einige Leser redundant erscheinen mag.

| Fazit |
|---|

"Die Kunst des öffentlichen Redens" von Dale Carnegie ist eine unschätzbare Ressource für jeden, der seine Fähigkeiten im öffentlichen Reden verbessern möchte. Obwohl es einige Schwächen hat, wie seine veralteten Beispiele und den Mangel an Fokus auf ungezwungenes und digitales Sprechen, überwiegen die Stärken des Buches diese Probleme bei weitem. Sein umfassender Charakter, die praktischen Übungen und die Beachtung der psychologischen Aspekte des öffentlichen Redens machen es zu einem Muss für angehende Redner.

# Rich Dad Poor Dad

*von Robert Kiyosaki*

## Überblick

"Rich Dad Poor Dad" von Robert Kiyosaki ist ein Buch über persönliche Finanzen, das die finanziellen Philosophien und Praktiken von zwei Vaterfiguren, die in Kiyosakis Leben einflussreich waren, gegenüberstellt: seinem biologischen Vater ("Armer Papa") und dem Vater seines besten Freundes aus Kindertagen ("Reicher Papa"). Durch diese kontrastierenden Perspektiven lehrt das Buch die Leser, wie sie sich von traditionellen Geldvorstellungen befreien und nach finanzieller Unabhängigkeit streben können.

Das Buch beginnt mit der Vorstellung der beiden Väter, wobei "Armer Papa" als gut ausgebildeter Mann mit Hochschulabschlüssen porträtiert wird, während "Reicher Papa" über keine formale Bildung verfügt, aber praktisches finanzielles Wissen besitzt. Jedes Kapitel behandelt dann verschiedene finanzielle Lektionen, die Kiyosaki von diesen beiden Vaterfiguren gelernt hat.

## Zusammenfassung

### Kernprinzipien

#### Die Reichen arbeiten nicht für Geld

Armer Papa glaubt an den traditionellen Ansatz, hart für einen sicheren Job mit Zusatzleistungen zu arbeiten. Reicher Papa rät Kiyosaki jedoch, dass finanzielle Sicherheit nicht allein durch ein hohes Gehalt erreicht werden kann. Er betont die Bedeutung von finanzieller Bildung und Vermögensaufbau zur Einkommenserzeugung.

#### Was bringt ein solides finanzielles Grundwissen?

Reicher Papa betont die Notwendigkeit einer finanziellen Bildung, die oft im traditionellen Bildungssystem fehlt. Er führt Kiyosaki in grundlegende Konzepte wie Vermögenswerte und Verbindlichkeiten ein und argumentiert, dass der Schlüssel zum Reichtum darin besteht, Vermögenswerte anzuhäufen, die Einkommen generieren, anstatt Verbindlichkeiten, die Kosten verursachen.

### Kümmern Sie sich um Ihre eigenen Geschäfte

Reicher Papa konzentriert sich auf die Bedeutung, ein eigenes Unternehmen und Investitionen zu besitzen, anstatt sich allein auf ein Gehalt für Einkommen zu verlassen. Er argumentiert, dass dieser Ansatz zu mehr Kontrolle über die eigene finanzielle Zukunft und zum Potenzial für passives Einkommen führt.

### Die Geschichte der Steuern und die Macht der Unternehmen

Reicher Papa bildet Kiyosaki darüber aus, wie das Steuersystem und Unternehmen zu seinen Gunsten arbeiten können. Er hebt den Vorteil hervor, Einkommen durch Unternehmen zu erzielen, was Möglichkeiten für steuerliche Vorteile und Abzüge bietet, die Einzelverdienern nicht zur Verfügung stehen.

### Die Reichen erfinden das Geld

In diesem Abschnitt diskutiert Reicher Papa die Macht der finanziellen Intelligenz und Kreativität bei der Geldschöpfung. Er schlägt vor, dass finanzielle Bildung es ermöglicht, Möglichkeiten zur Erfindung oder Schaffung finanzieller Gewinne zu erkennen, anstatt einfach für einen Gehaltsscheck zu arbeiten.

### Arbeiten Sie, um zu lernen, nicht für Geld

Reicher Papa rät Kiyosaki, Jobs zu suchen, die ihm wertvolle Fähigkeiten beibringen, anstatt jene, die das meiste Geld bieten. Diese Fähigkeiten können genutzt werden, um langfristig Wohlstand zu schaffen, anstatt im "Hamsterrad" festzustecken.

### Haben Sie keine Angst, Risiken einzugehen

Reicher Papa wird im Buch als jemand dargestellt, der keine Angst hat, kalkulierte Risiken einzugehen, insbesondere beim Investieren. Seine Perspektive ist, dass selbst ein mögliches Scheitern eine Gelegenheit zum Lernen und Wachsen gibt.

### Diversifikation und finanzielle Unabhängigkeit

Reicher Papa befürwortet die Diversifikation von Investitionen und rät Kiyosaki, sein Geld in Immobilien, Rohstoffe und Aktien, unter anderem Anlageformen, zu stecken. Diese Diversifikation ist laut Reicher Papa der Schlüssel zur Erreichung finanzieller Unabhängigkeit.

**Ende**

Das Buch schließt mit einer Zusammenfassung der wichtigsten Lektionen, die von beiden Vätern gelernt wurden, und betont den Wert der finanziellen Bildung, Investitionen und die Übernahme der Kontrolle über das eigene finanzielle Schicksal.

| Stärken und Schwächen |
|---|

**Stärken**

1. Einfach zu verstehen: Kiyosaki präsentiert komplexe finanzielle Konzepte auf eine Weise, die für Leser aller Hintergründe leicht zugänglich ist. Dies macht das Buch zu einem großartigen Einstiegspunkt für diejenigen, die neu im Bereich der persönlichen Finanzen sind.

2. Anekdotischer Ansatz: Die Verwendung von realen Geschichten und Beispielen verleiht dem Buch eine persönliche Note, macht es nachvollziehbar und fesselnd.

3. Zum Nachdenken anregend: Eine der größten Stärken des Buches ist seine Fähigkeit, herkömmliches Wissen über Geld, Arbeit und Leben in Frage zu stellen. Es fordert die 4. Leser auf, kritisch über die finanziellen Ratschläge nachzudenken, mit denen sie aufgewachsen sind.

5. Ganzheitliche Sichtweise auf Reichtum: Anstatt sich nur auf finanziellen Reichtum zu konzentrieren, betont Kiyosakis Ansatz auch den Wert von intellektuellem und emotionalem Reichtum. Diese breitere Sicht auf 'Erfolg' ist erfrischend und entspricht den Erfahrungen vieler Leser.

6. Finanzielle Freiheit: Das Buch geht über den typischen Rat "Geld sparen, hart arbeiten" hinaus, um die Ideen zur Erzeugung von passivem Einkommen durch Investitionen und Unternehmen zu erkunden, die potenziell zu finanzieller Freiheit führen könnten.

7. Fokus auf finanzielle Bildung: Das Buch betont gut die Wichtigkeit finanzieller Bildung, ein Thema, das oft im Mainstream-Bildungssystem übersehen wird.

**Schwächen**

1. Mangel an Spezifika: Eine häufige Kritik ist, dass das Buch in seiner Philosophie stark, aber in seiner handlungsorientierten Beratung schwach ist. Es

bietet zwar einen großartigen konzeptionellen Rahmen, bietet jedoch nicht viele spezifische Schritte zur Erreichung finanzieller Unabhängigkeit.

2. Wiederholend: Die zentrale Botschaft über finanzielle Bildung und Investition wird mehrmals im Buch wiederholt, was von einigen Lesern als Füllstoff wahrgenommen werden könnte.

3. Kontroverse Ratschläge: Einige der von Kiyosaki befürworteten finanziellen Ansätze, wie das Eingehen von kalkulierten Risiken, könnten als kontrovers angesehen werden und sind möglicherweise nicht für jeden geeignet.

4. Begrenzter Umfang: Obwohl das Buch alternative Perspektiven zur Verwaltung von Finanzen bietet, konzentriert es sich hauptsächlich auf Immobilieninvestitionen und das Besitzen von Unternehmen als Weg zur finanziellen Unabhängigkeit, wobei andere gültige Methoden vernachlässigt werden.

5. Vereinfachung: Obwohl die Vereinfachung komplexer Finanzthemen als Stärke angesehen werden kann, kann sie auch als Schwäche betrachtet werden. Die reale Welt der Finanzen und Investitionen ist weit komplizierter, als das Buch suggeriert, und das blinde Befolgen seiner Ratschläge könnte zu finanziellen Missgeschicken führen.

## Fazit

"Rich Dad Poor Dad" hat seinen Ruf als bahnbrechendes Buch im Bereich der persönlichen Finanzen verdient. Seine Hauptstärken liegen in seiner Fähigkeit, finanzielle Bildung zugänglich zu machen und herkömmliche finanzielle Weisheiten herauszufordern. Das Buch ist jedoch nicht ohne Mängel, insbesondere seinem Mangel an detaillierten, handlungsorientierten Ratschlägen und seiner Tendenz, komplexe Sachverhalte zu vereinfachen. Trotz dieser Schwächen dient das Buch als eine gute Einführung in die finanzielle Alphabetisierung und fungiert als Katalysator für Leser, um die Kontrolle über ihre finanzielle Zukunft zu übernehmen.

# Rich Dad's Cashflow Quadrant: Wegweiser zur finanziellen Freiheit

*von Robert Kiyosaki*

## Überblick

"Rich Dad's Cashflow Quadrant: Wegweiser zur finanziellen Freiheit" ist das zweite Buch in Robert Kiyosakis "Rich Dad"-Reihe. Dieses Buch baut auf den Konzepten auf, die in "Rich Dad Poor Dad" eingeführt wurden, und bietet einen Leitfaden zur Erreichung finanzieller Freiheit durch eine detaillierte Diskussion dessen, was Kiyosaki als "Cashflow-Quadrant" bezeichnet.

## Zusammenfassung

### Der Cashflow-Quadrant erklärt

Das Buch konzentriert sich auf das Konzept des Cashflow-Quadranten, ein Werkzeug, das Kiyosaki verwendet, um die verschiedenen Arten zu kategorisieren, wie Menschen Einkommen erzielen. Der Quadrant besteht aus vier Sektoren:

E (Angestellter) - Diejenigen, die für andere arbeiten.

S (Selbständiger) - Diejenigen, die eigene Arbeitsplätze besitzen.

B (Unternehmenseigentümer) - Diejenigen, die Systeme besitzen und Menschen führen.

I (Investor) - Diejenigen, die das Geld für sich arbeiten lassen.

Kiyosakis Hauptpunkt ist, dass Individuen in den E- und S-Quadranten Zeit gegen Geld tauschen und oft begrenzte Mittel haben, um finanzielle Freiheit zu erreichen. Im Gegensatz dazu haben diejenigen in den B- und I-Quadranten das Potenzial für mehr finanzielle Freiheit und Zeit, da sie von skalierbaren Systemen oder Investitionen profitieren, die passiv Einkommen generieren.

### Die Reise durch die Quadranten

Das Buch skizziert die Wichtigkeit des Wechsels von den E- und S-Quadranten zu den B- und I-Quadranten, um finanzielle Unabhängigkeit zu erreichen. Kiyosaki erläutert, wie jeder Quadrant eine andere Denkweise und Fähigkeiten erfordert. Der Übergang ist oft nicht einfach, aber für die finanzielle Freiheit notwendig.

**Von E zu B**

Zum Beispiel könnte es für einen Angestellten (E) herausfordernd sein, ein Unternehmenseigentümer (B) zu werden, aufgrund einer Denkweise, die Sicherheit (durch stabile Beschäftigung) über Freiheit stellt. Ein Umdenken, von der Suche nach Sicherheit hin zur Suche nach Freiheit, ist entscheidend in diesem Übergang.

**Von S zu I**

Ähnlich könnte jemand, der selbstständig (S) ist, zögern, in den Investor (I) Quadranten zu wechseln, aufgrund eines Mangels an Wissen oder Verständnis für Investitionen. Das Buch argumentiert, dass finanzielle Bildung der Schlüssel zu diesem Übergang ist.

### Die Bedeutung finanzieller Bildung

Kiyosaki betont, dass das, was die B- und I-Quadranten von den E- und S-Quadranten unterscheidet, die finanzielle Bildung ist. Das Verständnis von Finanzberichten, Steuervorteilen und Investitionsmöglichkeiten ermöglicht es Einzelpersonen, Systeme zu nutzen, die Einkommen ohne ihre aktive Beteiligung generieren können.

### Praktische Beispiele und Anleitungen

Das Buch bietet konkrete Beispiele und Richtlinien, wie man den Übergang über die Quadranten schafft. Dies beinhaltet Ratschläge, welche Art von finanzieller Bildung zu suchen ist, welche Art von Fachleuten man konsultieren sollte (wie Steuerberater und Rechtsexperten) und wie man seine Denkweise ändert, um sich auf Möglichkeiten statt auf Hindernisse zu konzentrieren.

### Warum Unternehmen und Investitionen?

Kiyosaki argumentiert, dass das Besitzen von Unternehmen und das Tätigen kluger Investitionen heute wichtiger denn je ist, größtenteils wegen der unvorhersehbaren Arbeitsmärkte und wirtschaftlichen Schwankungen. Die jüngsten Trends in Automatisierung, Globalisierung und Änderungen in der Besteuerung und Regulierung machen es noch wichtiger, dass Menschen Einkommen aus den B- und I-Quadranten suchen.

## Abschließende Gedanken

Das Buch schließt mit der Wiederholung ab, dass die Suche nach finanzieller Freiheit eine Reise der Bildung und des Mutes ist. Lernen, Risiken einzugehen, sich finanziell zu bilden und nach Möglichkeiten zu suchen, werden als die Schlüssel zur finanziellen Freiheit dargestellt.

Zusammenfassend dient "Rich Dad's Cashflow Quadrant: Wegweiser zur finanziellen Freiheit" als umfassender Leitfaden zum Verständnis, wie verschiedene Arten von Einkommen funktionieren und warum der Übergang zu den Quadranten Unternehmenseigentümer und Investor entscheidend für das Erreichen finanzieller Freiheit ist. Das Buch verbindet konzeptionelles Verständnis mit praktischen Ratschlägen und ist nützlich für jeden, der finanzielle Unabhängigkeit erreichen möchte.

## Stärken und Schwächen

### Stärken

1. Konzeptionelle Klarheit: Eine der größten Stärken dieses Buches ist die Einfachheit und Klarheit des Konzepts des Cashflow-Quadranten. Kiyosaki verwendet dieses Werkzeug effektiv, um verschiedene Einkommenswege zu kategorisieren, was es den Lesern leicht macht, zu identifizieren, wo sie derzeit stehen und wo sie hinwollen.

2. Umsetzbare Ratschläge: Das Buch bietet greifbare Schritte für den Übergang von einem Quadranten in einen anderen. Die Aktionspunkte, wie das Suchen nach finanzieller Bildung oder das Konsultieren von Fachleuten, bieten dem Leser einen Fahrplan.

3. Betonung der finanziellen Bildung: Kiyosaki fördert nachdrücklich die finanzielle Allgemeinbildung und argumentiert, dass ein fundiertes Verständnis der finanziellen Grundlagen der Eckpfeiler des Vermögensaufbaus ist. Diese Betonung ist für viele ein dringend benötigter Weckruf.

4. Beispiele aus der realen Welt: Das Buch ist voller Anekdoten und Beispiele aus der realen Welt, was komplexe finanzielle Konzepte greifbar und leichter verständlich macht.

5. Breite Anziehungskraft: Das Buch spricht ein breites Publikum an, von Angestellten in 9-5 Jobs bis hin zu Unternehmern, die ihr Geschäft skalieren möchten. Seine Prinzipien sind universell anwendbar und machen es für ein breites Lesepublikum relevant.

6. Herausforderung konventioneller Weisheiten: Kiyosaki scheut sich nicht, etablierte Überzeugungen über Geld, Arbeit und Leben in Frage zu stellen. Dieser provokante Ansatz ermutigt die Leser, kritisch über ihre finanziellen Entscheidungen nachzudenken.

7. Motivierend: Das Buch dient als Motivationswerkzeug und inspiriert die Leser, die Kontrolle über ihr finanzielles Schicksal zu übernehmen. Die persönlichen Geschichten und Fallstudien können für diejenigen, die einen Anstoß in Richtung finanzieller Freiheit benötigen, ein Kickstart sein.

**Schwächen**

1. Fehlende Tiefe in Finanzinstrumenten: Obwohl das Buch großartig darlegt, warum man von den E/S- zu den B/I-Quadranten wechseln sollte, fehlt eine vertiefte Diskussion über die Finanzinstrumente, die man verwenden kann. Grundlegende Anlageprinzipien, Verständnis der Finanzmärkte und andere technische Aspekte werden etwas überflogen.

2. Wiederholend: Einige Leser könnten das Buch als repetitiv empfinden, insbesondere diejenigen, die "Rich Dad Poor Dad" gelesen haben. Der Cashflow-Quadrant ist im Wesentlichen eine Erweiterung der Ideen, die bereits im vorherigen Buch eingeführt wurden.

3. Über-Vereinfachung: Das Quadrantenmodell, obwohl leicht zu verstehen, kann die komplexe Welt der persönlichen Finanzen und Investitionen übermäßig vereinfachen. Lebensumstände, Marktbedingungen und andere Variablen lassen sich nicht leicht in vier ordentliche Kategorien einordnen.

4. Betonung des Risikos: Kiyosakis starke Betonung, finanzielle Risiken einzugehen, um in die B- und I-Quadranten zu wechseln, passt möglicherweise nicht zu jedermanns finanzieller Lage oder Risikotoleranz.

5. Kontroverse Ratschläge: Einige der finanziellen Ratschläge von Kiyosaki, wie die Geringschätzung höherer Bildung und traditioneller Sparmethoden, können polarisierend sein und werden nicht universell in der Finanzgemeinschaft akzeptiert.

## Fazit

"Rich Dad's Cashflow Quadrant: Wegweiser zur finanziellen Freiheit" ist ein grundlegendes Werk, das auf den Prinzipien aufbaut, die in "Rich Dad Poor Dad" dargelegt wurden, und den Lesern einen klaren Weg zur finanziellen Unabhängigkeit bietet. Seine Stärken liegen in seiner konzeptionellen Klarheit, umsetzbaren Ratschlägen und motivierendem Ton. Das Buch könnte jedoch verbessert werden, indem es eine detailliertere Diskussion über Finanzinstrumente und -strategien bietet, die Komplexität der persönlichen Finanzen anspricht und seinen Schwerpunkt auf finanzielle Risiken mäßigt. Trotz dieser Mängel dient das Buch als überzeugender Leitfaden für jeden, der seinen Ansatz zu Einkommen und finanzieller Freiheit umwandeln möchte.

# Das Business des 21. Jahrhunderts

*von Robert Kiyosaki*

| Überblick |
|---|

"Das Business des 21. Jahrhunderts" von Robert Kiyosaki setzt sich in erster Linie für das Netzwerkmarketing ein. Es ist im Wesentlichen eine Befürwortung der Industrie des Netzwerkmarketings als nicht nur ein tragfähiges, sondern auch ein wesentliches Geschäftsmodell für die Massen, die danach streben, Geschäftssinn zu entwickeln und finanzielle Unabhängigkeit zu erlangen.

| Zusammenfassung |
|---|

### Die 8 Werte für den Aufbau von Wohlstand

Kiyosaki nennt folgende acht Vermögenswerte eines Netzwerkmarketinggeschäfts:

1. Praktische Wirtschaftsausbildung: Kiyosaki betont, dass Netzwerkmarketing essenzielle Geschäftsfähigkeiten wie Verkauf, Networking und Team-Building auf praktische Weise lehrt.

2. Ein gewinnbringender Weg zum inneren Wachstum: Kiyosaki argumentiert, dass Netzwerkmarketing Menschen hilft zu wachsen, indem es sie aus ihrer Komfortzone herausholt und dadurch persönliche Entwicklung anregt.

3. Ein Freundeskreis mit den gleichen Träumen und Werten: Kiyosaki stellt fest, dass Netzwerkmarketing die Möglichkeit bietet, gleichgesinnte, ehrgeizige Menschen zu treffen.

4. Die Macht Ihres eigenen Netzwerks: Hier diskutiert Kiyosaki den intrinsischen Wert eines gut gepflegten Netzwerks, das persönliche und berufliche Vorteile bieten kann.

5. Ein duplizierbares, voll skalierbares Geschäft: Im Gegensatz zu traditionellen Unternehmen sind Netzwerkmarketingunternehmen sowohl duplizierbar als auch skalierbar, was bedeutet, dass man andere leicht ausbilden kann, um den eigenen Erfolg zu replizieren, und exponentiell wachsen kann.

6. Angeborene Anreize für Teamarbeit: Das Netzwerkmarketingmodell fördert laut Kiyosaki inhärent die Teamarbeit, da Ihr Erfolg direkt mit dem Erfolg derer in Ihrem Netzwerk zusammenhängt.

7. Unvergleichliche Führungsqualitäten: Nach Kiyosaki bietet Netzwerkmarketing echtes Führungstraining in der Praxis und bietet Möglichkeiten, Teams zu leiten.

8. Es ist ein Vermögenswert: Kiyosaki beendet diesen Abschnitt mit der Aussage, dass ein gut aufgebautes Netzwerkmarketinggeschäft ein greifbarer Vermögenswert ist, der einen zuverlässigen Einkommensstrom bietet.

**Vier Typen von Menschen, die die Geschäftswelt ausmachen**

Kiyosaki führt auch sein Cashflow-Quadrantenkonzept wieder ein, ein Konzept, das ursprünglich in seinem Buch "Rich Dad Poor Dad" detailliert beschrieben wurde. Er umreißt vier Kategorien von Menschen, die die Geschäftswelt ausmachen:

- E (Angestellte)

- S (Kleinunternehmer und Selbstständige)

- B (Unternehmer)

- I (Investoren)

Kiyosaki argumentiert, dass Netzwerkmarketing ein einfacher und zugänglicher Weg für Menschen, die als 'E' oder 'S' kategorisiert sind, ist, um in den 'B' Quadranten überzugehen.

**Netzwerkmarketing im 21. Jahrhundert**

Kiyosaki prognostiziert, dass das Netzwerkmarketing weiter wachsen wird, teilweise aufgrund wirtschaftlicher Instabilität, die es Menschen schwer macht, sich allein auf traditionelle Jobs für ihr Einkommen zu verlassen. Er glaubt auch, dass Netzwerkmarketing, da Jobs weniger sicher werden, einen Weg für Durchschnittsmenschen bietet, überdurchschnittliche Einkommen zu erzielen und ihre finanzielle Zukunft zu sichern.

**Kritik am traditionellen Bildungssystem**

Wie in seinen anderen Werken kritisiert Kiyosaki das traditionelle Bildungssystem dafür, dass es Studenten nicht auf finanzielle Unabhängigkeit vorbereitet. Er argumentiert, dass Netzwerkmarketing als eine Art 'Business School der realen Welt' dient und den Menschen Geschäfts- und zwischenmenschliche Fähigkeiten bietet, die die formale Bildung oft nicht bieten kann.

**Abschließende Gedanken**

Insgesamt dient "The Business of the 21st Century" als überzeugendes Argument zugunsten des Netzwerkmarketings als ein legitimes und vorteilhaftes Geschäftsmodell. Das Buch richtet sich an Menschen, die mit ihrer aktuellen finanziellen Situation unzufrieden sind, und bietet einen alternativen Weg durch Netzwerkmarketing. Es zielt darauf ab, das Stigma, das mit Netzwerkmarketingunternehmen verbunden ist, zu entkräften und es als einen gangbaren Weg zu bestätigen, um Geschäftsfähigkeiten zu erlangen und finanzielle Unabhängigkeit zu erreichen.

| Stärken und Schwächen |
|---|

**Stärken**

1. Klarheit des Konzepts: Kiyosaki leistet hervorragende Arbeit bei der Entmystifizierung des Geschäftsmodells des Netzwerkmarketings. Er widerlegt gängige Mythen und bietet eine klare Wegbeschreibung für den Erfolg in der Branche.

2. Zugänglichkeit: Das Buch ist in einer einfachen und unkomplizierten Art geschrieben, was es für Leser mit unterschiedlichen Geschäftskenntnissen und -erfahrungen zugänglich macht.

3. Handlungsorientierung: Kiyosaki gibt umsetzbare Ratschläge, die sofort angewandt werden können. Es handelt sich hierbei nicht nur um Theorie, sondern um praktische Tipps und Strategien für den Erfolg im Netzwerkmarketing.

4. Ganzheitliche finanzielle Bildung: Während sich das Buch auf das Netzwerkmarketing konzentriert, bietet es auch einen breiten Überblick über die finanzielle Bildung, einschließlich der Bedeutung des Generierens passiver Einkommen und Vermögenswerte, was für jeden Leser wertvoll ist.

5. Glaubwürdigkeit: Angesichts von Kiyosakis Status als erfolgreicher Unternehmer und Bestsellerautor verfügt das Buch über eine Glaubwürdigkeit, die vielen anderen Büchern über Netzwerkmarketing fehlt.

6. Beispiele aus der realen Welt: Kiyosaki bezieht Anekdoten und Beispiele aus der realen Welt mit ein, um seine Punkte zu verfestigen, was die abstrakten Konzepte leichter fassbar macht.

7. Befähigend: Das Buch ist tendenziell motivierend und inspirierend und vermittelt ein Gefühl der Selbstbefähigung, die Kontrolle über die eigene finanzielle Zukunft zu übernehmen.

**Schwächen**

1. Übermäßiger Optimismus: Kiyosakis optimistische Sicht auf das Netzwerkmarketing könnte einige dazu verleiten, die Herausforderungen und Fallstricke dieses Geschäftsmodells zu unterschätzen.

2. Mangel an Detail: Während das Buch einen soliden Überblick bietet, fehlt es an einer tiefgehenden Analyse und nuancierten Diskussion über das Netzwerkmarketing, was für erfahrenere Leser nützlich sein könnte.

3. Kommerzielle Untertöne: Es gibt Momente, in denen das Buch eher wie ein ausgedehnter Verkaufspitch für Netzwerkmarketing als eine objektive Betrachtung seiner Vor- und Nachteile wirkt.

4. Begrenzter Umfang: Obwohl das Buch einen umfassenden Blick auf das Netzwerkmarketing bietet, liefert es nicht viel Anleitung zu anderen Geschäftsmodellen oder wie das Netzwerkmarketing im Detail mit ihnen verglichen werden kann.

5. Umstrittenes Thema: Netzwerkmarketing wird oft mit Skepsis betrachtet, und einige Leser könnten Kiyosakis unkritischen Ansatz als problematisch empfinden.

6. Anekdotische Beweise: Das Buch stützt sich stark auf Anekdoten und Erfolgsgeschichten, die zwar inspirierend, aber nicht ausgewogen sind und keine datenbasierte Sicht auf die Erfolgsquote im Netzwerkmarketing bieten.

7. Veraltete Informationen: Das Buch wurde 2010 veröffentlicht, und einige Informationen können veraltet oder angesichts der Veränderungen in der Geschäftslandschaft weniger relevant sein.

| Fazit |
|---|

"Das Business des 21. Jahrhunderts" dient als ein zugänglicher und motivierender Leitfaden zum Netzwerkmarketing, besonders für diejenigen, die neu in diesem Konzept sind. Es zielt darauf ab, seine Leser zu befähigen, die Kontrolle über ihr finanzielles Schicksal zu übernehmen. Das Buch könnte jedoch von einer ausgewogeneren und tiefgehenden Diskussion der Herausforderungen und Nachteile des Netzwerkmarketings profitieren. Trotz seiner Einschränkungen dient es als solider Ausgangspunkt für jeden, der an diesem speziellen Geschäftsmodell interessiert ist.

# Die Gesetze der Gewinner

*von Bodo Schäfer*

| Überblick |
|---|

"Die Gesetze der Gewinner: Erfolg und ein erfülltes Leben" ist ein motivierendes Selbsthilfebuch von Bodo Schäfer, einem bekannten Autor in den Bereichen Finanzen und Selbstmanagement. In diesem Werk präsentiert Schäfer eine Sammlung von Prinzipien und Leitsätzen, die darauf abzielen, den Leser auf dem Weg zu persönlichem und beruflichem Erfolg zu leiten. Das Buch ist nicht nur ein Leitfaden zum Erfolg, sondern auch eine Anleitung für ein zufriedenstellendes und erfülltes Leben.

| Zusammenfassung |
|---|

### Grundlegende Philosophie

Schäfer beginnt mit der grundlegenden Annahme, dass jeder Mensch das Potenzial hat, erfolgreich zu sein. Erfolg wird nicht als Glückssache, sondern als das Ergebnis bewusster Entscheidungen und Handlungen dargestellt.

### Die 30 Gesetze der Gewinner

Das Herzstück des Buches sind die 30 "Gesetze", die Schäfer formuliert hat. Jedes Gesetz ist ein Prinzip oder eine Richtlinie, die darauf abzielt, den Leser in verschiedenen Aspekten des Lebens und der Karriere zu unterstützen.

Diese Gesetze umfassen eine breite Palette von Themen, darunter Zielsetzung, Zeitmanagement, Finanzplanung, persönliche Entwicklung, Umgang mit Misserfolgen und Aufbau von Beziehungen.

### Wichtigkeit von Zielen

Schäfer legt großen Wert auf die Bedeutung von klaren Zielen. Er betont, dass erfolgreiche Menschen wissen, was sie wollen, und konkrete Pläne haben, um ihre Ziele zu erreichen.

### Disziplin und Gewohnheiten

Ein weiterer Schwerpunkt liegt auf der Disziplin. Schäfer argumentiert, dass Disziplin und gute Gewohnheiten entscheidend sind, um konsequent auf Ziele hinzuarbeiten und sie zu erreichen.

### Handeln statt Zögern

Schäfer betont die Notwendigkeit, proaktiv zu sein. Überwinden Sie Trägheit und Selbstzweifel durch unmittelbares Handeln.

### Zeitmanagement

Schäfer gibt praktische Tipps zum effektiven Umgang mit der Zeit, einer der begrenztesten Ressourcen im Leben.

### Umgang mit Misserfolgen

Schäfer spricht auch den Umgang mit Misserfolgen und Rückschlägen an. Er sieht Misserfolge als Lernmöglichkeiten und betont die Bedeutung einer positiven Einstellung.

### Finanzieller Erfolg

Ein Teil des Buches widmet sich dem finanziellen Erfolg. Schäfer gibt praktische Ratschläge, wie man seine Finanzen managt, spart und investiert. Schäfer diskutiert Strategien zur Geldanlage und zur Verbesserung der finanziellen Situation, darunter auch der Aufbau von passiven Einkommensströmen.

### Persönliche Entwicklung

Persönliche Entwicklung ist ein durchgängiges Thema. Schäfer motiviert die Leser zur Selbstreflexion, zum lebenslangen Lernen und zur stetigen Verbesserung.

### Die Kraft der Kommunikation

Effektive Kommunikation und Beziehungsaufbau werden als wesentliche Elemente für den Erfolg hervorgehoben. Schäfer gibt Tipps, wie man im beruflichen und privaten Umfeld besser kommunizieren kann.

### Balance zwischen Beruf und Privatleben

Schäfer spricht auch die Bedeutung eines ausgewogenen Lebens an und gibt Ratschläge, wie man Beruf und Privatleben in Einklang bringen kann.

### Selbstbild und Selbstvertrauen

Ihr Selbstbild beeinflusst, wie Sie die Welt sehen und wie die Welt Sie sieht. Ein positives Selbstbild ist entscheidend für den Erfolg.

### Anpassungsfähigkeit

Schäfer erklärt, dass Flexibilität und die Fähigkeit zur Anpassung an neue Situationen entscheidend für den langfristigen Erfolg sind.

### Gesundheit und Wohlbefinden

Schäfer betont die Bedeutung der körperlichen und geistigen Gesundheit als Grundlage für jeglichen Erfolg.

### Anwendungen, Fallstudien und Tools

Schäfer bietet mehrere Fallstudien und praktische Beispiele, um die oben genannten Gesetze zu illustrieren. Diese reichen von Geschichten erfolgreicher Unternehmer bis zu einfachen Strategien, die jeder in seinem täglichen Leben anwenden kann. Es werden auch Tools und Vorlagen für Dinge wie Budgetplanung, Zielsetzung und Zeitmanagement bereitgestellt.

## Stärken und Schwächen

### Stärken

1. Breites Themenspektrum: Bodo Schäfer behandelt eine Vielzahl von Themen, von Zielsetzung und Zeitmanagement bis hin zu Finanzplanung und persönlicher Entwicklung, was das Buch zu einem umfassenden Ratgeber macht.

2. Praktische Ratschläge: Das Buch bietet konkrete und praktische Tipps, die Leser direkt in ihrem Alltag anwenden können. Die Ratschläge sind oft mit Schäfers persönlichen Erfahrungen und Beispielen untermauert.

3. Motivierende Inhalte: Schäfer nutzt eine motivierende Sprache und inspirierende Geschichten, die die Leser ermutigen, ihre eigenen Ziele zu verfolgen und Herausforderungen zu meistern.

4. Einfache und klare Sprache: Das Buch ist in einer einfachen und verständlichen Sprache geschrieben, was es für ein breites Publikum zugänglich macht.

5. Fokus auf Selbstverbesserung: Der Schwerpunkt auf persönlicher Entwicklung und lebenslangem Lernen ist besonders wertvoll für die Leser, die nach Selbstverbesserung streben.

**Schwächen**

1. Mögliche Übervereinfachung: Einige der Konzepte und "Gesetze" könnten als übervereinfacht angesehen werden, besonders wenn es um komplexe Lebens- und Arbeitssituationen geht.

2. Einheitslösung: Das Buch neigt dazu, eine Einheitslösung für unterschiedliche Probleme vorzuschlagen, was in der realen Welt nicht immer anwendbar ist.

3. Fehlen von Tiefe bei komplexen Themen: Obwohl das Buch eine Vielzahl von Themen abdeckt, fehlt es manchmal an Tiefe, besonders bei komplexen Themen wie Finanzmanagement und persönlicher Entwicklung.

4. Idealistische Sichtweise: Einige Ratschläge könnten als zu idealistisch oder unrealistisch für Personen in bestimmten Lebenssituationen angesehen werden.

5. Nicht für jedes Publikum geeignet: Das Buch richtet sich hauptsächlich an Leser, die sich für Selbsthilfe und persönliches Wachstum interessieren, und ist möglicherweise nicht für jeden ansprechend.

| Fazit |
|---|

"Die Gesetze der Gewinner" von Bodo Schäfer ist ein motivierendes und umfassendes Werk, das eine Vielzahl von Strategien und Techniken bietet, um persönlichen und beruflichen Erfolg zu erzielen. Mit seiner klaren und einfachen Sprache ist das Buch zugänglich und kann vielen Menschen helfen, ihre Ziele zu formulieren und zu erreichen. Während einige der Konzepte als übervereinfacht oder idealistisch angesehen werden könnten, bietet das Buch insgesamt eine solide Grundlage für diejenigen, die nach praktischen Ratschlägen für Selbstverbesserung und Erfolg suchen. Es ist besonders wertvoll für Leser, die motiviert sind, sich selbst weiterzuentwickeln und in verschiedenen Lebensbereichen erfolgreich zu sein.

# Der Weg zur finanziellen Freiheit: Ihre erste Million in 7 Jahren

*von Bodo Schäfer*

## Überblick

"Der Weg zur finanziellen Freiheit" von Bodo Schäfer ist ein umfassendes Buch, das Lesern einen detaillierten Plan bietet, um innerhalb von sieben Jahren finanzielle Unabhängigkeit zu erreichen und ihre erste Million zu verdienen. Das Buch kombiniert finanzielle Anleitungen mit persönlicher Entwicklung und Motivationstechniken.

## Zusammenfassung

### Einführung in finanzielle Freiheit

Schäfer beginnt mit einer grundlegenden Einführung in das Konzept der finanziellen Freiheit. Er definiert finanzielle Freiheit als Zustand, in dem man nicht mehr arbeiten muss, um seinen Lebensunterhalt zu bestreiten, und legt dar, warum dies ein erstrebenswertes Ziel ist.

### Wesentliche Prinzipien

1. Die Bedeutung der finanziellen Bildung: Schäfer argumentiert, dass eine fundierte finanzielle Bildung in der Schule und in der Familie oft fehlt. Er betont, dass der erste Schritt auf dem Weg zur finanziellen Freiheit darin besteht, sich dieses Wissen selbst anzueignen.

2. Finanzielle Ziele setzen: Ein wichtiges Prinzip, das Schäfer einführt, ist die Bedeutung von klaren, quantifizierbaren Zielen. Er empfiehlt, sowohl kurzfristige als auch langfristige Ziele festzulegen und regelmäßig den Fortschritt zu überprüfen.

3. Disziplin und Gewohnheiten: Laut Schäfer ist einer der wichtigsten Faktoren für finanziellen Erfolg die Disziplin. Schäfer spricht darüber, wie man durch disziplinierte Ausgaben, regelmäßiges Sparen und kluge Investitionsentscheidungen ein Vermögen aufbauen kann. Er legt nahe, dass man gute Gewohnheiten entwickeln und schlechte Gewohnheiten loswerden sollte, um finanzielle Freiheit zu erreichen.

4. Investieren und Sparen: Das Buch enthält konkrete Tipps zum Investieren und Sparen. Schäfer diskutiert verschiedene Anlageklassen wie Aktien, Immobilien und Anleihen. Er betont die Bedeutung des Sparens und des Zinseszins-Effekts.

5. Risikomanagement: Schäfer diskutiert das Risikomanagement als entscheidenden Aspekt der finanziellen Planung. Er spricht über Notfallfonds, Versicherungen und die Diversifikation von Investments.

6. Das Prinzip der Mehrwerte: Schäfer stellt das Konzept der Schaffung von Mehrwert vor, sei es durch unternehmerische Tätigkeiten oder durch die Investition in sich selbst, um wertvollere Fähigkeiten und Kenntnisse zu erlangen.

7. Netzwerke und Mentoren: Schäfer empfiehlt, sich ein starkes Netzwerk aus Kontakten und Mentoren aufzubauen, die auf dem Weg zur finanziellen Freiheit Unterstützung und Ratschläge bieten können.

### Die Bedeutung des richtigen Mindsets

Ein zentrales Thema des Buches ist die Bedeutung des Mindsets. Schäfer betont, dass ein positives und zielorientiertes Mindset entscheidend für den finanziellen Erfolg ist. Er spricht über die mentalen Barrieren und Glaubenssätze, die viele Menschen davon abhalten, finanziell erfolgreich zu sein.

### Strategien zum Schuldenabbau

Ein wichtiger Teil des Buches widmet sich dem effektiven Umgang mit Schulden. Schäfer rät dazu, Schulden zu vermeiden oder existierende Schulden schnell abzubauen, da diese ein großes Hindernis auf dem Weg zur finanziellen Freiheit darstellen.

### Wege zur Einkommenssteigerung

Neben Sparen und Investieren ist die Steigerung des Einkommens ein weiterer Schwerpunkt. Schäfer diskutiert verschiedene Strategien, um das Einkommen zu erhöhen, darunter Gehaltserhöhungen, Nebenbeschäftigungen und selbstständige Tätigkeiten.

### Persönliche Entwicklung

Persönliche Entwicklung ist ein zentrales Element des Buches. Schäfer betont die Bedeutung des persönlichen Wachstums und der ständigen Weiterbildung für den finanziellen Erfolg.

### Praktische Tipps und Beispiele

Das Buch enthält zahlreiche praktische Tipps, Anleitungen und Fallstudien, die die vorgestellten Konzepte und Strategien veranschaulichen.

### Motivation und Durchhaltevermögen

Schäfer verwendet motivierende Sprache und inspirierende Geschichten, um die Leser zu ermutigen, auch bei Rückschlägen auf ihrem Weg zur finanziellen Freiheit nicht aufzugeben.

In "Der Weg zur finanziellen Freiheit" liefert Bodo Schäfer einen klaren und strukturierten Plan für jeden, der nach finanzieller Unabhängigkeit strebt. Durch die Kombination von finanziellen Strategien, Tipps zur persönlichen Entwicklung und motivierenden Techniken bietet das Buch einen umfassenden Leitfaden für alle, die ihre finanziellen Ziele erreichen und ihre finanzielle Situation verbessern wollen.

## Stärken und Schwächen

### Stärken

1. Praktische Anleitungen: Das Buch bietet konkrete, schrittweise Anleitungen und Strategien, wie man finanzielle Unabhängigkeit erreicht, was es zu einem praktischen Ratgeber für Finanzmanagement macht.

2. Motivierender Ansatz: Schäfer nutzt eine motivierende und inspirierende Sprache, die Leser dazu ermutigen kann, ihre finanziellen Ziele aktiv zu verfolgen.

3. Umfassender Ansatz: Das Buch deckt ein breites Spektrum an Themen ab, von Schuldenmanagement und Investitionen bis hin zu persönlicher Entwicklung und Einkommenssteigerung.

4. Realistische Beispiele: Durch die Nutzung von Fallstudien und realistischen Beispielen macht Schäfer die vorgestellten Konzepte greifbar und umsetzbar.

5. Betonung des Mindsets: Die Betonung eines positiven und zielorientierten Mindsets ist eine wichtige Komponente des Buches, da es die Grundlage für jeglichen finanziellen Erfolg bildet.

**Schwächen**

1. Überoptimistische Erwartungen: Der Titel "Ihre erste Million in 7 Jahren" könnte unrealistische Erwartungen wecken, da solche Ergebnisse nicht für jeden Leser erreichbar sein könnten.

2. Einheitslösung: Die im Buch vorgeschlagenen Methoden mögen nicht für alle individuellen Situationen und Umstände passen, da finanzielle Ziele stark variieren können.

3. Überbetonung des finanziellen Erfolgs: Das Buch konzentriert sich stark auf finanziellen Erfolg, was zu einer Vernachlässigung anderer Lebensaspekte führen könnte.

4. Fehlende Tiefe bei komplexen Themen: Einige komplexe Finanzthemen könnten tiefergehend behandelt werden, um ein umfassenderes Verständnis zu ermöglichen.

5. Marktspezifische Ratschläge: Einige der finanziellen Ratschläge könnten in unterschiedlichen wirtschaftlichen oder geografischen Kontexten weniger anwendbar sein.

| **Fazit** |
|---|

"Der Weg zur finanziellen Freiheit" ist ein motivierendes und umfassendes Werk, das Lesern praktische Strategien und wertvolle Einsichten für den Aufbau finanzieller Unabhängigkeit bietet. Obwohl das Buch in einigen Bereichen möglicherweise überoptimistische Erwartungen setzt und eine tiefere Behandlung komplexer Themen vermissen lässt, ist es dennoch ein wertvoller Ratgeber für alle, die ihre finanzielle Situation verbessern möchten. Die Leser sollten jedoch beachten, dass finanzieller Erfolg von vielen individuellen Faktoren abhängt und die im Buch vorgestellten Methoden als allgemeine Leitlinien und nicht als Garantie für den Erfolg angesehen werden sollten.

# Ein Hund namens Money

*von Bodo Schäfer*

## Überblick

"Ein Hund namens Money" ist ein Buch von Bodo Schäfer, das sich an ein junges Publikum richtet und auf unterhaltsame Weise finanzielle Bildung vermittelt. Es ist eine Geschichte, die sowohl Kinder als auch Erwachsene anspricht und wichtige Lektionen über Geld, Sparen, Investieren und den Umgang mit Finanzen vermittelt.

## Zusammenfassung

**Hauptcharaktere:**

Kira: Die Hauptfigur, ein junges Mädchen, das grundlegende Prinzipien des Geldmanagements und des Investierens lernt.

Money: Ein sprechender Hund, der Kira auf ihrer Reise begleitet und ihr Mentor in finanziellen Angelegenheiten ist.

**Anfang der Geschichte:**

Die Geschichte beginnt mit Kira, die finanziell nicht besonders gebildet ist. Sie hat keine Ahnung, wie man mit Geld umgeht, spart oder investiert. Kiras Familie ist nicht besonders wohlhabend, was ihre Neugier und ihr Bedürfnis, mehr über Geld zu lernen, weiter anfacht.

**Kiras Begegnung mit Money:**

Kira trifft auf den ungewöhnlichen, sprechenden Hund Money. Money ist weise, kennt sich mit Finanzen aus und wird zu Kiras Lehrer. Money erklärt Kira, dass Geld nicht das Wichtigste im Leben ist, aber ein wichtiges Werkzeug sein kann, um Ziele zu erreichen und Träume zu verwirklichen.

**Lektionen von Money:**

• Sparen: Money lehrt Kira, dass Sparen grundlegend ist. Er ermutigt sie, einen Teil ihres Taschengeldes zu sparen.

• Investieren: Kira lernt, dass das Geld, das sie spart, für sie arbeiten kann, wenn sie es klug investiert.

- Zinseszins: Money erklärt das Konzept des Zinseszinses, wobei Geld im Laufe der Zeit exponentiell wächst.

- Selbstdisziplin: Die Wichtigkeit von Selbstdisziplin und Geduld im finanziellen Kontext wird hervorgehoben.

- Ziele setzen: Kira erfährt, wie wichtig es ist, klare finanzielle Ziele zu haben und Pläne zu entwickeln, um diese zu erreichen.

**Kiras Entwicklung:**

Im Laufe der Geschichte entwickelt sich Kira von einem finanziell unerfahrenen Mädchen zu einer Person, die Geld bewusst und effektiv managt. Sie beginnt, ihr Taschengeld zu sparen, lernt über Aktien und andere Investitionsmöglichkeiten und fängt an, ihr Geld anzulegen.

**Höhepunkt und Ende:**

Der Höhepunkt der Geschichte ist, als Kira genug Geld gespart und investiert hat, um eines ihrer größten Ziele zu erreichen. Die Geschichte endet mit einer positiven Note, wobei Kira nicht nur in finanzieller Hinsicht reicher ist, sondern auch wertvolle Lebenslektionen gelernt hat.

**Wichtige Themen und Botschaften:**

- Finanzielle Bildung: Das Buch betont die Bedeutung finanzieller Bildung schon in jungen Jahren.

- Eigenverantwortung: Es fördert das Konzept der Eigenverantwortung in Bezug auf Geld.

- Langfristiges Denken: Die Geschichte lehrt die Bedeutung von langfristigem Denken und Planen.

- Werte und Prioritäten: Neben finanziellen Ratschlägen betont das Buch auch die Wichtigkeit, die richtigen Werte und Prioritäten im Leben zu setzen.

**Ziel und Einfluss:**

"Ein Hund namens Money" zielt darauf ab, junge Leser auf eine unterhaltsame und verständliche Weise über Geld und Finanzen aufzuklären. Es ist ein einzigartiger Ansatz, um komplexe Themen wie Wirtschaft, Sparen und Investieren zugänglich zu machen. Das Buch hat zahlreiche junge Leser und auch Erwachsene inspiriert, ihr Verhältnis zu Geld zu überdenken und proaktiver in ihren finanziellen Entscheidungen zu werden.

## Stärken und Schwächen

**Stärken**

1. Pädagogischer Wert: Eine der größten Stärken des Buches ist sein pädagogischer Ansatz. Schäfer erklärt komplexe finanzielle Konzepte auf eine Weise, die für Kinder verständlich ist. Dies macht das Buch zu einem wertvollen Werkzeug für die finanzielle Früherziehung.

2. Engagierende Erzählweise: Die Geschichte ist fesselnd und unterhaltsam, was die Leser motiviert, weiterzulesen. Der Charakter von Money ist besonders ansprechend und trägt wesentlich dazu bei, die Leser zu engagieren.

3. Praktische Lektionen: Das Buch bietet praktische Ratschläge und Lektionen, die nicht nur theoretisch, sondern auch im realen Leben anwendbar sind. Dieser praktische Ansatz ist besonders nützlich für junge Leser, die beginnen, ein Verständnis für Geld und Finanzen zu entwickeln.

4. Charakterentwicklung: Kira, als Hauptfigur, zeigt eine deutliche Entwicklung. Ihre Reise von einem naiven zu einem finanziell bewussteren Individuum ist gut dargestellt und motivierend.

5. Lebensnahe Themen: Das Buch behandelt auch allgemeine Lebenslektionen wie Selbstdisziplin, Zielsetzung und die Bedeutung harter Arbeit, was seinen erzieherischen Wert erhöht.

**Schwächen**

1. Vereinfachung komplexer Konzepte: Obwohl die Vereinfachung komplexer Themen für das junge Publikum notwendig ist, besteht die Gefahr einer Übervereinfachung, die wichtige Nuancen und Risiken des Investierens außer Acht lässt.

2. Realitätsferne Elemente: Der Charakter des sprechenden Hundes, obwohl er für Kinder ansprechend ist, könnte bei älteren Lesern Unglaubwürdigkeit hervorrufen.

3. Fehlende Tiefe in finanziellen Details: Für Leser mit etwas Vorkenntnissen könnten die finanziellen Ratschläge und Erklärungen zu oberflächlich erscheinen.

4. Mögliche kulturelle und wirtschaftliche Einschränkungen: Einige der Ratschläge und Szenarien könnten in verschiedenen kulturellen oder wirtschaftlichen Kontexten weniger anwendbar sein.

5. Zielgruppenbeschränkung: Das Buch richtet sich hauptsächlich an junge Leser. Erwachsene oder fortgeschrittene Leser im Bereich Finanzen könnten es als zu grundlegend empfinden.

| **Fazit** |
|---|

"Ein Hund namens Money" ist ein lobenswertes Werk, das wichtige Finanzkenntnisse auf eine Weise vermittelt, die Kinder anspricht und bildet. Es ist eine wertvolle Ressource für Eltern und Erzieher, um Kindern die Grundlagen des Geldmanagements beizubringen. Trotz einiger Schwächen in Bezug auf die Vereinfachung und die Zielgruppenbeschränkung bietet das Buch einen soliden Einstieg in die Welt der Finanzen und kann als Ausgangspunkt für weiterführende Bildung in diesem Bereich dienen.

# The Secret – Das Geheimnis

*von Rhonda Byrne*

## Überblick

"The Secret – Das Geheimnis", geschrieben von Rhonda Byrne, ist ein Selbsthilfebuch, das das Konzept des Gesetzes der Anziehung untersucht. Seit seiner Veröffentlichung im Jahr 2006 hat es große Beliebtheit erlangt und wurde in 50 Sprachen übersetzt, was seine weltweite Anziehungskraft demonstriert. Das Buch vertritt die Ansicht, dass das Denken an etwas und das Fokussieren der Absichten, ob positiv oder negativ, diese Dinge in das Leben "anziehen" kann. Hier ist eine detaillierte Zusammenfassung:

## Zusammenfassung

**Vorwort**

• Einführung in Das Geheimnis

• Rhonda teilt die Transformation ihres eigenen Lebens, nachdem sie „Das Geheimnis" entdeckt hat.

• Sie stellt die Prämisse auf, dass Das Geheimnis alte Wurzeln hat und im Laufe der Geschichte unterdrückt wurde.

**Kapitelzusammenfassungen**

**1. Das Geheimnis – offenbart**

• Byrne stellt das Konzept des Gesetzes der Anziehung vor.

• Legt nahe, dass Gleiches Gleiches anzieht und Gedanken die Macht haben, die Realität zu beeinflussen.

**2. Das Geheimnis – ganz einfach**

• Erklärt, wie das Gesetz der Anziehung auf einfache Weise funktioniert.

• Diskutiert Schwingungen und Frequenzen, die mit Gedanken und Gefühlen verbunden sind.

### 3. Das Geheimnis – praktisch

• Bietet eine Anleitung zur Anwendung des Gesetzes der Anziehung, um Wünsche zu manifestieren.

• Stellt einen dreistufigen Prozess vor: Fragen, Glauben und Empfangen.

### 4. Kraftvolle Prozesse

• Beschreibt verschiedene Prozesse wie Visualisierung und Dankbarkeit, um die Kraft des Gesetzes der Anziehung zu verstärken.

### 5. Das Geheimnis über Geld

• Veranschaulicht, wie das Fokussieren auf Wohlstand und Überfluss Reichtum anziehen kann.

• Liefert Anekdoten und Beispiele, um die Anwendung des Gesetzes der Anziehung beim Erwerb von Reichtum darzustellen.

### 6. Das Geheimnis über Beziehungen

• Erklärt die Anwendung des Gesetzes der Anziehung beim Aufbau und der Reparatur von Beziehungen.

• Behauptet, dass das Lieben seiner selbst der Schlüssel zu erfolgreichen Beziehungen ist.

### 7. Das Geheimnis über Gesundheit

• Diskutiert körperliches Wohlbefinden und Heilung durch eine positive Denkweise.

• Legt nahe, dass negative Gedanken körperliche Leiden manifestieren, während positive Gedanken heilen können.

### 8. Das Geheimnis über die Welt

• Ermutigt die Leser, sich eine friedliche und wohlhabende Welt vorzustellen, um eine globale Transformation zu schaffen.

### 9. Das Geheimnis über Sie

• Behauptet, dass das Verständnis und die Nutzung des Gesetzes der Anziehung eine individuelle Transformation ermöglichen können.

## 10. Das Geheimnis über das Leben

• Schließt mit der Bestätigung der Macht und des Potenzials des menschlichen Lebens, wenn das Gesetz der Anziehung vollständig realisiert und genutzt wird.

**Kernkonzepte:**

**Gesetz der Anziehung:**

• Ein universelles Gesetz, das auf dem Prinzip operiert, dass Gleiches Gleiches anzieht.

• Unsere Gedanken, sowohl bewusst als auch unbewusst, beeinflussen und formen unsere Lebenserfahrungen.

**Kraft des positiven Denkens:**

• Positive Gedanken ziehen positive Erfahrungen an und umgekehrt.

• Die Wichtigkeit, eine positive Einstellung zu bewahren und freudige Erfahrungen zu kultivieren.

**Visualisierung:**

• Sich gewünschte Ergebnisse lebhaft vorstellen, um dem Universum klare Nachrichten darüber zu senden, was man möchte.

**Dankbarkeit:**

• Das Wertschätzen und Anerkennen von Segnungen, um mehr von dem anzuziehen, wofür man dankbar ist.

**Bitten, Glauben und Empfangen:**

• Drei Schritte zur Manifestation dessen, was man mit dem Gesetz der Anziehung will.

**Wichtige Erkenntnisse:**

• Eine positive Einstellung aufrechtzuerhalten, sich auf gewünschte Ergebnisse zu konzentrieren und den Erfolg zu visualisieren, ist entscheidend.

• Die Macht, das eigene Leben zu verändern und Wünsche zu manifestieren, liegt im Inneren.

- Dankbarkeit und positive Affirmationen verwenden, um die Effekte des Gesetzes der Anziehung zu verstärken.

Das Buch wurde für seine motivierende und inspirierende Wirkung auf die Leser gelobt, ist aber auch für seine vereinfachte Darstellung und den Mangel an wissenschaftlicher Untermauerung kritisiert worden. Dennoch hat es eine beträchtliche Anhängerschaft generiert und zur Schaffung einer "Geheimnis"-Franchise geführt, einschließlich weiterer Bücher und eines Spielfilms.

## Stärken und Schwächen

**Stärken**

1. Motivierend und inspirierend:

Das Buch hat ein starkes Potenzial, Leser zu inspirieren und zu motivieren. Viele Menschen haben durch seine Kapitel ein Gefühl der Befähigung und Positivität gefunden.

2. Einfachheit und Zugänglichkeit:

Die klare Sprache und die leicht verständlichen Konzepte sorgen dafür, dass es für ein breites Publikum zugänglich ist. Byrne macht einen guten Job, das Konzept des Gesetzes der Anziehung in einfache, verdauliche Teile zu zerlegen.

3. Reichhaltige Anekdoten:

Das Buch bietet eine Fülle von Anekdoten und Zeugnissen, die sehr inspirierend sein können. Diese Geschichten bieten praktische Beispiele, wie die Prinzipien angewandt werden können.

4. Ansprechendes Konzept:

Das Kernkonzept, dass man die Macht hat, sein Leben durch seine Gedanken zu verändern, ist sehr ansprechend und kann Hoffnung und Befähigung bieten.

**Schwächen**

1. Mangel an wissenschaftlicher Untermauerung:

Eine der wesentlichen Kritiken an "The Secret" ist der Mangel an wissenschaftlichen oder empirischen Beweisen, die seine Behauptungen stützen. Die Prinzipien, obwohl sie in einem motivierenden Kontext solide sind, werden oft kritisch betrachtet aufgrund des Fehlens von fundierter Forschung.

2. Über-Vereinfachung:

Kritiker argumentieren, dass es komplexe Lebenssituationen übervereinfacht, indem impliziert wird, dass alle negativen Situationen im Leben eines Menschen auf negatives Denken zurückzuführen sind.

3. Mögliche Opferbeschuldigung:

Es kann unbeabsichtigt implizieren, dass Menschen in schwierigen Umständen für ihre Notlagen aufgrund ihrer Denkweise oder ihrer Schwingungsenergie verantwortlich sind.

4. Materialistischer Fokus:

Einige Leser glauben, dass das Buch stark auf materiellen Gewinn ausgerichtet ist, mit zahlreichen Beispielen rund um den Erwerb von Reichtum, was nicht bei jedem Anklang finden könnte.

5. Praktische Anwendung:

Während das Buch das Denken und Visualisieren im positiven Sinne diskutiert, bietet es kein robustes Rahmenwerk für die praktische Anwendung in realen Szenarien. Einige Leser könnten es als Herausforderung empfinden, diese Prinzipien praktisch in ihrem Leben anzuwenden, ohne klare, handlungsorientierte Schritte.

6. Philosophische und ethische Bedenken:

Die philosophische Basis von „The Secret" könnte als selbstzentriert angesehen werden, mit dem Fokus auf individuellem Gewinn statt auf kollektivem Wohlergehen.

7. Psychologischer Aspekt:

Die Annahme, dass allein positives Denken psychische Gesundheitsherausforderungen überwinden kann, kann als Herunterspielen der Komplexität psychologischer Gesundheit angesehen werden.

## Fazit

"The Secret" hat zweifellos einen bedeutenden Einfluss auf seine Leser, von denen einige sich inspirieren lassen und daraus neue, positive Wege finden. Seine Einfachheit und motivationalen Elemente bieten eine Grundlage für

Menschen, ihre Glaubenssysteme und Einstellungen zum Leben zu erkunden. Die Kritikpunkte an dem Buch, insbesondere in Bezug auf den Mangel an Tiefe, empirische Belegbarkeit und die Gefahr der Über-Vereinfachung, werfen jedoch Fragen hinsichtlich der Anwendbarkeit und ethischen Überlegungen auf. Obwohl das Buch als Leuchtturm des positiven Denkens und der Selbstbefähigung steht, mag es klug sein, seine Lehren mit einer ausgeglichenen Perspektive zu betrachten und anzuerkennen, dass die Schlüssel zu Wohlstand und Glück vielschichtig sind und nicht ausschließlich im Gesetz der Anziehung verwurzelt sind.

# Grenzenlose Energie – das Powerprinzip

*von Tony Robbins*

## Überblick

"Grenzenlose Energie – das Powerprinzip" ist ein Selbsthilfebuch von Tony Robbins, das erstmals 1986 veröffentlicht wurde. Das Buch zielt darauf ab, den Lesern Werkzeuge und Techniken zu vermitteln, um ihr eigenes Leben zu meistern, indem sie die Kraft des Geistes und andere psychologische Prinzipien nutzen. Robbins argumentiert, dass wir alle unbegrenztes Potenzial haben, um zu erreichen, was wir wollen, und er skizziert Strategien, um dieses Potenzial zu entfesseln. Das Buch ist in mehrere Abschnitte gegliedert, wobei jeder Abschnitt sich auf verschiedene Aspekte der Lebensmeisterung konzentriert, von Kommunikation und Entscheidungsfindung bis hin zum Verständnis des menschlichen Körpers und Geistes.

"Unbegrenzte Kraft" ist umfassend und berührt eine Vielzahl von Themen, von grundlegender Psychologie und NLP-Techniken bis hin zu komplexen Themen wie Glaubenssystemen und sogar Gesundheit und Wohlbefinden. Es ist als praktisches Handbuch für die persönliche Transformation konzipiert und bietet zahlreiche Übungen, Tests und Beispiele, um den Leser durch den Prozess der Selbsterkenntnis und persönlichen Verbesserung zu führen.

## Zusammenfassung

**Kernprinzipien:**

1. Das Modellieren herausragender Leistungen: Robbins betont die Bedeutung des Modellierens oder Nachahmens erfolgreicher Individuen. Durch das Studium ihres Verhaltens, ihrer Überzeugungen und Strategien kann man ihren Erfolg nachahmen.

2. Die Kraft des Glaubens: Das Buch befasst sich mit der Psychologie des Glaubens und behauptet, dass unsere Überzeugungen grundlegend unsere Handlungen und damit unsere Ergebnisse prägen.

3. Neuro-Linguistisches Programmieren (NLP): Robbins führt die Leser in die Grundlagen des NLP ein, einem psychologischen Ansatz, der das

Analysieren von Strategien erfolgreicher Individuen und deren Anwendung zur Erreichung der eigenen Ziele beinhaltet.

4. Die Bedeutung klarer Ziele: Robbins betont die Notwendigkeit, spezifische, messbare, erreichbare, realistische und zeitgebundene (SMART) Ziele zu haben. Er bietet Übungen und Techniken zur Festlegung und Erreichung dieser Ziele.

5. Effektive Kommunikation: Robbins diskutiert die Macht der Worte und die Bedeutung effektiver Kommunikation, insbesondere das Konzept des "Spiegelns" und "Anpassens" in Gesprächen, um eine Verbindung aufzubauen.

6. Entscheidungsfindung und Problemlösung: Robbins untersucht, wie man effektive Entscheidungen trifft, indem man Optionen und potenzielle Ergebnisse abwägt. Er betont die Rolle der Intuition neben dem rationalen Denken.

7. Verständnis und Meisterung von Emotionen: Emotionale Meisterschaft ist ein zentraler Fokus, und Robbins diskutiert Strategien zur Kontrolle des eigenen emotionalen Zustands, einschließlich Visualisierung, Verankerung und anderen NLP-Techniken.

8. Gesundheit und Wohlbefinden: Das Buch diskutiert auch die Rolle von Ernährung, Bewegung und geistigem Zustand bei der Erreichung optimaler Gesundheit.

**Strategien:**

1. Verankerung: Robbins führt die NLP-Technik der "Verankerung" ein, bei der ein bestimmter Reiz mit einem bestimmten Geisteszustand assoziiert wird, um gewünschte emotionale Zustände leicht zugänglich zu machen.

2. Pacing und Leading: In der Kommunikation diskutiert Robbins, wie man zunächst den Stil oder Zustand der anderen Person anpasst ("Pacing") und dann das Gespräch auf die eigenen Ziele lenkt ("Leading").

3. Swish-Muster: Dies ist eine weitere NLP-Technik, die darin besteht, einen unerwünschten Zustand oder ein Verhalten durch Visualisierung durch einen wünschenswerten zu ersetzen.

4. Umrahmung: Robbins lehrt, wie man die Bedeutung (oder den Rahmen) eines Ereignisses ändert, indem man es aus einer anderen Perspektive betrachtet und so seine emotionale Wirkung verändert.

5. Meta-Modell-Sprache: Robbins stellt ein Fragewerkzeug vor, das hilft, vage oder mehrdeutige Aussagen zu klären, sowohl im Verständnis für sich selbst als auch für andere.

## Stärken und Schwächen

**Stärken**

1. Umfassender Ansatz: Eine der Hauptstärken dieses Buches ist sein umfassender Ansatz. Robbins deckt alles ab, von Zielsetzung und effektiver Kommunikation bis hin zu Gesundheit und emotionaler Meisterschaft. Das macht es zu einer Komplettlösung für die persönliche Entwicklung.

2. Praktische Anwendung: Robbins bietet eine Vielzahl von Übungen, Tests und Beispielen aus der realen Welt, die die Leser auf einer transformierenden Reise begleiten. Diese Praxisnähe stellt sicher, dass der Leser die gelernten Lektionen sofort anwenden kann.

3. Tiefgehende Einführung in NLP: Als eines der Mainstream-Bücher, das das Neuro-Linguistische Programmieren (NLP) populär machte, bietet Robbins einen zugänglichen und gründlichen Leitfaden für diesen psychologischen Ansatz, wobei er komplexe Konzepte für Laien verständlich macht.

4. Inspirierender Ton: Robbins' motivierende Sprache und kraftvolle Anekdoten können als starkes Motivationsinstrument dienen und die Leser ermutigen, Maßnahmen zur Erreichung ihrer Ziele zu ergreifen.

5. Psychologische Tiefe: Das Buch vertieft sich in die Psychologie von Überzeugungen, menschlichem Verhalten und Entscheidungsfindung. Die Betonung darauf, das 'Warum' hinter Handlungen zu verstehen, gibt den Lesern Einblicke in ihr eigenes Verhalten und wie sie es ändern können.

6. Breite Zielgruppenansprache: Ob man ein Neuling in der persönlichen Entwicklung oder ein erfahrener Experte ist, in diesem Buch ist für jeden etwas dabei. Robbins spricht eine breite Palette von Themen und Fähigkeitsniveaus an.

**Schwächen**

1. Überwältigender Inhalt: Aufgrund seiner umfassenden Natur kann das Buch für Neulinge im Bereich der persönlichen Entwicklung überwältigend sein. Die Fülle an Themen und Übungen könnte es schwierig machen, sich auf die effektive Umsetzung spezifischer Strategien zu konzentrieren.

2. Veraltete Beispiele: Da das Buch ursprünglich in den 1980er Jahren veröffentlicht wurde, könnten einige der Beispiele, Anekdoten und vielleicht sogar Gesundheitsempfehlungen für ein modernes Publikum etwas veraltet erscheinen.

3. Mangel an wissenschaftlicher Strenge: Obwohl Robbins verschiedene Techniken als wissenschaftlich fundiert präsentiert, werden nicht alle durch robuste Forschung universell unterstützt. Dieser Mangel an wissenschaftlicher Strenge kann einige Behauptungen wie bloße Pseudowissenschaft erscheinen lassen.

4. Länge und Wiederholungen: Manchmal kann das Buch langatmig und repetitiv wirken. Einige Abschnitte könnten knapper sein, was zu einer schnelleren und fokussierteren Lektüre führen würde.

5. Kommerzieller Aspekt: Einige Leser könnten den Eindruck haben, dass das Buch teilweise als Werbeinstrument für Robbins' Seminare, Workshops und andere Produkte dient, was den Bildungswert des Buches beeinträchtigen könnte.

6. Nichts für Skeptiker: Die selbsthilfeorientierte Natur des Buches und die großartigen Behauptungen, die darin gemacht werden, könnten für skeptischere Leser unattraktiv sein, die es an empirischer Unterstützung mangelhaft finden könnten.

## Fazit

"Grenzenlose Energie – das Powerprinzip" ist ein ausgezeichnetes Buch für diejenigen, die sich auf eine umfassende Reise der Selbstverbesserung und persönlichen Meisterschaft begeben möchten. Obwohl es seine Mängel haben mag, wie das Potenzial für Informationsüberflutung und einen Mangel an rigoroser wissenschaftlicher Unterstützung in einigen Bereichen, überwiegen seine Stärken größtenteils seine Schwächen. Robbins' Buch ist ein praktischer, inspirierender und weitreichender Leitfaden, um ein erfolgreicheres und erfüllteres Leben zu erreichen.

# Das Robbins Power Prinzip: Befreie die innere Kraft

*von Tony Robbins*

## Überblick

"Das Robbins Power Prinzip: Befreie die innere Kraft" von Tony Robbins ist ein umfassendes Werk zur Selbstentwicklung, das eine Vielzahl von Themen abdeckt, von persönlichen Zielen und Beziehungen bis hin zu Finanzen und einem erfüllten Leben. Ursprünglich 1991 veröffentlicht, hat sich das Buch als eines der einflussreichsten Bücher im Bereich der persönlichen Entwicklung etabliert. Es ist gefüllt mit zahlreichen Konzepten, die eine breite Palette von Themen abdecken, einschließlich Entscheidungsfindung, der Psychologie der Erfüllung, Erfolgsmodellierung und Meisterung der Kommunikation. Das Buch beinhaltet praktische Übungen und Selbsttests, um das Material greifbar und anwendbar zu machen.

## Zusammenfassung

### Schlüsselkonzepte

1. Die Macht der Entscheidungsfindung: Robbins argumentiert, dass Entscheidungen, nicht Bedingungen, unser Schicksal bestimmen. Es ist nicht das, was uns im Leben widerfährt, sondern wie wir darauf reagieren, was zählt. Durch klare und durchdachte Entscheidungen können Menschen ihr Leben in die Richtung steuern, die sie möchten.

2. Sieben Tage, die Ihr Leben verändern: In einem Abschnitt mit dem Titel "Sieben Tage, die Ihr Leben verändern", präsentiert Robbins einen Sieben-Tage-Aktionsplan, um sofortige Veränderungen herbeizuführen. Dieser beinhaltet Techniken und Strategien, um das eigene Leben in Bereichen wie Emotionen, Beziehungen und Finanzen zu meistern.

3. Überzeugungen und Werte: Robbins diskutiert die Rolle von Überzeugungen und Werten und wie sie unsere Handlungen und Ergebnisse beeinflussen. Er betont die Notwendigkeit, einschränkende Überzeugungen zu identifizieren und zu ändern und ermutigt die Leser, ermächtigende Überzeugungen zu kultivieren.

4. Die Macht der Fragen: Robbins sieht Fragen als ein Schlüsselwerkzeug für Veränderungen. Die Fragen, die wir uns stellen, beeinflussen unseren Fokus und damit unsere Gefühle und Handlungen. Er bietet Techniken für effektivere Fragen, die zu besseren Ergebnissen führen.

5. Neuro-Linguistisches Programmieren (NLP): Als Befürworter von NLP erklärt Robbins, wie diese Technik genutzt werden kann, um Verhaltensweisen und Reaktionen zu ändern. Er präsentiert verschiedene Modelle und Techniken des NLP, die in unterschiedlichen Lebensbereichen angewendet werden können.

6. Finanzielle Meisterschaft: Robbins betritt das Feld der finanziellen Bildung und bietet Ratschläge und Strategien, um finanzielle Freiheit zu erreichen. Dies beinhaltet die psychologischen Aspekte von Geld sowie praktische Tipps zu Investitionen und Geldmanagement.

7. Persönliche Macht: Dies ist die Fähigkeit, die gewünschten Ergebnisse zu erzielen. Robbins lehrt, wie man seine Ressourcen und Fähigkeiten nutzt, um seine Ziele zu erreichen.

8. Die Psychologie der Erfüllung: Robbins erklärt, dass das menschliche Erleben von zwei Kräften angetrieben wird: dem Bedürfnis nach Bedeutung und dem Bedürfnis nach Vergnügen. Indem man diese Treiber versteht, können Menschen ein erfüllteres und zufriedenstellenderes Leben führen.

9. Modellierung: Dieses Konzept bezieht sich darauf, Menschen zu studieren und nachzuahmen, die bereits in dem Bereich erfolgreich sind, in dem man erfolgreich sein möchte. Robbins betont, dass "Erfolg kopierbar ist" und dass Modellierung die Lernkurve drastisch verkürzen kann.

10. Meisterung der Kommunikation: Effektive Kommunikation, sowohl mit sich selbst als auch mit anderen, ist ein Schlüssel zum Erfolg. Robbins bietet Techniken zur Verbesserung der Kommunikationsfähigkeiten.

## Stärken und Schwächen

### Stärken

1. Umfassender Leitfaden: Einer der größten Vorzüge dieses Buches ist sein Umfang und seine Tiefe. Es dient als umfassender Leitfaden zur persönlichen Entwicklung, der jeden Aspekt des Lebens anspricht.

2. Praktische Übungen: Tony Robbins bietet nicht nur Theorie, sondern bindet diese in eine Reihe von praktischen Übungen und Aktivitäten ein, die es den Lesern ermöglichen, die Konzepte in die Praxis umzusetzen.

3. Motivierender Schreibstil: Robbins' Schreibstil ist sehr motivierend und inspirierend. Er weiß, wie er seine Leser einbinden und sie dazu bringen kann, sofortige Maßnahmen zu ergreifen.

4. Wissenschaftlich fundiert: Die von Robbins vorgestellten Konzepte und Strategien basieren auf anerkannten psychologischen Theorien und Methoden wie NLP, was dem Buch wissenschaftliche Glaubwürdigkeit verleiht.

5. Vielseitig: Das Buch ist so konzipiert, dass es für Menschen in verschiedenen Lebenssituationen und Berufen nützlich ist.

**Schwächen**

1. Überwältigende Informationsflut: Die schiere Menge an Informationen und Techniken kann für den Leser überwältigend sein. Es erfordert erhebliche Zeit und Engagement, um all das Material zu verdauen und anzuwenden.

2. Kommerzielle Aspekte: Einige Rezensenten finden, dass Robbins manchmal zu sehr darauf fokussiert ist, seine anderen Produkte und Dienstleistungen zu verkaufen, was vom Informationsgehalt des Buches ablenken kann.

3. Stilistische Redundanz: Robbins' motivierender Schreibstil kann nach einer Weile für einige Leser redundant oder sogar mühsam erscheinen.

4. Wiederholungen: Einige Leser könnten den Inhalt als etwas repetitiv empfinden, insbesondere wenn Robbins die Bedeutung von Entscheidungsfindung und Handeln betont, was prägnanter hätte sein können.

5. Nicht immer tiefgehend genug: Obwohl das Buch viele Themen abdeckt, könnte es bei einigen von ihnen tiefer gehen, anstatt nur eine oberflächliche Behandlung zu bieten.

| Fazit |
|---|

"Das Robbins Power Prinzip: Befreie die innere Kraft" ist ein unglaublich umfassendes und anwendungsorientiertes Buch, das den Lesern zahlreiche Werkzeuge bietet, um ihr Leben nach ihren eigenen Vorstellungen zu gestalten. Obwohl das Buch ein gewisses Maß an Engagement und Zeitinvestition erfordert, bietet es im Gegenzug eine Fülle von Strategien für die persönliche und berufliche Entwicklung. Trotz einiger Schwächen, wie der

Informationsüberflutung und kommerziellen Aspekten, bleibt es eine äußerst wertvolle Ressource für alle, die nach Selbstverbesserung streben.

# Die 7 Wege zur Effektivität:
# Prinzipien für persönlichen und beruflichen Erfolg

*von Stephen R. Covey*

## Überblick

"Die 7 Wege zur Effektivität" von Stephen R. Covey ist ein grundlegendes Buch im Bereich der Persönlichkeitsentwicklung. Es wurde erstmals 1989 veröffentlicht, hat sich weltweit millionenfach verkauft und gehört zu den einflussreichsten Selbsthilfebüchern aller Zeiten. Coveys Werk beschreibt einen prinzipienzentrierten, charakterbasierten Ansatz zur Lösung persönlicher und beruflicher Probleme.

## Zusammenfassung

### Von innen nach außen

Bevor Covey auf die 7 Wege eingeht, diskutiert er das Konzept der Veränderung "von innen nach außen", was bedeutet, dass äußere Umstände effektiver durch die Veränderung unseres inneren Charakters und unserer Wahrnehmungen beeinflusst werden können als durch den Versuch, externe Faktoren zu beeinflussen.

### Die sieben Wege

**1. Weg: Pro-aktiv sein**

Covey betont die Wichtigkeit der persönlichen Verantwortung und Selbstbestimmung. Proaktiv zu sein bedeutet, die Freiheit zu haben, zu wählen, wie man auf externe Umstände reagiert. Covey führt das Konzept des Sorgenkreises (Dinge, um die man sich sorgt) und des Einflusskreises (Dinge, die man tatsächlich ändern kann) ein. Proaktive Menschen konzentrieren sich darauf, ihren Einflusskreis zu erweitern.

**2. Weg: Schon am Anfang das Ende im Sinn haben**

Der zweite Weg dreht sich um langfristige Visionen. Covey setzt sich für Leitbilder ein und das Setzen der ultimativen Ziele und Werte. Indem man "schon am Anfang das Ende im Sinn hat", kann man tägliche Entscheidungen treffen, die mit den tieferen Werten und Bestrebungen übereinstimmen.

### 3. Weg: Das Wichtigste zuerst tun

Covey stellt eine Zeitmanagementmodell mit vier Quadranten vor, um Aufgaben zu kategorisieren:

- Dringend und wichtig
- Wichtig, aber nicht dringend
- Dringend, aber nicht wichtig
- Weder dringend noch wichtig

Das Ziel ist es, sich auf Aktivitäten des zweiten Quadranten (wichtig, aber nicht dringend) zu konzentrieren, um Krisen zu vermeiden und die Prioritäten richtig zu verwalten.

### 4. Weg: Gewinn / Gewinn Denken (Win-Win)

Bei diesem Weg geht es darum, gegenseitig vorteilhafte Beziehungen zu fördern und nach Vereinbarungen und Lösungen zu suchen, von denen alle Parteien profitieren können. Covey betont die Bedeutung von Integrität, Reife und einer Mentalität des Überflusses für das Win-Win-Paradigma.

### 5. Weg: Erst verstehen, dann verstanden werden

Covey stellt fest, dass die meisten Menschen zuerst möchten, verstanden zu werden, bevor sie versuchen, andere zu verstehen. Wahre Kommunikation ist nur möglich, wenn man empathisch auf den anderen hört – nicht nur mit den Ohren, sondern indem man sich in den anderen hineinversetzt.

### 6. Weg: Synergien schaffen

Synergie bedeutet, dass das Ganze mehr ist als die Summe seiner Teile. Diese Gewohnheit konzentriert sich auf Teamarbeit und das Finden einer Lösung, die besser ist als das, was jede Partei ursprünglich vorgeschlagen hat. Covey glaubt, dass das Wesen der Synergie darin besteht, Unterschiede zu schätzen und zu feiern, Schwächen in Stärken umzuwandeln und zusammenzuarbeiten, um eine bessere Lösung zu finden, als es eine Einzelperson könnte.

### 7. Weg: Die Säge schärfen

Diese Gewohnheit handelt von Selbsterneuerung und Verbesserung. Covey teilt die Selbsterneuerung in vier Dimensionen auf: physisch, mental, sozial/emotional und spirituell. Übungen, Lesen, Beziehungsaufbau und

Meditation sind Beispiele für Aktivitäten, die Covey empfiehlt, um die „Säge zu schärfen".

**Öffentlicher Erfolg vs. Privater Erfolg**

Covey kategorisiert die ersten drei Gewohnheiten als "Privaten Erfolg" (Selbstbeherrschung und Unabhängigkeit) und die nächsten drei als "Öffentlichen Erfolg" (Interdependenz und Teamarbeit). Die siebte Gewohnheit unterstützt die Nachhaltigkeit der anderen sechs.

**Ende**

Covey wiederholt, wie wertvoll ein prinzipienzentriertes Leben ist. Die 7 Wege sind keine schnellen Lösungen, sondern grundlegende Prinzipien, die ein Leben lang der Übung und des Engagements bedürfen.

## Stärken und Schwächen

**Stärken**

1. Universalität der Prinzipien: Eine der bedeutendsten Stärken dieses Buches ist die Universalität der Prinzipien, die Covey beschreibt. Konzepte wie Proaktivität, Win-Win-Denken und die Bedeutung des Zuhörens sind in fast allen Lebensbereichen anwendbar, ob persönlich oder beruflich.

2. Inhaltliche Tiefe: Covey begnügt sich nicht mit oberflächlichen Ratschlägen, sondern dringt tief in das Warum der 7 Wege ein und versorgt die Leser mit psychologischen, ethischen und philosophischen Begründungen dahinter.

3. Umsetzbare Ratschläge: Das Buch bietet eine Reihe von umsetzbaren Aufgaben, Übungen und Beispielen, die es dem Leser ermöglichen, das Gelernte praktisch anzuwenden.

4. Ganzheitlicher Ansatz: Covey konzentriert sich nicht nur auf berufliche Effektivität; er berücksichtigt die ganze Person und spricht Aspekte von mentaler und emotionaler bis hin zu physischer und spiritueller Gesundheit an.

5. Zeitlosigkeit: Die Ratschläge und Prinzipien haben sich als zeitlos erwiesen, da sie auch Jahre nach der Erstveröffentlichung des Buches noch als hochgradig relevant angesehen werden.

6. Gute Strukturierung: Der Ablauf des Buches ist methodisch, es führt den Leser von der Selbstbeherrschung (privater Erfolg) zur Interaktion mit

anderen (öffentlicher Erfolg) bis hin zum lebenslangen Lernen (die Säge schärfen), was den Stoff leicht verfolgbar und verständlich macht.

7. Reich an Analogien und Parabeln: Coveys Gebrauch von Geschichten, Analogien und Parabeln macht komplexe Themen leicht verständlich und nachvollziehbar und verbessert so die Lernerfahrung.

**Schwächen**

1. Für Einige überwältigend: Angesichts der inhaltlichen Tiefe kann das Buch für Einsteiger in die persönliche Entwicklung überwältigend sein. Einige Leser könnten es als schwer empfinden und müssen es möglicherweise mehrmals lesen, um seine Lehren vollständig zu erfassen.

2. Kulturelle Voreingenommenheit: Die Prinzipien basieren größtenteils auf einer westlichen, individualistischen Weltsicht. Obwohl die Lektionen universell anwendbar sind, könnten für Menschen aus verschiedenen kulturellen Hintergründen Anpassungen notwendig sein.

3. Keine schnelle Lösung: Die Prinzipien erfordern Zeit und Mühe zur Implementierung und sind möglicherweise nicht für diejenigen geeignet, die nach schnellen, kurzfristigen Lösungen suchen.

4. Einige Konzepte könnten veraltet erscheinen: Während die Prinzipien selbst zeitlos sind, könnten einige der Beispiele und Fallstudien angesichts der Tatsache, dass das Buch ursprünglich 1989 veröffentlicht wurde, veraltet erscheinen.

5. Komplexität: Einige Leser haben angemerkt, dass Coveys Schreibstil etwas akademisch und komplex sein kann, was es für Menschen, die eine direkte, einfache Sprache bevorzugen, weniger zugänglich macht.

| Fazit |
|---|

"Die 7 Wege zur Effektivität" bleibt eine zentrale Lektüre in den Bereichen persönliche Entwicklung und Effektivität. Seine Stärken überwiegen größtenteils seine Schwächen, und selbst seine Grenzen sind eher Nuancen als Deal-Breaker. Das Buch lädt die Leser ein, ihr Leben durch ein prinzipienzentriertes Paradigma zu betrachten, was sowohl herausfordernd als auch lohnend ist. Obwohl es einiges an Engagement erfordern kann, um die 7 Wege vollständig zu verinnerlichen und umzusetzen, werden diejenigen, die sich auf diese Reise einlassen, wahrscheinlich eine transformative Erfahrung machen.

# Money:
# Die 7 einfachen Schritte zur finanziellen Freiheit

*von Tony Robbins*

## Überblick

In "Money: Die 7 einfachen Schritte zur finanziellen Freiheit" beschäftigt sich Tony Robbins mit dem Thema Geld, mit dem Ziel, die Finanzmärkte, Investitionsstrategien und den Weg zur finanziellen Sicherheit zu entmystifizieren. Aufbauend auf seinen Interviews mit über 50 renommierten Finanzexperten, entwickelt Robbins einen 7-Schritte-Plan, dem die Leser folgen können, um ihre finanziellen Ziele zu erreichen.

## Zusammenfassung

**Schritt 1: Treffen Sie die wichtigste finanzielle Entscheidung Ihres Lebens**

• Robbins beginnt mit der Betonung der Kraft des Sparens und Investierens. Er befürwortet das Prinzip, sich selbst zuerst zu bezahlen, d.h. einen Teil des Einkommens für das Sparen zu reservieren, bevor man etwas anderes ausgibt.

• Der spezifische Prozentsatz kann variieren (Robbins empfiehlt, sogar mit nur 10% zu beginnen), aber der Schlüssel ist, den Prozess automatisch zu gestalten.

**Schritt 2: Werden Sie zum Insider: Lernen Sie die Regeln, bevor Sie mitmischen**

• Robbins warnt vor den vielen Fallstricken im Finanzsystem, wo durchschnittliche Anleger oft benachteiligt werden. Er spricht über versteckte Gebühren, irreführende finanzielle Ratschläge und andere Fallen.

• Es ist entscheidend, gut informiert und skeptisch zu sein, um diese Fallstricke zu vermeiden und unvoreingenommene, transparente Ratschläge zu suchen.

## Schritt 3: Gestalten Sie das Spiel so, dass Sie es gewinnen können

• Setzen Sie klare finanzielle Ziele. Robbins spricht über die Bedeutung der Bestimmung der Geldmenge, die Sie für verschiedene Lebensphasen benötigen, sei es für den Hauskauf, eine komfortable Rente oder andere bedeutende Lebensereignisse.

• Wenn Sie Ihre Ziele kennen, können Sie rückwärts arbeiten, um einen Plan zur Erreichung dieser zu entwickeln.

## Schritt 4: Treffen Sie die wichtigste Investmententscheidung Ihres Lebens

• Robbins führt das Konzept der "Lebenszeit-Einkommensplanung" ein. Anstatt auf einen großen Pauschalbetrag (wie 1 Million Dollar oder mehr für den Ruhestand) abzuzielen, konzentrieren Sie sich darauf, einen kontinuierlichen Einkommensstrom zu sichern.

• Er stellt verschiedene Investitionsstrategien und -vehikel vor, die dabei helfen können, wie z.B. Renten.

## Schritt 5: Erstellen Sie einen Einkommensplan fürs Leben

• Vertiefen Sie sich weiter in die Strategien zur Erzeugung eines lebenslang sicheren Einkommens. Robbins diskutiert die Vor- und Nachteile verschiedener Finanzprodukte und wie sie Teil Ihres Finanzportfolios sein können.

## Schritt 6: Investieren Sie wie die 0,001%: Die Strategien der Multimilliardäre

• Robbins teilt Einsichten, die er aus seinen Interviews mit Finanzgurus wie Ray Dalio, Carl Icahn und Warren Buffet gewonnen hat. Er bietet spezifische Strategien und Prinzipien an, die diese Experten nutzen.

• Er stellt das "All Seasons Portfolio" vor, eine Strategie, die in Zusammenarbeit mit Ray Dalio entwickelt wurde und die in verschiedenen wirtschaftlichen Umgebungen gut abschneiden soll.

## Schritt 7: Tun Sie es, genießen Sie es und teilen Sie mit anderen

• Der letzte Schritt handelt vom Handeln. Robbins betont, dass Wissen nicht Macht ist – es ist potenzielle Macht. Entscheidend ist, das Wissen in die Tat umzusetzen.

- Er betont auch die Bedeutung von Dankbarkeit, Zurückgeben und das Teilen des eigenen Reichtums, nicht nur in Geld, sondern auch in Wissen und Ressourcen.

In seinem Buch zielt Robbins darauf ab, komplexe Finanzfachbegriffe und Strategien in einfachere, umsetzbare Ratschläge zu übersetzen. Er verbindet die Psychologie des Reichtums und der Erfüllung mit den Mechanismen der persönlichen Finanzen und Investitionen und stellt sicher, dass die Leser nicht nur finanziell wohlhabend, sondern auch emotional erfüllt sind. Ständig betont er die Bedeutung, proaktiv mit der eigenen finanziellen Zukunft umzugehen und die immense Macht der finanziellen Bildung.

## Stärken und Schwächen

### Stärken

1. Ganzheitlicher Ansatz: Robbins behandelt nicht nur die Techniken des Geldmanagements und der Investition, sondern ergründet auch die Psychologie des Reichtums. Dieser Doppelfokus stellt sicher, dass die Leser sowohl finanziell vorbereitet als auch emotional zentriert sind.

2. Experten-Einblicke: Die Interviews mit Finanzexperten sind von immensem Wert. Mit Einblicken von bekannten Persönlichkeiten wie Warren Buffett, Ray Dalio und Carl Icahn erhalten die Leser bewährte Strategien von den Besten in diesem Bereich.

3. Umsetzbare Ratschläge: Robbins bietet praktische Schritte und Ratschläge, die die Leser sofort umsetzen können. Sein 7-Schritte-Plan ist so strukturiert, dass komplexe finanzielle Konzepte verständlicher und umsetzbar werden.

4. Befähigung: Eine Hauptstärke dieses Buches ist die Betonung auf finanzieller Bildung und Ermächtigung. Robbins vermittelt die Botschaft, dass finanzielle Freiheit für jeden erreichbar ist, unabhängig vom Startpunkt.

5. Schwerpunkt auf dem Geben: Robbins betont die Bedeutung des Zurückgebens, sei es in Form von Geld, Wissen oder Ressourcen. Dieser philanthropische Aspekt unterscheidet das Buch von vielen traditionellen Finanzbüchern.

### Schwächen

1. Länge und Wiederholungen: Eine häufige Kritik ist, dass das Buch ziemlich lang ist. Einige Leser fanden es wiederholend, wobei die Kernideen mehrmals rekapituliert werden.

2. Werbeinhalte: Es gibt Abschnitte im Buch, in denen Robbins bestimmte Finanzprodukte und -dienstleistungen bespricht, und einige Leser empfanden diese Abschnitte wie Verkaufspräsentationen, was die Unparteilichkeit des Ratschlags in Frage stellt.

3. Nicht immer für jeden geeignet: Obwohl Robbins versucht, universelle Finanzratschläge zu bieten, sind nicht alle Strategien für jeden individuell anwendbar oder praktisch, besonders für Personen außerhalb der USA.

4. Komplexität: Trotz Robbins' Bemühungen, komplexe Finanzstrategien zu vereinfachen, könnten einige Leser bestimmte Abschnitte immer noch herausfordernd finden, insbesondere wenn sie ganz neu in der persönlichen Finanzwelt sind.

5. Überbetonung der Interviews: Während die Einblicke von Finanzexperten wertvoll sind, hatten einige Leser den Eindruck, dass das Buch sich zu sehr auf diese Interviews stützt, was manchmal Robbins' eigene Stimme und Einsichten in den Hintergrund treten lässt.

## Fazit

"Money: Die 7 einfachen Schritte zur finanziellen Freiheit" ist ein ambitionierter Versuch von Tony Robbins, einen umfassenden Leitfaden zur Erreichung finanzieller Freiheit zu bieten. Obwohl es in vielen Bereichen erfolgreich ist, besonders in seinem ganzheitlichen Ansatz zu Reichtum und der Betonung auf finanzieller Bildung, gibt es Bereiche, in denen es langatmig oder übermäßig komplex wirken könnte. Dennoch ist dieses Buch für diejenigen, die einen breiten Überblick über persönliche Finanzen mit umsetzbaren Strategien und einer motivationalen Steigerung suchen, eine wertvolle Ressource.

# Die Prinzipien des Erfolgs: Bridgewater-Gründer Ray Dalios Principles mit dem Prinzip der stetigen Verbesserung

*von Ray Dalio*

## Überblick

"Die Prinzipien des Erfolgs", geschrieben von Ray Dalio, dem Gründer von Bridgewater Associates, einem der erfolgreichsten Hedgefonds in der Geschichte, ist ein umfangreicher Leitfaden, der Autobiografie mit einem Lehrbuch kombiniert. Das Buch zielt darauf ab, die Lektionen, die Dalio in seiner illustren Karriere in der Finanzwelt gelernt hat, in einen Satz universeller Prinzipien zu destillieren, die sowohl im Geschäftsleben als auch im Privatleben angewendet werden können. Das Buch ist in drei Hauptteile gegliedert: Dalios Geschichte, Lebensprinzipien und Arbeitsprinzipien.

## Zusammenfassung

### Dalios Geschichte

Das Buch beginnt mit einem autobiografischen Abschnitt, in dem Dalio sein frühes Leben und seine Karriere erzählt. Von seiner Arbeit als Caddie bis zur Gründung von Bridgewater Associates in seiner Zwei-Zimmer-Wohnung führt er den Leser durch die Erfahrungen, die sein Leben und schließlich seine Prinzipien geprägt haben. Bridgewaters Wachstum zum weltweit größten Hedgefonds dient als Hintergrund, um zu erklären, wie die Prinzipien entwickelt, verfeinert und angewendet wurden.

### Lebensprinzipien

Der zweite Teil skizziert Dalios "Lebensprinzipien", die als eine Art algorithmischer Entscheidungsleitfaden für Einzelpersonen dienen. Diese Prinzipien ermutigen die Menschen, die Realität anzunehmen, Probleme direkt anzugehen und Entscheidungen systematisch zu treffen. Zu den Schlüsselprinzipien gehören:

• Akzeptiere die Realität und gehe damit um: Erkenne Probleme an und arbeite direkt daran, sie zu lösen.

- Nutze den 5-Schritte-Prozess, um das zu bekommen, was du vom Leben willst: Dieser Prozess beinhaltet das Setzen von Zielen, das Identifizieren von Problemen, das Finden ihrer Ursachen, das Entwerfen von Plänen zur Beseitigung der Probleme und das Ausführen dieser Pläne.

- Sei radikal aufgeschlossen: Die Bereitschaft, andere Perspektiven zu berücksichtigen, ist entscheidend für persönliches Wachstum und effektive Entscheidungsfindung.

- Verstehe, dass Menschen unterschiedlich verdrahtet sind: Zu erkennen, dass nicht jeder so denkt wie du, ist der Schlüssel zum Verständnis und zur Interaktion mit anderen.

**Arbeitsprinzipien**

Der dritte Abschnitt ist den "Arbeitsprinzipien" gewidmet, die für Teams und Organisationen gedacht sind. Diese Prinzipien sollen eine "Ideenmeritokratie" schaffen, in der die besten Ideen gewinnen, unabhängig davon, wer sie vorschlägt. Sie sind weiter in zwei Kategorien unterteilt:

- Kulturprinzipien: Diese Prinzipien beinhalten die Schaffung einer Kultur, in der radikale Wahrhaftigkeit und radikale Transparenz die Norm sind. In einer solchen Umgebung fühlen sich Mitarbeiter ermächtigt, offen zu sprechen, Probleme zu konfrontieren und zu einem kollektiven Entscheidungsprozess beizutragen.

- Managementprinzipien: Diese Prinzipien gehen auf das Wesentliche der Unternehmensführung ein und behandeln Themen wie Einstellung, Leistungsbewertung und Governance. Dalio beschäftigt sich mit der Bedeutung von glaubwürdigkeitsgewichteter Entscheidungsfindung, einem Prozess, bei dem Entscheidungen kollektiv getroffen werden, aber den Meinungen von Personen, die in den relevanten Bereichen Expertise demonstriert haben, mehr Gewicht verliehen wird.

**Schlüsselerkenntnisse**

Dalios "Prinzipien" dient sowohl als Memoiren als auch als Management-Handbuch. Es bietet einen umfassenden Einblick in Dalios Philosophie, die großen Wert auf strukturierte, logische Entscheidungsfindung, sowohl im persönlichen Leben als auch in der Arbeit, legt. Das Ziel ist die Schaffung einer "Ideenmeritokratie", in der die Qualität einer Idee Vorrang hat vor dem, der sie vorschlägt, erleichtert durch eine Kultur radikaler Transparenz und Offenheit.

# Stärken und Schwächen

## Stärken

1. Umfassendes Konzept: Das Buch ist unglaublich gründlich in der Darstellung der Lebens- und Arbeitsprinzipien, die Dalios Entscheidungen geleitet haben. Dies macht es zu einem potenziell transformativen Leitfaden für diejenigen, die sich der Umsetzung seiner Ratschläge verpflichtet fühlen.

2. Praktikabilität: Dalios Prinzipien sind nicht nur hochrangige Philosophie; sie sind in realen Beispielen verankert und bieten umsetzbare Ratschläge. Ob Sie Unternehmer, Angestellter oder jemand sind, der sein Privatleben verbessern möchte, hier gibt es etwas für Sie.

3. Transparenz: Dalio hält in seinem Streben nach radikaler Transparenz nichts zurück und bietet einen ehrlichen, ungeschönten Einblick in seine Misserfolge und Erfolge. Dies macht das Buch authentisch und nachvollziehbar.

4. Analytische Strenge: Das Buch wendet rigorose Logik an und lädt den Leser ein, dasselbe zu tun. Von Algorithmen für die Entscheidungsfindung bis hin zu glaubwürdigkeitsgewichteten Ansätzen bietet es Werkzeuge für analytischeres Denken.

5. Bildungswert: Es dient sowohl als Memoiren als auch als Geschäftsbuch und vermischt die Grenzen zwischen den beiden. Die Lektionen werden im Kontext von Dalios Lebensgeschichte gelehrt und fügen jedem Prinzip eine Ebene der Tiefe und praktischen Anwendung hinzu.

6. Organisationskultur: Für Geschäftsführer und Manager bietet das Buch ein überzeugendes Argument für die Schaffung einer "Ideenmeritokratie" in einer Organisation, eine revolutionäre Art der Geschäftsentscheidungen, die bahnbrechend sein könnte.

## Schwächen

1. Länge und Komplexität: Während die umfassende Natur des Buches eine Stärke ist, kann sie auch ein Nachteil sein. Die Länge des Buches und die Komplexität seiner Ideen können für einige Leser überwältigend sein.

2. Anwendbarkeit: Die Prinzipien sind aus Dalios Erfahrungen in der Hedgefonds-Branche geboren, was ein sehr spezifischer Kontext ist. Einige Leser könnten es als Herausforderung empfinden, alle Prinzipien in verschiedenen Bereichen oder in kleineren Betrieben anzuwenden.

3. Abstrakte Konzepte: Einige der Konzepte wie "radikale Transparenz" können abstrakt erscheinen und möglicherweise einen kulturellen Wandel erfordern, der schwer in bestehenden Organisationen umzusetzen ist.

4. Wiederholungen: Dalios Betonung seiner Kernprinzipien kann nach einer Weile repetitiv wirken, besonders wenn sich die Prinzipien in ihrer Anwendung überschneiden.

5. Hoher Einstiegspunkt: Das Buch setzt eine gewisse Vertrautheit mit der Unternehmenskultur, den Finanzmärkten und Entscheidungstheorien voraus, was einige Leser, die neu in diesen Themen sind, abschrecken könnte.

## Fazit

"Die Prinzipien des Erfolgs" ist ein bemerkenswertes Buch, das einen aufschlussreichen Einblick in den Geist eines der erfolgreichsten Geschäftsleute unserer Zeit bietet. Obwohl es keine schnelle Lektüre oder eine Lösung für alle ist, ist sein detaillierter Ansatz zur Entscheidungsfindung und Problemlösung wertvoll für jeden, der bereit ist, Zeit und geistige Energie zu investieren. Seine Stärken überwiegen bei weitem seine Schwächen, was es zu einer sehr empfohlenen Lektüre für diejenigen macht, die ihre Entscheidungsfähigkeiten sowohl im persönlichen als auch im beruflichen Leben verbessern wollen.

# Die 1%-Methode – Minimale Veränderung, maximale Wirkung: Mit kleinen Gewohnheiten jedes Ziel erreichen

*von James Clear*

## Überblick

"Die 1%-Methode" von James Clear befasst sich mit der Wissenschaft der Gewohnheiten und damit, wie winzige Veränderungen zu bemerkenswerten Ergebnissen führen können. Das Buch ist in mehrere Teile gegliedert, die jeweils verschiedene Aspekte der Entstehung, Aufrechterhaltung und Verbesserung von Gewohnheiten beleuchten.

## Zusammenfassung

### Einleitung: Der Verbundeffekt

Das Buch beginnt mit der Idee Prinzips, dass kleine Veränderungen, wenn sie konsequent durchgeführt werden, im Laufe der Zeit zu erheblichen Verbesserungen führen. Dabei geht es nicht darum, von heute auf morgen massive Veränderungen herbeizuführen, sondern darum, kleine, beständige Verbesserungen zu initiieren.

### Vier Gesetze der Verhaltensänderung

Clear vertritt die Ansicht, dass jede Gewohnheit in eine vierstufige Schleife zerlegt werden kann: Anreiz, Verlangen, Reaktion und Belohnung. Er verbindet diese mit vier Gesetzen der Verhaltensänderung:

• Die Gewohnheit muss offensichtlich sein (Anreiz)

• Die Gewohnheit muss attraktiv sein (Verlangen)

• Die Gewohnheit muss einfach sein (Reaktion)

• Die Gewohnheit muss befriedigend sein (Belohnung)

1. Die Gewohnheit muss offensichtlich sein: Das Buch unterstreicht die Bedeutung von Hinweisen aus der Umgebung. Um eine neue Gewohnheit zu entwickeln, sollten Sie offensichtliche Anhaltspunkte in Ihrer Umgebung

platzieren. Clear führt auch das Konzept des "Gewohnheitsstapelns" ein, bei dem eine neue Gewohnheit an eine bestehende Gewohnheit angehängt wird.

2. Die Gewohnheit muss attraktiv sein: Clear erörtert die Rolle von Dopamin bei der Gewohnheitsbildung. Indem man eine Gewohnheit attraktiv macht, wird sichergestellt, dass man motiviert ist, sie auszuführen. Techniken wie das Bündeln von Versuchungen können Gewohnheiten attraktiver machen.

3. Die Gewohnheit muss einfach sein: Gewohnheiten sollten einfach zu initiieren sein. Clear spricht von der "Zwei-Minuten-Regel", bei der eine Gewohnheit auf eine Zwei-Minuten-Version reduziert wird, um sicherzustellen, dass sie einfach zu beginnen ist. Mit der Zeit kann die Komplexität erhöht werden.

4. Die Gewohnheit muss befriedigend sein: Gewohnheiten müssen unmittelbar befriedigend sein, damit sie bestehen bleiben. Aufgeschobene Befriedigung funktioniert bei der Gewohnheitsbildung oft nicht. Wenn eine Gewohnheit befriedigend ist, wird die Feedback-Schleife geschlossen und die Gewohnheit verstärkt.

**Fortgeschrittene Taktiken**

• Wie man vom bloßen Gut-Sein zum wirklich Großartigen kommt: Clear spricht über die Bedeutung des bewussten Übens und das Plateau des latenten Potenzials, wo die Ergebnisse der Gewohnheitsbildung nicht sofort sichtbar sind, sondern sich im Laufe der Zeit verstärken.

• Die Rolle der Gene: Clear erkennt die Rolle der genetischen Veranlagung an, argumentiert aber, dass Gewohnheiten oft den entscheidenden Unterschied ausmachen können.

• Die Kehrseite der Schaffung guter Gewohnheiten: In dem Buch wird auch erörtert, wie genau das, was Gewohnheiten effizient macht - ihre automatische Natur - sie auch einschränken kann.

• Die Gesetze der Verhaltensänderung für den Aufbau eines Unternehmens oder einer Organisation nutzen: Clear erweitert die Anwendbarkeit der vier Gesetze auf breitere Kontexte wie Unternehmen und soziale Organisationen.

• Die Goldlöckchen-Regel und die Rolle der Gemeinschaft: Gegen Ende erörtert Clear das Konzept der "Goldlöckchen-Regel", die besagt, dass optimale Motivation entsteht, wenn wir an Aufgaben arbeiten, die genau an der Grenze unserer derzeitigen Fähigkeiten liegen. Er spricht auch über die Rolle der Gemeinschaft und des unmittelbaren Feedbacks bei der Bildung und Aufrechterhaltung von Gewohnheiten.

**Das Geheimnis dauerhaften Erfolgs**

Das Buch schließt mit dem Gedanken, dass echte Veränderungen aus dem Zusammenspiel hunderter kleiner Entscheidungen entstehen - zwei Liegestütze pro Tag, fünf Minuten früher aufstehen, nur eine Seite mehr lesen.

Im Laufe des Buches gibt James Clear umsetzbare Ratschläge, die sich auf akademische Forschung und Beispiele aus dem wirklichen Leben stützen, was es zu einem umfassenden Leitfaden für jeden macht, der seine Gewohnheiten verstehen oder ändern möchte.

## Stärken und Schwächen

**Stärken**

1. Klarheit und Struktur: Das Buch ist akribisch gegliedert, so dass es leicht zu verstehen ist. Jedes Gesetz der Verhaltensänderung ist klar definiert, so dass der Inhalt leicht verdaulich ist.

2. Umsetzbare Einsichten: James Clear bietet greifbare Schritte für die Umsetzung, wie die "Zwei-Minuten-Regel", und gibt dem Leser umsetzbare Ratschläge, die sofort angewendet werden können.

3. Fundiert in der Forschung: Das Buch bietet nicht nur anekdotische Beweise, sondern ist reich an akademischer Forschung und wissenschaftlichen Erkenntnissen.

4. Anwendbarkeit: Die vier Gesetze der Verhaltensänderung, die Clear erörtert, gelten nicht nur für individuelle Gewohnheiten; sie lassen sich auch auf Organisationen anwenden, was das Buch zu einer vielseitigen Lektüre macht.

5. Beispiele aus der realen Welt: Das Buch verwendet Fallstudien und Beispiele aus der Praxis, um seine Aussagen zu veranschaulichen, so dass sich die Ratschläge praktisch und umsetzbar anfühlen.

6. Ganzheitlicher Ansatz: Das Buch konzentriert sich nicht nur auf die Bildung neuer guter Gewohnheiten, sondern behandelt auch die Psychologie hinter den Gewohnheiten, wie man sich von schlechten Gewohnheiten trennt und vor welchen Fallstricken man sich hüten sollte.

7. Zugänglichkeit: Der Schreibstil von Clear ist zugänglich und macht komplexe psychologische und verhaltensbezogene Theorien für den durchschnittlichen Leser leicht verständlich.

8. Visuelle Hilfen: Das Buch enthält hilfreiche Diagramme und Modelle, die das Verständnis der vorgestellten Theorien erleichtern und das Leseerlebnis noch intensiver gestalten.

**Schwächen**

1. Wiederholbarkeit: Die Kernideen sind zwar stark, aber manche Leser werden feststellen, dass sie im Buch zu oft wiederholt werden, was sich wie Füllmaterial anfühlen kann.

2. Zu breit gefächert: Da das Buch so viel abdeckt, kann es sein, dass einige Themen zu wenig Tiefe haben. Leser, die sich für bestimmte Aspekte interessieren, wie z. B. das Durchbrechen schlechter Gewohnheiten, könnten feststellen, dass das Buch nicht so sehr in die Tiefe geht wie spezialisierte Werke zu diesen Themen.

3. Mangel an Gegenargumenten: Das Buch konzentriert sich sehr auf die Förderung seines Systems zur Änderung von Gewohnheiten, und es gibt wenig Diskussion über alternative Standpunkte oder mögliche Einschränkungen seines Ansatzes.

4. Überbetonung der individuellen Kontrolle: Während das Buch für persönliche Verantwortung und Veränderung plädiert, neigt es dazu, externe Faktoren wie systemische oder umweltbedingte Hindernisse zu übersehen, die das Verhalten beeinflussen können und vom Einzelnen möglicherweise nicht leicht zu ändern sind.

5. Nicht ideal für Skeptiker: Das Buch stützt sich stark auf die Kraft positiver Verstärkung und intrinsischer Motivation, was nicht bei allen Lesern auf Gegenliebe stößt, insbesondere nicht bei denen, die der Selbsthilfeliteratur skeptisch gegenüberstehen.

| **Fazit** |
|---|

"Die 1%-Methode" ist ein aufschlussreiches, gut recherchiertes Buch, das wertvolle Ratschläge zur Bildung von Gewohnheiten gibt. Auch wenn es in Bezug auf Wiederholungen und mangelnde Tiefe bei bestimmten Themen seine Grenzen hat, überwiegen die Stärken des Buches bei weitem seine Schwächen. Die umsetzbaren Erkenntnisse und der ganzheitliche Ansatz machen es zu einer Pflichtlektüre für jeden, der die Feinheiten des menschlichen Verhaltens und der persönlichen Entwicklung verstehen will.

# Der Weg zum Wesentlichen:
# Der Klassiker des Zeitmanagements

*von Stephen R. Covey, A. Roger Merrill, and Rebecca R. Merrill*

## Überblick

"Der Weg zum Wesentlichen", geschrieben von Stephen R. Covey, A. Roger Merrill und Rebecca R. Merrill, ist ein Selbsthilfebuch, das das Konzept des Zeitmanagements erforscht, nicht nur im Kontext der Effizienz, sondern im breiteren Umfang der Erreichung eines sinnvollen, erfüllenden Lebens. Es vertieft die Idee, dass das Priorisieren von Aktivitäten nach ihrer Wichtigkeit, anstatt ihrer Dringlichkeit, entscheidend für ein zielgerichtetes Leben ist.

## Zusammenfassung

**Kernkonzepte**

**Quadranten-Management:**

• Die Autoren stellen ein Quadranten-System vor, um Lesern zu helfen, ihre Aktivitäten nach Dringlichkeit und Wichtigkeit zu kategorisieren.

• Quadrant I: Dringend und Wichtig (Krisen, Projekte mit Fristen)

• Quadrant II: Nicht dringend, aber Wichtig (Vorbereitung, Beziehungsaufbau)

• Quadrant III: Dringend, aber Nicht Wichtig (Unterbrechungen, bestimmte Anrufe)

• Quadrant IV: Nicht dringend und Nicht Wichtig (Trivialitäten, Zeitverschwender)

Das Buch betont, dass die Fokussierung auf Aktivitäten des Quadranten II (nicht dringend, aber wichtig) der Schlüssel zum langfristigen Erfolg ist.

**Bedeutung eines prinzipienzentrierten Lebens:**

• Ein von Prinzipien (wie Integrität, Liebe und Demut) geleitetes Leben wird sich automatisch mit Handlungen und Entscheidungen ausrichten, die wirklich wichtig sind.

- Ein prinzipienzentriertes Leben bietet eine solide Grundlage und ermöglicht es Individuen, die richtigen Prioritäten zu setzen.

**Definition einer persönlichen Mission:**

- Die Autoren befürworten das Erstellen einer persönlichen Missionsaussage, um die eigenen Werte und ultimativen Lebensziele zu klären.

- Diese Aussage wird zum Wegweiser, gegen den alle Handlungen und Entscheidungen gemessen und ausgerichtet werden können.

**Ausgleich verschiedener Rollen:**

- Das Buch ermutigt die Leser, die verschiedenen Rollen in ihrem Leben zu identifizieren (z.B. Elternteil, Berufstätiger, Gemeindemitglied) und jeder Rolle angemessene Aufmerksamkeit zu widmen.

- Indem man all diese Rollen anerkennt und respektiert, können Individuen sicherstellen, dass sie keinen wichtigen Aspekt ihres Lebens vernachlässigen.

**Die Kraft der Synergie:**

- Covey und die Merrills diskutieren die Kraft synergistischer Aktivitäten – solche, die, wenn sie unternommen werden, mehrere Rollen positiv beeinflussen.

- Sie schlagen vor, dass das Finden synergistischer Aktivitäten Zeit und Energie über verschiedene Rollen hinweg optimieren kann.

**Kompass vs. Uhr:**

- Ein wiederkehrendes Thema im Buch ist das Konzept "Kompass vs. Uhr"—wobei der Kompass die durch Prinzipien und tiefste Werte vorgegebene Richtung repräsentiert, während die Uhr unseren täglichen Zeitplan, Termine und Aufgaben darstellt.

- Den Kompass mit der Uhr in Einklang zu bringen bedeutet sicherzustellen, dass unser tägliches Handeln von unseren tiefsten Werten und Prinzipien geleitet wird.

**Praktische Ansätze:**

- Wochenplanung: Die Autoren plädieren für eine Wochenplanung statt einer Tagesplanung, da eine Woche eine ganzheitlichere Ansicht bietet, eine bessere Priorisierung erlaubt und die Flexibilität bietet, die das Leben verlangt.

- Aufgaben fokussiert auf Rollen: Bei der Planung sollten Aufgaben im Kontext der Rollen betrachtet werden, zu denen sie gehören, um sicherzustellen, dass alle Aspekte des Lebens Beachtung finden.

- Beständige Reflexion: Regelmäßiges Nachdenken über die Erfolge und Misserfolge der Woche fördert das Lernen und bietet Einblicke, wie Planung und Umsetzung verbessert werden können.

- "Nein" sagen: Die Fähigkeit zu entwickeln, "nein" zu Aktivitäten des Quadranten III (dringend, aber nicht wichtig) und Quadranten IV (nicht dringend und nicht wichtig) zu sagen, schafft mehr Raum für Quadrant-II-Aktionen, die mit den eigenen Prinzipien und Zielen übereinstimmen.

"Der Weg zum Wesentlichen" wurde weithin dafür anerkannt, dass es die Perspektive auf Zeitmanagement von einem bloßen Werkzeug für Produktivität zu einer Methodik verändert hat, die sicherstellt, dass das Leben auf erfüllende, sinnvolle Weise gelebt wird. Das Quadrantensystem zusammen mit den anderen vorgestellten Konzepten bietet den Lesern einen strukturierten Ansatz, um ihre Aktivitäten mit ihren tiefsten Werten und Überzeugungen zu bewerten und in Einklang zu bringen. Dieses Buch geht nicht nur darum, mehr Dinge zu erledigen, sondern die richtigen Dinge zu tun, indem man das Wichtigste zuerst setzt.

## Stärken und Schwächen

**Stärken**

1. Ganzheitlicher Ansatz: Das Buch konzentriert sich nicht nur auf berufliche Effizienz, sondern nimmt einen ganzheitlichen Ansatz an, indem es diskutiert, wie man alle Aspekte des Lebens managen und priorisieren kann.

2. Quadranten-Konzept: Die Technik der Quadranten zur Kategorisierung von Aufgaben nach ihrer Dringlichkeit und Wichtigkeit ist unkompliziert und weit anwendbar, was es zu einem der herausragenden Aspekte des Buches macht.

3. Tiefgehende Einblicke: Die Autoren bieten tiefgehende Einblicke in die menschliche Psychologie und Verhaltensweisen und bereichern so das Verständnis des Lesers, warum wir dazu neigen, dringende Aufgaben gegenüber wichtigen zu priorisieren.

4. Umsetzbare Strategien: Es ist kein rein theoretisches Werk, sondern liefert praktische, umsetzbare Strategien, die die Leser in ihrem Leben anwenden können.

5. Bezugnahme auf die Work-Life-Balance: Das Konzept, verschiedene Rollen im Leben zu identifizieren und ihnen die gebührende Bedeutung zu geben, adressiert das viel diskutierte Thema der Work-Life-Balance effektiv.

6. Fokus auf Werte und Prinzipien: Die Betonung eines prinzipienzentrierten Lebens ist für ein vielfältiges Publikum anwendbar und bleibt relevant, selbst wenn sich gesellschaftliche Normen und Technologien weiterentwickeln.

## Schwächen

1. Wiederholender Inhalt: Bestimmte Ideen und Konzepte werden an verschiedenen Stellen des Buches wiederholt, was einige Leser als redundant empfinden könnten.

2. Komplexität in der Anwendung: Obwohl das Quadranten-Konzept wertvoll ist, könnten einige Leser es als schwierig empfinden, Aufgaben genau zu kategorisieren und könnten mit der Unterscheidung zwischen wahrgenommener Wichtigkeit und tatsächlicher Wichtigkeit kämpfen.

3. Überbetonung der Planung: Einige Kritiker argumentieren, dass das Buch Leser zu einer Überplanung führen könnte, was dazu führt, dass sie zu viel Zeit mit der Organisation von Aufgaben verbringen, anstatt sie auszuführen.

4. Fehlende Berücksichtigung externer Faktoren: Das Buch könnte dafür kritisiert werden, dass es externe Druckpunkte und gesellschaftliche Erwartungen, die die Wahlmöglichkeiten und Prioritäten eines Individuums prägen, nicht ausreichend berücksichtigt.

5. Verallgemeinerung von Prinzipien: Einige Leser könnten das Gefühl haben, dass die Prinzipien und Ratschläge zu allgemein sind und nicht auf spezifische individuelle Unterschiede und Umstände eingehen.

6. Idealistischer Ansatz: Für einige könnten die Methodiken und Prinzipien als zu idealistisch erscheinen, besonders in Hochdruck-Arbeitsumgebungen, in denen reaktive Entscheidungsfindung üblich ist.

## Fazit

"Der Weg zum Wesentlichen" bietet wertvolle Einsichten und praktische Werkzeuge, um das eigene Zeitmanagement zu verbessern, tägliche Aktionen auf die Kernwerte auszurichten und eine zufriedenstellende Work-Life-Balance zu erreichen. Das Quadranten-Konzept, der prinzipiengetriebene Ansatz und die Betonung, die verschiedenen Rollen im Leben zu erkennen und zu respektieren, sind besonders lobenswert. Allerdings beeinträchtigen die

Wiederholungen, die potenzielle Komplexität in der realen Anwendung bestimmter Konzepte und das Fehlen einer tieferen Auseinandersetzung mit externen Druckfaktoren leicht das Leseerlebnis. Das Buch bleibt eine würdige Lektüre für diejenigen, die anstreben, Ordnung, Priorität und Ausgeglichenheit in ihr berufliches und persönliches Leben zu bringen, angesichts seiner gut artikulierten Konzepte und umsetzbaren Ratschläge. Allerdings könnten Leser feststellen, dass sie die Strategien anpassen müssen, um sie besser auf ihre einzigartigen Situationen und Herausforderungen abzustimmen.

# Die 4-Stunden-Woche:
# Mehr Zeit, mehr Geld, mehr Leben

*von Tim Ferriss*

## Überblick

"Die 4-Stunden-Woche" ist ein bahnbrechendes Buch von Timothy Ferriss, das darauf abzielt, die konventionelle Arbeitskultur herauszufordern und einen Lebensstil der Freiheit und Erfüllung zu fördern. Ferriss skizziert eine Roadmap, um sich von der traditionellen 9-bis-5-Routine zu lösen und ein Leben zu schaffen, das Arbeit, Freizeit und Leidenschaft ausbalanciert.

## Zusammenfassung

Das Buch ist in vier Hauptabschnitte unterteilt, die jeweils einem Schritt im Prozess der Schaffung einer 4-Stunden-Arbeitswoche entsprechen: Definition, Eliminieren, Automation und Liberation (Befreiung), was bequemerweise das Akronym "DEAL" bildet.

### Definition:

• Neudefinition von Erfolg: Der erste Schritt beinhaltet, was Erfolg für Sie bedeutet, neu zu definieren. Ferriss stellt das Konzept der "Neuen Reichen" (NR) vor, Menschen, die Zeit und Mobilität höher als Geld priorisieren.

• Zielsetzung: Ferriss setzt sich dafür ein, spezifische Ziele und Zeitpläne festzulegen, um die Art von Lebensstil zu erreichen, die Sie möchten. Statt vager Ziele wie 'reich werden', betont er die Wichtigkeit, genau zu definieren, was man wirklich tun, sein und haben möchte.

### Eliminieren:

• Das 80/20-Prinzip: Ferriss führt das Pareto-Prinzip ein, welches besagt, dass 80 % der Ergebnisse aus 20 % der Anstrengungen resultieren. Er rät Lesern, sich auf die wirkungsvollsten Aufgaben zu konzentrieren und den Rest zu eliminieren oder zu delegieren.

• Batching und Zeitmanagement: Ferriss spricht über das Verwalten von Zeit in Blöcken und das Setzen strenger Grenzen für Besprechungen und

Kommunikation. Er empfiehlt, ähnliche Aufgaben zu 'bündeln', um die Effizienz zu steigern.

• Unterbrechungsmanagement: Man sollte Unterbrechungen minimieren, indem man spezifische Zeiten für das Überprüfen von E-Mails und für Telefonate festlegt, was ungestörte 'Flow'-Zeit ermöglicht.

**Automation:**

• Schaffung eines automatisierten Einkommens: Ferriss legt Schritte dar, um Unternehmen zu schaffen, die minimalen fortlaufenden Aufwand erfordern. Er diskutiert das Konzept der Muse, ein Geschäft, das automatisiert werden kann, um Einkommen zu generieren, ohne viel Zeit in Anspruch zu nehmen.

• Outsourcing des Lebens: Ferriss führt das Konzept ein, einen virtuellen Assistenten einzustellen, um Aufgaben zu bewältigen, die nicht Ihre spezifischen Fähigkeiten erfordern, und so mehr Zeit freizumachen.

• Schaffung von Systemen: Damit ein Geschäft auf Autopilot laufen kann, benötigt es Systeme und Verfahren. Ferriss gibt Tipps zur Erstellung dieser Systeme und deren effizienter Funktion.

**Befreiung:**

• Geo-Arbitrage: Die Idee ist hier, in einer starken Währung zu verdienen und an einem Ort zu leben, an dem die Lebenshaltungskosten niedrig sind, und so das Einkommen zu nutzen.

• Mini-Ruhestand: Statt Lebensziele auf die Zeit nach der Pensionierung zu verschieben, schlägt Ferriss vor, 'Mini-Ruhestände' im Leben zu nehmen, um zu reisen, neue Fähigkeiten zu erlernen oder einfach nur eine Pause zu machen.

• Teil der NR werden: Der letzte Schritt ist, sowohl Freiheit des Ortes als auch der Zeit zu erreichen, die es Ihnen ermöglicht, das Leben nach Ihren eigenen Vorstellungen zu leben.

Im gesamten Buch streut Ferriss persönliche Anekdoten, Fallstudien und praktische Tipps ein, um den Lesern zu helfen, die Prinzipien, die er darlegt, umzusetzen. Er bietet auch Übungen und Ressourcen für weitere Erkundungen an.

Indem er den Status quo in Frage stellt und einen Schritt-für-Schritt-Leitfaden zur Neudefinition von Erfolg, zur Eliminierung unnötiger Arbeit, zur Automatisierung Ihres Einkommens und zur Befreiung von geografischen

Zwängen bietet, zielt "Die 4-Stunden-Arbeitswoche" darauf ab, ein umfassendes Handbuch für ein erfüllteres Leben zu sein.

## Stärken und Schwächen

### Stärken

1. Praktische Ratschläge: Eine der Hauptstärken des Buches ist sein handlungsorientierter Rat. Ferriss bietet schrittweise Anleitungen zur Umsetzung der diskutierten Konzepte, was das Material sehr zugänglich macht.

2. Umfassend: Das Buch ist extrem umfassend und deckt eine breite Palette von Themen ab, von Zeitmanagement über Automatisierung bis hin zur Suche nach einer "Muse" (ein automatisiertes Geschäft).

3. Beispiele aus dem echten Leben: Ferriss bezieht zahlreiche Fallstudien und Beispiele aus dem echten Leben ein, die beweisen, dass seine Methoden nicht nur theoretisch, sondern auch praktisch erreichbar sind.

4. Herausforderung des Status Quo: Ferriss hinterfragt gesellschaftliche Normen rund um Arbeit und Erfolg hervorragend und zwingt den Leser dazu, die eigenen Annahmen und Verhaltensweisen zu überdenken.

5. Ressourcenreich: Das Buch ist voll von nützlichen Ressourcen, Links und Verweisen auf Werkzeuge und Dienstleistungen, die Ihnen helfen können, die 4-Stunden-Arbeitswoche umzusetzen.

6. Inspirierend: Ferriss' persönliche Geschichten und die Geschichten anderer, die das Modell der 4-Stunden-Arbeitswoche erfolgreich umgesetzt haben, sind unglaublich inspirierend und motivieren den Leser zum Handeln.

7. Gut geschrieben: Das Buch ist gut geschrieben und fesselnd, mit einem konversationellen Ton, der komplexe Ideen leicht verständlich macht.

8. Aktualisierte Versionen: Angesichts seines Erfolges und Einflusses wurde das Buch seit seiner Erstveröffentlichung mehrmals aktualisiert, um frische Beispiele, Geschichten und aktualisierte Werkzeuge und Ressourcen einzubeziehen.

### Schwächen

1. Übermäßiges Versprechen: Der Titel "Die 4-Stunden-Woche" könnte als etwas irreführend angesehen werden. Obwohl das Buch wertvolle Ratschläge bietet, ist das Erreichen einer Vier-Stunden-Arbeitswoche für jeden nicht

realistisch oder sogar wünschenswert, abhängig von individuellen Karriere- und Lebenszielen.

2. Nicht universell anwendbar: Die Strategien, die Ferriss vorschlägt, sind größtenteils auf Unternehmer oder Personen ausgerichtet, die eine hohe Kontrolle über ihre Arbeit haben. Diejenigen in traditionelleren Beschäftigungen finden es möglicherweise schwieriger, die Prinzipien des Buches vollständig anzuwenden.

3. Wirtschaftliche Verzerrung: Das Buch scheint mehr auf diejenigen zugeschnitten zu sein, die bereits ein gewisses Maß an wirtschaftlicher Freiheit und Privilegien besitzen. Konzepte wie "Geo-Arbitrage" und "Mini-Renten" sind für Menschen, die finanzielle Einschränkungen oder Verantwortlichkeiten haben, die ihre Mobilität begrenzen, weniger zugänglich.

4. Vereinfachung: Obwohl das Buch eine schrittweise Anleitung bietet, vereinfacht es manchmal komplexe Themen wie das Gründen eines Unternehmens, indem es sie auf eine Liste von scheinbar einfachen Schritten reduziert.

5. Verkaufsfördernder Ton: Einige Leser könnten den Ton des Buches zeitweise als "verkaufsfördernd" empfinden, da Ferriss bestimmte Produkte und Dienstleistungen bewirbt.

6. Begrenzte Tiefe bei einigen Themen: Angesichts seines breiten Umfangs deckt das Buch viele Themen ab, aber es fehlt an Tiefe in einigen Bereichen. Diejenigen, die ein tiefes Verständnis für bestimmte Themen wie Online-Marketing suchen, müssen möglicherweise zusätzliche Ressourcen suchen.

## Fazit

"Die 4-Stunden-Woche" ist ein provokatives und potenziell lebensveränderndes Buch, das konventionelle Weisheiten über Arbeit, Leben und Erfolg herausfordert. Seine Stärken überwiegen größtenteils die Schwächen, was es zu einem Muss für jeden macht, der interessiert ist, sein Leben zu verwandeln und größere Freiheit zu erreichen. Das Buch sollte jedoch als Ausgangspunkt angesehen werden, nicht als Lösung für alle, und die Leser sollten kritisch bewerten, wie seine Prinzipien am besten auf ihre eigenen einzigartigen Situationen angewendet werden können.

# Tools der Titanen:
# Die Taktiken, Routinen und Gewohnheiten der Weltklasse-Performer, Ikonen und Milliardäre

*von Tim Ferriss*

## Überblick

"Tools der Titanen" ist ein gewichtiges Werk, das Einsichten, Strategien und Weisheiten aus Interviews destilliert, die in der beliebten Podcast-Sendung "The Tim Ferriss Show" geführt wurden. Das Buch ist in drei Hauptabschnitte gegliedert: "Gesundheit", "Reichtum" und "Weisheit". Jeder Abschnitt fasst Tipps, Praktiken und Philosophien einiger der erfolgreichsten Menschen aus verschiedenen Disziplinen zusammen. Es bietet den Lesern praktische Werkzeuge, um jede Dimension des Lebens zu verbessern. Es ist kein Buch, das man von vorne bis hinten durchliest, sondern eher ein Ratgeber, der immer wieder für zeitlose Ratschläge herangezogen werden kann.

## Zusammenfassung

### Einleitung

Tim Ferriss macht deutlich, dass das Buch als ein Buffet von Werkzeugen und Strategien gedacht ist. Dem Leser wird empfohlen, die Werkzeuge auszuwählen, die für ihn am meisten zutreffen.

### Teil 1: Gesundheit

Dieser Abschnitt dreht sich alles um körperliche und geistige Gesundheit. Hier finden wir eine Vielfalt von Tipps, Tricks und Routinen von Top-Personen im Gesundheitsbereich und darüber hinaus. Themen wie Meditation, Trainingsroutinen, Ernährungspläne und Schlafgewohnheiten werden detailliert behandelt. Zum Beispiel erklärt der Neurologe Adam Gazzaley die Auswirkungen von Multitasking auf die mentale Gesundheit und bietet Strategien zur Verbesserung der Konzentration.

### Wichtige Punkte

1. Ernährung und Diät: Ratschläge zu intermittierendem Fasten, ketogenen Diäten und den Vorteilen bestimmter Lebensmittel.

2. Körperliche Aktivität: Routinen, die von Gewichtheben bis Yoga reichen und die Wichtigkeit von Mobilität.

3. Geistige Gesundheit: Achtsamkeitstechniken, Meditation und Atemübungen zur Hilfe bei Stress und Angst.

**Teil 2: Reichtum**

Dieser Abschnitt konzentriert sich auf beruflichen Erfolg und finanzielle Freiheit. Verschiedene Unternehmer, Investoren und Autoren teilen ihre Ansichten über effektives Zeitmanagement, Networking, Investieren und mehr. Ein Höhepunkt dieses Abschnitts ist das Interview mit Peter Thiel, dem Mitbegründer von PayPal, der über die Bedeutung des "konträren Denkens" spricht und wie man in einem gesättigten Markt innovative Ideen findet.

**Wichtige Punkte**

1. Unternehmertum: Tipps zum Gründen von Start-ups, das Finden einer Muse und das Skalieren von Geschäften.

2. Investitionen: Strategien für kluges Investieren, Vermögensverteilung und Risikobewertung.

3. Produktivität: Zeitmanagement-Tipps, Ratschläge zur Zielsetzung und Effizienz-Hacks.

4. Verhandlungsfähigkeiten: Taktiken, um die besten Deals zu bekommen, sowohl im Geschäftsleben als auch im Privatleben.

Teil 3: Weisheit

Der letzte Abschnitt des Buches befasst sich mit innerer Weisheit und spirituellem Wohlstand. Hier teilen Philosophen, Autoren und spirituelle Lehrer ihre Gedanken zu Themen wie Glück, Sinn und dem Zweck des Lebens. Ein bemerkenswertes Interview in diesem Abschnitt ist mit Maria Popova, der Gründerin der Website Brain Pickings, die über die Kunst des klaren Denkens und die Bedeutung der spirituellen Bildung spricht.

**Wichtige Punkte**

1. Lesegewohnheiten: Viele Interviewte betonen die Wichtigkeit des leidenschaftlichen Lesens.

2. Entscheidungsfindung: Strategien, um bessere Entscheidungen zu treffen, sowohl große als auch kleine.

3. Beziehungen: Tipps zum Networking, Vertiefen von Freundschaften und Aufbau von bedeutungsvollen Beziehungen.

4. Resilienz und Hartnäckigkeit: Die Wichtigkeit des Scheiterns und wie man stärker zurückkommt.

**Wiederkehrende Themen**

1. 80/20-Prinzip: Viele der befragten erfolgreichen Personen wenden das Pareto-Prinzip an, um sich auf die 20% der Aufgaben zu konzentrieren, die 80% der Ergebnisse erzielen.

2. Meditation und Achtsamkeit: Fast universell empfohlen für geistige Klarheit und Fokus.

3. Langfristiges Denken: Die meisten der erfolgreichen Personen spielen ein langes Spiel, sowohl in Bezug auf Karriere als auch auf das persönliche Leben.

4. Gewohnheitsstapelung: Das Schaffen einer Abfolge von positiven Gewohnheiten, die mit der Zeit zu größeren Errungenschaften führen.

5. Ständiges Lernen: Lebenslanges Lernen ist ein wiederkehrendes Thema, sei es durch Lesen, Erfahrungen oder Mentoren.

**Bemerkenswerte Personen**

Das Buch bietet Ratschläge von einer vielfältigen Gruppe von Personen, darunter, aber nicht beschränkt auf:

• Naval Ravikant: Diskutiert Glück und die Vorteile von Achtsamkeit.

• Peter Thiel: Spricht darüber, gesellschaftliche Normen in Frage zu stellen und wie man ein konträrer Denker wird.

• Arnold Schwarzenegger: Teilt seine Reise und wie seine Entschlossenheit ein Schlüsselfaktor für seinen Erfolg war.

• Maria Popova: Spricht über die Bedeutung, die Verbindungen zwischen scheinbar unzusammenhängenden Ideen herzustellen.

| Stärken und Schwächen |
|---|

**Stärken**

1. Tiefe und Breite: Das Buch behandelt eine breite Palette von Themen – von körperlicher Gesundheit über finanzielle Weisheit bis hin zu emotionaler

Intelligenz. Diese vielfältige Themenpalette ermöglicht es den Lesern, ein umfassendes Verständnis dafür zu entwickeln, wie man in verschiedenen Lebensbereichen Erfolg haben kann.

2. Praktikabilität: Der Inhalt ist äußerst umsetzbar. Jeder Interviewpartner teilt nicht nur theoretisches Wissen, sondern bietet auch umsetzbare Schritte, Routinen und Gewohnheiten an.

3. Expertenrat: Die Einsichten stammen von Menschen, die in ihren jeweiligen Bereichen die Besten sind. Das hebt das Buch von einer bloßen Zusammenstellung von Tipps zu einer hochgradig glaubwürdigen Ressource hervor.

4. Gut Organisiert: Die Einteilung in „Gesundheit", „Reichtum" und „Weisheit" macht das Buch leicht navigierbar. Man kann jederzeit zum relevantesten Abschnitt für sich selbst blättern.

5. Langlebigkeit: Der Rat ist zeitlos. Es handelt sich nicht um Modetrends, sondern um Lebensprinzipien, die in jeder Lebensphase angewandt werden können.

6. Leserfreundlich: Jedes Kapitel ist kurz, prägnant und fokussiert, was es zu einem sehr lesbaren Buch macht. Es ist für beschäftigte Menschen konzipiert, die möglicherweise nur ein paar Minuten am Tag zum Lesen haben.

**Schwächen**

1. Überwältigend: Das schiere Volumen an Ratschlägen kann überwältigend sein. Das Buch ist ziemlich dicht, und die Vielfalt der behandelten Themen bedeutet, dass es manchmal etwas zerstreut wirken kann.

2. Fehlender narrativer Fluss: Da es im Wesentlichen eine Zusammenstellung von Interviews ist, fehlt dem Buch eine lineare Erzählung oder ein zentrales Argument, das alles zusammenhält. Dies könnte für Leser, die eine konventionellere Lektüre suchen, abschreckend sein.

3. Selektive Nützlichkeit: Nicht alle Ratschläge werden für alle Leser nützlich sein. Einige der Ratschläge sind hochspezialisiert und nicht universell anwendbar.

4. Wiederholung: Einige Themen und Ratschläge werden von mehreren Interviewpartnern wiederholt, was redundant erscheinen könnte.

5. Anfängliche Einschüchterung: Seine stattliche Größe und enzyklopädische Natur können für jemanden, der es zum ersten Mal in die Hand nimmt, einschüchternd sein.

## Fazit

"Tools der Titanen" ist eine Schatzkiste mit umsetzbaren Ratschlägen von einigen der klügsten Köpfe der Welt. Es dient als praktischer Ratgeber für jeden, der sich in verschiedenen Aspekten des Lebens verbessern möchte. Obwohl das Format des Buches nicht für jeden etwas ist, überwiegen seine Stärken bei weitem seine Schwächen, was es zu einer wertvollen Ergänzung für jede Selbstverbesserungsbibliothek macht. Es ist kein Buch, das man einmal liest, sondern eines, das man im Laufe seines Lebens immer wieder zu Rate zieht.

# Tools der Mentoren:
# Die Geheimnisse der Weltbesten für Erfolg, Glück und den Sinn des Lebens

*von Tim Ferriss*

## Überblick

"Tools der Mentoren" von Timothy Ferriss ist eine umfangreiche Sammlung von Weisheiten und Einblicken führender Persönlichkeiten aus verschiedenen Disziplinen. Dazu gehören Unternehmer, Autoren, Sportler, Wissenschaftler und Künstler unter anderen. Das Buch zielt darauf ab, den Lesern Orientierung, praktische Tipps und Lebenskniffe für jeden Aspekt des Lebens zu bieten, von der beruflichen Weiterentwicklung bis zum persönlichen Wohlbefinden. Es soll ein Lebensbegleiter für alle sein, die an Selbstverbesserung, Erfolg und einem ausgeglichenen Leben interessiert sind.

Ferriss hat das Buch so gestaltet, dass es Antworten auf Fragen liefert, die wir alle haben: Was bedeutet Erfolg? Wie können wir eine Work-Life-Balance erreichen? Welche Routinen oder Gewohnheiten können uns zum Erfolg führen?

## Zusammenfassung

Das Buch ist als eine Serie von Interviews formatiert, wobei sich jedes auf spezifische Fragen konzentriert, die tief in das Fachgebiet und die Lebenserfahrungen des Mentors eindringen. Die Fragen sind in allen Interviews konsistent, was eine strukturierte Möglichkeit bietet, die Weisheiten aus verschiedenen Bereichen und Hintergründen zu vergleichen und gegenüberzustellen. Zu den Fragen gehören: "Welche schlechten Empfehlungen hören Sie in Ihrem Beruf?", "Was tun Sie, wenn Sie sich überwältigt oder unkonzentriert fühlen?" und "Was sind die wertvollsten Käufe, die Sie für unter 100 Dollar getätigt haben?"

### Kernthemen

1. Persönliches Wachstum: Ein wiederkehrendes Thema ist die Bedeutung von kontinuierlichem Lernen und Entwicklung. Viele Mentoren betonen die

Notwendigkeit, die Komfortzone zu verlassen und offen für neue Erfahrungen zu sein.

2. Routine und Disziplin: Ein weiteres gemeinsames Weisheit ist die Bedeutung von Routine und Disziplin bei der Erreichung von Zielen. Ob es sich um eine Morgenroutine, eine spezifische Diät oder eine fokussierte Art, Aufgaben anzugehen, handelt, die Bedeutung von Regelmäßigkeit wird konsequent festgestellt.

3. Work-Life-Balance: Das Buch diskutiert auch den Kampf, eine Work-Life-Balance zu halten. Viele Mentoren bieten ihre eigenen Tipps für das Management dieses heiklen Gleichgewichts.

4. Risiko und Scheitern: Eine beträchtliche Anzahl der Mentoren betont die Bedeutung von kalkulierten Risiken und dem Annehmen von Fehlern als Lernmöglichkeiten.

5. Achtsamkeit und Wohlbefinden: Das Buch geht auf die Praktiken ein, die Mentoren für mentale Klarheit und emotionale Gesundheit verwenden, wie Meditation, Journaling und Bewegung.

6. Wert der Zeit: Zeit wird als das wertvollste Gut angesehen. Viele Mentoren bieten Strategien für effektives Zeitmanagement und betonen die Wichtigkeit, Nein zu Dingen zu sagen, die nicht mit den eigenen Zielen übereinstimmen.

7. Finanzielle Weisheit: Mehrere Mentoren diskutieren die Bedeutung finanzieller Unabhängigkeit und geben praktische Ratschläge zum Verwalten, Investieren und Vermehren von persönlichem Reichtum.

8. Soziale Wirkung: Viele der Interviews berühren die Bedeutung des Zurückgebens an die Gemeinschaft und das Erzielen einer positiven sozialen Wirkung als Komponente des Erfolgs.

**Besondere Einsichten**

- 80/20-Prinzip: Mehrere Mentoren wenden das Pareto-Prinzip an, um ihre Zeit und Ressourcen zu maximieren.

- "Das Hindernis ist der Weg": die stoische Philosophie zieht sich durch viele der Interviews, mit der Idee, dass Herausforderungen keine Hindernisse, sondern Wege zum Wachstum sind.

- Sich selbst nicht zu ernst nehmen: Ein gemeinsamer Nenner unter den Mentoren ist die Fähigkeit, die Leichtigkeit des Lebens zu schätzen und sich selbst nicht zu ernst zu nehmen.

**Praktische Anwendungen**

Das Buch enthält zahlreiche Tipps und Übungen, die direkt angewendet werden können:

- Fünf-Minuten-Journal: eine Methode, um sich auf das Positive zu konzentrieren und den Tag mit einer positiven Einstellung zu beginnen.

- Meditation und Achtsamkeitspraxis: Viele Mentoren meditieren regelmäßig und sehen dies als ein Werkzeug für bessere Entscheidungsfindung und Stressmanagement.

- Die "Angst-Mentalität": eine Übung, bei der man das Worst-Case-Szenario einer Situation analysiert, um die Angst davor zu verringern.

**Herausragende Mentoren**

- Brene Brown: Spricht über die Kraft der Verletzlichkeit und wie emotionale Offenheit zu persönlichem und beruflichem Wachstum führen kann.

- Yuval Noah Harari: Diskutiert die Zukunft der Menschheit und die Fähigkeiten, die für das Gedeihen in einer sich schnell verändernden Welt wesentlich sein werden.

- Gary Vaynerchuk: Teilt pragmatische Einblicke in Unternehmertum, harte Arbeit und persönliche Markenbildung.

- Jocko Willink: Hebt den Wert von Disziplin hervor und wie Strenge mit sich selbst zu Freiheit und Erfolg führen kann.

## Stärken und Schwächen

**Stärken**

1. Vielfalt der Perspektiven: Eine der größten Stärken des Buches ist die breite Palette von dargebotenen Standpunkten. Die Vielfalt an Berufen, Hintergründen und Ideologien ermöglicht eine ausgewogene Sicht darauf, was es bedeutet, ein erfolgreiches und erfülltes Leben zu führen.

2. Umsetzbare Ratschläge: Viele der Interviews bieten konkrete, umsetzbare Ratschläge, die sofort angewendet werden können. Ob es sich um eine Buchempfehlung, eine tägliche Routine oder eine Geschäftsstrategie handelt, die

Leser können praktische Tipps finden, die sie in ihrem eigenen Leben anwenden können.

3. Gut strukturierter Inhalt: Die Einheitlichkeit der jedem Mentor gestellten Fragen erleichtert es, verschiedene Perspektiven zu vergleichen und macht das Buch zu einer organisierten Lektüre. Diese Struktur macht das Buch sehr zugänglich.

4. Hochwertige Interviews: Ferriss ist ein erfahrener Interviewer, und das zeigt sich. Die Fragen sind sorgfältig gestaltet, um durchdachte und tiefe Antworten hervorzurufen und das Beste aus dem begrenzten Platz, den jeder Interviewpartner im Buch hat, herauszuholen.

5. Inspirierend: Allein das Lesen über die Gewohnheiten, Philosophien und Lebensgeschichten so erfolgreicher Menschen kann extrem motivierend sein.

**Schwächen**

1. Länge und Wiederholung: Die umfassende Natur des Buches ist auch einer seiner Nachteile. Die schiere Menge an Interviews kann das Buch zu einer etwas langen Lektüre machen, und Themen werden oft über Interviews hinweg wiederholt, was für die Kürze des Buches straffer hätte bearbeitet werden können.

2. Mangel an Tiefe in einzelnen Interviews: Obwohl das Buch eine breite Palette von Perspektiven bietet, begrenzt das Format, wie tief jedes Interview gehen kann. Wenn Sie an der Philosophie oder dem Rat einer bestimmten Person interessiert sind, finden Sie die Berichterstattung möglicherweise zu kurz.

3. Variable Relevanz: Nicht alle Ratschläge sind universell anwendbar. Abhängig von Ihrer eigenen Karrierestufe, Branche oder persönlichen Interessen finden Sie möglicherweise einige Interviews relevanter als andere.

4. Potenzial für Überforderung: Die schiere Menge an Ratschlägen und die Bandbreite der behandelten Themen können potenziell überwältigend sein. Leser könnten es als Herausforderung empfinden, zu entscheiden, welche Ratschläge sie zuerst umsetzen sollen.

5. Kann für Ferriss-Fans an Neuheit mangeln: Für Leser, die bereits mit Tim Ferriss' Podcasts oder anderen Büchern vertraut sind, können das Format und die Arten von Fragen etwas repetitiv erscheinen.

# Fazit

"Tools der Mentoren" ist eine unschätzbare Ressource für jeden, der auf der Suche nach vielfältigen, umsetzbaren und aufschlussreichen Ratschlägen von einigen der erfolgreichsten Menschen der Welt ist. Obwohl das Buch von einer Straffung profitieren könnte und möglicherweise keinen tiefgehenden Einblick in die Philosophie jedes Einzelnen bietet, macht es diese Einschränkungen mehr als wett durch seine Breite an Perspektiven und die hohe Qualität seiner Interviews. Ob Sie es für gelegentliche Inspiration durchblättern oder von Deckel zu Deckel lesen, es gibt etwas darin für jeden.

# Die Gaben der Unvollkommenheit:
# Leben aus vollem Herzen - Lass los, was du glaubst sein zu müssen und umarme, was du bist

*von Brené Brown*

## Überblick

In "Die Gaben der Unvollkommenheit" erforscht Brené Brown, eine renommierte Forscherin und Geschichtenerzählerin, das Wesen eines ganzherzigen Lebens – eine Art, sich mit der Welt mit Würde auseinanderzusetzen. Durch zehn Wegweiser untersucht Brown die Praktiken, die uns helfen können, Mut, Mitgefühl und Verbindung inmitten der Herausforderungen des Lebens zu finden.

## Zusammenfassung

**Wesentliche Punkte**

**1. Kultiviere Authentizität:** Unsere wahren Selbst annehmen, anstatt uns nach den Erwartungen anderer zu richten.

• Mut, unvollkommen zu sein.

• Loslassen des ständigen Bedürfnisses nach Zustimmung.

**2. Kultiviere Selbst-Mitgefühl:** Uns mit Freundlichkeit behandeln, so wie wir jemanden behandeln würden, der uns am Herzen liegt.

• Loslassen von Perfektionismus.

• Erkennen, dass Perfektionismus den Erfolg behindert.

**3. Kultiviere seelische Widerstandskraft:** Emotionale Ausdauer entwickeln und erkennen, dass Widrigkeiten Teil des Lebens sind.

• Loslassen von betäubenden Verhaltensweisen und Machtlosigkeit.

• Herausforderungen als Gelegenheiten zum Wachstum nutzen.

**4. Kultiviere Dankbarkeit und Freude:** Momente der Freude durch Praktiken der Dankbarkeit annehmen.

• Loslassen des Glaubens, dass wir in einem ständigen Mangelzustand sind.

• Erkennen, dass Freude aus der Praxis der Dankbarkeit kommt.

**5. Kultiviere Intuition und Vertrauen:** Auf unsere Instinkte verlassen und Vertrauen in unseren Weg aufbauen.

• Loslassen des Bedürfnisses nach Sicherheit.

• Den Glauben umarmen, dass sich Dinge zum Guten wenden.

**6. Kultiviere Deine Kreativität:** Erkennen, dass jeder kreativ ist und dies ausdrücken sollte.

• Loslassen von Vergleichen.

• Unsere einzigartigen Gaben annehmen.

**7. Kultiviere Spiel und Entspannung:** Anerkennen, dass Auszeiten essentiell für ein erfülltes Leben sind.

• Loslassen von Erschöpfung als Statussymbol.

• Ruhe und Spiel als wesentlich und nicht optional betrachten.

**8. Kultiviere Ruhe und Stille:** Momente der Selbstreflexion und Stille annehmen.

• Loslassen von Angst als Lebensstil.

• Erkennen, dass wahre Ruhe und Stille zu Klarheit und Zweck führen.

**9. Kultiviere sinnvolle Arbeit:** Nach Arbeit streben, die mit unseren Werten übereinstimmt.

• Loslassen von Selbstzweifeln.

• Glauben, dass das, was wir der Welt bieten, wertvoll ist.

**10. Kultiviere Lachen, Gesang und Tanz:** Das Leben feiern und uns ausdrücken.

• Loslassen davon, cool oder kontrolliert zu sein.

• Spontaneität annehmen und unser authentisches Selbst ausdrücken.

Im gesamten Buch betont Brown die Wichtigkeit, Verletzlichkeit zu umarmen und sie als Geburtsort von Liebe, Zugehörigkeit, Freude, Mut und Kreativität zu sehen. Statt vor unseren Unvollkommenheiten

zurückzuschrecken, ermutigt Brown die Leser, sie als Geschenke zu sehen – als Erinnerungen an unsere gemeinsame Menschlichkeit und unsere Fähigkeit, mit anderen in Verbindung zu treten.

Indem wir gesellschaftliche Erwartungen ablegen und freundlicher zu uns selbst sind, postuliert Brown, dass wir ein erfüllteres und ganzherziges Leben führen können. Durch eine Mischung aus Forschungsergebnissen, persönlichen Anekdoten und umsetzbaren Einsichten dient "Die Gaben der Unvollkommenheit" als Leitfaden für ein Leben voller größerem Zweck, Verbindung und Freude.

## Stärken und Schwächen

**Stärken**

1. Forschungsbasierte Einsichten: Browns Forschungshintergrund verleiht ihren Aussagen Glaubwürdigkeit. Das Buch ist nicht nur eine Sammlung persönlicher Anekdoten, sondern fußt auf empirischen Daten, was seine Ratschläge sowohl fundiert als auch umsetzbar macht.

2. Nachvollziehbarkeit: Browns offene Darstellung ihrer persönlichen Geschichten, Kämpfe und Erkenntnisse macht sie sehr nachvollziehbar. Es ist beruhigend zu wissen, dass selbst eine erfahrene Forscherin mit Gefühlen der Unzulänglichkeit und Selbstzweifeln ringt.

3. Praktische Wegweiser: Die zehn Wegweiser für ein ganzherziges Leben werden auf eine leicht verständliche und anwendbare Weise präsentiert. Jeder Wegweiser ist mit klaren Aktionsschritten und Dingen, die man loslassen sollte, gepaart, und bietet den Lesern eine Straßenkarte, um ein erfüllteres Leben zu kultivieren.

4. Ganzheitlicher Ansatz: Das Buch behandelt eine breite Palette von Themen, von Selbstmitgefühl und Kreativität bis hin zu Ruhe und Spiel. Dieser ganzheitliche Ansatz gewährleistet, dass die Leser ein umfassendes Verständnis dafür bekommen, was es bedeutet, ganzherzig zu leben.

5. Ansprechender Schreibstil: Browns Schreibweise ist sowohl eloquent als auch zugänglich. Ihre Mischung aus Humor, Verletzlichkeit und Weisheit macht das Buch von Anfang bis Ende zu einer fesselnden Lektüre.

**Schwächen**

1. Erfordert tiefe Selbstreflexion: Einige Leser könnten den Prozess, Verletzlichkeit zu umarmen und tief verwurzelte Überzeugungen zu konfrontieren, als herausfordernd empfinden. Der Weg zum ganzherzigen Leben, wie im Buch dargestellt, erfordert erhebliche Selbstreflexion und persönliche Arbeit.

2. Keine schnelle Lösung: Dieses Buch ist nichts für diejenigen, die eine schnelle Lösung für ihre Probleme suchen. Die Wegweiser verlangen konsequente Anstrengung und eine echte Bereitschaft, langjährige Gewohnheiten und Überzeugungen zu ändern.

3. Kann Überschneidungen mit anderen Selbsthilfebüchern haben: Für eifrige Leser von Selbsthilfebüchern könnten einige der Prinzipien in "Die Gaben der Unvollkommenheit" repetitiv erscheinen oder ähnlich zu Konzepten aus anderen Büchern des Genres sein.

4. Subjektive Erfahrungen: Obwohl Browns persönliche Anekdoten Tiefe und Nachvollziehbarkeit hinzufügen, könnten es einige Leser schwer finden, sich mit ihren spezifischen Erfahrungen zu verbinden oder könnten nach einer vielfältigeren Auswahl von Geschichten suchen.

## Fazit

"Die Gaben der Unvollkommenheit" ist eine zum Nachdenken anregende Lektüre, die gesellschaftliche Normen und persönliche Überzeugungen über Würdigkeit, Erfolg und Glück herausfordert. Brené Brown bietet mit ihrer einzigartigen Mischung aus Forschung und Erzählung einen mitfühlenden Ansatz, um ein reicheres, authentischeres Leben zu führen. Obwohl der vorgeschlagene Weg nicht einfach sein mag, verspricht er eine tiefgreifende Verwandlung für diejenigen, die bereit sind, sich darauf einzulassen. Das Buch ist eine wertvolle Lektüre für jeden, der danach strebt, mit größerer Authentizität, Mut und Verbindung zu leben.

# Verletzlichkeit macht stark:
# Wie wir unsere Schutzmechanismen aufgeben und innerlich reich werden

*von Brené Brown*

## Überblick

"Verletzlichkeit macht stark" von Brené Brown erforscht das Konzept der Verletzlichkeit und deren Rolle in menschlichen Verbindungen, Führung und Selbstakzeptanz. Basierend auf umfangreicher Forschung und persönlichen Anekdoten argumentiert Brown, dass Verletzlichkeit kein Zeichen von Schwäche ist, sondern eine kritische und mutige Handlung emotionaler Offenheit, die es uns ermöglicht, unser Leben vollständig zu leben.

## Zusammenfassung

### Schlüsselkonzepte

1. Mangel – unsere Kultur des 'Nicht genug seins': Brown beschäftigt sich mit der Kultur des Mangels, in der sich Menschen ständig fühlen, als seien sie 'nie genug' - nicht klug genug, nicht dünn genug usw. Sie verknüpft diese Mangelmentalität mit der Angst vor Verletzlichkeit.

2. Mythen zur Verletzlichkeit: Das Buch beginnt mit der Entkräftung des Mythos, dass Verletzlichkeit eine Form von Schwäche ist. Brown behauptet, dass Verletzlichkeit ein Akt des Mutes ist, der bedeutungsvolle Verbindungen, Kreativität und Veränderung ermöglicht.

3. Scham verstehen und überwinden: Ein bedeutender Teil des Buches widmet sich dem Verständnis, wie Scham uns daran hindert, verletzlich zu sein. Brown bietet Strategien an, um 'schamresistent' zu werden, wie Empathie und Selbstmitgefühl.

4. Ganzherziges Leben: Brown stellt das Konzept des 'Ganzherzigseins' vor, ein Leben gelebt mit Mut, Mitgefühl und Verbindung - Eigenschaften, die nur durch Verletzlichkeit erreichbar sind.

5. Die Kraft der Verletzlichkeit in Beziehungen: Das Buch untersucht, wie Verletzlichkeit Beziehungen verbessern kann. Ob es Freundschaften, Eltern-

Kind-Beziehungen oder romantische Partnerschaften sind, sich emotional sichtbar zu machen, fördert tiefere Verbindungen.

6. Verletzliche Führung: Brown diskutiert, wie Verletzlichkeit Arbeitsumgebungen zugutekommen kann, indem sie diese kollaborativer und innovativer macht. Sie argumentiert, dass verletzliche Führung Vertrauen und Kreativität fördert.

7. Erziehung durch Verletzlichkeit: Brown bietet praktische Tipps, wie Eltern Verletzlichkeit praktizieren können, um Kinder großzuziehen, die widerstandsfähig, empathisch und emotional sicher sind.

8. Panzerung gegen Verletzlichkeit: Brown erforscht die gängigen Strategien, die Menschen nutzen, um sich vor Verletzlichkeit zu schützen, und warum diese Mechanismen dem Wohlbefinden abträglich sind.

9. Wegweiser für ein ganzherziges Leben: Im späteren Teil des Buches bietet Brown eine Reihe von 'Wegweisern', umsetzbare Schritte, um Verletzlichkeit zu kultivieren und ein ganzherziges Leben zu führen.

Das Buch schließt mit der Aufforderung an die Leser, Verletzlichkeit zu umarmen und das Risiko einzugehen, sie zuzulassen. Indem sie dies tun, behauptet Brown, dass Individuen Barrieren der Scham und Unzulänglichkeit abbauen können, was zu einem Leben voller echter Verbindungen sowie beruflicher und persönlicher Zufriedenheit führt. Das Buch dient sowohl als forschungsgestütztes als auch erfahrungsbezogenes Handbuch, um Verletzlichkeit als Eckpfeiler eines erfüllten Lebens anzunehmen.

## Stärken und Schwächen

**Stärken**

1. Gut erforscht: Das Buch basiert auf jahrelanger akademischer Forschung und verleiht Browns Argumenten Gewicht.

2. Nachvollziehbare Beispiele: Brown verwendet Anekdoten aus dem realen Leben, sowohl aus ihrem eigenen als auch aus dem Leben ihrer Forschungsteilnehmer, was komplexe Ideen greifbar macht.

3. Praktische Ratschläge: Im Gegensatz zu einigen Selbsthilfebüchern, die sich mit abstrakten Konzepten befassen, bietet "Daring Greatly" konkrete Schritte für Individuen, um verletzlicher zu werden und dadurch vollständiger mit ihrem Leben verbunden zu sein.

4. Zugängliche Schreibweise: Die Sprache ist unkompliziert und leicht verständlich, was es Lesern, die neu in der Psychologie oder Selbsthilfeliteratur sind, zugänglich macht.

5. Ganzheitlicher Ansatz: Das Buch behandelt nicht nur die Verletzlichkeit in einem Lebensbereich. Es erforscht deren Rolle in persönlichen Beziehungen, beruflichen Einstellungen und Selbstwahrnehmung und bietet dem Leser einen abgerundeten Blick auf deren Bedeutung.

6. Empathie und Authentizität: Browns Ton ist unglaublich empathisch, und ihre Offenheit, ihre eigenen Erfahrungen zu teilen, verleiht eine Authentizität, die oft in Selbsthilfegenres fehlen kann.

**Schwächen**

1. Redundanz: Einige Leser könnten bestimmte Punkte als repetitiv empfinden, da Brown die Kernkonzepte immer wieder betont, um ihre Botschaft zu verstärken.

2. Breite Pinselstriche: Obwohl das Buch umfassend sein will, hätten einige Abschnitte von einer tieferen Auseinandersetzung profitieren können. Zum Beispiel wird die Anwendung von Verletzlichkeit in bestimmten Arbeitseinstellungen etwas überflogen.

3. Keine schnelle Lösung: Für diejenigen, die eine schnelle, unkomplizierte Lösung für ihre Probleme suchen, könnte die Betonung der kontinuierlichen, lebenslangen Verletzlichkeit frustrierend sein.

4. Wissenschaftliche Strenge: Obwohl gut erforscht, könnten einige Akademiker oder Skeptiker eine strengere wissenschaftliche Genauigkeit oder statistische Daten fordern, um die qualitativen Ergebnisse zu stützen.

5. Emotionale Intensität: Das Buch kann emotional intensiv sein und persönliche Probleme für den Leser aufwerfen. Obwohl dies auch eine Stärke ist, könnte es für einige als Hürde angesehen werden.

## Fazit

"Verletzlichkeit macht stark" ist ein transformatives Buch, das konventionelle Weisheiten über Verletzlichkeit, Stärke und Erfolg herausfordert. Obwohl es nicht ohne Schwächen ist, wie gelegentliche Redundanz und der Wunsch nach tieferer Erkundung in einigen Abschnitten, überwiegen die Stärken des Buches seine Grenzen. Der gut erforschte, nachvollziehbare und praktische Leitfaden bietet wertvolle Einblicke in die menschliche Verfassung und bietet praktische Schritte für ein erfüllteres, verbundeneres Leben.

# Dare to lead – Führung wagen:
# Mutig arbeiten. Überzeugend kommunizieren.
# Mit ganzem Herzen dabei sein.

*von Brené Brown*

## Überblick

In "Dare to Lead" taucht Brené Brown tief in die Bereiche der Führung ein und stützt sich auf ihre umfangreiche Forschung über Verletzlichkeit, Mut, Scham und Empathie. Das Buch liefert umsetzbare Strategien für Führungskräfte, um (wage)mutigere Führung zu kultivieren und eine Arbeitsplatzkultur zu fördern, in der Verletzlichkeit als Stärke angesehen wird.

## Zusammenfassung

**Schlüsselkonzepte**

1. Auseinandersetzung mit Verletzlichkeit: Brown betont zunächst die Notwendigkeit von Verletzlichkeit in der Führung. "Sich mit Verletzlichkeit auseinandersetzen" bedeutet, unsichere Situationen zu konfrontieren, sich dem Risiko emotionaler Offenheit zu stellen und schwierige Herausforderungen zu meistern, während man offen für die Möglichkeit des Scheiterns bleibt.

2. Nach unseren Werten leben: Brown argumentiert, dass es nicht ausreicht, Werte zu haben; man muss sie auch leben. Führungskräfte müssen identifizieren, was ihre Kernwerte sind, und sicherstellen, dass jede Handlung mit diesen Werten übereinstimmt.

3. Vertrauen aufbauen: Vertrauen ist ein grundlegendes Element der Führung. Mit dem Akronym BRAVING (Boundaries, Reliability, Accountability, Vault, Integrity, Non-judgment, Generosity - Grenzen, Zuverlässigkeit, Verantwortlichkeit, Gewölbe, Integrität, Nicht-Beurteilung, Großzügigkeit) zerlegt Brown die wesentlichen Bestandteile des Aufbaus und der Pflege von Vertrauen.

4. Lernen, aufzusteigen: Führungskräfte werden unweigerlich mit Misserfolgen und Rückschlägen konfrontiert. Brown bietet Werkzeuge und Strategien an, um sich von diesen Erfahrungen zu erholen, sicherzustellen, dass Führungskräfte aus ihren Fehltritten lernen und als Ergebnis wachsen.

5. Das Herz der wagemutigen Führung: Brown identifiziert vier Fähigkeiten, die für wagemutige Führung entscheidend sind: sich mit Verletzlichkeit auseinandersetzen, nach den eigenen Werten leben, Vertrauen aufbauen und lernen, aufzusteigen. Diese Fähigkeiten erfordern kontinuierliche Praxis und sind das Herzstück des mutigen Führungsstils.

6. Gepanzerte Führung vs. Wagemutige Führung: Brown stellt traditionelle, gepanzerte Führungspraktiken wagemutigen Führungspraktiken gegenüber. Zum Beispiel kontrastiert sie "Perfektionismus antreiben" mit "gesundes Streben, Empathie und Selbstmitgefühl modellieren und fördern."

7. Scham und Empathie: Brown geht auf die schädlichen Auswirkungen von Scham am Arbeitsplatz ein und auf die Kraft der Empathie, um diese zu bekämpfen. Sie liefert Strategien, um einen empathischeren Führungsansatz zu kultivieren.

8. Die Mythen der Verletzlichkeit: Es gibt mehrere Mythen rund um Verletzlichkeit, wie den Glauben, dass Verletzlichkeit ein Zeichen von Schwäche ist oder dass sie zu viel Teilen bedeutet. Brown widerlegt diese Mythen und unterstreicht die Stärke, die in der Annahme von Verletzlichkeit liegt.

"Dare to Lead" umfasst Brené Browns umfangreiche Forschung in einem praktischen Leitfaden für Führungskräfte in allen Sektoren. Brown präsentiert Verletzlichkeit nicht als Haftung, sondern als Eckpfeiler mutiger Führung. Durch eine Kombination aus persönlichen Anekdoten, Forschungsergebnissen und umsetzbaren Übungen ermutigt das Buch Führungskräfte, aus ihrer Komfortzone herauszutreten, schwierige Gespräche zu führen und mit ganzem Herzen anzuführen. Die übergeordnete Botschaft ist, dass Mut und Verletzlichkeit untrennbar miteinander verbunden sind und nur durch die Annahme beider kann man wirklich wagen zu führen.

| Stärken und Schwächen |
|---|

**Stärken**

1. Forschungsbasierte Erkenntnisse: Eine der bemerkenswerten Stärken des Buches ist seine Fundierung in gründlicher Forschung. Browns Arbeit ist in akademischen und beruflichen Kreisen gut angesehen, was ihren Behauptungen und Strategien Glaubwürdigkeit verleiht.

2. Praktische Anwendung: Brown vermischt geschickt Theorie mit umsetzbaren Ratschlägen. Das Buch handelt nicht nur vom Verstehen von

Konzepten, sondern auch davon, wie sie in realen Führungsszenarien angewendet werden können.

3. Nachvollziehbarkeit und Authentizität: Browns persönliche Anekdoten, kombiniert mit ihrem authentischen Schreibstil, machen das Buch sehr nachvollziehbar. Leser können Teile ihrer eigenen Führungsreise im Inhalt wiedererkennen.

4. Herausforderung des Status quo: "Dare to Lead" ist nicht nur ein weiteres Führungsbuch; es ist ein Aufruf, etablierte Führungsparadigmen herauszufordern und neu zu denken, insbesondere jene, die Verletzlichkeit und Emotionen ablehnen.

5. Universalität: Die im Buch dargelegten Prinzipien sind für Führungskräfte aus verschiedenen Sektoren anwendbar, sei es in der Wirtschaft, im gemeinnützigen Bereich oder im öffentlichen Dienst.

**Schwächen**

1. Erfordert Aufgeschlossenheit: Traditionalisten könnten einige von Browns Ideen als kontraintuitiv empfinden, insbesondere wenn sie Verletzlichkeit mit Schwäche gleichsetzen. Dies könnte für einige Leser eine Barriere darstellen.

2. Wiederholung von Konzepten: Leser, die mit Browns früheren Werken vertraut sind, könnten bestimmte Abschnitte als repetitiv empfinden. Einige Konzepte, insbesondere jene, die mit Verletzlichkeit zu tun haben, werden aus ihren vorherigen Publikationen wiederholt.

3. Tiefe statt Breite: Obwohl das Buch tief in das Thema Verletzlichkeit eintaucht, deckt es möglicherweise nicht die Breite an Führungsthemen ab, nach denen einige Leser suchen, wie etwa Strategieformulierung oder Organisationsgestaltung.

4. Subjektive Erfahrungen: Einige Kritiker könnten argumentieren, dass die Betonung persönlicher Anekdoten, obwohl sie das Buch nachvollziehbar macht, auch zu subjektiven Interpretationen von Führung führen könnte, die möglicherweise nicht universell anwendbar sind.

5. Anspruchsvolle Umsetzung: Die im Buch befürworteten Praktiken, wie das Umarmen von Verletzlichkeit im Unternehmenskontext, könnten für viele eine Herausforderung darstellen. Es erfordert einen signifikanten Wandel der Denkweise, der in bestimmten Organisationskulturen schwierig sein könnte.

# Fazit

"Dare to Lead" ist eine unschätzbare Ressource für diejenigen, die darauf abzielen, Führung im modernen Zeitalter neu zu gestalten und zu definieren. Browns einzigartige Perspektive, fundiert durch umfangreiche Forschung und mit persönlichen Geschichten zum Leben erweckt, bietet einen erfrischenden Blick darauf, was es bedeutet, mit Mut und Authentizität zu führen. Obwohl die Anwendung nicht ohne Herausforderungen ist, haben die vertretenen Prinzipien das Potenzial, nicht nur einzelne Führungskräfte, sondern ganze Organisationskulturen zu transformieren. Für diejenigen, die offen für ihre Lehren sind, ist "Dare to Lead" eine transformative Lektüre, die herausfordert, provoziert und inspiriert.

# Das 80/20-Prinzip: Mehr Erfolg mit weniger Aufwand

*von Richard Koch*

## Überblick

"Das 80/20-Prinzip" von Richard Koch erkundet das Pareto-Prinzip, ein Konzept, benannt nach dem italienischen Ökonomen Vilfredo Pareto, der bemerkte, dass 80% des Landes in Italien von 20% der Bevölkerung besessen wurden. Koch nimmt dieses Prinzip und wendet es auf verschiedene Facetten des Lebens an und behauptet, dass eine Minderheit von Ursachen, Inputs oder Anstrengungen in der Regel zu einer Mehrheit von Ergebnissen, Outputs oder Belohnungen führt. Er betont, dass Individuen und Unternehmen, indem sie erkennen, wo das Prinzip in ihrem Leben anwendbar ist, sich auf das konzentrieren können, was wirklich wichtig ist, Ressourcen sparen und mehr mit weniger erreichen können.

## Zusammenfassung

### Einleitung

Das Buch beginnt mit einer Einführung in das 80/20-Prinzip, indem es erklärt, dass das Prinzip ein inhärentes Ungleichgewicht zwischen Ursachen und Ergebnissen, Inputs und Outputs oder Anstrengungen und Belohnungen vorschlägt. Normalerweise kommen 80% der Ergebnisse von 20% der Ursachen. Dieses Muster wiederholt sich in mehreren Bereichen: Geschäft, Gesundheit, Beziehungen und persönliche Produktivität.

### Kernkonzepte

#### Unternehmenserfolg muss kein Zufall sein

Koch beschäftigt sich zunächst damit, wie das 80/20-Prinzip auf Geschäftsstrategien angewendet werden kann. Er argumentiert, dass die meisten Unternehmen den Fehler machen, Ressourcen gleichmäßig zu verteilen, was ineffizient ist. Stattdessen sollten Unternehmen die 20% der Kunden identifizieren, die zu 80% der Verkäufe beitragen, und sich auf sie konzentrieren. Ebenso sollten Unternehmen die 20% der Produkte oder Dienstleistungen erkennen, die 80% der Gewinne erwirtschaften.

## Zeitmanagement & Produktivität

Ein weiterer bedeutender Abschnitt des Buches handelt von der Anwendung des 80/20-Prinzips auf Zeitmanagement und persönliche Produktivität. Koch schlägt vor, dass sich Menschen auf die 20% der Aufgaben konzentrieren sollten, die 80% der gewünschten Ergebnisse erzielen werden. Indem man sich auf hochwertige Aktivitäten konzentriert und Aufgaben mit geringem Wert eliminiert oder delegiert, kann man mit weniger Aufwand eine größere Produktivität erzielen.

## Beziehungen & Glück

Das Buch geht auch auf persönliche Beziehungen ein und stellt fest, dass 80% des Glücks aus 20% der Beziehungen eines Menschen kommen. Koch argumentiert, dass Individuen ihr Glück und Wohlbefinden erheblich steigern können, indem sie diese Schlüsselbeziehungen identifizieren und pflegen.

## Entscheidungsfindung

Im Bereich der Entscheidungsfindung legt das Buch dar, dass die meisten guten Entscheidungen mehr auf der Basis von Intuition getroffen werden können, die aus den relevantesten 20% der Informationen stammt, anstatt einer gründlichen Analyse.

## Gesundheit und Lebensstil

Koch scheut sich nicht davor, das Prinzip auf die Gesundheit und das Wohlbefinden eines Menschen anzuwenden. Er behauptet, dass 20% der Lebensstilentscheidungen zu 80% der Gesundheitsergebnisse beitragen. Zum Beispiel kann eine kleine Menge regelmäßiger Bewegung und eine ausgewogene Ernährung zu einem Großteil der Gesundheitsvorteile führen.

## Zusätzliche Erkenntnisse

• Theorie des langen Schwanzes: Koch erkennt die Kehrseite des 80/20-Prinzips an, die sich auf den "langen Schwanz" konzentriert – die Idee, dass die 80% der Artikel, die individuell kleine Beträge beitragen, kollektiv eine bedeutende Summe ergeben können.

• Nichtlinearität: Das Buch warnt die Leser, dass das Prinzip keine exakte Wissenschaft ist, sondern eine Richtlinie. Manchmal kann das Verhältnis 70/30 oder 90/10 sein; der Schlüssel ist es, das Ungleichgewicht zu erkennen und entsprechend zu handeln.

Das Buch endet mit einem Aufruf zum Handeln, das Prinzip in jedem Aspekt des Lebens für größere Effektivität und Glück anzuwenden.

## Stärken und Schwächen

**Stärken**

Gut recherchiert und glaubwürdig: Koch legt seine Argumente systematisch dar und stützt sich dabei auf akademische Studien, Wirtschaftstheorien und historische Fälle. Dies verleiht den von ihm präsentierten Ideen Glaubwürdigkeit und Gewicht.

1. Breite Anwendbarkeit: Eine der großen Stärken des Buches ist, wie es das 80/20-Prinzip auf so viele Bereiche anwendet – sei es im Geschäftsleben, Zeitmanagement, Beziehungen oder sogar persönliches Glück. Das macht das Buch für ein breites Publikum relevant.

2. Umsetzbare Ratschläge: Das Buch bietet konkrete Schritte und Strategien zur Umsetzung des 80/20-Prinzips in verschiedenen Lebensbereichen. Diese umsetzbaren Einsichten verleihen dem Buch einen immensen Wert.

3. Klare und prägnante Schreibweise: Der Autor vermeidet unnötigen Fachjargon und kommt direkt auf den Punkt. Das macht das Buch auch für diejenigen zugänglich, die vielleicht keinen Hintergrund in Wirtschaft oder Ökonomie haben.

4. Beispiele aus der realen Welt: Die Verwendung von Beispielen aus der realen Welt fügt eine weitere Ebene der Praktikabilität hinzu und macht den Inhalt nachvollziehbar. Dazu gehören sowohl historische Beispiele als auch moderne Fallstudien.

5. Zum Nachdenken anregend: Das Buch bietet nicht nur Ratschläge; es fordert das herkömmliche Denken heraus und ermutigt den Leser, etablierte Normen und Praktiken in Frage zu stellen.

6. Skalierbare Konzepte: Das 80/20-Prinzip ist nicht nur etwas für große Unternehmen oder lebensverändernde Entscheidungen; es kann auch für kleinere alltägliche Aufgaben und Entscheidungsfindungen angewendet werden, was es zu einem vielseitigen Werkzeug in jedem Werkzeugkasten macht.

**Schwächen**

1. Übervereinfachung: Obwohl das Buch auf breite Anwendbarkeit abzielt, besteht das Risiko der Übervereinfachung. Nicht jeder Aspekt des Lebens

oder des Geschäfts passt ordentlich in das 80/20-Gerüst, und das Buch übergeht manchmal diese Komplexitäten.

2. Wiederholend: Einige Leser könnten den zentralen Grundsatz des Buches zu oft in verschiedenen Kontexten wiederholt finden, was etwas monoton wirken könnte.

3. Fehlen von Gegenargumenten: Das Buch hätte gestärkt werden können, indem Gegenargumente angesprochen oder Bereiche erkundet werden, in denen das 80/20-Prinzip nicht zutrifft. Dies würde eine ausgewogenere Sichtweise bieten.

4. Nicht tiefgehend analytisch: Für diejenigen, die eine tiefe Tauchfahrt in die Mathematik oder Ökonomie hinter dem Prinzip suchen, könnte das Buch etwas oberflächlich erscheinen.

5. Geht von Rationalität aus: Das Buch setzt weitgehend rationale Akteure und logische Entscheidungsfindung voraus, was insbesondere in Angelegenheiten, die menschliche Beziehungen und Verhaltensweisen betreffen, nicht immer der Fall sein mag.

## Fazit

Zusammenfassend ist "Das 80/20-Prinzip" eine unschätzbare Ressource für alle, die ihre Produktivität optimieren und sich auf das konzentrieren möchten, was wirklich wichtig ist. Obwohl es seine Grenzen hat und komplexe Probleme möglicherweise zu sehr vereinfacht, überwiegen die Stärken des Buches bei weitem seine Schwächen. Es bietet einen praktischen, unkomplizierten Rahmen für mehr Effizienz mit weniger Aufwand und ist somit ein Muss für jeden, der nach Effizienz und Effektivität in seinem Leben strebt.

# Jetzt! Die Kraft der Gegenwart

*von Eckhart Tolle*

## Überblick

"Jetzt! Die Kraft der Gegenwart" ist ein Buch von Eckhart Tolle, das darauf abzielt, eine Transformation im menschlichen Bewusstsein herbeizuführen. Es ist ein umfassender Leitfaden für jeden, der sich jemals mit den Komplexitäten von Geist, Zeit und dem Streben nach Glück auseinandergesetzt hat. Das Buch soll komplizierte spirituelle Einsichten für jeden zugänglich machen.

## Zusammenfassung

### Einleitung

Die Einleitung bereitet die Bühne für den Rest des Buches vor, indem sie Tolles eigene Transformation von einem Zustand der Verzweiflung zu einem Zustand tiefen Friedens erklärt. Hier führt Tolle die grundlegende Prämisse des Buches ein: die Kraft, die Aufmerksamkeit auf den gegenwärtigen Moment zu konzentrieren.

### Kapitel 1: Du bist nicht dein Verstand

Tolle beginnt mit einer Diskussion über das problematische Verhältnis, das Menschen zu ihrem eigenen Verstand haben. Er führt das Konzept des "egoischen Verstands" ein, der die Quelle unnötiger Sorgen und Stress ist. Der Autor legt nahe, dass der Verstand das Bewusstsein des Individuums für seine zwanghaften Denkmuster nutzt und es so vom gegenwärtigen Moment abzieht.

### Kapitel 2: Bewusstsein: Der Weg aus dem Schmerz heraus

In diesem Kapitel führt Tolle die Idee ein, dass emotionaler Schmerz und Ego eng miteinander verknüpft sind. Die Vergangenheit hat einen erheblichen Einfluss darauf, wie wir uns in der Gegenwart fühlen. Indem wir bewusster werden und uns auf das "Jetzt" konzentrieren, können wir uns von der Schmerzspirale befreien.

### Kapitel 3: Eine Bewegung tief in die Gegenwart hinein

Hier vertieft Tolle das Konzept des "Jetzt" als den Weg zur Erleuchtung. Er betont, dass der gegenwärtige Moment alles ist, was es je gibt, und indem wir uns darauf konzentrieren, können wir Frieden, Glück finden und unser innerstes Sein erwecken.

**Kapitel 4: Strategien des Verstandes, um die Gegenwart zu vermeiden**

Dieses Kapitel erläutert verschiedene Strategien, die der Verstand anwendet, um nicht präsent zu sein, wie das Erzeugen von zeitbasierten Ablenkungen. Tolle argumentiert, dass all diese Formen des Widerstands uns von der Kraft des gegenwärtigen Moments wegbringen.

**Kapitel 5: Der Zustand von Gegenwärtigkeit**

Tolle erklärt den "Zustand der Präsenz" als einen Raum ohne Urteil, Widerstand oder geistige Interpretation. Es ist ein Zustand reiner Bewusstheit, der unser wahres Selbst ist.

**Kapitel 6: Der innere Körper**

Der Autor spricht über die Wichtigkeit, sich unseres inneren Körpers, unserer Lebenskraft, bewusst zu sein. Er schlägt verschiedene Methoden vor, um diese Energie in uns zu spüren, was uns hilft, mehr im gegenwärtigen Moment verwurzelt zu sein.

**Kapitel 7: Portale und Zugänge zum Unmanifesten**

Dieses Kapitel taucht tiefer in fortgeschrittene spirituelle Konzepte wie das Unmanifestierte ein — die Quelle der manifestierten Welt. Tolle stellt verschiedene "Portale" in diesen Zustand vor, wie den inneren Körper, Stille und Weiträumigkeit.

**Kapitel 8: Erwachte Beziehungen**

Tolle erklärt, wie die Konzepte aus dem Buch auf Beziehungen angewendet werden können. Indem wir egoistische Reaktionen vermeiden und uns auf den gegenwärtigen Moment konzentrieren, können Beziehungen als Weg zur spirituellen Erleuchtung dienen, anstatt Schmerzquellen zu sein.

**Kapitel 9: Jenseits von Glücklichsein und Unglücklichsein ist Frieden**

Hier spricht Tolle über die vergängliche Natur von Emotionen und wie die Konzentration auf das Jetzt einen tieferen, bedeutungsvolleren Frieden bringen kann, der über die Dualität von Glück und Unglück hinausgeht.

**Kapitel 10: Die Bedeutung von Hingabe**

Im letzten Kapitel diskutiert Tolle das Konzept der Hingabe, die nicht das Aufgeben bedeutet, sondern das Nachgeben gegenüber dem gegenwärtigen Moment und das Akzeptieren dessen, wie er ist.

Tolle schließt ab, indem er die Einfachheit und gleichzeitig Tiefe seiner Botschaft betont. Er ermutigt die Leser, klein anzufangen, indem sie Bewusstsein in einfache Aktivitäten bringen und allmählich die Zeit, die sie im gegenwärtigen Moment verbringen, erhöhen.

## Stärken und Schwächen

### Stärken

1. Klarheit der Botschaft: Eine der größten Stärken des Buches ist seine klare und unmissverständliche Botschaft: Der gegenwärtige Moment ist alles, was wir haben, und wahres Glück kann nur gefunden werden, indem man ihn vollständig annimmt.

2. Nachvollziehbar und Praktisch: Tolle bricht komplexe spirituelle und psychologische Themen auf leicht verständliche Konzepte herunter. Das Buch bietet verschiedene praktische Übungen und Beispiele aus dem echten Leben, die es den Lesern erleichtern, seine Lehren in ihren Alltag zu integrieren.

3. Psychologische Einsichten: Tolle leistet hervorragende Arbeit bei der Analyse des menschlichen Geistes und identifiziert, wie unsere Denkmuster und mentalen Gewohnheiten zu unserem eigenen Leiden beitragen. Dies bietet den Lesern wertvolle Werkzeuge zur Selbstreflexion.

4. Universelle Anziehungskraft: Das Buch behandelt grundlegende menschliche Erfahrungen – Schmerz, Angst und die Suche nach Glück –, die kultur-, rassen- und religionsübergreifend nachvollziehbar sind. Dies verleiht dem Buch eine breite Anziehungskraft.

5. Philosophische Tiefe: Obwohl das Buch sich an ein breites Publikum richtet, macht es keine Abstriche an der philosophischen Tiefe. Tolle bezieht sich auf verschiedene spirituelle Traditionen, einschließlich Buddhismus, Christentum und Hinduismus, und verwebt sie nahtlos mit seinen eigenen Lehren.

6. Inspirierend: Viele Leser haben von lebensverändernden Erfahrungen nach der Lektüre dieses Buches berichtet und angegeben, dass es ihnen die Werkzeuge lieferte, um ihre Denkweise und folglich ihr Leben zu transformieren.

**Schwächen**

1. Wiederholend: Eine der Hauptkritiken an "Jetzt! Die Kraft der Gegenwart" ist seine sich wiederholende Natur. Während die Wiederholung dazu dient, die Schlüsselbotschaften des Buches zu verstärken, könnte sie für einige Leser abschreckend wirken.

2. Fehlender wissenschaftlicher Nachweis: Obwohl Tolle sich mit psychologischen Aspekten auseinandersetzt, liefert er keine empirischen Beweise zur Unterstützung einiger seiner Behauptungen. Dies könnte das Buch für diejenigen, die wissenschaftlich fundierte Argumente bevorzugen, weniger ansprechend machen.

3. Komplexität fortgeschrittener Themen: Obwohl Tolle versucht, komplexe spirituelle Konzepte zu vereinfachen, könnten einige Leser diese immer noch schwer verständlich oder nachvollziehbar finden, insbesondere Themen wie das "Unmanifestierte" und "Portale ins Unmanifestierte".

4. Nichts für Skeptiker:

Das Buch verfolgt einen spirituellen Ansatz zur Problemlösung, der nicht bei jedem Anklang findet, insbesondere bei denjenigen, die wissenschaftlich orientiert sind oder spirituellen Lehren skeptisch gegenüberstehen.

5. Mehrdeutigkeit: Obwohl das Buch auf Einfachheit abzielt, könnten manche Abschnitte mehrdeutig oder interpretationsbedürftig erscheinen, was für einige Leser verwirrend sein könnte.

## Fazit

"Jetzt! Die Kraft der Gegenwart" hat sich als ein einflussreiches Buch erwiesen, das das Leben von Millionen verändert hat. Seine einfachen, aber tiefgründigen Lehren bieten einen Weg zu einem erfüllteren und friedlicheren Leben. Das Buch ist jedoch nicht ohne Fehler. Es mag nicht jeden Geschmack oder Glauben bedienen, aber für diejenigen, die seiner Botschaft offen gegenüberstehen, dient es als ein mächtiger Leitfaden zum spirituellen Erwachen und zur mentalen Freiheit.

# Die subtile Kunst des darauf Scheißens

*von Mark Manson*

## Überblick

"Die subtile Kunst des darauf Scheißens" ist ein Selbsthilfebuch, geschrieben vom Blogger und Autor Mark Manson. Im Gegensatz zu herkömmlichen Selbsthilfebüchern, die für unerbittlichen Positivismus und die Idee werben, dass "man alles schaffen kann", konzentriert sich Mansons Werk darauf, die Begrenzungen des Lebens zu umarmen, sich den unangenehmen Wahrheiten zu stellen und die Unvermeidlichkeit des Leidens anzunehmen, um ein besseres Leben zu schaffen. Indem er gegen den Strom der herkömmlichen Selbsthilfe-Weisheit schwimmt, präsentiert Manson einen aufrichtigen und etwas kontroversen Fahrplan für ein erfülltes Leben. Anstatt so zu tun, als sei das Leben ein Zuckerschlecken, fordert Manson dich auf, auch die sauren Kirschen zu essen und zu lernen, das zu schätzen, was wirklich deine Energie, Zeit und emotionale Investition verdient. Dieses Buch bietet einen direkten, unverblümten Ansatz zur Selbstverbesserung, der erfrischend realistisch und tiefgründig ist.

## Zusammenfassung

### Die Kernidee

Manson argumentiert, dass der Schlüssel zu einem erfüllten Leben nicht darin liegt, ständig nach Positivität zu streben oder immer besser sein zu wollen. Stattdessen geht es darum, zu lernen, nur das zu geben, was wirklich wichtig ist, und den Rest zu ignorieren. Mit anderen Worten, es geht darum, selektiv zu wählen, worum man sich kümmert und welche Werte man als Grundlage seines Lebens wählt.

### Kapitel 1: Versuche es nicht

Manson beginnt mit der Entkräftung der "Streber"-Mentalität. Er sagt, dass die ständige Jagd nach Erfolg und Anerkennung die Menschen auf Enttäuschung und Unzufriedenheit vorbereitet. Stattdessen sollte man sich auf persönliche Werte konzentrieren.

## Kapitel 2: Glück ist ein Problem

Manson argumentiert, dass man im Leben ständig leidet, doch der Kampf für etwas Bedeutungsvolles, gibt dem Leben einen Sinn. Probleme wird es immer geben; was zählt, ist, welche Art von Problemen man bereit ist zu lösen.

## Kapitel 3: Du bist nicht besonders

In diesem Kapitel entlarvt Manson den Mythos, dass jeder außergewöhnlich ist. Er schlägt vor, dass es einen Weg zur Unzufriedenheit ist, sich selbst für besser als andere zu halten oder ständig über seine Mängel zu grübeln. Die Welt schuldet dir nichts, und diese Erkenntnis kann befreiend sein.

## Kapitel 4: Der Wert des Leidens

Manson behauptet, dass jeder Werte erschafft, bewusst oder unbewusst, und diese Werte diktieren, wie wir uns verhalten und mit welchen Arten von Problemen wir konfrontiert werden. Er ermutigt den Leser, Werte wie Ehrlichkeit, Transparenz und Verletzlichkeit über materiellen Erfolg zu stellen.

## Kapitel 5: Man hat immer die Wahl

Laut Manson bist du immer verantwortlich für deine Handlungen und Emotionen. Selbst wenn dir Dinge passieren, die du nicht gewählt hast, hast du immer noch eine Wahl, wie du reagierst.

## Kapitel 6: Du liegst mit allem falsch (genau wie ich)

Manson weist darauf hin, dass unsere Überzeugungen auf unseren vergangenen Erfahrungen und begrenzten Perspektiven basieren, was bedeutet, dass sie wahrscheinlich falsch oder unvollständig sind. Die Bereitschaft, seine Meinung zu ändern, ist entscheidend für das Wachstum.

## Kapitel 7: Scheitern ist der Weg nach vorn

Manson setzt sich dafür ein, das Scheitern als unvermeidlichen Schritt zum Erfolg zu umarmen. Scheitern liefert die Art von Feedback, die Lernen und Wachstum fördert.

## Kapitel 8: Neinsagen ist alles

Dieses Kapitel dreht sich um die Idee, dass das Ablehnen genauso wichtig ist wie das Verfolgen von etwas. Manson rät dazu, Grenzen zu setzen, um sich auf das zu konzentrieren, was wirklich wichtig ist.

**Kapitel 9: ...Und dann stirbst du**

Im letzten Kapitel befasst sich Manson mit dem Thema Sterblichkeit. Das Bewusstsein für die eigene Sterblichkeit kann als ultimativer Antrieb dienen, sich auf das zu konzentrieren, was im Leben wirklich zählt.

| **Stärken und Schwächen** |
|---|

**Stärken**

1. Kontraintuitive Weisheit: Eine der größten Stärken des Buches ist der kontraintuitive Rat. Manson hinterfragt gängige Selbsthilfe-Grundsätze und stellt den Wert von endlosem Positivismus und Affirmationen in Frage. Das macht das Buch erfrischend und zum Nachdenken anregend und bietet eine andere Perspektive auf persönliche Entwicklung.

2. Direkte und nachvollziehbare Sprache: Mansons Schreibstil ist umgangssprachlich, was komplexe psychologische und philosophische Konzepte leicht verdaulich macht. Die Verwendung von Alltagssprache und Humor macht das Buch nachvollziehbar und fesselnd.

3. Fokus auf Werte und persönliche Verantwortung: Das Buch weist hervorragend darauf hin, dass das eigentliche Problem im Leben der meisten Menschen nicht das ist, worum sie sich sorgen, sondern was sie wertschätzen. Indem er die Leser dazu anregt, ihre Werte auf produktivere zu verlagern, bietet Manson handlungsorientierte Ratschläge, die zu echten Veränderungen führen können.

4. Inhaltliche Tiefe: Trotz seines provokativen Titels und lässigen Tons geht das Buch tief in existenzielle Fragen ein und berührt Themen wie Sterblichkeit und die menschliche Kondition. Diese fügen Schichten der Tiefe hinzu, die in vielen Selbsthilfebüchern ungewöhnlich sind.

5. Beispiele und Anekdoten aus der realen Welt: Manson verlässt sich nicht nur auf Theorie; er würzt das Buch mit zahlreichen Anekdoten und Beispielen aus seinem eigenen Leben und dem berühmter Persönlichkeiten. Dies verleiht seinen Argumenten Glaubwürdigkeit und Nachvollziehbarkeit.

**Schwächen**

1. Fehlen von nuancierten Lösungen: Obwohl Manson gut darin ist, aufzuzeigen, worum man keinen F*ck geben sollte, fehlen dem Buch manchmal nuancierte Lösungen für den Umgang mit komplexen emotionalen oder psychologischen Problemen. Die Ratschläge könnten für Menschen, die mit

tiefgreifenderen Lebensherausforderungen konfrontiert sind, etwas reduktiv erscheinen.

2. Nicht jedermanns Geschmack: Die Sprache und der Ton des Buches, obwohl für viele nachvollziehbar, sind nicht jedermanns Sache. Einige könnten die Obszönitäten und die Direktheit abschreckend finden, was die Gesamtbotschaft beeinträchtigen könnte.

3. Kann repetitiv erscheinen: Mansons zentrales Thema des 'keinen F*ck Gebens' wird über die Kapitel hinweg wiederholt, was das Buch manchmal repetitiv wirken lassen kann.

4. Kontroverse Meinungen: Bestimmte Leser könnten einige von Mansons Ansichten als zu zynisch oder pessimistisch empfinden, was die Anwendbarkeit und Wirksamkeit des Buches für diese Personen einschränken könnte.

5. Fehlen von praktischen Übungen: Obwohl das Buch aufschlussreich ist, fehlt es an einem praktischen Rahmen oder Übungen, die die Leser direkt anwenden können. Diejenigen, die einen Schritt-für-Schritt-Leitfaden suchen, könnten enttäuscht sein.

## Fazit

"Die subtile Kunst des darauf Scheißens" bietet eine erfrischende, wenn auch kontroverse, Perspektive auf Selbstverbesserung und persönliches Wachstum. Seine größte Stärke liegt in seiner Fähigkeit, zum Nachdenken anzuregen und gesellschaftliche Normen rund um Erfolg und Glück herauszufordern. Obwohl es keine detaillierten Lösungen für komplexe Probleme bietet, stellt es einen Rahmen zur Verfügung, der die Leser ermutigt, ihre Werte und Prioritäten zu überdenken. Insgesamt überwiegen die Vorzüge des Buches seine Mängel, was es zu einer überzeugenden Lektüre für diejenigen macht, die an einem alternativen Ansatz zur persönlichen Entwicklung interessiert sind.

# Everything is F*cked: Ein Buch über Hoffnung

*von Mark Manson*

| Überblick |
|---|

"Everything is F*cked: Ein Buch über Hoffnung" ist Mark Mansons Nachfolger seines Bestsellers "Die subtile Kunst des darauf Scheißens". In diesem Werk taucht Manson tief in die Paradoxe und Widersprüche ein, die das moderne Leben prägen, und erforscht, warum die Menschen trotz beispielloser Bequemlichkeiten und Komforts zunehmend ängstlich, unglücklich und ohne Hoffnung sind. Das Buch dient als philosophischer Leitfaden, um durch die emotionalen und ethischen Komplexitäten des zeitgenössischen Lebens zu navigieren. Es fordert Sie auf, über die oberflächlichen Marker des Glücks hinauszuschauen und sich den unangenehmen Wahrheiten über das Leben und die menschliche Psyche zu stellen.

| Zusammenfassung |
|---|

### Kernaspekte

### Das Paradoxon des Fortschritts

Manson erläutert das Paradoxon des Fortschritts: Auch wenn die Welt materiell besser geworden ist, mit weniger Armut, weniger Krankheiten und mehr Freiheiten, sind die Menschen immer noch unglücklich. Er argumentiert, dass sich zwar die materiellen Bedingungen verbessert haben, unser psychologisches Wohlbefinden jedoch nicht Schritt gehalten hat.

### Die Bedeutung der Hoffnung

Manson behauptet, dass Hoffnung die Grundlage allen menschlichen Fortschritts und Glücks ist. Er identifiziert zwei primäre Komponenten der Hoffnung: 1) der Glaube, dass unser Leben Bedeutung hat, und 2) der Glaube, dass wir den Verlauf unseres Lebens beeinflussen können. Wenn eine dieser Komponenten fehlt, stellt sich Verzweiflung ein.

### Emotionales Gehirn vs. Denkendes Gehirn

Manson diskutiert die Idee, dass jede Person ein "emotionales Gehirn" und ein "denkendes Gehirn" hat. Das emotionale Gehirn ist auf sofortige

Befriedigung ausgerichtet, während das denkende Gehirn plant und rationalisiert. Obwohl das denkende Gehirn sich eine bessere Zukunft vorstellen kann, sabotiert das emotionale Gehirn dies oft, indem es kurzfristigen Freuden oder Ängsten nachgibt. Wahre Kontrolle und Fortschritt kommen von der Ausrichtung dieser beiden Aspekte unserer selbst.

### Die Formel der Menschlichkeit

Er führt auch das Konzept von Immanuel Kants "Formel der Menschlichkeit" ein, die Idee, dass Menschen Selbstzweck sind und nicht nur als Mittel zu etwas anderem behandelt werden sollten. Dieses Prinzip ist grundlegend für die Etablierung ethischer Systeme und sozialen Vertrauens, von denen Manson argumentiert, dass sie in unserer zeitgenössischen Welt erodieren.

### Newtons Grundgesetze der Erregung

Der Autor präsentiert die "Gesetze der Emotion", die implizieren, dass für jede Aktion eine gleiche und entgegengesetzte emotionale Reaktion existiert und dass unser Selbstwert die Summe unserer Emotionen über die Zeit ist. Manson argumentiert, dass das Verständnis dieser "Gesetze" den Einzelnen helfen kann, emotional widerstandsfähiger zu werden und Hoffnung zu bewahren.

### Die Gefahren von Technologie & sozialen Medien

Manson geht auch auf die negativen Auswirkungen der Technologie ein, insbesondere auf soziale Medien. Er argumentiert, dass diese Plattformen unser Bedürfnis nach sozialer Validierung und Gemeinschaft ausnutzen, es aber mit oberflächlichen Markern wie Likes und Follows ersetzen, was zu weit verbreiteter Einsamkeit und emotionaler Instabilität beiträgt.

### Die Religion des Selbst

Ein weiterer interessanter Punkt, den Manson anspricht, ist die "Religion des Selbst". In einer säkularen Welt, die sich von traditioneller Religion entfernt hat, ist das Konzept des Selbst und der Selbstverbesserung zu einer Art Gottheit geworden. Manson argumentiert jedoch, dass die Anbetung des Selbst zu Narzissmus, Anspruchshaltung und letztlich Verzweiflung führen kann.

### Der Blaue-Punkt-Effekt

Manson schließt mit dem, was er den "Blaue-Punkt-Effekt" nennt, der Idee, dass unser Gehirn darauf programmiert ist, sich auf unmittelbare Bedrohungen und Probleme zu konzentrieren, die oft übertrieben werden und unnötige Verzweiflung verursachen. Um Hoffnung zu bewahren, schlägt Manson vor, dass Individuen nach Perspektive streben, vorsichtig mit ihrem emotionalen Gehirn umgehen und sich an Aktivitäten beteiligen sollten, die ihnen ein größeres Gefühl von Sinn und Zweck geben.

## Stärken und Schwächen

**Stärken**

1. Tiefgehende Einblicke: Manson gelingt es ausgezeichnet, komplexe psychologische und philosophische Themen in leicht verständliche Teile herunterzubrechen, was die Informationen für den Laienleser zugänglich macht.

2. Relevanz: Der Inhalt ist äußerst relevant für den modernen Menschen, der mit existenziellen Krisen, Verzweiflung und einem Mangel an Hoffnung in einer scheinbar zunehmend chaotischen Welt ringt.

3. Ansprechender Schreibstil: Mansons Schreiben ist nicht nur klar, sondern auch fesselnd und unterhaltsam, wobei er Humor und Respektlosigkeit auf eine Weise kombiniert, die schwierige Themen verdaulicher macht.

4. Praktische Ratschläge: Mansons Buch ist nicht nur theoretisch; es bietet praktische Ratschläge und Schritte, die man unternehmen kann, um ein hoffnungsvolleres und sinnvolleres Leben zu kultivieren, was es für Leser umsetzbar macht.

5. Breites Spektrum: Das Buch untersucht eine breite Palette von Themen – von der individuellen Psychologie bis hin zu breiteren gesellschaftlichen Themen wie der Auswirkung der Technologie auf den sozialen Zusammenhalt – und bietet damit eine umfassende Lektüre.

6. Provokativ: Das Buch fordert die konventionelle Selbsthilfe-Weisheit heraus und regt die Leser dazu an, allgemein akzeptierte Erzählungen über Glück und Erfolg zu überdenken, was zu kritischer Reflexion anregt.

**Schwächen**

1. Polarisierender Stil: Mansons respektloser Ton und der häufige Gebrauch von Obszönitäten könnten für einige Leser abschreckend sein, die eine traditionellere, akademischere oder 'höflichere' Diskussion dieser Themen bevorzugen.

2. Fehlen von Zitaten: Obwohl Manson eine Vielzahl von psychologischen und philosophischen Theorien diskutiert, ist das Buch nicht streng zitiert.

Dies könnte ein Nachteil für diejenigen sein, die eine akademischere oder wissenschaftlich fundiertere Diskussion suchen.

3. Pessimistische Aussicht: Einige Leser könnten die ersten Kapitel des Buches als etwas düster und nihilistisch empfinden, was sie davon abhalten könnte, weiterzulesen oder den Rat ernst zu nehmen.

4. Vereinfachung: Im Bemühen, komplexe Themen verständlich zu machen, gibt es Fälle, in denen Nuancen geopfert werden könnten, was zu einer Vereinfachung komplexer Themen führen kann.

5. Mangel an Tiefe in Lösungen: Obwohl das Buch praktische Ratschläge bietet, fehlt den Lösungen manchmal die Tiefe und Detailliertheit, die einige Leser für eine effektive Umsetzung wünschen könnten.

6. Potenzial für Kontroversen: Einige Themen, insbesondere die Kommentare zu sozialen Fragen, könnten als kontrovers oder polarisierend angesehen werden, was nicht allen Lesern gefallen könnte.

## Fazit

"Everything is F*cked: Ein Buch über Hoffnung" ist eine aufschlussreiche, überzeugende und provokativ unterhaltsame Lektüre. Es gelingt ihm, eine Vielzahl von relevanten Themen anzusprechen, die die moderne Gesellschaft und die Individuen in ihr betreffen. Es ist jedoch möglicherweise nicht nach jedermanns Geschmack, besonders wenn man eine akademische Abhandlung sucht oder auf starke Sprache und kontroverse Meinungen empfindlich reagiert. Insgesamt ist es ein Buch, das erfolgreich zum Nachdenken anregt, zur kritischen Selbstreflexion inspiriert und eine neue Perspektive auf die Komplexitäten der menschlichen Bedingung bietet.

# Unfu*k Yourself: Raus aus dem Kopf, rein ins Leben

*von Gary John Bishop*

| Überblick |
|:-:|

"Unfu*k Yourself: Raus aus dem Kopf, rein ins Leben" ist von Gary John Bishop geschrieben. Es ist ein Selbsthilfebuch, das die Leser dazu ermutigt, ihre Muster des Selbstgesprächs zu ändern, sich von begrenzenden Überzeugungen zu befreien und in ihrem Leben aktiv zu werden. Hier ist eine detailliertere Zusammenfassung:

| Zusammenfassung |
|:-:|

## Einleitung

Das Buch beginnt mit der Betonung der Wichtigkeit der Sprache, die wir verwenden, sowohl in unseren Gedanken als auch laut ausgesprochen. Bishop behauptet, dass die meisten Menschen in Zyklen negativer Selbstgespräche gefangen sind, die ihr Potenzial begrenzen und sie in ungünstigen Situationen festhalten.

## Ermächtigende Behauptungen

Das Kernstück des Buches dreht sich um ermächtigende Behauptungen, die Bishop einführt, um allgegenwärtige negative Selbstgespräche zu kontern:

**Ich bin bereit:** Statt sich gefangen und gelähmt von Herausforderungen zu fühlen, sollte man etwas finden, zu dem man bereit ist. Selbst eine kleine Handlung kann zu bedeutenden Veränderungen führen.

**Ich bin ganz auf Sieg eingestellt:** Dies ist die Erkenntnis, dass man bereits die Ergebnisse erzielt, die man zu verdienen glaubt. Wenn man mit seiner aktuellen Situation nicht zufrieden ist, muss man seine Überzeugungen und Erwartungen ändern.

**Ich schaffe das:** Man ist fähiger, als man sich selbst zugesteht. Welche Hindernisse oder Herausforderungen auch immer auf einen zukommen, man hat die inneren Ressourcen, um damit umzugehen.

**Ich akzeptiere die Ungewissheit:** Das Leben ist unvorhersehbar, und die Angst vor dem Unbekannten kann lähmend sein. Man sollte sie umarmen und als Chance statt als Hindernis sehen.

**Ich bin nicht meine Gedanken, ich bin, was ich tue:** Übermäßiges Nachdenken und in negativen Gedankenschleifen gefangen zu sein, führt nicht zum Fortschritt. Handlungen tun es.

**Ich bleibe dran:** Wenn man mit Herausforderungen konfrontiert wird, sollte man weitermachen. Die Ausdauer wird sich auszahlen.

**Ich erwarte nichts und akzeptiere alles:** Feste Erwartungen zu haben, kann zu Enttäuschungen führen. Stattdessen sollte man akzeptieren, was auf einen zukommt, und sich darauf einstellen.

### Überwindung von festgefahrenen Situationen

Bishop betont, wie wichtig es ist zu erkennen, wann man festgefahren ist, und dann die Verantwortung zu übernehmen, sich selbst daraus zu befreien. Es geht nicht um Schuldzuweisungen, sondern darum anzuerkennen, dass man die Macht hat, seine Situation zu ändern.

### Handlungen über Gedanken

Eine der Hauptbotschaften des Buches ist, dass Handlungen mächtiger sind als Gedanken. Es reicht nicht aus, positiv zu denken; man muss auf diese positiven Gedanken auch handeln. Hier bleiben die meisten Menschen stecken – sie denken über Veränderung nach, ohne jemals die notwendigen Schritte zu unternehmen.

Bishop schließt mit der Aufforderung an die Leser ab, nicht auf den magischen "richtigen Moment" zu warten, sondern jetzt zu handeln. Das Leben ist das, was man daraus macht, und es ist nie zu spät, seine Denkweise und damit den Verlauf seines Lebens zu ändern.

"Unfu*k Yourself" ist ein unverblümter Leitfaden, um sich von mentalen Barrieren zu befreien und eine handlungsorientiertere und positive Lebensweise zu erreichen.

## Stärken und Schwächen

**Stärken**

1. Praktisch und umsetzbar: Im Gegensatz zu einigen Selbsthilfebüchern, die theoretisch bleiben, bietet Bishops Buch handfeste Ratschläge, die Leser sofort anwenden können.

2. Direkte Sprache: Bishops unverblümte, direkte Sprache durchdringt das Unwesentliche und macht seine Punkte klar und wirkungsvoll.

3. Identifikation: Viele Leser werden ihre eigenen Muster negativer Selbstgespräche im Buch wiedererkennen, was die Ratschläge persönlich und anwendbar erscheinen lässt.

4. Ermächtigende Behauptungen: Das Gerüst der ermächtigenden Behauptungen ist leicht zu verstehen und zu merken. Jede Behauptung dient als Mantra, zu dem die Leser in Momenten des Zweifels zurückkehren können.

5. Befähigend: Das Buch betont die persönliche Verantwortung und drängt die Leser dazu, ihre Macht bei der Veränderung ihrer Umstände anzuerkennen.

**Schwächen**

1. Könnte zu vereinfacht erscheinen: Einige Leser könnten die Ratschläge als zu grundlegend empfinden oder das Gefühl haben, dass komplexe Probleme zu sehr vereinfacht werden.

2. Direktheit ist nicht für jeden geeignet: Während viele den direkten Ton des Buches schätzen, könnten ihn andere als zu schroff oder konfrontativ empfinden.

3. Mangelnde Tiefe bei einigen Themen: Obwohl das Buch viele Themen abdeckt, könnten einige von einer tiefergehenden Erkundung profitieren.

4. Abhängigkeit von Anekdoten: Manchmal könnten Bishops persönliche Anekdoten, obwohl sie nachvollziehbar sind, nicht bei jedem Anklang finden oder etwas wiederholend wirken.

5. Begrenzte Erkundung zugrundeliegender Probleme: Das Buch bietet Lösungen, um negative Denkmuster zu ändern, taucht aber nicht tief in das Verständnis der Wurzelursachen dieser Muster für einige Individuen ein.

# Fazit

"Unfu*k Yourself" von Gary John Bishop ist ein kraftvoller Aufruf zum Handeln für diejenigen, die sich im Leben aufgrund von negativem Selbstgespräch und selbstauferlegten Beschränkungen festgefahren fühlen. Die Hauptstärke des Buches liegt in seiner Praktikabilität und Direktheit, was sicherstellt, dass seine Kernbotschaften kraftvoll bei den Lesern ankommen. Wer jedoch eine tiefere psychologische Erkundung sucht, könnte feststellen, dass es in bestimmten Bereichen an Tiefe fehlt. Insgesamt ist das Buch für Leser, die einen Anstoß benötigen, um aus der Trägheit auszubrechen, ein wirksames Werkzeug, das sowohl Einsicht als auch handfeste Schritte bietet, um die Denkweise und das Leben eines Menschen zu transformieren.

# Du bist der Hammer: Hör endlich auf, an deiner Großartigkeit zu zweifeln, und beginn ein fantastisches Leben

*von Jen Sincero*

## Überblick

Jen Sinceros "Du bist der Hammer" ist ein motivierendes Selbsthilfebuch, das darauf abzielt, das Leben des Lesers zu verwandeln, indem es selbst auferlegte Barrieren abbaut. Das Buch bietet einen ganzheitlichen Ansatz zur Selbstverbesserung, indem es nicht nur finanziellen Erfolg, sondern auch emotionales und mentales Wohlbefinden diskutiert.

## Zusammenfassung

**Kernpunkte**

### Der Weckruf

Sincero fordert die Komfortzone des Lesers heraus und fordert die Leser auf, sich ihres eigenen Potenzials bewusst zu werden. Sie betont, dass das Erkennen schlechter Verhaltensweisen und Muster der erste Schritt zur Veränderung ist.

### Du bist der Hammer

Die Autorin führt die Hauptthese des Buches ein, dass jeder das Potenzial hat, ein "Hammer" zu sein, also jemand, der das Leben in vollen Zügen lebt, sich selbst treu ist und unentschuldigend.

### Selbstwahrnehmung

Sincero diskutiert die Macht der Selbstwahrnehmung und wie die Linse, durch die wir uns selbst sehen, das Leben bestimmt, das wir führen. Sie argumentiert für die Bedeutung von positivem Selbstgespräch und Selbstbild.

### Anzapfen des Hauptgewinns

Die Autorin erforscht Spiritualität und die Idee, dass das Anzapfen einer "höheren Macht", sei es Gott, das Universum oder eine andere Form, den Weg zur Selbstverbesserung leiten kann.

**Der große Schlummer**

Die Autorin stellt das Konzept des "großen Schlummers" vor, das gesellschaftliche Normen und Erwartungen repräsentiert, die uns daran hindern, unser volles Potenzial zu erreichen.

**Liebe dich selbst**

Sincero argumentiert, dass Selbstliebe der Grundstein für alle Arten von Erfolg ist. Sie bietet praktische Tipps wie Affirmationen und Spiegelübungen an, um Selbstliebe zu kultivieren.

**Entscheidungsfindung**

Sincero hebt die Wichtigkeit von entschlossenem Entscheiden als Sprungbrett zum Erfolg hervor. Sie besteht darauf, dass Entscheidungen auf der Basis dessen getroffen werden sollten, wohin man will, nicht von dort, wo man gerade steht.

**Geldangelegenheiten**

Die Autorin geht tief in die Beziehung des Lesers zum Geld ein. Sie drängt den Leser dazu, seine Denkweise in Bezug auf Geld zu ändern, um mehr davon anzuziehen.

**Sich mit Positivität umgeben**

Sincero konzentriert sich auf die Bedeutung einer positiven Umgebung. Sie empfiehlt, sich von Negativität zu distanzieren und Inspiration und Motivation bei Menschen zu suchen, die einen aufbauen.

**Loslassen**

Sincero ermutigt den Leser dazu, die Kontrolle loszulassen, um das Unbekannte zuzulassen. Sie befürwortet ein ausgewogenes Leben, in dem man hart arbeiten und doch flexibel genug sein kann, um Dinge sich entfalten zu lassen.

Sincero fasst alle Konzepte im letzten Kapitel zusammen und wiederholt die Bedeutung eines ausgewogenen Lebens voller Selbstliebe, Zweck und der Verfolgung der höchsten Ziele. Sie fordert den Leser heraus, sich zu verpflichten, das authentischste Selbst zu werden. Im gesamten Buch bietet

Sincero handfeste Tipps, persönliche Anekdoten und Übungen, um dem Leser zu helfen, diese Prinzipien tief zu verstehen. Das Buch dient als inspirierender, umfassender Leitfaden für diejenigen, die ihr Mindset überarbeiten und ein volleres, erfüllteres Leben führen möchten.

## Stärken und Schwächen

### Stärken

1. Fesselnder Schreibstil: Sinceros umgangssprachlicher Ton macht das Buch zugänglich. Ihr Witz und Humor halten den Leser bei der Stange, und ihre Anekdoten und persönlichen Geschichten fügen eine nachvollziehbare Note hinzu.

2. Umsetzbare Tipps: Das Buch ist voll von umsetzbaren Ratschlägen und Übungen, die Leser sofort in ihr Leben integrieren können. Von Affirmationen bis zu Entscheidungstechniken dient das Buch als praktischer Ratgeber.

3. Umfassender Ansatz: "Du bist der Hammer" behandelt verschiedene Aspekte des Lebens, von Selbstwahrnehmung und Entscheidungsfindung bis hin zu Spiritualität und finanzieller Weisheit. Dieser ganzheitliche Ansatz ist hilfreich für Leser, die nach einem alles umfassenden Leitfaden zur Selbstverbesserung suchen.

4. Emotionale Resonanz: Das Buch schafft es, emotional mit dem Leser zu verbinden. Viele Leser fühlen sich nach der Lektüre ermächtigt und motiviert, was ein Zeugnis für die Wirksamkeit des Buches ist.

5. Positive Affirmationen und Zitate: Das Buch ist gefüllt mit erhebenden Affirmationen und Zitaten, die dazu dienen, den Leser zu inspirieren und die Punkte zu vermitteln, was es zu einem nützlichen Werkzeug macht, um Selbstwertgefühl und Positivität zu steigern.

### Schwächen

1. Mangelnde Tiefe: Während das Buch eine Vielzahl von Themen abdeckt, geschieht dies auf eine eher oberflächliche Weise. Es bietet einen allgemeinen Überblick anstatt einer tiefgehenden Analyse oder wissenschaftlichen Untermauerung für einige seiner Behauptungen, was einen anspruchsvolleren Leser mehr verlangen lassen könnte.

2. Klischeehafte Ideen: Einige der Konzepte in "Du bist der Hammer" sind im Selbsthilfe-Genre weit verbreitet. Ideen wie "Liebe dich selbst" oder "Sei

positiv" finden sich in vielen anderen Büchern, was einige Teile weniger frisch erscheinen lässt.

3. Nichts für Skeptiker: Die Abhängigkeit des Buches von spirituellen Ideen und dem "Gesetz der Anziehung" könnte Leser abschrecken, die einen rationaleren oder wissenschaftlicheren Ansatz zur Selbstverbesserung bevorzugen.

4. Finanzberatung: Das Kapitel über Geld und finanziellen Erfolg kann ein zweischneidiges Schwert sein. Es zielt darauf ab, die Einstellung des Lesers zum Geld zu verbessern, einige Ratschläge sind jedoch nicht unbedingt praktisch oder universell anwendbar.

5. Wiederholungen: Bestimmte Ideen und Phrasen werden im Buch wiederholt, was für manche Leser eher als Wiederholung denn als Verstärkung wirken könnte.

### Fazit

"Du bist der Hammer" ist eine motivierende, erhebende Lektüre, die einen ganzheitlichen Ansatz zur Selbstverbesserung bietet. Ihre Stärken liegen im ansprechenden Stil, den umsetzbaren Tipps und der emotionalen Resonanz. Das Buch mag jedoch nicht für diejenigen ansprechend sein, die einen tiefergehenden oder wissenschaftlich fundierten Leitfaden zur Selbstverbesserung suchen. Trotz seiner Schwächen bleibt es ein beliebtes Buch im Selbsthilfe-Genre, hauptsächlich wegen seiner Fähigkeit, seine Leser zu inspirieren und zu ermächtigen.

# Der Mönch, der seinen Ferrari verkaufte

*von Robin Sharma*

| Überblick |
|---|

"Der Mönch, der seinen Ferrari verkaufte" ist ein Selbsthilfebuch in Form einer Fabel, geschrieben von Robin Sharma. Die Geschichte dreht sich um Julian Mantle, einen sehr erfolgreichen Anwalt, dessen unerbittliches Streben nach Reichtum und Erfolg ihn zu einem körperlichen und emotionalen Zusammenbruch führte. Um seine Gesundheit und sein Wohlbefinden wiederzuerlangen, verkauft Julian Mantle alle seine Besitztümer, einschließlich seines wertvollen Ferraris, und begibt sich auf eine spirituelle Reise in die Berge des Himalaya. Nach seiner Rückkehr ist Julian wie verwandelt und nimmt es auf sich, die gewonnene Weisheit mit seinem ehemaligen Kollegen John zu teilen, der als Erzähler der Geschichte dient. Das Buch dient als Leitfaden für die persönliche Entwicklung und bietet einen ganzheitlichen Ansatz für ein ausgeglichenes, glückliches und erfülltes Leben. Das Fabelformat des Buches macht die komplexen Ideen leicht verständlich und zeigt, dass tief greifende Veränderungen möglich sind, wenn man bereit ist, sie anzunehmen.

| Zusammenfassung |
|---|

**Die Fabel**

**Julians Krise**

Julian Mantle ist ein angesehener Anwalt für Rechtsstreitigkeiten, der den Ruf hat, vor Gericht unschlagbar zu sein. Trotz seines äußeren Erfolgs wird Julian von Stress, Unzufriedenheit und einer sich verschlechternden Gesundheit geplagt. Als Julian eines Tages im Gerichtssaal mit einem Herzinfarkt zusammenbricht, ist das ein Wendepunkt in seinem Leben.

**Die Suche nach Weisheit**

Julian überdenkt seine Prioritäten, verkauft seine Besitztümer und reist auf der Suche nach einem sinnvolleren Leben in den Himalaya. Dort trifft er auf eine Gruppe spiritueller Mönche, die als die Weisen von Sivana bekannt sind und ihm uralte Weisheiten vermitteln, wie man ein ausgeglichenes, sinnvolles Leben führen kann.

## Julians Rückkehr

Julian kehrt von seiner transformativen Reise zurück und ist begierig darauf, das erlangte Wissen weiterzugeben. Er sieht dramatisch anders aus - gesünder, jünger, und er strahlt Frieden aus. Sein Kollege John ist erstaunt über diese Veränderung und wird zum Medium, durch das Julian seine neu gewonnene Weisheit weitergibt.

## Die Weisheit, die Julian erlangt hat

### Die sieben Weisheiten des richtigen Lebens

Julian teilt einen Rahmen, der aus sieben wichtigen Lektionen besteht, die oft durch leicht zu merkende Metaphern symbolisiert werden:

1. Der Garten - Repräsentiert den Geist. So wie ein Garten sorgfältig gepflegt werden muss, um gute Früchte hervorzubringen, muss der Geist mit positiven Gedanken genährt werden.

2. Der Leuchtturm - Symbolisiert eine klare Richtung im Leben. Es ist wichtig, sich klare Ziele zu setzen und einen Sinn für das Wesentliche zu entwickeln.

3. Der Sumo-Ringer - steht für kontinuierliches Lernen und Selbstverbesserung. Wie ein Sumo-Ringer sollte man diszipliniert sein und seinen Körper respektieren.

4. Das rosafarbene Kabel - Steht für Beziehungen und die Bindungen, die Sie mit anderen Menschen teilen, und betont die Bedeutung von Liebe und Respekt für die Menschen in Ihrer Umgebung.

5. Die Stoppuhr - Erinnert daran, dass die Zeit endlich ist und effizient genutzt werden sollte, um ein Gleichgewicht zwischen Arbeit und Leben zu erreichen und Zeit für die persönliche Entwicklung zu haben.

6. Die duftenden Rosen - Symbolisieren den gegenwärtigen Moment. Die Rosen erinnern daran, in der Gegenwart zu leben und jeden Moment in vollen Zügen zu genießen.

7. Der Pfad der Diamanten - steht für den Weg zur Erleuchtung und Selbstentdeckung und zeigt, dass der Weg genauso wichtig ist wie das Ziel.

Julians Geschichte endet damit, dass er zu einer weiteren Reise aufbricht, dieses Mal, um die gewonnene Weisheit zu verbreiten. Er überlässt John die Aufgabe, diese Lebenslektionen mit anderen zu teilen. Julians Verwandlung ist ein Beweis dafür, dass es nie zu spät ist, sein Leben selbst in die Hand zu nehmen und ein ausgeglichenes, aufgeklärtes Leben anzustreben.

## Stärken und Schwächen

**Stärken**

1. Fesselnde Erzählung: Eine der wesentlichen Stärken des Buches ist seine fabelhafte Struktur, die es fesselnd macht. Im Gegensatz zu vielen Selbsthilfebüchern, die Prinzipien oder Richtlinien auflisten, verwendet dieses Buch eine Geschichte, um Lebenslektionen zu vermitteln, wodurch die Konzepte leichter nachvollziehbar und verständlich werden.

2. Universelle Themen: Das Buch deckt ein breites Spektrum menschlicher Erfahrungen ab, darunter geistiges Wohlbefinden, Zielsetzung, Zeitmanagement, Beziehungen und sogar körperliche Gesundheit. Diese ganzheitliche Herangehensweise macht das Buch für ein breites Publikum relevant.

3. Leicht zu merkende Metaphern: Die Verwendung von metaphorischen Symbolen wie dem Garten, dem Leuchtturm und dem Sumo-Ringer hilft, komplexe philosophische und psychologische Ideen in leicht verdauliche und einprägsame Lektionen zu verdichten.

4. Motivierend: Die Geschichte von Julian Mantle dient als inspirierende Geschichte der Verwandlung und erinnert den Leser daran, dass es nie zu spät ist, sein Leben grundlegend zu ändern.

5. Gut recherchierter Inhalt: Sharma lässt in sein Buch Einsichten aus verschiedenen religiösen und philosophischen Traditionen einfließen, die durch psychologische Theorien untermauert werden und dem Buch Tiefe und Ernsthaftigkeit verleihen.

**Schwächen**

1. Übermäßige Vereinfachung: Der fabelhafte Ansatz macht das Buch zwar zugänglich, vereinfacht aber auch zu sehr komplexe Themen im Zusammenhang mit persönlicher Entwicklung und spirituellem Wachstum. Für diejenigen, die mit spirituellen oder philosophischen Texten vertraut sind, mag dieses Buch etwas oberflächlich erscheinen.

2. Vorhersehbarkeit: Die Erzählung kann für erfahrene Leser von Selbsthilfe- oder spiritueller Literatur ein wenig vorhersehbar sein. Wenn der Leser Julian und seine Reise erst einmal kennengelernt hat, ist es ziemlich einfach zu erkennen, wohin die Geschichte führen wird.

3. Klischees: Das Buch neigt dazu, sich auf abgedroschene Klischees über persönliche Entwicklung und Erleuchtung zu verlassen, was einige Leser, die auf der Suche nach neuen Einsichten sind, abschrecken könnte.

4. Nicht genug praktische Schritte: Das Buch ist zwar voller großartiger Ratschläge, aber manchmal fehlt es an konkreten, umsetzbaren Schritten, mit denen die Leser die Prinzipien in ihrem Leben direkt anwenden können.

## Fazit

"Der Mönch, der seinen Ferrari verkaufte" bietet eine umfassende und unterhaltsame Einführung in viele Aspekte der persönlichen und spirituellen Entwicklung. Seine Stärken liegen in der fesselnden Erzählung und der breiten Abdeckung der Themen, so dass es auch für diejenigen geeignet ist, die mit diesen Themen nicht vertraut sind. Für diejenigen, die sich bereits gut mit spiritueller oder Selbstentwicklungsliteratur auskennen, bietet es jedoch möglicherweise nicht genug Tiefe. Insgesamt ist es ein guter Ausgangspunkt für diejenigen, die sich auf den Weg zu einem ausgeglicheneren und erfüllteren Leben machen.

# Der 5-Uhr-Club:
# Gestalte deinen Morgen
# und in deinem Leben wird alles möglich

*von Robin Sharma*

## Überblick

Robin Sharmas "Der 5-Uhr-Club" ist ein Plädoyer für die transformative Kraft der morgendlichen Rituale, die zu beispiellosem Erfolg und Glück führen. Das Buch ist nicht einfach nur ein Buch, sondern eine Fabel, die sich um die lebensverändernde Reise zweier Charaktere dreht - eines kämpfenden Künstlers und eines jungen Unternehmers -, die von einem exzentrischen Milliardär betreut werden. Durch diese Erzählung führt Sharma den Leser in die Prinzipien des 5-Uhr-Clubs ein, einer Gemeinschaft von Menschen, die ihre frühen Morgenstunden nutzen, um ihr volles Potenzial auszuschöpfen und ein zielgerichtetes Leben zu führen.

## Zusammenfassung

**Die 4 inneren Reiche**

Sharma unterstreicht die Bedeutung der Beherrschung der so genannten "4 inneren Reiche":

• Mindset: Ihr intellektuelles Leben, einschließlich Ihres Glaubenssystems, Ihrer Gedanken und Ihrer mentalen Einstellungen.

• Heartset: Ihr Gefühlsleben, wo Ihre Gefühle, Sensibilität und Emotionen zu Hause sind.

• Healthset: Ihre körperliche Gesundheit, die sich auf alle anderen Aspekte Ihres Lebens auswirkt.

• Soulset: Ihr spirituelles Leben, das Sie mit einem höheren Selbst oder einer höheren Macht verbindet.

**Die 20/20/20-Formel**

Eines der wichtigsten vorgestellten Konzepte ist die 20/20/20-Formel, die die erste Stunde nach dem Aufwachen (von 5 bis 6 Uhr morgens) in drei 20-Minuten-Abschnitte unterteilt:

1. Bewegung (5:00 Uhr - 5:20 Uhr): In dieser Zeit sollten Sie sich intensiv bewegen, was Endorphine freisetzt und Ihnen hilft, Ihre Konzentration und Energie für den Tag zu aktivieren.

2. Nachdenken (5:20 Uhr - 5:40 Uhr): Dies ist die Zeit, um Achtsamkeit zu praktizieren. Sie können meditieren, ein Tagebuch schreiben oder einfach in der Stille sitzen und sich auf Ihre Atmung konzentrieren.

3. Wachsen (5:40 AM - 6:00 AM): Verbringen Sie diese Zeit mit persönlichem Wachstum. Sie können lesen, Podcasts hören oder lernen, um neue Fähigkeiten und Kenntnisse zu erwerben.

**Doppelzyklus der Spitzenleistungsfähigkeit**

Sharma spricht über das Gleichgewicht zwischen den Phasen hoher Anstrengung und tiefer Erholung, die er als "Doppelzyklus der Spitzenleistungsfähigkeit" bezeichnet. In dem Buch wird betont, dass die Disziplin, sich auszuruhen und zu regenerieren, genauso wichtig ist wie hartes Arbeiten.

**Der 66-Tage-Plan**

Gegen Ende des Buches wird ein 66-Tage-Plan, der darauf ausgerichtet ist, die Prinzipien des 5-Uhr-Clubs in Gewohnheiten zu verwandeln. Laut Sharma braucht es 66 Tage, um eine neue Gewohnheit zu etablieren, und dieser Plan bietet den Lesern einen strukturierten Plan, dem sie folgen können.

**Endgültige Transformation**

In den abschließenden Kapiteln erleben die beiden Hauptfiguren eine dramatische Verwandlung, nachdem sie den Lebensstil des 5-Uhr-Clubs angenommen haben. Sie erreichen nicht nur ihre beruflichen Ziele, sondern finden auch einen größeren Sinn in ihrem Leben und werden so zu Beispielen für den ganzheitlichen Erfolg, den das Buch verspricht.

Zusammenfassend lässt sich sagen, dass "Der 5-Uhr-Club" einen umfassenden Rahmen bietet, der nicht nur die Vorteile des frühen Aufstehens abdeckt, sondern auch tief in die Praktiken und Philosophien eindringt, die es einem Menschen ermöglichen, ein erfolgreiches und erfülltes Leben zu führen. Er kombiniert Elemente der Selbstdisziplin, der Achtsamkeit, des körperlichen Wohlbefindens und des kontinuierlichen Lernens als Weg zur besten Version von sich selbst.

## Stärken und Schwächen

**Stärken**

1. Erzählerische Struktur: Durch die Präsentation der Konzepte in einer fabelähnlichen Erzählung, in der sympathische Charaktere - ein Künstler und ein Unternehmer - vorkommen, vermeidet das Buch die Falle, ein trockenes Lehrbuch zu sein. Das macht die Ideen ansprechender.

2. Umfassender Ansatz: Sharma konzentriert sich nicht nur auf das frühe Aufwachen, sondern geht auf die "4 inneren Reiche" von Mindset, Heartset, Healthset und Soulset ein und bietet so einen umfassenderen Blick auf die persönliche Entwicklung.

3. Praxisnähe: Das Buch zeichnet sich dadurch aus, dass es umsetzbare Ratschläge bietet. Die 20/20/20-Formel und der 66-tägige Plan sind herausragende Merkmale, die dem Leser helfen, die Lehren im realen Leben effektiv umzusetzen.

4. Wissenschaftliche Grundlage: Sharma bezieht eine Reihe von wissenschaftlichen Untersuchungen und Studien ein, um seine Behauptungen zu untermauern und seinen Ratschlägen mehr Gewicht zu verleihen.

5. Ganzheitliches Wohlbefinden: Das Buch konzentriert sich nicht nur auf den Erfolg im herkömmlichen Sinne - Geld, Karriere usw. -, sondern auch auf das emotionale und spirituelle Wohlbefinden, was es zu einem Leitfaden für die ganzheitliche persönliche Entwicklung macht.

6. Gut recherchiert: Das Buch schöpft aus einer Vielzahl von Bereichen, darunter Psychologie, Spiritualität und Philosophie, was ihm eine abgerundete und umfassende Sichtweise verleiht.

7. Zugänglichkeit: Das Buch ist so konzipiert, dass es für Menschen in jeder Phase ihrer persönlichen Entwicklung zugänglich ist, was seine Botschaft allgemein anwendbar macht.

**Schwächen**

1. Wiederholbarkeit: Die Erzählform ist zwar fesselnd, führt aber auch zu Wiederholungen von Schlüsselkonzepten, was für manche Leser abschreckend wirken kann.

2. Übermäßige Betonung von Anekdoten: Manchmal stützt sich das Buch zu sehr auf Geschichten und Gleichnisse, die zwar der Veranschaulichung dienen, aber auch als Füllmaterial wirken können.

3. Vereinfachung: Sharmas 4 innere Reiche sind zwar eine nützliche Kategorisierung, aber sie könnten komplexe psychologische und emotionale Zustände zu sehr vereinfachen, was zu Missverständnissen führen könnte.

4. Tempo: Aufgrund der Einbeziehung so vieler Konzepte und der Verwendung einer narrativen Struktur kann das Tempo inkonsistent sein und sich manchmal wie ein Selbsthilfebuch und manchmal wie ein Roman anfühlen.

5. Kommerzielle Aspekte: Das Buch neigt dazu, den Leser in Richtung zusätzlicher Quellen und Programme des Autors zu drängen, was einige Leser dazu veranlassen könnte, die Ernsthaftigkeit der Botschaft in Frage zu stellen.

6. Nichts für Nachtschwärmer: Die zentrale Prämisse dreht sich um das Aufwachen um 5 Uhr morgens, was vielleicht nicht für jeden praktisch oder ansprechend ist, insbesondere für diejenigen, die von Natur aus abends produktiver sind.

| Fazit |
|---|

"Der 5-Uhr-Club" bietet eine Reihe wertvoller Einsichten und praktischer Tipps, wie Sie Ihren Morgen meistern und Ihr Leben verbessern können. Es verbindet erzählende Geschichten mit wissenschaftlicher Forschung und praktischen Tipps zu einer fesselnden und lehrreichen Lektüre. Das Format und der Stil des Buches sind jedoch nicht jedermanns Sache, vor allem nicht für diejenigen, die einen direkteren, weniger anekdotischen Ansatz in der Selbsthilfeliteratur bevorzugen. Trotz dieser Unzulänglichkeiten ist das Buch eine lohnende Lektüre für alle, die ihren Morgen und damit auch ihr Leben verbessern wollen.

# Miracle Morning: Die Stunde, die alles verändert

*von Hal Elrod*

## Überblick

"Miracle Morning" ist ein Selbsthilfebuch von Hal Elrod, das davon ausgeht, dass die Art und Weise, wie Sie Ihren Tag beginnen, einen großen Einfluss auf Ihren Erfolg und Ihr Glück in allen Bereichen des Lebens hat. Inspiriert von Elrods eigenen Lebenserfahrungen skizziert das Buch eine Morgenroutine, die als "Miracle Morning" bekannt ist und den Leser dazu befähigen soll, sich Ziele zu setzen und zu erreichen, sein Leben zu verbessern und Widrigkeiten zu überwinden.

## Zusammenfassung

**Das Konzept**

Der "Miracle Morning" basiert auf dem, was Elrod "Life S.A.V.E.R.S." nennt, ein Akronym für die sechs wesentlichen Praktiken, die einen fruchtbaren Morgen gewährleisten. Diese Praktiken sind Stille, Affirmationen, Visualisierung, Bewegung, Lesen und Schreiben.

**Bestandteile des Miracle Morning**

1. Stille: Der Tag beginnt mit einem Moment der Stille, der oft durch Meditation oder Gebet unterstützt wird. Dies soll Konzentration und Gelassenheit bringen und den emotionalen und psychologischen Ton für den Rest des Tages vorgeben.

2. Affirmationen: Dies sind kraftvolle, positive Aussagen, die Ihr Unterbewusstsein so konditionieren, dass es Ihnen hilft, auf Situationen so zu reagieren, dass sie mit Ihren Zielen und Werten übereinstimmen.

3. Visualisierung: Hier proben Sie im Geiste Ihre Ziele und die Schritte, die zum Erreichen dieser Ziele erforderlich sind. Sie stellen sich den idealen Tag vor und sehen, wie Sie Herausforderungen meistern und erfolgreich sein werden.

4. Sport treiben: Körperliche Aktivität, selbst wenn sie nur ein paar Minuten dauert, hilft Ihnen, sich wach und energiegeladen zu fühlen. Außerdem

werden durch Bewegung Endorphine freigesetzt, die Ihre Stimmung und Ihr Wohlbefinden verbessern.

5. Lesen: Die morgendliche Lektüre von nützlichen Informationen kann Ihnen Einsichten und Ideen vermitteln, die Sie weiterbringen. Dies kann durch Bücher, Zeitschriftenartikel oder jedes andere Medium geschehen, das positive, konstruktive Informationen liefert.

6. Schreiben: Das Aufschreiben Ihrer Gedanken, Ideen und Erfahrungen kann Ihnen mehr Klarheit verschaffen und Ihnen helfen, Ihr Leben und Ihre Entscheidungen zu überprüfen und zu bewerten. Diese Übung kann in Form von ein paar Sätzen oder einem ausführlichen Tagebucheintrag erfolgen.

**Die Transformation**

Elrod erklärt, dass die Einbeziehung der S.A.V.E.R.S in Ihre morgendliche Routine wahrscheinlich eine transformative Wirkung hat. Die Veränderungen können sowohl unmittelbar sein, wie z. B. ein Stimmungsaufschwung oder eine Steigerung der Produktivität, als auch langfristig, wie z. B. wesentliche Fortschritte in Ihrer Karriere, Ihren Beziehungen und Ihrem allgemeinen Wohlbefinden.

**Die 30-Tage-Herausforderung**

Elrod empfiehlt, mit einer 30-Tage-Challenge zu beginnen, um die Miracle Morning-Routine zu festigen. Er geht davon aus, dass Sie 30 Tage brauchen, um eine neue Gewohnheit effektiv in Ihr Leben zu integrieren.

**Die sechs Schritte**

Elrod gliedert den Prozess der Schaffung eines Miracle Morning in sechs Schritte, die da wären:

1. Anerkennen: Erkennen Sie die Bedeutung des Morgens an.

2. Anpassen: Gewöhnen Sie sich an das frühe Aufwachen.

3. Planen: Entscheiden Sie, was Sie an Ihrem Miracle Morning tun werden.

4. Verbindlichkeit: Halten Sie sich an den Plan und machen Sie keine Ausnahmen.

5. Erprobung: Führen Sie den Miracle Morning eine Woche lang probeweise ein.

6. Verfeinerung: Passen Sie die Routine nach Bedarf an Ihren Lebensstil an.

Elrod betont, dass der Miracle Morning keine Einheitsformel ist, sondern ein anpassungsfähiges Konzept, das je nach den individuellen Bedürfnissen und Umständen angepasst werden kann. Das Ziel ist es, den Tag mit Zielstrebigkeit, Konzentration und einem Sinn für das Wesentliche zu beginnen, was sich dann auf alle anderen Aspekte des Lebens auswirkt und zu mehr Glück und Erfolg führt.

## Stärken und Schwächen

**Stärken**

1. Praktische Herangehensweise: Eine der größten Stärken des Buches ist seine Praxisnähe. Jede Gewohnheit ist in leicht verständliche Schritte untergliedert.

2. Anpassungsfähigkeit: Elrod ermutigt die Leser, das "Miracle Morning" an ihre individuellen Bedürfnisse anzupassen, sodass es für eine Vielzahl von Menschen geeignet ist.

3. Inspirierender Ton: Der Autor verwendet einen sehr aufmunternden und motivierenden Ton, der den Leser dazu anregen kann, sofort zu handeln.

4. Gut recherchiert: Das Buch verweist auf mehrere Studien und Beispiele aus dem wirklichen Leben, die Elrods Aussagen Glaubwürdigkeit verleihen.

5. Zugänglichkeit: "Miracle Morning" ist in einem einfachen, klaren Stil geschrieben, der es auch Lesern zugänglich macht, die keinen Hintergrund in Psychologie oder Selbstentwicklung haben.

6. Ganzheitlicher Ansatz: Durch die Einbeziehung von Praktiken wie Stille (oder Meditation) und Bewegung fördert das Buch nicht nur geistiges und berufliches Wachstum, sondern auch emotionales und körperliches Wohlbefinden.

7. Fallstudien und Erfahrungsberichte: Das Buch enthält eine Vielzahl von Beispielen und Erfahrungsberichten aus der Praxis, die die Wirksamkeit der "Miracle Morning"-Routine unter Beweis stellen.

8. Strukturiert und gut gegliedert: Das Buch ist systematisch gegliedert, so dass es einfach ist, auf bestimmte Abschnitte oder Praktiken zu verweisen.

9. 30-Tage-Herausforderung: Die Einbeziehung einer 30-Tage-Herausforderung bietet den Lesern eine greifbare Möglichkeit, die Wirksamkeit der Gewohnheiten umzusetzen und zu bewerten.

**Schwächen**

1. Wiederholbarkeit: Einer der häufigsten Kritikpunkte an dem Buch ist, dass es dazu neigt, sich zu wiederholen. Oft werden die gleichen Punkte wiederholt, was man hätte vermeiden können.

2. Übermäßige Vereinfachung: Während das Buch alles sehr einfach erscheinen lässt, kann die reale Anwendung einer drastisch veränderten Morgenroutine für manche Menschen komplizierter sein, als das Buch suggeriert.

3. Vielleicht nicht für Nachteulen geeignet: Das Buch ist von Natur aus auf Frühaufsteher ausgerichtet und geht nicht ausreichend darauf ein, wie Nachtschwärmer das "Miracle Morning" an ihren Lebensstil anpassen können.

4. Mangelnde Tiefe bei einzelnen Themen: Das Buch deckt zwar ein breites Spektrum an Gewohnheiten ab, lässt aber manchmal die Tiefe vermissen, die jemand, der mit diesen Praktiken bereits vertraut ist, suchen könnte.

5. Kommerzieller Ton: Einige Leser könnten das Gefühl haben, dass das Buch mit seinen häufigen Verweisen auf andere Werke und Kurse des Autors zu sehr in Richtung Eigenwerbung und Kommerzialität tendiert.

## Fazit

"Miracle Morning" von Hal Elrod bietet einen praktischen, anpassungsfähigen Ansatz zur Persönlichkeitsentwicklung durch eine transformative Morgenroutine. Seine Einfachheit und der aufmunternde Ton machen es zu einem ausgezeichneten Ausgangspunkt für diejenigen, die neu auf dem Gebiet der Selbstverbesserung sind. Erfahrene Leser könnten es jedoch etwas repetitiv und wenig tiefgründig finden. Alles in allem ist es ein Buch, das verspricht, Ihre Morgenroutine in eine Grundlage für den Erfolg zu verwandeln, obwohl die Ergebnisse von Ihrem Engagement bei der Umsetzung der Lehren abhängen werden.

# Eat that Frog:
# 21 Wege, wie Sie in weniger Zeit mehr erreichen

*von Brian Tracy*

## Überblick

"Eat That Frog" ist ein Zeitmanagement-Buch von Brian Tracy, einer führenden Autorität im Bereich der persönlichen Entwicklung. Das zentrale Thema des Buches ist der Gedanke, dass die Erledigung der schwierigsten Aufgabe die Produktivität steigern und ein Gefühl der Erfüllung schaffen kann, das den ganzen Tag anhält. Basierend auf Mark Twains berühmtem Ausspruch, dass man, wenn man jeden Morgen als Erstes einen lebenden Frosch isst, die Genugtuung hat, zu wissen, dass dies wahrscheinlich das Schlimmste ist, was man den ganzen Tag über tun wird, stellt Tracy 21 praktische Prinzipien vor, die dem Einzelnen dabei helfen, das Aufschieben zu beenden und mehr in kürzerer Zeit zu erledigen.

## Zusammenfassung

**Zentrale Konzepte**

**1. Das Konzept des "Froschfressens"**

Das Buch erklärt, was "den Frosch essen" bedeutet. Es bedeutet, die wichtigste Aufgabe zuerst zu erledigen, diejenige, die Sie am ehesten aufschieben, aber auch diejenige, die den größten Einfluss auf Ihr Leben haben wird.

**2. Ihre Ziele festlegen**

Tracy empfiehlt, sich klare Ziele zu setzen, um sicherzustellen, dass Sie Ihren "Frosch", also die wichtigste Aufgabe, identifizieren können.

**3. Prioritäten setzen**

Sobald Sie eine Liste von Aufgaben haben, priorisieren Sie diese nach ihrer Bedeutung und Dringlichkeit. Tracy verweist häufig auf die 80/20-Regel, die besagt, dass in der Regel 20 % Ihrer Aktivitäten 80 % Ihrer Ergebnisse ausmachen.

**4. Erstellen Sie einen Plan**

Wenn Sie Ihren Tag im Voraus planen, fällt es Ihnen leichter, sich an die wesentlichen Aufgaben zu halten und das Aufschieben zu minimieren.

**5. Die Bedeutung von Single-Tasking**

Konzentrieren Sie sich jeweils auf eine Aufgabe, da Multitasking zu Fehlern und geringerer Produktivität führen kann.

**6. Zeit sinnvoll nutzen**

Tracy rät, Ihre Zeit sinnvoll zu nutzen, indem Sie die "Prime Time" oder die Stunden des Tages ermitteln, in denen Sie am produktivsten sind.

**7. Eliminieren Sie Zeitfresser**

Er betont, dass zeitraubende Aktivitäten wie unnötige Besprechungen oder das Surfen im Internet vermieden oder auf ein Minimum reduziert werden sollten.

**8. Nutzen Sie die Technologie**

Tracy empfiehlt den Einsatz von Technologie zur Automatisierung von Aufgaben, wann immer dies möglich ist, damit Sie sich auf wichtigere Aufgaben konzentrieren können.

**9. Stapeln Sie ähnliche Aufgaben**

Er schlägt vor, ähnliche Aufgaben zu bündeln, um Ihren Arbeitsprozess zu rationalisieren und so die Produktivität zu steigern.

**10. Seien Sie widerstandsfähig und fokussiert**

Selbst bei Ablenkungen oder Herausforderungen empfiehlt Tracy, sich auf die anstehende Aufgabe zu konzentrieren, bis sie abgeschlossen ist.

**11. Überprüfen und Reflektieren**

Tracy ermutigt Sie, Ihre Ziele regelmäßig zu überprüfen und bei Bedarf Anpassungen an Ihrem Plan vorzunehmen.

In diesem Buch geht es nicht nur darum, mehr zu erledigen, sondern auch darum, die richtigen Dinge zu tun. Es unterstreicht, dass Sie sich auf die Aufgaben konzentrieren müssen, die den größten positiven Einfluss auf Ihr Leben und Ihre Arbeit haben, um wirklich produktiv zu sein. Dieser Fokus hilft

Ihnen, Ihre Zeit und Ressourcen effizienter zu nutzen und ebnet den Weg für persönlichen und beruflichen Erfolg.

## Stärken und Schwächen

**Stärken**

1. Hochgradig umsetzbar: Eine der Hauptstärken dieses Buches ist, dass die Ratschläge umsetzbar sind. Tracy stellt 21 konkrete Prinzipien für das Zeitmanagement vor, jeweils gefolgt von Übungen und Aufforderungen, die zur sofortigen Umsetzung anregen.

2. Gut strukturiert: Die Struktur von "Eat That Frog!" macht es leicht zu verdauen. Die 21 Prinzipien sind kurze, in sich geschlossene Kapitel, die es dem Leser ermöglichen, sich auf ein Konzept nach dem anderen zu konzentrieren. Außerdem ist es so einfach, später zur Auffrischung auf bestimmte Grundsätze zurückzugreifen.

3. Nachvollziehbar: Brian Tracy schreibt auf eine Art und Weise, die leicht nachvollziehbar ist, und verwendet Anekdoten und Beispiele, um seine Argumente zu verdeutlichen. Der Text ist einfach und frei von unnötigem Geschwafel.

4. Universelle Anwendbarkeit: Die in diesem Buch dargelegten Prinzipien sind universell anwendbar, unabhängig von Beruf und Lebensstil. Ob Sie Student, Hausfrau oder Führungskraft in einem Unternehmen sind, die Tipps und Techniken sind relevant.

5. Betont die Prioritätensetzung: Das Buch betont, wie wichtig es ist, die kritischste Aufgabe oder den "Frosch" zu identifizieren und als erstes zu erledigen, was den Ton für den Rest des Tages angibt und zu einem produktiveren, erfüllteren Leben führen kann.

6. Umfassende Deckung: Tracy konzentriert sich nicht nur auf das Zeitmanagement, sondern geht auch auf andere Aspekte ein, die zur Produktivität beitragen, wie z. B. die Festlegung von Zielen, die Planung und sogar die Nutzung von Technologien, sodass ein umfassender Überblick über die Voraussetzungen für ein produktives Leben entsteht.

**Schwächen**

1. Redundanz: Obwohl das Buch darauf abzielt, einen umfassenden Leitfaden für das Zeitmanagement zu bieten, könnten einige Leser die 21

Grundsätze als etwas repetitiv oder überlappend empfinden. Die Essenz des Buches könnte möglicherweise komprimiert werden.

2. Mangel an Tiefe: Jedes Prinzip wird relativ kurz behandelt. Für diejenigen, die eine tiefgreifende Analyse oder eine ausführliche Untersuchung zur Untermauerung der Grundsätze suchen, könnte dieses Buch ungeeignet sein.

3. Übermäßige Vereinfachung: Einige Kritiker sind der Meinung, dass das Buch komplexe Themen im Zusammenhang mit Zeitmanagement und Produktivität zu sehr vereinfacht. Zum Beispiel ist "den Frosch essen" je nach Komplexität und Dynamik des eigenen Arbeits- oder Privatlebens nicht immer durchführbar.

4. Wird nicht allen Lernstilen gerecht: Das Buch ist in einem direktiven, instruktiven Ton geschrieben. Dies ist zwar für viele geeignet, aber nicht für Personen, die Lösungen lieber durch Geschichten, Fallstudien oder umfangreiche Datenanalysen entdecken.

## Fazit

"Eat That Frog" ist ein ausgezeichnetes Buch für alle, die ihr Zeitmanagement und ihre Produktivität verbessern wollen.

Die umsetzbaren Ratschläge, der verständliche Schreibstil und die universelle Anwendbarkeit machen es zu einer wertvollen Ressource. Die Schwächen des Buches liegen jedoch in seiner etwas redundanten Natur, der mangelnden Tiefe bei der Erörterung von Grundsätzen und dem pauschalen Ansatz, der für alle gilt. Trotzdem bietet das Buch eine solide Grundlage für jeden, der produktiver werden und seine Zeit effizienter verwalten möchte.

# Maximum Achievement: Strategies and Skills that Will Unlock Your Hidden Powers to Succeed

*von Brian Tracy*

## Überblick

"Maximum Achievement: Strategies and Skills that Will Unlock Your Hidden Powers to Succeed" (Maximaler Erfolg: Strategien und Fähigkeiten, die Ihre verborgenen Kräfte freisetzen, um erfolgreich zu sein) ist ein Selbstentwicklungsbuch von Brian Tracy, das die Prinzipien und Praktiken erforscht, die dem Einzelnen helfen können, sein volles Potenzial auszuschöpfen. Das Buch ist ein umfassender Leitfaden für die persönliche und berufliche Entwicklung und behandelt Themen wie Zielsetzung, Zeitmanagement, mentale Umprogrammierung und zwischenmenschliche Fähigkeiten. Tracy kombiniert psychologische Prinzipien mit praktischen Ratschlägen, um den Lesern zu mehr Erfolg zu verhelfen.

## Zusammenfassung

### Die sieben Zutaten des Erfolgs

Tracy umreißt zunächst die sieben Schlüsselelemente, die den Erfolg ausmachen:

1. Seelenfrieden: Erreicht durch klare Ziele, Gesundheit und Wohlbefinden sowie das Gefühl, etwas erreicht zu haben.

2. Gesundheit und Energie: Die Erhaltung einer guten körperlichen Gesundheit, um sicherzustellen, dass Sie die Energie haben, Ihre Ziele zu verfolgen.

3. Liebevolle Beziehungen: Die Bedeutung des Aufbaus und der Pflege guter Beziehungen für die emotionale Unterstützung.

4. Finanzielle Freiheit: Erreichen einer ausreichenden finanziellen Stabilität, um bequem leben und größere Ziele verfolgen zu können.

5. Würdige Ziele und Ideale: Das Setzen von Zielen, die mit Ihren Werten und Idealen übereinstimmen.

6. Selbsterkenntnis und Selbstbewusstsein: Sich selbst besser verstehen, um sicherzustellen, dass die eigenen Ziele und Handlungen aufeinander abgestimmt sind.

7. Persönliche Entfaltung: Erreichen eines Gefühls der Zufriedenheit durch das Erreichen Ihrer Ziele und das Leben nach Ihren Werten.

**Ziele und Zielsetzung**

Tracy betont, wie wichtig es ist, sich klare, spezifische und schriftliche Ziele zu setzen. Er argumentiert, dass ein schriftlicher Plan Ihnen einen Fahrplan gibt, dem Sie folgen können, und so Ihre Erfolgschancen erhöht. Er erörtert auch die Rolle von kurzfristigen und langfristigen Zielen und wie man sie miteinander in Einklang bringt.

**Mentale Programmierung**

Tracy erörtert den Einfluss unserer Überzeugungen, unseres Selbstkonzepts und unseres Selbstwertgefühls auf unsere Handlungen. Er stellt das Konzept des "Mindstorming" vor, bei dem man so viele Lösungen für ein Problem wie möglich aufschreibt und die beste davon auswählt.

**Zeitmanagement**

Tracy stellt die Idee des Zeitmanagements als eine entscheidende Fähigkeit für den Erfolg vor. Er gibt praktische Tipps, wie das Erstellen von Aufgabenlisten und das Setzen von Prioritäten, um die eigene Zeit besser zu managen.

**Persönliche Entwicklung**

Tracy argumentiert, dass ständiges Lernen für den Erfolg entscheidend ist. Er plädiert für das Lesen, den Besuch von Seminaren und die ständige Suche nach Möglichkeiten zur Selbstverbesserung.

**Zwischenmenschliche Fähigkeiten**

Die Fähigkeit, mit anderen zu kommunizieren und gut mit ihnen auszukommen, ist laut Tracy ein weiterer Eckpfeiler für den Erfolg. Er gibt Tipps zum aktiven Zuhören, zur Kunst der Überzeugung und zur Konfliktlösung.

**Entfesseln Sie Ihre verborgenen Kräfte**

Tracy erörtert die Macht des Unterbewusstseins. Er ermutigt die Leser, Visualisierungstechniken und positive Affirmationen einzusetzen, um ihr Unterbewusstsein so umzuprogrammieren, dass es ihre Ziele besser unterstützt.

"Maximum Achievement" ist ein allumfassender Leitfaden für ein abgerundetes, erfülltes Leben, der sowohl die persönliche als auch die berufliche Dimension anspricht. Es ermutigt den Leser, aktiv zu werden, indem er sich konkrete Ziele setzt, seine Zeit effizient verwaltet, seine zwischenmenschlichen Fähigkeiten verbessert und die Kraft seines Geistes nutzt, um sein verborgenes Potenzial freizusetzen.

## Stärken und Schwächen

**Stärken**

1. Umfassender Inhalt: Eine der größten Stärken des Buches ist seine Umfassendheit. Tracy behandelt nahezu jeden Aspekt des persönlichen und beruflichen Erfolgs, von der Psychologie des Erfolgs bis hin zu praktischen Fähigkeiten wie Zeitmanagement.

2. Umsetzbare Schritte: Das Buch ist voll von Übungen, Fragebögen und umsetzbaren Empfehlungen, die zur sofortigen Anwendung seiner Prinzipien ermutigen.

3. Psychologische Einblicke: Tracys Einbeziehung psychologischer Konzepte wie Selbstwertgefühl, Glaubenssysteme und das Unterbewusstsein verleiht seinen Ratschlägen Tiefe und Glaubwürdigkeit.

4. Gut organisiert: Das Buch ist systematisch angeordnet, wobei jedes Kapitel auf dem letzten aufbaut, was es dem Leser erleichtert, dem Inhalt zu folgen und ihn zu verinnerlichen.

5. Beispiele aus dem wirklichen Leben: Tracy verwendet Anekdoten und Geschichten aus dem wirklichen Leben, um seine Punkte zu veranschaulichen, was das Buch nachvollziehbar und fesselnd macht.

6. Zeitlosigkeit: Die im Buch vorgestellten Prinzipien und Techniken sind zeitlos und universell, was das Buch über verschiedene Zeiträume und Kulturen hinweg relevant macht.

**Schwächen**

1. Überwältigend für Anfänger: Angesichts der Breite der behandelten Themen kann das Buch für jemanden, der neu in der Literatur zur persönlichen Entwicklung ist, überwältigend sein.

2. Redundanz: Einige Inhalte und Prinzipien werden im Buch wiederholt. Während Wiederholung beim Verständnis und der Erinnerung helfen kann, kann sie auch redundant wirken.

3. Mangelnde Tiefe in bestimmten Bereichen: Obwohl das Buch umfassend sein will, geht damit einher, dass einige komplexe Themen nur kurz angeschnitten werden. Diejenigen, die eine ausführliche Diskussion über spezifische Themen wie Zeitmanagement oder zwischenmenschliche Fähigkeiten suchen, könnten enttäuscht sein.

4. Verallgemeinerte Ratschläge: Da sich das Buch an ein breites Publikum wendet, sind einige Ratschläge möglicherweise nicht auf jeden anwendbar. Eine Anpassung an die individuellen Umstände ist erforderlich.

5. Wissenschaftliche Unterstützung: Obwohl Tracy psychologische Konzepte verwendet, hätte das Buch durch die Aufnahme von mehr empirischen Belegen oder die Bezugnahme auf wissenschaftliche Studien zur Unterstützung seiner Behauptungen gestärkt werden können.

### Fazit

"Maximum Achievement" dient als ganzheitlicher Leitfaden für jeden, der bedeutende Verbesserungen in den persönlichen und beruflichen Bereichen seines Lebens vornehmen möchte. Seine Stärken liegen in seiner umfassenden Abdeckung und umsetzbaren Schritten, was es zu einer wertvollen Ressource für Leser auf allen Ebenen ihrer persönlichen Entwicklung macht. Allerdings kann die Breite der behandelten Themen sowohl ein Segen als auch ein Fluch sein, da sie Anfänger oder diejenigen überwältigen könnte, die eine ausführliche Diskussion über spezifische Themen suchen. Insgesamt ist es eine sehr empfehlenswerte Lektüre für diejenigen, die sich der persönlichen Entwicklung verschrieben haben und bereit sind, Zeit und Mühe zu investieren, um seinen reichen Inhalt zu verdauen.

# Keine Ausreden!: Die Kraft der Selbstdisziplin

*von Brian Tracy*

## Überblick

"Keine Ausreden!: Die Kraft der Selbstdisziplin" ist ein motivierender Ratgeber von dem renommierten Autor für Selbstentwicklung, Brian Tracy. Das zentrale Thema des Buches ist die Idee, dass Erfolg nicht durch den Hintergrund, die Bildung oder das Glück einer Person bestimmt wird, sondern in erster Linie durch Selbstdisziplin. Tracy argumentiert, dass Selbstdisziplin eine Fähigkeit ist, die wie jede andere entwickelt und geschärft werden kann.

Das Buch ist in drei Hauptabschnitte unterteilt, von denen sich jeder auf verschiedene Lebensbereiche konzentriert, in denen Selbstdisziplin angewendet werden kann:

## Zusammenfassung

### 1. Selbstdisziplin und persönlicher Erfolg

Tracy vertritt die Ansicht, dass Selbstdisziplin der wichtigste Faktor für individuelle Leistungen ist. Er zerlegt Prinzipien wie das Setzen klarer Ziele, die Übernahme von Verantwortung für das eigene Handeln und die Bedeutung von Selbstkontrolle. Tracy betont die Idee, seinen "Frosch zu essen", was bedeutet, sich jeden Tag zuerst der schwierigsten Aufgabe zu stellen. Dadurch baut eine Person Schwung auf und fördert ein Gefühl der Erfüllung.

### 2. Selbstdisziplin im Geschäftsleben, Handel und Finanzwesen

In diesem Abschnitt unterstreicht Tracy die Bedeutung von Selbstdisziplin im Geschäftsleben und in den persönlichen Finanzen. Er behandelt Themen wie Zeitmanagement, Führung und Innovation. Für Verkäufer hebt er die Notwendigkeit hervor, in der Kundenakquise, Präsentation und beim Abschluss von Geschäften diszipliniert zu sein. In Bezug auf Finanzen fördert Tracy die Idee des klugen Sparens und Investierens und betont die Wichtigkeit, innerhalb seiner Verhältnisse zu leben.

## 3. Selbstdisziplin und das gute Leben

Tracy schließt das Buch mit einem Fokus auf das größere Bild: ein ausgeglichenes, erfüllendes Leben zu erreichen. Er betont den Wert von Selbstdisziplin bei der Erhaltung der Gesundheit, dem Aufbau starker Beziehungen und dem Setzen klarer Werte, nach denen man leben sollte. Er befürwortet auch kontinuierliches Lernen und Selbstverbesserung.

Im gesamten Buch bietet Tracy handlungsorientierte Ratschläge, praktische Übungen und Beispiele aus der realen Welt, um seine Punkte zu untermauern. Er betont konsequent, dass, obwohl Talent und Glück eine Rolle beim Erfolg spielen können, Selbstdisziplin der gemeinsame Nenner aller Erfolgsgeschichten ist. Indem man Selbstdisziplin beherrscht, kann man Hindernisse überwinden, Ziele erreichen und ein glücklicheres, erfüllteres Leben führen.

**Schlüsselerkenntnisse:**

• Selbstdisziplin ist der Schlüssel zum persönlichen und beruflichen Erfolg.

• Jeder hat die Fähigkeit, seine Selbstdisziplin zu entwickeln und zu stärken.

• Klare Ziele zu setzen und sie effektiv zu priorisieren, kann zu höheren Leistungsniveaus führen.

• Die Übernahme von Verantwortung für das eigene Handeln und Entscheidungen ist entscheidend für das persönliche Wachstum.

• Im Geschäftsleben kann Selbstdisziplin zu besserem Zeitmanagement, erhöhtem Verkauf und finanzieller Stabilität führen.

• Im persönlichen Leben spielt sie eine entscheidende Rolle bei der Erhaltung der Gesundheit, der Pflege von Beziehungen und der Sicherstellung des allgemeinen Wohlbefindens.

• Kontinuierliches Lernen und Selbstverbesserung sind entscheidend für anhaltenden Erfolg und Glück.

| Stärken und Schwächen |
|---|

**Stärken**

1. Handlungsorientierte Ratschläge: Eine der größten Stärken des Buches ist seine Praxisnähe. Tracy doziert nicht nur; er bietet den Lesern klare,

handlungsorientierte Schritte, die sie unternehmen können, um Selbstdisziplin zu entwickeln.

2. Umfassende Abdeckung: Tracy teilt das Buch in unterschiedliche Abschnitte, die sich auf persönlichen Erfolg, geschäftliche Errungenschaften und das allgemeine Wohlbefinden konzentrieren. Diese Struktur stellt sicher, dass Leser aus verschiedenen Lebenslagen relevante Anleitung finden können.

3. Nachvollziehbare Beispiele: Tracy liefert im ganzen Buch reale Beispiele, um seine Punkte zu verdeutlichen. Diese Geschichten, sowohl aus seinem Leben als auch von anderen, machen den Inhalt nachvollziehbarer und verdaulicher.

4. Klar und prägnant: Tracys Schreibstil ist unkompliziert, was das Buch auch für diejenigen zugänglich macht, die neu im Bereich der Selbsthilfe sind. Er verzichtet auf Fachjargon und erklärt Konzepte klar.

5. Bewährte Prinzipien: Viele der Prinzipien, die Tracy diskutiert, wie das Setzen klarer Ziele und die Übernahme von Verantwortung für das eigene Handeln, sind bewährt. Sie wurden von vielen Denkführern über Generationen hinweg gesprochen und befürwortet.

**Schwächen**

1. Nicht bahnbrechend: Obwohl das Buch voller nützlicher Ratschläge ist, ist vieles davon nicht bahnbrechend. Leser, die mit der Selbsthilfe-Literatur vertraut sind, könnten einige der Inhalte als repetitiv oder bereits bekannt empfinden.

2. Überbetonung von Anekdoten: Obwohl reale Beispiele aufschlussreich sein können, verlässt sich Tracy manchmal zu sehr darauf, was für einige Leser redundant oder nur am Rande relevant erscheinen mag.

3. Mangelnde Tiefe bei einigen Themen: Angesichts der breiten Palette an behandelten Themen opfert Tracy manchmal die Tiefe für die Breite. Einige Leser möchten vielleicht in bestimmten Bereichen der Selbstdisziplin tiefer eintauchen.

4. Könnte zu vereinfachend wirken: Einige Kritiker argumentieren, dass Tracy komplexe Probleme zu sehr vereinfacht. Zum Beispiel ist Selbstdisziplin zweifellos entscheidend, aber Erfolg hängt auch von äußeren Faktoren ab, von denen einige außerhalb der Kontrolle eines Individuums liegen.

5. Nicht immer für jeden geeignet: Einige der Strategien und Prinzipien, die Tracy vorschlägt, könnten nicht bei jedem Anklang finden oder anwendbar sein. Leser müssen selbst herausfinden, was für ihre einzigartigen Umstände am relevantesten ist.

| **Fazit** |
|---|

"Keine Ausreden!: Die Kraft der Selbstdisziplin" von Brian Tracy ist eine motivierende Lektüre, die den Lesern einen Wegweiser bietet, um Selbstdisziplin in ihr Leben zu integrieren. Seine Stärke liegt in seiner Praxisnähe und umfassenden Behandlung des Themas. Leser, die mit Selbsthilfeliteratur vertraut sind, könnten jedoch nicht viele neue Informationen finden. Nichtsdestotrotz dient das Buch für diejenigen, die ihren Weg zu einem diszpilinierten Leben beginnen möchten, als wertvoller Ratgeber.

# Ich zeige Dir wie Du reich wirst: Das einzigartige 6-Wochen-Programm, das wirklich funktioniert

*von Ramit Sethi*

| Überblick |
|---|

"Ich zeige Dir wie Du reich wirst" von Ramit Sethi ist ein umfassender Leitfaden zu persönlichen Finanzen für Millennials. In dem Buch kombiniert Sethi Erkenntnisse aus dem Finanzverhalten, praktische Ratschläge und einen unterhaltsamen Ton, um ein sechswöchiges Programm zur Beherrschung des Geldes anzubieten.

| Zusammenfassung |
|---|

### Einleitung

- Sethi führt in das Buch ein, indem er mit gängigen Mythen über Reichtum aufräumt und betont, dass es beim Reichsein nicht nur um Geld geht, sondern darum, ein Leben zu führen, das man ohne finanzielle Zwänge liebt.

### Woche 1: Ihre Kreditkarten optimieren

- Bedeutung von Krediten: Sethi beginnt mit der grundlegenden Bedeutung von Krediten für die persönlichen Finanzen. Er betont die Wichtigkeit von einer Verbesserung der Kreditwürdigkeit und räumt mit Mythen über Kreditkarten auf.

- Handlungsschritte: Zu den Strategien gehören das Aushandeln des effektiven Jahreszinses mit Kreditkartenunternehmen, die automatische Anpassung von Zahlungen zur Vermeidung von Säumnisgebühren und die Auswahl der besten Kreditkarten, die zu den persönlichen Ausgabengewohnheiten passen.

### Woche 2: Die Banken besiegen

- Effizientes Banking: Sethi empfiehlt, gebührenfreie Bankkonten mit hohen Zinsen einzurichten. Banken, die Gebühren erheben oder niedrige Zinssätze anbieten, sieht er kritisch.

- Aktionsschritte: Zu den Tipps gehören die Automatisierung Ihrer Finanzen, die Einrichtung von Unterkonten für bestimmte Ziele und die Vermeidung unnötiger Gebühren.

**Woche 3: Bereitmachen zum Investieren**

- Investitionsgrundlagen: Sethi entmystifiziert das Investieren, indem er Konzepte wie 401(k)s, Roth IRAs und die Magie des Zinseszinses erklärt.

- Handlungsschritte: Eröffnung eines Rentenkontos, Berücksichtigung von Arbeitgeberbeiträgen und Einrichtung von automatischen Überweisungen.

**Woche 4: Bewusstes Ausgeben**

- Neu konzipierte Budgetierung: Anstatt eine strenge Budgetierung zu fördern, stellt Sethi die Idee des bewussten Ausgebens vor. Dabei geht es darum, extravagante Ausgaben für Dinge zu tätigen, die man liebt, während man bei Dingen, die man nicht liebt, gnadenlos spart.

- Aktionsschritte: Führen Sie die 50/30/20-Regel ein (50 % für Fixkosten, 30 % für schuldfreie Ausgaben und 20 % für Ersparnisse).

**Woche 5: Sparen im Schlaf**

- Automatisierung: Sethi plädiert für einen "Einstellen und vergessen"-Ansatz. Wenn Sie Ihre Finanzen automatisieren, vermeiden Sie manuelle Überweisungen, verspätete Zahlungen und die emotionale Belastung, ständig über Geld nachzudenken.

- Aktionsschritte: Die Schritte beinhalten die Schaffung eines automatischen Geldflusses, bei dem Gehaltsscheckauszahlungen, Ersparnisse, Investitionen und Rechnungszahlungen auf Autopilot laufen.

**Woche 6: Der Mythos vom finanziellen Fachwissen**

- DIY-Ansatz: Sethi warnt davor, sich stark auf Finanzberater zu verlassen. Er plädiert für einen Do-it-yourself-Ansatz, bei dem man sich selbst über grundlegende Investitionsprinzipien informiert.

- Aktionsschritte: Wählen Sie einen kostengünstigen Zielfonds für Ihre Investitionen, überprüfen Sie die Notwendigkeit eines Finanzberaters und führen Sie einen jährlichen Geld-Check-up durch.

**Zusätzliche Einblicke**

• Verhandlungsgeschick: Sethi bietet Skripte für Verhandlungen mit Banken, Kreditkartenunternehmen und sogar Vermietern.

• Große Anschaffungen: Ratschläge für wichtige finanzielle Entscheidungen wie den Kauf eines Autos oder eines Hauses.

• Persönliche Finanzphilosophien: Sethi geht häufig auf die Psychologie des Geldes ein und betont, wie wichtig es ist, die eigene Beziehung zum Geld zu verstehen.

Abschließend ermutigt Sethi seine Leser, ein reiches Leben zu führen, sowohl in finanzieller Hinsicht als auch in Bezug auf die persönliche Erfüllung. Er betont, wie wichtig es ist, seine Finanzstrategien immer wieder zu überdenken und zu optimieren und ein Leben zu führen, das mit den eigenen Werten und Wünschen im Einklang steht.

Insgesamt bietet "Ich zeige Dir wie Du reich wirst" eine ganzheitliche Sicht der persönlichen Finanzen, die sich nicht nur auf die Mechanik, sondern auch auf die Denkweise konzentriert, die für finanziellen Erfolg und ein reiches Leben erforderlich ist.

## Stärken und Schwächen

**Stärken**

1. Umsetzbare Schritte: Sethi gibt den Lesern konkrete Schritte an die Hand, von Skripten für die Verhandlung von Gebühren mit Banken bis hin zu Richtlinien für die Einrichtung von Sparkonten mit hoher Rendite. Dies macht das Buch zu einem praktischen Leitfaden und nicht nur zu einem theoretischen Überblick.

2. Ganzheitlicher Ansatz: Das Buch konzentriert sich nicht nur auf Genügsamkeit oder Budgetierung, sondern befasst sich mit einem breiteren Bild der persönlichen Finanzen, das Ausgaben, Sparen, Investieren und die Denkweise umfasst.

3. Gesprächiger Ton: Sethis Stil ist zugänglich und nachvollziehbar. Er vermeidet Fachjargon und vermittelt komplexe Themen auf leicht verständliche Weise, so dass das Buch auch für Finanzneulinge zugänglich ist.

4. Verhaltensbasierte Einblicke: Durch die Einbeziehung von Prinzipien aus der Verhaltensökonomie beleuchtet Sethi, warum wir bestimmte finanzielle

Entscheidungen trifft und wie man gängige geldbezogene psychologische Fallen bekämpft.

5. Betonung der Automatisierung: Einer der Hauptgedanken des Buches ist die Macht der Automatisierung, die dazu beiträgt, menschliche Fehler zu vermeiden, die emotionale Belastung des Geldmanagements zu verringern und die Konsistenz beim Sparen und Investieren zu gewährleisten.

**Schwächen**

1. Eingeschränkte Zielgruppe: Das Buch richtet sich in erster Linie an Millennials in den USA, was bedeutet, dass einige der Ratschläge möglicherweise nicht auf ältere Generationen oder Menschen in anderen Ländern anwendbar sind.

2. Gelegentliche Übervereinfachung: Auch wenn der einfache Ansatz das Verständnis erleichtert, gibt es Momente, in denen einige Leser die Ratschläge als zu allgemein empfinden und sich ein tieferes Eintauchen in bestimmte Themen wünschen.

3. Verkaufstypischer Ton: Einige Leser haben bemerkt, dass sich einige Abschnitte des Buches etwas werblich anfühlen, insbesondere wenn Sethi seine Kurse oder Dienstleistungen erwähnt.

4. Begrenzte Abdeckung bestimmter Themen: Das Buch deckt zwar ein breites Spektrum an Themen ab, aber einige Bereiche, wie z. B. Immobilieninvestitionen oder Steueroptimierungsstrategien, könnten von einer gründlicheren Erforschung profitieren.

5. Kontroverse Ratschläge: Einige von Sethis Ratschlägen, wie seine Ansichten zu Kreditkarten oder seine Haltung zu Finanzberatern, könnten als kontrovers angesehen werden oder nicht mit jedermanns Finanzphilosophie übereinstimmen.

## Fazit

"Ich zeige Dir wie Du reich wirst" sticht aus dem überfüllten Genre der persönlichen Finanzen durch seinen umsetzbaren, umfassenden und leserfreundlichen Ansatz heraus. Auch wenn nicht jeder Ratschlag bei jedem Leser auf Gegenliebe stoßen wird, liegen die Stärken des Buches in seiner Fähigkeit, komplexe Finanzthemen zu entmystifizieren und den Lesern einen Fahrplan zu finanzieller Gesundheit und Autonomie zu geben. Ramit Sethis Buch bietet wertvolle Einblicke und Anleitungen für alle, die sich gerade erst auf den Weg zu ihren persönlichen Finanzen machen oder ihren Ansatz verfeinern wollen.

# Die 10X Regel:
# Der feine Unterschied zwischen Erfolg und Misserfolg

*von Grant Cardone*

| Überblick |
|---|

"Die 10X Regel" von Grant Cardone ist ein Selbsthilfebuch, das Leser dazu anregt, ihre Ziele und den dafür erforderlichen Aufwand dramatisch zu vervielfachen. Die zentrale These ist, dass gemäßigte Ziele und Anstrengungen zu gemäßigten Ergebnissen führen, und um wirklich außergewöhnliche Resultate zu erzielen, muss man eine Denkweise und Arbeitsmoral annehmen, die zehnmal größer sind als die des Durchschnittsmenschen.

| Zusammenfassung |
|---|

**Schlüsselkonzepte**

1. Setzen massiver Ziele: Cardone argumentiert, dass Menschen Ziele setzen sollten, die 10-mal größer sind als das, was sie ursprünglich für möglich hielten. Es geht hierbei nicht nur um finanzielle Ziele, sondern um alle Aspekte des Lebens, einschließlich Beziehungen, Geschäft und persönliches Wohlbefinden.

2. Niveau der Anstrengungen: Das Buch betont, dass das einfache Setzen von 10X-Zielen nicht ausreicht; um sie zu erreichen, bedarf es einer entsprechenden 10X-Anstrengung. Die reguläre 9-bis-5-Arbeitsroutine reicht nicht aus. Man muss bereit sein, alles zu tun, was nötig ist, um das neue Zielset zu erreichen.

3. Vier Grade der Aktion: Cardone beschreibt vier Grade der Aktion: Rückzug, durchschnittliche Aktion, Aktion und 10X Aktion. Die meisten Menschen ziehen sich von ihren Zielen zurück oder unternehmen durchschnittliche Aktionen, was zu Mittelmäßigkeit führt. Um erfolgreich zu sein, muss man 10X Aktionen durchführen, was bedeutet, zehnmal mehr Anstrengung und Zeit einzubringen, als man ursprünglich erwartet hatte.

4. Überengagement und Expansion: Der Autor ermutigt die Leser, sich übermäßig für ihre Ziele zu engagieren, auch wenn es im Moment irrational

erscheinen mag. Überengagement zwingt Individuen, ihre Fähigkeiten zu erweitern, was zu beispiellosem Wachstum führt.

5. Eliminierung begrenzender Überzeugungen: Begrenzende Überzeugungen sind ein erhebliches Hindernis für den 10X Erfolg. Das Buch vertieft, wie diese selbstauferlegten mentalen Barrieren erkannt und beseitigt werden können, um den Weg für massive Aktionen zu ebnen.

6. Umgang mit Angst: Cardone erkennt an, dass die Annahme der 10X-Denkweise aufgrund der Größe der Ziele und des erforderlichen Engagements erschreckend sein kann. Er argumentiert, dass Angst ein Zeichen dafür ist, dass man auf dem richtigen Weg ist und dass sie konfrontiert und überwunden werden sollte.

7. Die Bedeutung des Verkaufs: Unabhängig von der beruflichen Tätigkeit betont das Buch die Wichtigkeit, ein guter Verkäufer zu sein. Die Beherrschung der Kunst des Verkaufs ist entscheidend, da sie direkt die Fähigkeit beeinflusst, zu überzeugen und zu beeinflussen, was Schlüsselaspekte für das Erreichen jedes Ziels sind.

8. Dominanz, nicht Wettbewerb: Die 10X-Regel befürwortet, den eigenen Sektor oder Markt zu dominieren, anstatt nur darin zu konkurrieren. Wenn man auf 10X abzielt, reicht durchschnittlich oder überdurchschnittlich einfach nicht aus; man sollte anstreben, der unangefochtene Führer in seinem Bereich zu sein.

9. Verantwortlichkeit: Cardone legt großen Wert auf die Übernahme der vollständigen Verantwortung für das eigene Handeln und dessen Konsequenzen. Dieses Eigentum ist es, was Einzelpersonen befähigt, die 10X-Regel effektiv in ihrem Leben anzuwenden.

"Die 10X Regel" ist nichts für schwache Nerven oder diejenigen, die mit durchschnittlichen Bestrebungen zufrieden sind. Es ist ein Aufruf zum Handeln für diejenigen, die ein außergewöhnliches Leben führen wollen. Das Buch bietet eine Wegbeschreibung, um übertriebene Ziele durch übertriebene Anstrengungen zu erreichen, Hindernisse zu beseitigen und eine unerbittliche Verfolgung des Erfolgs anzustreben.

| Stärken und Schwächen |
|---|

**Stärken**

1. Hochmotivierend: Eine der stärksten Stärken des Buches ist sein motivierender Ton. Cardones Leidenschaft und Überzeugung in seiner Philosophie

sind durchgängig spürbar und fordern den Leser dazu auf, die eigenen Ziele und Arbeitsethik zu hinterfragen.

2. Praktische Tipps: Das Buch handelt nicht nur vom Setzen von Zielen, sondern bietet auch konkrete Ratschläge, wie man sie erreichen kann. Das Konzept der "Vier Grade der Aktion" bietet einen handlungsorientierten Rahmen für den Aufwand, der der Größe der eigenen Ziele entspricht.

3. Breite Anwendbarkeit: Die 10X-Regel kann auf jeden Aspekt des Lebens angewendet werden, nicht nur auf finanzielle oder karriereorientierte Ziele. Ob es um persönliche Entwicklung, Beziehungen oder Geschäft geht, die Prinzipien bleiben dieselben.

4. Klarheit und Einfachheit: Das Buch ist in einer unkomplizierten Art geschrieben, frei von komplexem Fachjargon, und damit zugänglich für Leser unterschiedlicher Herkunft.

5. Fallstudien und Beispiele: Cardone liefert mehrere Beispiele aus seinem eigenen Leben und dem anderer, um die Gültigkeit der 10X-Regel zu demonstrieren, was dem Buch eine bodenständige, praktische Anziehungskraft verleiht.

6. Fokus auf Verantwortlichkeit: Die Betonung der persönlichen Verantwortung für das eigene Handeln ist ein erfrischender und ermächtigender Aspekt des Buches. Durch die Betonung von Eigentum ermächtigt es den Leser, sein Schicksal zu steuern.

**Schwächen**

1. Wiederholungen: Ein bemerkenswerter Nachteil des Buches ist seine repetitive Natur. Die Kernkonzepte werden zahlreiche Male wiederholt, was bei einigen Lesern zu Interessenverlust führen könnte.

2. Mangelnde Tiefe: Obwohl das Buch hervorragende Arbeit bei der Einführung und Befürwortung der 10X-Denkweise leistet, taucht es nicht tief in die psychologischen oder wissenschaftlichen Aspekte hinter Zielsetzung und Leistung ein.

3. Potenzial für Burnout: Der ständige Druck, "massive Aktion" zu unternehmen und sein Feld zu dominieren, könnte für manche nicht nachhaltig sein und zu Burnout führen, wenn er nicht mit anderen Lebensaspekten wie Gesundheit und Beziehungen ausbalanciert wird.

4. Überbetonung des materiellen Erfolgs: Einige Leser könnten finden, dass der Fokus des Buches zu sehr auf finanziellen und materiellen Erfolg ausgerichtet ist, was andere Formen der Erfüllung oder des Wohlbefindens überschattet.

5. Nicht für jeden: Der im Buch befürwortete extreme Ansatz mag nicht bei jedem Anklang finden. Diejenigen, die einen ausgewogeneren, ganzheitlichen Ansatz zum Erfolg suchen, könnten die 10X-Philosophie als zu intensiv oder unpraktisch empfinden.

## Fazit

"Die 10X-Regel" von Grant Cardone ist eine mitreißende Lektüre für jeden, der seine Grenzen erweitern und außergewöhnliche Erfolgsebenen erreichen möchte. Sein geradliniger Rat und sein motivierender Ton machen es zu einer wertvollen Ergänzung für die Sammlung jedes strebsamen Lesers. Allerdings könnten seine repetitive Natur und das Fehlen einer tieferen, nuancierteren Erforschung der Psychologie des Erfolgs als Nachteile wahrgenommen werden. Insgesamt ist es ein Buch, das dazu anregt, nach den Sternen zu greifen.

# Essentialismus:
# Die konsequente Suche nach Weniger.
# Ein neuer Minimalismus erobert die Welt

*von Greg McKeown*

## Überblick

"Essentialismus" von Greg McKeown ist ein Leitfaden zur Vereinfachung des eigenen Lebens durch Konzentration auf das, was wirklich wichtig ist. Das Buch ist um das Konzept des Essentialismus herum aufgebaut, das McKeown als diszipliniertes, kontinuierliches Bemühen definiert, sich auf die wichtigsten Dinge im Leben zu konzentrieren und das Überflüssige zu eliminieren. Die übergreifende These ist, dass die meisten Menschen in der Falle des "Nicht-Essentialismus" gefangen sind: Sie sagen zu allem Ja, sind übermäßig beschäftigt und werden dadurch unproduktiv und unglücklich. McKeown erörtert die Vorteile des Essentialismus, zu denen ein zielgerichteteres Leben, eine sinnvolle Arbeit und letztlich ein gesteigertes Gefühl von Erfüllung und Wohlbefinden gehören. Er betont, dass Essenzialismus ein disziplinierter, fortlaufender Prozess und kein einmaliges Ereignis ist.

## Zusammenfassung

### Die Essenz des Essentialismus

McKeown stellt Essentialismus und Nicht-Essentialismus gegenüber. Während Nicht-Essentialisten versuchen, alles zu tun, konzentrieren sich Essentialisten nur auf die wichtigsten Aufgaben, die mit ihren Zielen und Werten übereinstimmen. Der Autor argumentiert, dass es beim Essentialismus nicht darum geht, weniger zu tun, sondern einen größeren Beitrag zu leisten, indem man nur das tut, was wirklich wesentlich ist.

### Der vierteilige Rahmen

Das Buch ist um einen vierteiligen Rahmen herum aufgebaut: "Essenz", "Erforschen", "Eliminieren" und "Ausführen".

**Essenz**

Dieser Abschnitt befasst sich mit der Denkweise und Philosophie des Essentialismus. McKeown unterstreicht die Bedeutung von Entscheidungen und die Notwendigkeit, zwischen den "trivialen vielen und den lebenswichtigen wenigen" zu unterscheiden. Essentialismus beginnt mit der Klarheit der Ziele.

**Erforschen**

In diesem Teil erörtert der Autor die Bedeutung des Unterscheidungsvermögens. Durch ständiges Abwägen von Möglichkeiten und Verpflichtungen wählen Essentialisten nur das Beste aus. Zu den Techniken gehört es, sich Zeit für Kontemplation, Spiel und Ruhe zu nehmen, um neue Perspektiven zu gewinnen.

**Eliminieren**

Im dritten Teil geht es darum, das Unwesentliche zu eliminieren. McKeown gibt praktische Tipps, wie man effektiv und mit Anstand "Nein" sagen kann. Ziel ist es, Zeit, Ressourcen und Energie für eine sinnvollere Arbeit freizusetzen.

**Ausführen**

Im letzten Teil geht es darum, den Essentialismus in die Praxis umzusetzen. McKeown betont, wie wichtig es ist, einen Puffer für unerwartete Herausforderungen zu schaffen und die Ausführung durch Systemdesign so mühelos wie möglich zu gestalten. Er spricht auch über die Bedeutung von Routine und Auslösern, um Essentialismus zur Gewohnheit werden zu lassen.

**Werkzeuge und Strategien**

McKeown bietet mehrere Werkzeuge und Strategien an, um das Wesentliche vom Unwesentlichen zu trennen:

• Die 90-Prozent-Regel: Wenn eine Option nicht mindestens 90 von 100 Punkten erreicht, sollte man sie ausschließen.

• Das Pareto-Prinzip: 80 % der Ergebnisse werden oft mit 20 % des Aufwands erzielt.

• Die Pause als Produktivitätsinstrument: Pausen und freie Zeit sind notwendig, um Klarheit darüber zu gewinnen, was wichtig ist.

- Nein sagen: Die Kunst, Nein zu sagen, ohne sich schuldig zu fühlen oder Brücken abzubrechen.

- Tägliche und wöchentliche Planung: Ein Leitfaden zur effektiven Planung Ihrer Zeit, um das Wichtigste voranzubringen.

**Anwendungen aus der realen Welt**

McKeown zeigt anhand von Fallbeispielen und Anekdoten aus der Praxis, wie der Essentialismus in verschiedenen Lebensbereichen angewendet werden kann - von Beruf und Karriere bis hin zu persönlichen Beziehungen.

## Stärken und Schwächen

**Stärken**

1. Gut strukturierter Inhalt: Das Buch ist in einen vierteiligen Rahmen ("Essenz", "Erforschen", "Eliminieren" und "Ausführen") gegliedert, der es dem Leser leicht macht, die Entwicklung der Ideen zu verfolgen und den vielschichtigen Ansatz des Essentialismus zu verstehen.

2. Praxisnähe: McKeown stellt nicht nur eine Philosophie vor, sondern bietet umsetzbare Schritte und Strategien für die Implementierung des Essentialismus im eigenen Leben. Diese praktische Anleitung ist eine der überzeugendsten Eigenschaften des Buches.

3. Relevanz in verschiedenen Kontexten: Die Prinzipien des Essentialismus können nicht nur im persönlichen Leben, sondern auch in verschiedenen beruflichen Kontexten angewandt werden, was sie vielseitig und breit anwendbar macht.

4. Praxisnahe Fallstudien: Das Buch enthält mehrere Fallstudien und Beispiele aus dem wirklichen Leben, die nicht nur die Argumente des Autors untermauern, sondern auch den Inhalt besser nachvollziehbar und umsetzbar machen.

5. Provokative Fragen: Das Buch enthält häufig Fragen und Übungen, die den Leser zum Nachdenken über sein eigenes Leben anregen und die Lektüre interaktiv und persönlich gestalten.

6. Klarheit und Prägnanz: McKeown hat einen klaren und prägnanten Schreibstil, der komplexe Ideen zugänglich macht. Das Buch selbst ist ein Beispiel für den Essentialismus, der sich auf das Wesentliche konzentriert und das Überflüssige weglässt.

7. Ganzheitlicher Ansatz: In dem Buch geht es nicht nur um die Work-Life-Balance oder das Zeitmanagement, sondern um einen Leitfaden für den Lebensstil, der das körperliche, emotionale und psychologische Wohlbefinden anspricht.

**Schwächen**

1. Anfängliche Überschneidungen: Für Leser, die bereits mit Produktivitäts- oder Selbsthilfeliteratur vertraut sind, mag der erste Teil etwas überflüssig erscheinen, da er Themen behandelt, die bereits in anderen Quellen behandelt werden.

2. Anspruchsvolle Umsetzung: Das Buch bietet zwar Werkzeuge, um ein Essentialist zu werden, aber die praktische Anwendung dieser Werkzeuge kann entmutigend sein, da sie einen bedeutenden Bewusstseinswandel und die Bereitschaft erfordert, harte Entscheidungen zu treffen.

3. Nicht für jedermann: Der essenzialistische Ansatz ist möglicherweise nicht für jeden geeignet, insbesondere nicht für diejenigen, die Multitasking schätzen, oder für diejenigen, die in Funktionen tätig sind, die einen schnellen Wechsel der Aufgaben und weitreichende Verantwortlichkeiten erfordern.

4. Fokus auf das Individuum: Das Buch neigt dazu, sich auf individuelle Entscheidungen und Handlungen zu konzentrieren, wodurch systemische oder strukturelle Faktoren, die die Möglichkeiten, Essentialismus zu praktizieren, einschränken können, möglicherweise nicht vollständig berücksichtigt werden.

| **Fazit** |
|---|

"Essentialismus:" ist ein überzeugendes, gut strukturiertes Buch, das sowohl die Philosophie als auch die praktischen Mittel zur Vereinfachung des eigenen Lebens und zur Konzentration auf das Wesentliche vermittelt. Es hat zwar einige kleinere Schwächen, aber die Gesamtaussage und die Ausführung machen es zu einer äußerst wertvollen Lektüre für alle, die die Kontrolle über ihre Zeit und ihr Leben zurückgewinnen wollen.

# Das Café am Rande der Welt:
# eine Erzählung über den Sinn des Lebens

*von John Strelecky*

| Überblick |
|---|

"Das Café am Rande der Welt" ist ein inspirierendes Buch von John Strelecky, das sich auf eine fiktive, aber tiefgründige Reise in die Philosophie des Lebens und der persönlichen Erfüllung begibt. Der Protagonist, ein Geschäftsmann namens John, findet unerwartet Antworten auf einige der wichtigsten Fragen des Lebens, als er zufällig ein kleines Café in einer abgelegenen Gegend entdeckt.

| Zusammenfassung |
|---|

**Die Reise zum Café**

Die Hauptfigur, John, ist auf einer Reise, um den Kopf frei zu bekommen. Während der Fahrt gerät er in einen Stau und beschließt, eine Abkürzung zu nehmen, die ihn zu einem abgelegenen Café führt. Das Café heißt "Das Café am Rande der Welt" und ist anders als alle Orte, die John je besucht hat.

**Die drei Fragen**

In dem Café trifft John auf einige ungewöhnliche Personen, darunter die Kellnerin Casey und den Besitzer Mike. Diese stellen ihm drei zentrale Fragen, die John dazu bringen sollen, über sein Leben nachzudenken:

1. Warum bist du hier?

2. Hast du Angst vor dem Tod?

3. Lebst du ein erfülltes Leben?

**Warum bist du hier?**

Die erste Frage zielt darauf ab, John dazu zu bringen, über seinen Lebenssinn nachzudenken. Obwohl er ursprünglich glaubte, dass seine Karriere und sein beruflicher Erfolg ihm einen Sinn geben würden, erkennt er, dass diese Dinge ihn nicht wirklich erfüllen.

### Hast du Angst vor dem Tod?

Die zweite Frage konfrontiert John mit der Vergänglichkeit des Lebens und der Bedeutung des Todes für seine Existenz. Er kommt zu dem Schluss, dass die Angst vor dem Tod oft damit zusammenhängt, nicht wirklich gelebt zu haben.

### Lebst du ein erfülltes Leben?

Die dritte und letzte Frage zwingt John dazu, seine Prioritäten zu überdenken. Er erkennt, dass ein erfülltes Leben nicht unbedingt etwas mit Reichtum oder beruflichem Erfolg zu tun hat, sondern vielmehr mit persönlicher Zufriedenheit und dem Streben nach Verwirklichung der eigenen Ziele.

### Die Big Five für das Leben

Die Menschen im Café helfen John, seine eigenen "Big Five for Life" zu identifizieren – die fünf wichtigsten Ziele, die er im Leben erreichen möchte. Strelecky führt die Idee der "Big Five for Life" als zentrales Konzept für persönlichen Wohlstand und Lebenszufriedenheit ein. Ähnlich wie die Big Five der Psychologie (Offenheit, Gewissenhaftigkeit, Extraversion, Freundlichkeit, Neurotizismus) sollen die Big Five for Life eine Orientierung für die wichtigsten Aspekte im Leben eines Menschen bieten. Durch die Gespräche im Café wird John klar, dass er seine eigenen Big Five for Life identifizieren und anstreben muss, um ein wirklich erfülltes Leben zu führen.

### Arbeit und Berufung

Ein wichtiges Thema des Buches ist die Auseinandersetzung mit der Rolle der Arbeit im Leben. Anstatt nur als Mittel zum Zweck zu dienen, sollte Arbeit ein Weg sein, die persönlichen Big Five for Life zu verwirklichen. Das Buch fordert die Leser auf, über ihre eigene Arbeit und deren Bedeutung im Zusammenhang mit ihren Lebenszielen nachzudenken.

### Beziehungen und Menschlichkeit

Beziehungen sind ein weiteres Schlüsselelement in Streleckys Buch. Durch die Interaktionen im Café erkennen John und der Leser, wie wichtig es ist, authentische und sinnvolle Beziehungen zu pflegen und wie diese Beziehungen mit den persönlichen Lebenszielen verbunden sind.

### Verwandlung

Am Ende des Buches hat John eine Reihe von Einsichten gewonnen, die sein Leben verändern. Er kehrt in seine Alltagswelt zurück, aber mit einer veränderten Perspektive und einer klaren Vorstellung davon, was er im Leben wirklich erreichen will. Er begreift, dass es wichtiger ist, ein Leben zu führen, das seinen eigenen Ansprüchen genügt, als die Erwartungen anderer zu erfüllen. Das Buch endet mit einer positiven Note und ermutigt den Leser, seine eigenen "Big Five for Life" zu entdecken und seinen eigenen Weg zur Erfüllung zu finden.

## Stärken und Schwächen

**Stärken**

1. Einfachheit und Zugänglichkeit: Eine der wichtigsten Stärken dieses Buches ist seine einfache, geradlinige Sprache und sein Erzählstil. Es ist für ein breites Spektrum von Lesern leicht zugänglich, nicht nur für diejenigen, die an philosophischer oder Selbsthilfeliteratur interessiert sind.

2. Fesselnde Geschichte: Der allegorische Charakter des Buches erlaubt es dem Autor, Elemente der Fiktion in ein Werk einzubauen, das im Wesentlichen ein Sachbuch ist. Diese Art der Erzählung macht die philosophischen Gespräche fesselnder und nachvollziehbarer.

3. Das Konzept der Big Five für das Leben: Diese Idee dient als starkes zentrales Thema für das Buch und gibt den Lesern einen greifbaren Anhaltspunkt. Das Konzept der Big Five ist nicht nur theoretisch, sondern ein praktisches Instrument, das die Leser in ihrem Leben anwenden können.

4. Anregung zur Selbstreflexion: Das Buch ermutigt die Leser, über die großen Fragen des Lebens nachzudenken und regt sie dazu an, die Richtung ihres eigenen Lebens zu überprüfen.

5. Mundgerecht aufbereitete Weisheit: Die kurzen Kapitel und prägnanten Dialoge machen es leicht, die wichtigsten Punkte des Buches zu verinnerlichen. Jedes Kapitel kann für sich allein stehen, so dass das Buch auch für vielbeschäftigte Leser geeignet ist, die nur ein paar Minuten Zeit zum Lesen haben.

6. Charaktere als Archetypen: Die Figuren im Café repräsentieren verschiedene Philosophien und Standpunkte und dienen als Katalysatoren für Diskussionen und Selbstbeobachtung. Das macht die Gespräche reichhaltiger und abwechslungsreicher.

**Schwächen**

1. Übermäßige Vereinfachung: Die Einfachheit des Buches ist zwar eine Stärke, kann aber auch ein Nachteil für diejenigen sein, die eine nuanciertere Diskussion über den Sinn und Zweck des Lebens suchen. Manche mögen die Behandlung komplexer Themen als oberflächlich empfinden.

2. Vorhersehbarkeit: Sobald man die anfängliche Prämisse verstanden hat, kann die Geschichte etwas vorhersehbar sein. Es gibt nicht viele überraschende Wendungen, die den Leser in Atem halten.

3. Klischees: Das Buch greift manchmal auf klischeehafte Einsichten und abgedroschene Plattitüden zurück, die vielleicht nicht jeden ansprechen oder etwas Neues bieten.

4. Mangelnde Tiefe der Charaktere: Obwohl die Charaktere ihren Zweck erfüllen, indem sie die philosophischen Gespräche vorantreiben, sind sie nicht tiefgründig entwickelt und können sich manchmal eher wie Sprachrohre für verschiedene Perspektiven als wie abgerundete Individuen anfühlen.

5. Nicht akademisch genug: Wenn Sie einen tiefgründigen, wissenschaftlichen Text über Existenzialismus suchen, ist dies nicht das Richtige. Das Buch richtet sich an ein allgemeines Publikum und geht nicht auf die Komplexität oder die Kontroversen ein, die die behandelten Themen umgeben.

### Fazit

"Das Café am Rande der Welt" von John P. Strelecky ist ein als Erzählung getarnter philosophischer Ratgeber. Es bietet den Lesern einen einfachen, fesselnden Weg, die wichtigsten Fragen des Lebens zu erkunden, und stellt das Konzept der "Big Five for Life" als praktisches Werkzeug für die persönliche Entwicklung vor. Auch wenn es vielleicht nicht so tiefgründig und nuanciert ist, wie manche Leser es sich wünschen, so ist es doch eine leicht zugängliche Einführung in das existenzielle Denken und eine nützliche Anregung zur Selbstreflexion. Insgesamt ist es eine inspirierende Lektüre, die dazu anregt, nach innen zu schauen und die eigene Perspektive auf den Sinn des Lebens neu zu definieren.

# The Big Five for Life: Was wirklich zählt im Leben

*von John Strelecky*

## Überblick

"The Big Five for Life: Was wirklich zählt im Leben" ist ein inspirierendes Buch von John Strelecky, das sich mit den Themen Lebenssinn, persönliche Erfüllung und Führung auseinandersetzt. Das Buch verbindet Elemente eines Ratgebers mit einer fiktionalen Erzählung und zielt darauf ab, Leser dazu zu inspirieren, über ihre eigenen Lebensziele nachzudenken und diese zu verfolgen.

## Zusammenfassung

### Einführung in das Konzept der "Big Five for Life"

Das Buch beginnt mit der Einführung des Konzepts der "Big Five for Life" – fünf persönliche Lebensziele, die jeder Mensch für sich selbst definieren sollte. Diese Ziele repräsentieren, was für den Einzelnen im Leben am wichtigsten ist und was er erreichen möchte.

### Die Geschichte von Joe und Thomas

Die Kerngeschichte des Buches dreht sich um zwei Hauptfiguren: Joe, einen Angestellten, der mit seiner Arbeit unzufrieden ist, und Thomas, den CEO eines Unternehmens, der eine einzigartige Philosophie der Unternehmensführung vertritt.

Joe trifft Thomas und wird Teil seines Unternehmens. Er lernt von Thomas' unkonventionellen Methoden, die darauf abzielen, dass jeder Mitarbeiter seine "Big Five for Life" kennt und verfolgt.

### Thomas' Führungsphilosophie

Thomas glaubt daran, dass die Effektivität und das Glück der Mitarbeiter maximiert werden, wenn sie Arbeit tun, die mit ihren persönlichen Lebenszielen übereinstimmt. Er führt ein Unternehmen, in dem die Mitarbeiter ermutigt werden, ihre eigenen "Big Five for Life" zu entdecken und zu verfolgen.

**Die Museumstag-Metapher**

Eine Schlüsselmetapher im Buch ist der "Museumstag". Strelecky verwendet diese Metapher, um zu illustrieren, wie das Leben eines Menschen rückblickend betrachtet werden könnte. Er fragt, welche Exponate ein Mensch in seinem persönlichen "Lebensmuseum" ausstellen würde und ob diese Exponate die "Big Five for Life" widerspiegeln.

**Persönliche Entdeckungsreise**

Joe begibt sich auf eine Reise der Selbstentdeckung, während er für Thomas arbeitet. Er reflektiert über sein eigenes Leben, seine Ziele und wie er diese erreichen kann. Die Geschichte folgt seiner Entwicklung und wie er lernt, seine eigenen "Big Five for Life" zu identifizieren und zu integrieren.

**Lehren über Führung und Management**

Das Buch bietet auch Einsichten in effektive Führungs- und Managementpraktiken. Es zeigt, wie eine Führungspersönlichkeit wie Thomas ein Umfeld schaffen kann, das Mitarbeiter inspiriert und motiviert, ihre besten Leistungen zu erbringen.

**Die Bedeutung von Ausrichtung und Zweck**

Ein zentrales Thema des Buches ist die Bedeutung der Ausrichtung zwischen den persönlichen Zielen eines Menschen und seinem beruflichen Weg. Strelecky betont, dass Zufriedenheit und Erfolg daraus resultieren, dass man Arbeit tut, die einen tieferen Zweck erfüllt und mit den eigenen Lebenszielen übereinstimmt.

**Schlussfolgerungen und Anwendungen**

Das Buch schließt mit der Aufforderung an die Leser, über ihre eigenen "Big Five for Life" nachzudenken und Wege zu finden, diese in ihr tägliches Leben zu integrieren. Strelecky ermutigt die Leser, ein Leben zu führen, das echte Erfüllung und Bedeutung hat.

"The Big Five for Life" ist mehr als ein einfaches Selbsthilfebuch; es ist eine Erzählung, die tiefgehende Fragen über Lebensziele, berufliche Zufriedenheit und persönliche Erfüllung stellt. Durch die Geschichte von Joe und Thomas bietet das Buch sowohl Inspiration als auch praktische Ratschläge, wie man ein Leben führen kann, das mit den eigenen tiefsten Wünschen und Zielen im Einklang steht. Es ist eine Einladung, über den eigenen

Lebenszweck nachzudenken und Wege zu finden, diesen in alltäglichen Entscheidungen und Karrierewegen zu reflektieren.

## Stärken und Schwächen

**Stärken**

1. Inspirierende Botschaft: Das Buch vermittelt eine kraftvolle und inspirierende Botschaft über die Bedeutung, seine persönlichen Lebensziele zu erkennen und zu verfolgen.

2. Lebensnahe Charaktere: Die Charaktere sind gut ausgearbeitet und bieten den Lesern die Möglichkeit, sich mit ihren Herausforderungen und Erfahrungen zu identifizieren.

3. Praktische Anwendbarkeit: Strelecky bietet nicht nur theoretische Einsichten, sondern auch praktische Ratschläge, wie man die "Big Five for Life" im Alltag integrieren kann.

4. Einzigartige Perspektive auf Führung: Das Buch bietet einen interessanten Blick auf Führungsstile und Unternehmenskultur und betont die Wichtigkeit, Mitarbeiter in ihren persönlichen Zielen zu unterstützen.

5. Motivierend und Ermutigend: Die Geschichte ist so gestaltet, dass sie Leser motiviert und ermutigt, über ihre eigenen Lebensziele nachzudenken und aktiv daran zu arbeiten.

**Schwächen**

1. Idealistische Darstellung: Einige Aspekte des Buches können als zu idealistisch oder unrealistisch für die Anwendung in der realen Arbeitswelt angesehen werden.

2. Übervereinfachung komplexer Themen: Lebensziele und berufliche Zufriedenheit sind komplexe Themen, die möglicherweise übervereinfacht dargestellt werden.

3. Fehlende Tiefe in der Charakterentwicklung: Obwohl die Charaktere authentisch wirken, könnten sie in Bezug auf Tiefe und Komplexität noch weiter ausgearbeitet werden.

4. Einseitige Betrachtung von Erfolg: Das Buch konzentriert sich hauptsächlich auf individuelle Erfüllung und Erfolg, wobei andere wichtige Aspekte des Lebens möglicherweise vernachlässigt werden.

5. Nicht für jeden Leser geeignet: Die Botschaft des Buches mag nicht für jeden Leser resonieren, besonders für diejenigen, die eine praktischere oder realistischere Herangehensweise bevorzugen.

## Fazit

"The Big Five for Life" ist ein inspirierendes und nachdenkliches Werk, das wichtige Fragen über persönliche und berufliche Erfüllung aufwirft. Trotz einiger idealistischer Elemente und einer gewissen Übervereinfachung bietet das Buch wertvolle Einsichten und praktische Ratschläge für alle, die nach einem tieferen Sinn in ihrer Arbeit und ihrem Leben suchen. Es ermutigt die Leser, über ihre eigenen Werte und Ziele nachzudenken und Wege zu finden, diese in ihrem täglichen Leben zu verankern. Für Menschen, die sich in einer Phase der Selbstreflexion befinden oder nach Inspiration suchen, um ihre persönlichen und beruflichen Wege neu zu bewerten, kann dieses Buch eine wertvolle Ressource sein.

# Die Macht der Gewohnheit:
# Warum wir tun, was wir tun,
# und wie wir es ändern können

*von Charles Duhigg*

| Überblick |
|---|

"Die Macht der Gewohnheit" von Charles Duhigg ist ein umfassender Einblick in die Wissenschaft der Gewohnheiten, wie sie entstehen und wie sie geändert werden können. Das Buch ist in drei Teile gegliedert: Die Gewohnheiten von Individuen, Die Gewohnheiten erfolgreicher Organisationen und Die Gewohnheiten von Gesellschaften. Anhand fesselnder Geschichten aus verschiedenen Bereichen wie dem Gesundheitswesen, der Unternehmenskultur und der Bürgerrechtsbewegung nimmt Duhigg den Leser mit auf eine Reise durch die psychologischen und neurologischen Grundlagen der Entstehung und Veränderung von Gewohnheiten. Dieses Buch richtet sich sowohl an Laien, die an persönlicher Entwicklung interessiert sind, als auch an Fachleute, die die Dynamik von Organisationen verbessern wollen.

| Zusammenfassung |
|---|

**Erster Teil: Die Gewohnheiten von Individuen**

1. Die Gewohnheitsschleife: Duhigg beginnt mit der Einführung des Konzepts der "Gewohnheitsschleife", die aus drei Elementen besteht: Anreiz, Routine und Belohnung. Er erklärt, dass Gewohnheiten als mentale Abkürzung beginnen, um Anstrengung zu sparen, und in den Basalganglien gebildet werden, einem Teil des Gehirns, der mit Emotionen, Mustern und Erinnerungen verbunden ist.

2. Die Gelüste des Gehirns: Duhigg erörtert die Rolle des Verlangens bei der Entstehung von Gewohnheiten. Er beschreibt zum Beispiel, wie Claude C. Hopkins Pepsodent zu einer meistverkauften Zahnpasta machte, indem er eine Gewohnheitsschleife schuf, die das Verlangen nach einem kribbelnden, frischen Mund einschloss.

3. Die goldene Regel der Änderung von Gewohnheiten: Duhigg stellt die goldene Regel für die Änderung von Gewohnheiten vor: Behalten Sie den

alten Hinweis bei, bieten Sie die gleiche Belohnung, aber führen Sie eine neue Routine ein. Er veranschaulicht dies am Beispiel der Anonymen Alkoholiker (AA).

**Zweiter Teil: Die Gewohnheiten erfolgreicher Organisationen**

1. Schlüsselgewohnheiten: Duhigg führt das Konzept der "Schlüsselgewohnheiten" ein, Gewohnheiten, die zur Entwicklung mehrerer guter Gewohnheiten führen. Er verwendet das Beispiel von Paul O'Neill, der die Aluminum Company of America (Alcoa) umgestaltete, indem er sich auf eine Grundgewohnheit konzentrierte: Sicherheit.

2. Starbucks und die Kultur des Erfolgs: In diesem Kapitel wird erörtert, wie Unternehmen wie Starbucks ihre Mitarbeiter darauf trainieren, unter Stress gewohnheitsmäßig Leistung zu erbringen. Starbucks erreicht dies, indem es Willenskraft als Gewohnheit einführt.

3. Die Kraft einer Krise: Duhigg zeigt auf, wie Unternehmen ihre Gewohnheiten während einer Krise oft ändern. Er führt das Beispiel des Rhode Island Hospital an, das seine Gewohnheiten nach einer Reihe lebensbedrohlicher Fehler änderte.

**Dritter Teil: Die Gewohnheiten von Gesellschaften**

1. Wie Bewegungen zustande kommen: In diesem Kapitel wird untersucht, wie Gewohnheiten in sozialen Bewegungen, wie der Bürgerrechtsbewegung, eine wichtige Rolle spielen. Es führt das Konzept der "sozialen Gewohnheiten" ein, das aus den Gewohnheiten besteht, die sich zwischen und unter den Menschen herausbilden.

2. Die Neurologie des freien Willens: Duhigg schließt das Buch mit der Frage ab, ob wir den freien Willen haben, unsere Gewohnheiten zu ändern. Er argumentiert, dass wir, sobald wir verstehen, wie Gewohnheiten entstehen, auch die Macht haben, sie zu ändern.

Die Macht der Gewohnheit" bietet ein tiefes Verständnis der Funktionsweise von Gewohnheiten und einen Leitfaden, wie sie verändert werden können. Durch eine Reihe fesselnder Anekdoten, wissenschaftlicher Beobachtungen und praktischer Ratschläge macht Duhigg deutlich, dass Einzelpersonen und Organisationen durch das Verständnis, wie Gewohnheiten entstehen und wie sie funktionieren, gezielte Veränderungen vornehmen können, die sich auf jeden Aspekt des Lebens auswirken.

## Stärken und Schwächen

**Stärken**

1. Gut recherchierter Inhalt: Duhigg leistet hervorragende Arbeit bei der Zusammenführung von Forschungsergebnissen aus der Psychologie, den Neurowissenschaften und dem Organisationsverhalten. Die Akribie der Forschung verleiht den Punkten und Tipps, die er anbietet, eine zusätzliche Glaubwürdigkeit.

2. Erzählender Stil: Der erzählerische Ansatz macht das Buch nicht nur zu einer informativen, sondern auch zu einer fesselnden Lektüre. Beispiele aus dem wirklichen Leben machen komplexe psychologische und neurologische Konzepte einfacher zu verstehen.

3. Praktische Anwendung: Das Buch beschränkt sich nicht darauf, die Wissenschaft hinter den Gewohnheiten zu erklären, sondern geht noch einen Schritt weiter, indem es umsetzbare Schritte zur Änderung schlechter Gewohnheiten oder zur Bildung neuer Gewohnheiten liefert. Die "goldene Regel der Änderung von Gewohnheiten" ist ein besonders wichtiger Aspekt.

4. Umfang und Tiefe: Das Buch behandelt nicht nur persönliche Gewohnheiten, sondern dehnt die Diskussion auf die Gewohnheiten aus, die Organisationen und sogar gesellschaftliche Bewegungen antreiben. Dies ermöglicht einen mehrdimensionalen Blick auf die Rolle, die Gewohnheiten in verschiedenen Aspekten des Lebens spielen.

5. Zugängliche Sprache: Trotz der Komplexität der behandelten Themen gelingt es Duhigg, das Buch für ein Laienpublikum zugänglich zu machen, ohne die wissenschaftlichen Elemente zu verwässern.

6. Grundlegende Gewohnheiten: Das Konzept einer "Schlüsselgewohnheit", einer Gewohnheit, die zur Entwicklung anderer guter Gewohnheiten führen kann, ist eine besonders überzeugende Idee, die in diesem Buch vorgestellt wird.

**Schwächen**

1. Wiederholbarkeit: Manche Leser könnten das Buch als etwas repetitiv empfinden, vor allem wenn dieselben Konzepte in verschiedenen Zusammenhängen wiederholt werden.

2. Übermäßige Vereinfachung: Das Buch leistet zwar gute Arbeit, um komplexe Themen zugänglich zu machen, doch könnte dies manchmal an eine

zu starke Vereinfachung grenzen. Nicht alle Gewohnheiten lassen sich so einfach kategorisieren oder ändern, wie es das Buch suggeriert.

3. Mangel an Gegenargumenten: Das Buch hätte von einer ausgewogeneren Sichtweise profitieren können, indem auch erörtert worden wäre, wann und warum die "Goldene Regel" oder andere Prinzipien möglicherweise nicht funktionieren.

4. Begrenzte kulturelle Perspektive: Die Beispiele und Fallstudien sind überwiegend westlich orientiert. Ein breiteres Spektrum an Beispielen würde das Buch universaler erscheinen lassen.

5. Kommerzieller Fokus: Obwohl der Abschnitt über organisatorische und gesellschaftliche Gewohnheiten aufschlussreich ist, ist er stark auf Unternehmensbeispiele ausgerichtet und repräsentiert möglicherweise nicht vollständig die Gewohnheiten in nicht-kommerziellen oder gemeinschaftsbasierten Umgebungen.

## Fazit

"Die Macht der Gewohnheit" ist ein bahnbrechendes Werk für das Verständnis der Rolle, die Gewohnheiten in unserem Leben spielen. Trotz kleinerer Nachteile ist es aufgrund seiner Praxisnähe, Tiefe und Zugänglichkeit ein Muss für jeden, der sich für Psychologie, Organisationsverhalten oder persönliche Entwicklung interessiert. Es erklärt nicht nur, was Gewohnheiten sind, sondern gibt dem Leser auch die Mittel an die Hand, sie zu ändern.

# Die Macht Ihres Unterbewusstseins

*von Joseph Murphy*

## Überblick

"Die Macht Ihres Unterbewusstseins" von Dr. Joseph Murphy ist ein bahnbrechendes Werk, das den Leser über das ungenutzte Potenzial des Unterbewusstseins aufklären will. Das 1963 erstmals veröffentlichte Buch wurde wegen seiner einfachen Erklärung der Macht des Verstandes, das körperliche und emotionale Wohlbefinden sowie Erfolg und Wohlstand im Leben beeinflusst, viel gelesen. Murphy, ein Geistlicher und Verfechter der New Thought-Bewegung, verbindet spirituelle Weisheit, wissenschaftliche Forschung und praktische Tipps, um den Lesern zu helfen, die Kraft ihres Unterbewusstseins zu nutzen.

## Zusammenfassung

**Kernkonzepte**

1. Der duale Verstand: Murphy beschreibt, dass der Verstand in zwei Teile unterteilt ist - das Bewusstsein und das Unterbewusstsein. Während der bewusste Verstand für Logik, Denken und Entscheidungsfindung zuständig ist, steuert das Unterbewusstsein unwillkürliche Handlungen und beherbergt langfristige Erinnerungen, Überzeugungen und Gewohnheiten.

2. Die Macht der Überzeugungen: Murphy geht davon aus, dass sich die Überzeugungen des Unterbewusstseins als Realität manifestieren können. Negative Gedanken führen zu negativen Ergebnissen und umgekehrt.

3. Programmierung des Unterbewusstseins: Das Unterbewusstsein wird durch frühe Lebenserfahrungen, Kultur und soziale Normen geprägt. Allerdings kann man das Unterbewusstsein durch Wiederholung, Affirmationen und Visualisierungen umprogrammieren.

4. Das Gesetz der Anziehung: Murphy führt das Gesetz der Anziehung als ein universelles Prinzip ein, das auf die im Unterbewusstsein gespeicherten Gedanken und Überzeugungen reagiert. Im Wesentlichen ziehen Sie das an, was Sie glauben.

5. Die Rolle von Glaube und Religion: Der Autor erwähnt die Rolle von Spiritualität und religiösem Glauben bei der Programmierung des Unterbewusstseins auf Positivität, obwohl er nicht auf religiösen Praktiken besteht, um effektive Ergebnisse zu erzielen.

6. Praktische Anwendungen: Der letzte Teil des Buches enthält zahlreiche Beispiele und Übungen zur praktischen Anwendung der Theorien auf alltägliche Szenarien, einschließlich, aber nicht beschränkt auf Gesundheit, Wohlstand, Beziehungen und Karriere.

Das Buch

- erörtert die ungenutzten Ressourcen des Unterbewusstseins.
- schlüsselt die Funktionen des bewussten und des unterbewussten Verstandes auf.
- untersucht die Geschichte der geistigen Heilung und des Unterbewusstseins.
- erörtert die Schutzinstinkte und den positiven Schub des Unterbewusstseins.
- bietet spezifische Tipps zur Steuerung Ihres Unterbewusstseins.
- erörtert das Anziehen von finanziellem Wohlstand.
- erläutert den Gedanken, dass Wohlstand und Erfolg für jeden verfügbar sind.
- betrachtet wissenschaftliche Studien, die die Macht des Unterbewusstseins bestätigen.
- erörtert die Rolle von Schlaf und Träumen beim Zugang zum Unterbewusstsein.
- gibt Tipps zur Nutzung des Unterbewusstseins, um Gesundheit und Vitalität zu erhalten.

Murphy schließt mit dem Hinweis, dass die Macht, Ihr Leben zu verändern, in Ihnen selbst liegt, in den ungenutzten Ressourcen Ihres Unterbewusstseins. Wenn Sie die von Murphy dargelegten Prinzipien verstehen und anwenden, können Sie ein höheres Maß an Erfolg, Glück und Frieden in Ihrem Leben erreichen.

## Stärken und Schwächen

**Stärken**

1. Zugängliche Sprache: Eine der Hauptstärken des Buches ist Murphys zugängliche und einfache Sprache, die komplexe psychologische und spirituelle

Konzepte für Leser mit unterschiedlichem Hintergrund leicht verständlich macht.

2. Evidenzbasiert: Murphy stützt sich auf eine Reihe von wissenschaftlichen Studien, anekdotischen Beweisen und historischen Berichten, was seine Argumente noch überzeugender macht. Diese breite Basis an Beweisen spricht ein breites Publikum an, auch Skeptiker.

3. Praktische Ratschläge: Das Buch bietet umsetzbare Schritte zur Beeinflussung des eigenen Unterbewusstseins, einschließlich Affirmationen, Visualisierungen und Übungen. Das macht es zu mehr als nur einer erhellenden Lektüre; es ist ein praktischer Leitfaden für Veränderungen.

4. Breiter Umfang: Murphy behandelt eine Reihe von Themen, bei denen das Unterbewusstsein eine Rolle spielt, von finanziellem Wohlstand bis hin zu körperlicher Gesundheit, was dem Buch einen umfassenden Charakter verleiht.

5. Spirituell neutral: Obwohl Murphy ein Geistlicher war und oft auf religiöse Texte anspielt, ist das Buch so gestaltet, dass es alle einbezieht und kein religiöses Glaubenssystem voraussetzt.

6. Inspirierend: Das Buch ist sehr motivierend und ermutigt den Leser, die Kontrolle über seine Gedanken und damit auch über sein Leben zu übernehmen.

**Schwächen**

1. Überholte Forschung: Angesichts der Tatsache, dass das Buch in den 1960er Jahren veröffentlicht wurde, wirken einige der zitierten wissenschaftlichen Untersuchungen etwas veraltet. Die moderne Psychologie und die Neurowissenschaften haben sich seitdem erheblich weiterentwickelt.

2. Anekdotische Beweise: Die anekdotischen Schilderungen sind zwar überzeugend, aber nicht durchgängig reproduzierbar und empirisch nicht untermauert.

3. Überbetonung der Positivität: Murphy plädiert nachdrücklich für die Kraft des positiven Denkens, und zwar so sehr, dass es den Anschein hat, als würde er vorschlagen, dass allein positives Denken alle Probleme lösen kann. Dies mag bei denjenigen nicht gut ankommen, die an die Komplexität von situativen Faktoren, Genetik und Glück glauben.

4. Wiederholungen: Einige Leser könnten das Buch als repetitiv empfinden, da Murphy die Bedeutung des Unterbewusstseins in verschiedenen Aspekten des Lebens immer wieder betont. Dies dient zwar dazu, den Punkt zu verdeutlichen, kann aber für manche Leser abschreckend wirken.

5. Fehlen von Gegenargumenten: Das Buch konzentriert sich größtenteils auf die Vorteile und das Potenzial des Anzapfens des Unterbewusstseins, liefert aber keine Gegenargumente oder diskutiert die Grenzen seiner Theorien.

## Fazit

Insgesamt bietet "Die Macht Ihres Unterbewusstseins" wertvolle Einblicke in den Einfluss des Unterbewusstseins auf unser tägliches Leben. Seine Stärken liegen vor allem in seiner Zugänglichkeit, seinem Umfang und seinen praktischen Ratschlägen. Das Buch ist jedoch nicht ohne Schwächen, darunter die manchmal veralteten oder anekdotischen Beweise und das Fehlen einer differenzierten Diskussion über die Grenzen des positiven Denkens. Nichtsdestotrotz ist dieses Buch für alle, die sich für persönliche Entwicklung, Psychologie oder Spiritualität interessieren, eine lohnende Lektüre.

# Power: Die 48 Gesetze der Macht

*von Robert Greene*

## Überblick

Robert Greenes "Die 48 Gesetze der Macht" ist ein umfassender Leitfaden, um die komplexen und oft brutalen Regeln zu verstehen, die soziale Dynamiken, Geschäftsbeziehungen und Machtstrukturen bestimmen. Das erstmals 1998 veröffentlichte Buch zieht aus einer Vielzahl von Quellen, einschließlich historischer Ereignisse, philosophischer Lehren und dem Leben einflussreicher Persönlichkeiten, um 48 Gesetze zusammenzustellen, die auf das Erreichen und Aufrechterhalten von Macht abzielen. Hier ist eine Zusammenfassung der Schlüsselpunkte jedes Gesetzes:

## Zusammenfassung

**Die Gesetze**

1. Stelle nie den Meister in den Schatten: Sorge immer dafür, dass deine Vorgesetzten kompetent erscheinen und übertriff sie niemals in Fähigkeiten oder Erfolgen.
2. Vertraue deinen Freunden nie zu sehr – bediene dich deiner Feinde: Freunde können leicht eifersüchtig werden und sich gegen dich wenden; Feinde erwarten weniger und haben mehr zu beweisen.
3. Halte deine Absichten stets geheim: Sei vage und mehrdeutig, sodass man dich nicht durchschauen kann.
4. Sage immer weniger als nötig: Informationen sind Macht, und je weniger du preisgibst, desto mysteriöser und mächtiger erscheinst du.
5. Ohne einen guten Ruf geht nichts – schütze ihn mit allen Mitteln: Bewache deinen Ruf eifersüchtig.
6. Mache um jeden Preis auf dich aufmerksam: Geheimnisvoll zu sein macht dich interessant und attraktiv.
7. Lass andere für dich arbeiten, doch streiche immer die Anerkennung dafür ein: Delegiere Aufgaben, um Zeit und Ressourcen optimal zu nutzen.
8. Lass die anderen zu dir kommen – ködere sie, wenn es nötig ist: Wenn du etwas hast, was die Menschen brauchen, werden sie zu dir kommen und dir Macht über sie geben.

9. Taten zählen, nicht Argumente: Demonstrieren ist überzeugender als erklären.
10. Ansteckungsgefahr: Meide Unglückliche und Glücklose: Negativität und Unglück können ansteckend sein.
11. Mache Menschen von dir abhängig: Wenn Menschen dich brauchen, können sie dich nicht leicht entfernen.
12. Entwaffne dein Opfer mit gezielter Ehrlichkeit und Großzügigkeit: Ständige Ehrlichkeit und Großzügigkeit machen dich vorhersehbar und schwach.
13. Brauchst du Hilfe, appelliere an den Eigennutz: Zeige den Menschen, wie sie davon profitieren können.
14. Gib dich wie ein Freund, aber handle wie ein Spion: Lerne wichtige Informationen, indem du harmlos erscheinst.
15. Vernichte deine Feinde vollständig: Eine teilweise Eliminierung hinterlässt eine zukünftige Bedrohung.
16. Glänze durch Abwesenheit, um Respekt und Ansehen zu erhöhen: Je verfügbarer du bist, desto weniger wirst du geschätzt.
17. Versetze andere in ständige Angst: Kultiviere die Aura der Unberechenbarkeit: Unberechenbar zu sein hält die Menschen im Ungewissen.
18. Baue zu deinem Schutz keine Festung – Isolation ist gefährlich: Lasse die Menschen fühlen, dass sie dir emotional nahe sind, während du deine eigene emotionale Distanz wahrst.
19. Mache dir klar, mit wem du es zu tun hast: Kränke nicht die Falschen: Isolation macht dich schwach und verwundbar.
20. Scheue Bindungen, wo immer es geht: Verpflichte dich niemals jemandem, ohne ihn vollständig zu verstehen.
21. Spiele den Deppen, um Deppen zu überlisten: Gib dich dümmer als dein Opfer: Weniger intelligent zu erscheinen, als du bist, kann eine Stärke sein.
22. Ergebe dich zum Schein: Verwandle Schwäche in Stärke: Kapituliere, um zu gewinnen.
23. Konzentriere deine Kräfte: Setze all deine Energie auf eine wichtige Sache zu einem Zeitpunkt.
24. Spiele den perfekten Höfling: Sei unaufdringlich, anmutig und subtil einflussreich.
25. Erschaffe dich neu: Sei der Herr deines eigenen Bildes, anstatt andere dich definieren zu lassen.
26. Mache dir nicht die Finger schmutzig: Lasse andere die Drecksarbeit erledigen und bewahre dein eigenes Bild.

27. Befriedige das menschliche Bedürfnis, an etwas zu glauben, und fördere einen Kult um deine Person: Emotionale Führung ist effektiver als rationale Führung.
28. Packe Aufgaben mutig an: Das Glück bevorzugt die Kühnen.
29. Plane alles bis zum Ende: Kenne dein Endspiel, bevor du anfängst.
30. Alles muss ganz leicht aussehen: Deine Talente werden außergewöhnlicher wirken.
31. Lass andere mit den Karten spielen, die du austeilst: Die öffentliche Meinung ist wichtig. Manage sie sorgfältig.
32. Spiele mit den Träumen der Menschen: Menschen finden Flucht und Hoffnung in Träumen und Illusionen.
33. Für jeden gibt es die passende Daumenschraube: Kenne ihre Schwächen.
34. Handle wie ein König, um wie ein König behandelt zu werden: Die Art, wie du dich präsentierst, bestimmt oft, wie du behandelt wirst.
35. Meistere die Kunst des Timings: Zu wissen, wann man handeln muss, ist entscheidend.
36. Vergiss, was du nicht haben kannst: Es zu ignorieren ist die beste Rache: Sie zu ignorieren ist die beste Rache.
37. Inszeniere packende Schauspiele: Spektakuläre Aktionen fangen die Phantasie.
38. Denke, was du willst, aber verhalte dich wie die anderen: Du kannst in Gedanken abweichen, aber im Verhalten konform sein.
39. Schlage Wellen, um Fische zu fangen: Erschaffe Chaos, um die Machtverhältnisse zu stören.
40. Verschmähe das Gratisangebot: Alles, was kostenlos ist, hat einen versteckten Haken.
41. Trete nicht in die Fußstapfen eines großen Mannes: Sei ein bewegliches Ziel.
42. Erschlage den Hirten, und die Schafe zerstreuen sich: Erreiche eine Erfolgskette, indem du mehrere Schritte im Voraus planst.
43. Arbeite mit Herz und Geist der anderen: Zwang ist nicht so effektiv wie Menschen dazu zu bringen, freiwillig deinen Befehlen zu folgen.
44. Halte anderen den Spiegel vor: Spiegele deine Feinde, um sie zu verwirren.
45. Predige notwendigen Wandel, aber ändere nie zu viel auf einmal: Veränderungen müssen schrittweise erfolgen, um akzeptiert zu werden.
46. Sei nie zu perfekt: Der Anschein von Perfektion erzeugt Neid und Feinde.

47. Schieße nie über das Ziel hinaus: Der Sieg ist der Zeitpunkt zum Aufhören: Wisse, wann du aufhören musst zu drängen.
48. Strebe nach Formlosigkeit: Sei anpassungsfähig und formlos wie Wasser.

**Die Interpretation**

Jedes Gesetz wird mit historischen Beispielen und analytischen Kommentaren erläutert. Greene beschreibt, wie und wann jedes Gesetz angewendet werden soll, seine Umkehrungen und wann es nicht verwendet werden sollte. Das Buch ist so strukturiert, dass jedes Gesetz für sich steht, was es zu einem leicht zu verwendenden Referenzführer für verschiedene Situationen macht.

## Stärken und Schwächen

**Stärken**

1. Sehr umfassend: Greenes Buch deckt ein breites Spektrum an Themen im Zusammenhang mit Machtdynamik ab, wobei jedes Thema durch sein eigenes "Gesetz" erforscht wird. Dieser umfassende Ansatz gibt den Lesern ein Instrumentarium an die Hand, mit dem sie Macht in einer Vielzahl von Situationen verstehen und nutzen können.

2. Historischer Kontext: Das Buch ist voller historischer Anekdoten, die als herausragende Fallstudien für jedes Gesetz dienen. Diese Geschichten veranschaulichen nicht nur das jeweilige Prinzip, sondern bieten auch lehrreiche Einblicke in verschiedene Epochen und Persönlichkeiten der Geschichte.

3. Psychologische Einblicke: Das Buch bietet eine Fülle von psychologischen Perspektiven und Strategien zum Verständnis menschlichen Verhaltens, was es nicht nur für Machtspiele, sondern auch für die Bewältigung täglicher Interaktionen relevant macht.

4. Schreibstil: Greenes Schreibstil ist fesselnd, und er hat die Fähigkeit, komplexe Ideen in eine verständliche Sprache zu bringen, ohne dabei die Feinheiten zu vernachlässigen.

5. Eigenständige Kapitel: Die Struktur ermöglicht es, dass jedes Gesetz für sich steht und der Leser von einem Gesetz zum anderen springen kann, ohne den Kontext oder das Verständnis zu verlieren.

**Schwächen**

1. Moralische Zweideutigkeit: Einer der Hauptkritikpunkte an diesem Buch ist der machiavellistische Ansatz in Bezug auf Macht. Einige Leser könnten die Ratschläge als ethisch fragwürdig empfinden oder mit ihrem moralischen Kompass in Konflikt geraten. Das Buch dient im Wesentlichen als amoralischer Ratgeber, was nicht jedem gefallen dürfte.

2. Länge und Redundanz: Die schiere Anzahl der Gesetze und die Ausführlichkeit können das Buch langatmig und bisweilen redundant erscheinen lassen. Nicht alle Gesetze werden in jeder Situation anwendbar sein, und einige scheinen sich zu überschneiden.

3. Überbetonung der Manipulation: Das Verständnis von Manipulation ist zwar der Schlüssel zum Erlangen von Macht, aber einige Leser haben das Buch dafür kritisiert, dass es sich zu sehr auf manipulative Taktiken auf Kosten anderer, eher kooperativer Strategien konzentriert.

4. Fehlen von Gegenargumenten: Greene stellt jedes Gesetz so dar, als sei es eine universell anwendbare Regel zur Erlangung von Macht, ohne immer auf seine Grenzen oder die möglichen Auswirkungen einzugehen.

5. Potenzial für Missbrauch: Die Strategien des Buches könnten für schändliche Zwecke verwendet werden. Es kann zwar als Leitfaden für das Verständnis der Machtdynamik dienen, aber es besteht auch die Gefahr, dass es auf schädliche oder manipulative Weise verwendet wird.

6. Mangel an empirischen Daten: Das Buch stützt sich in hohem Maße auf historische und anekdotische Belege, ohne dass seine Behauptungen durch empirische Forschung gestützt werden.

| Fazit |
| --- |

"Die 48 Gesetze der Macht" dient als umfassender Leitfaden für das Verständnis der nuancierten und komplexen Regeln, die die Machtdynamik bestimmen. Seine Stärken liegen in seiner historischen Breite, praktischen Anwendung und psychologischen Tiefe. Dennoch ist es kein Buch für jedermann. Seine machiavellistischen Untertöne und sein Schwerpunkt auf Manipulation könnten einige Leser abschrecken, und seine Länge und Komplexität könnten andere überfordern. Man sollte sich darüber im Klaren sein, dass, wenn dieses Buch in die falschen Hände gerät, es zu unethischen Zwecken ausgenutzt werden und ernsthaften Schaden anrichten kann. Doch für diejenigen, die sich für die Mechanik der Macht interessieren, ist es eine nützliche Quelle.

# Perfekt! Der überlegene Weg zum Erfolg

*von Robert Greene*

| Überblick |
|---|

"Perfekt! Der überlegene Weg zum Erfolg" von Robert Greene ist ein umfassender Leitfaden, der das Konzept der wahren Meisterschaft und den Weg zu deren Erreichung erforscht. Das Buch verwendet historische Persönlichkeiten, zeitgenössische Führungspersönlichkeiten und Fallstudien, um die Schlüsselelemente der Meisterschaft in jeder Fähigkeit, jedem Beruf oder jeder Kunstform zu veranschaulichen. Greene argumentiert, dass Meisterschaft nicht das Ergebnis bloßen Talents ist, sondern ein langer Prozess, den jeder beginnen und abschließen kann.

| Zusammenfassung |
|---|

**Entdecke deine Lebensaufgabe**

Greene betont die Wichtigkeit, seine Leidenschaft oder "Lebensaufgabe" als ersten Schritt zur Meisterschaft zu finden. Diese Leidenschaft ist oft das Ergebnis der Wechselwirkung zwischen den natürlichen Neigungen und Talenten des Individuums und der Außenwelt. Hat man seine Lebensaufgabe entdeckt, sollte man sich darauf konzentrieren und alles Mögliche tun, um sie weiterzuentwickeln.

**Die Anfangsphase: Lehre**

Greene beginnt mit der Betonung der Wichtigkeit der Lehrphase, die er in drei kritische Teile gliedert: den Passiven Modus, den Übungsmodus und den Aktiven Modus.

1. Passiver Modus: In dieser Phase beobachtet und absorbiert der Lehrling Informationen, um das grundlegende Wissen und die Grundlagen des gewählten Feldes zu erlangen.

2. Übungsmodus: Hier wendet der Lehrling das Beobachtete an und übt kontinuierlich, um seine Fähigkeiten zu verbessern.

3. Aktiver Modus: In dieser Phase müssen Lehrlinge sich selbst herausfordern, ihr Wissen und ihre Fähigkeiten in verschiedenen realen Situationen anzuwenden.

**Die fünf Strategien der Meisterschaft**

Greene identifiziert fünf wesentliche Strategien, die einem helfen, von der Lehrphase zur Meisterschaft überzugehen:

1. Lernen ist wichtiger als Geld: Priorisiere Rollen und Positionen, die die größten Möglichkeiten für Lernen und Wachstum bieten, über sofortige finanzielle Belohnungen.

2. Kultiviere soziale Intelligenz: Meisterschaft geht nicht nur um technisches Know-how; es geht auch darum, die sozialen Dynamiken innerhalb deines Feldes zu verstehen und effektiv zu navigieren.

3. Entdecke deine Lebensaufgabe: Deine Lebensberufung zu identifizieren und dich darauf zu konzentrieren, führt schneller zur Meisterschaft.

4. Strategien zur höheren Form der Intelligenz: Greene erklärt, dass wahre Meisterschaft eine höhere Form der Intelligenz erfordert, die kreativ, intuitiv ist und sich schnell an Veränderungen anpassen kann. Sie erfordert kontinuierliches Lernen und Flexibilität.

5. Begib dich auf eine Reise der Selbstentdeckung: Indem du deine einzigartigen Erfahrungen, Talente und Fähigkeiten erkennst, kannst du einen individuellen Weg zur Meisterschaft schaffen, der zu deiner Individualität passt.

**Die drei Phasen der Meisterschaft**

1. Beobachtung: Die Anfangsphase erfordert aktive Beobachtung und Forschung, um die Feinheiten deines gewählten Feldes zu verstehen.

2. Übung: Die zweite Phase beinhaltet 10.000 Stunden Übung, wie von Forschern vorgeschlagen. Greene argumentiert, dass es nicht nur um die Stunden geht, sondern auch um intelligentes Üben.

3. Kreative Meisterschaft: Die letzte Phase ist die Verbindung von Wissen, Erfahrung und Übung, die es dir ermöglicht, so versiert in deinem Bereich zu werden, dass du etwas völlig Neues oder Bahnbrechendes beitragen kannst.

**Historische und zeitgenössische Beispiele**

Im gesamten Buch verwendet Greene verschiedene historische Figuren, um diese Schritte und Strategien zu veranschaulichen. Von Leonardo da Vinci über Mozart bis hin zu Albert Einstein und modernen Meistern in verschiedenen Bereichen taucht er in ihr Leben ein, um die gemeinsamen Muster zu beleuchten, die sie zur Meisterschaft führten.

Insgesamt handelt das Buch von einem transformativen Prozess, der eine tiefe Verbindung zu deinem Bereich beinhaltet und Jahre des Fokus, der Übung und der Selbsterforschung erfordert. Greenes ultimative Botschaft ist, dass Meisterschaft für jeden zugänglich ist, der bereit ist, die Zeit, Disziplin und strategische Arbeit zu investieren, die erforderlich sind. Es ist kein leichter Weg, aber es ist ein lohnender, der nicht nur zum Erfolg führt, sondern auch zu einem tieferen Verständnis von sich selbst und der Welt.

## Stärken und Schwächen

**Stärken**

1. Umfassende Abdeckung: Eine der bedeutendsten Stärken des Buches ist die tiefgehende Erforschung des Themas. Greene führt den Leser detailliert durch den Prozess der Meisterschaft, was es zu einem Leitfaden für alle macht, die ernsthaft in ihrem Bereich hervorragen wollen.

2. Beispiele aus dem realen Leben: Die Verwendung historischer Persönlichkeiten und zeitgenössischer Führungskräfte zur Veranschaulichung von Punkten verleiht den Argumenten des Buches Glaubwürdigkeit und Tiefe. Von Leonardo da Vinci bis Albert Einstein dienen diese Beispiele als praktische Fallstudien.

3. Umsetzbare Erkenntnisse: Das Buch ist nicht nur theoretisch; es bietet umsetzbare Schritte und Strategien, die in der realen Welt angewendet werden können. Der Abschnitt über die Lehrphase und die fünf Strategien zur Meisterschaft sind besonders nützlich.

4. Psychologische Tiefe: Greene geht auf die Psychologie hinter der Meisterschaft ein. Er konzentriert sich auf die Bedeutung von emotionaler Intelligenz, sozialem Bewusstsein und den mentalen Veränderungen, die notwendig sind, um von Anfänger zu Meister zu werden.

5. Zugänglichkeit: Trotz des komplexen Themas ist das Buch in einer zugänglichen Weise geschrieben, was es jedem leicht macht, sich mit dem Material zu beschäftigen und es auf sein Leben anzuwenden.

6. Inspirierend: Das Buch dient als mächtiges Motivationswerkzeug. Der Leser kann nicht anders, als sich inspiriert zu fühlen, sich mit neuer Energie seinem gewählten Weg zu widmen.

7. Gut strukturiert: Das Buch ist logisch aufgebaut, was es leicht macht, der Entwicklung von den Grundlagen zu den komplexeren Strategien und Phasen der Meisterschaft zu folgen.

**Schwächen**

1. Länge und Komplexität: Während die umfassende Natur des Buches eine Stärke ist, kann sie auch eine Schwäche für Leser sein, die eine schnelle Lektüre suchen. Das Buch erfordert Zeit und Konzentration.

2. Nicht für jeden: Die Strategien und Vorschläge sind möglicherweise nicht universell anwendbar. Für Menschen, die am Anfang ihrer Karriere stehen oder die eine schnelle Veränderung anstreben, können einige der langfristigen Ratschläge entmutigend oder irrelevant erscheinen.

3. Überbetonung des individuellen Einsatzes: Das Buch neigt dazu, systemische Herausforderungen oder Hindernisse zu übersehen, die jemanden daran hindern könnten, den Weg zur Meisterschaft zu verfolgen, wie soziale und wirtschaftliche Faktoren.

4. Wiederholungen: Einige Leser könnten das Buch aufgrund seiner Wiederholungen in verschiedenen Abschnitten als repetitiv empfinden.

5. Begrenzte Vielfalt der Fallstudien: Während das Buch eine Reihe von Beispielen bietet, stützt es sich stark auf bekannte historische Figuren, hauptsächlich aus westlichen Kulturen. Eine vielfältigere Auswahl an Fallstudien hätte das Buch universeller gemacht.

| **Fazit** |
|---|

"Perfekt! Der überlegene Weg zum Erfolg" von Robert Greene ist eine fesselnde Lektüre, die tiefe Einblicke in die Kunst und Wissenschaft der Meisterschaft bietet. Es ist eine wertvolle Ressource für diejenigen, die ernsthaft an ihrer persönlichen und beruflichen Entwicklung interessiert sind und sowohl theoretisches als auch praktisches Wissen bieten. Es könnte jedoch nicht diejenigen ansprechen, die eine schnelle und einfache Anleitung suchen oder die durch systemische Barrieren eingeschränkt sind. Insgesamt dient es als umfassendes Handbuch für Meisterschaft, mit einigen Vorbehalten.

# Der tägliche Stoiker:
# 366 nachdenkliche Betrachtungen über Weisheit, Beharrlichkeit und Lebensstil

*von Ryan Holiday und Stephen Hanselman*

| Überblick |
|---|

"Der tägliche Stoiker" ist eine Sammlung stoischer Philosophiestücke, zusammengestellt von Ryan Holiday und Stephen Hanselman. Strukturiert als täglicher Leitfaden, präsentiert das Buch 366 Passagen aus den Werken stoischer Philosophen wie Marcus Aurelius, Epiktet und Seneca, gefolgt von einer Analyse oder Anwendung für das moderne Leben. Die Betrachtungen sind unter zwölf Themen gruppiert, eines für jeden Monat, und behandeln Themen wie Selbstbewusstsein, Problemlösung, Achtsamkeit und emotionale Belastbarkeit. Jede Betrachtung ist nicht nur ein Stück antiker Weisheit, sondern auch mit moderner Interpretation bereichert, was die stoischen Lehren sehr relevant und zugänglich macht. Das Buch dient sowohl als umfassende Einführung als auch als praktischer Leitfaden zur stoischen Philosophie. Es ist so konzipiert, dass es Tag für Tag konsumiert wird, was ein langsames und beständiges Eintauchen in stoische Praktiken ermöglicht.

| Zusammenfassung |
|---|

**Kernthemen**

1. Selbstkontrolle und Emotionsmanagement: Ein zentrales Thema des Buches ist die Bedeutung der Selbstkontrolle. Die stoische Philosophie lehrt uns, uns auf das zu konzentrieren, was wir kontrollieren können - normalerweise unsere eigenen Handlungen, Worte und Emotionen - und den Rest loszulassen.

2. Tugendhaftigkeit und Charakter: Ein weiteres wiederkehrendes Thema ist die Idee, dass Tugend oder tugendhaftes Verhalten der höchste Wert im Leben ist. Holiday betont die Bedeutung von Integrität, Ehrlichkeit und Demut als grundlegende Tugenden.

3. Der Wert der Zeit: Die Stoiker betonen die flüchtige Natur der Zeit und die Wichtigkeit, jeden Moment weise zu nutzen. Das Buch enthält viele

Ratschläge zum effizienten Zeitmanagement und zur Priorisierung von Aufgaben.

4. Akzeptanz und Amor Fati: Eines der stärksten stoischen Prinzipien ist die Akzeptanz dessen, was ist. Dies wird oft durch den Begriff "amor fati" oder Liebe zum Schicksal ausgedrückt. Die Idee ist, selbst in den schwierigsten Umständen Möglichkeiten für Wachstum und Lernen zu finden.

5. Soziale Beziehungen: Der Stoizismus lehrt nicht nur Selbstzentriertheit; es gibt auch viele Lehren über die Bedeutung von Gemeinschaft, Freundschaft und sozialer Verantwortung.

6. Memento Mori: Ein weiteres Schlüsselkonzept ist, sich an die eigene Sterblichkeit zu erinnern, als Mittel, um den Geist zu fokussieren und das zu priorisieren, was im Leben wirklich wichtig ist.

**Wesentliche Punkte**

- Die Disziplin der Wahrnehmung

Das Buch beginnt mit einer Herausforderung unserer Perspektive und unserer Sicht auf die Welt. Es fordert uns auf, die Narrative, die wir uns selbst erzählen, und wie diese Narrative unser Handeln bestimmen, zu überprüfen.

- Die Kategorie des Handelns

Dieser Punkt konzentriert sich darauf, wie stoische Prinzipien in unserem Handeln angewendet werden können. Es betont die Wichtigkeit von Pflicht, Verantwortung und dem Konzept, dass wir das sind, was wir wiederholt tun.

- Die Disziplin des Willens

Behandelt das stoische Prinzip, das zu akzeptieren, was wir nicht ändern können, während wir uns auf das konzentrieren, was wir können. Es fördert die Akzeptanz der Unsicherheiten des Lebens.

- Selbstbewusstsein

Lädt die Leser ein, sich selbst besser kennenzulernen. Die Betrachtungen des Monats helfen, unsere eigenen Grenzen, Vorurteile und emotionalen Auslöser zu analysieren.

- Objektivität

Lehrt die Praxis, Dinge so zu sehen, wie sie sind, und nicht, wie wir sie gerne hätten. Es betont die Entfernung von Urteilen in unseren Beobachtungen.

- Rationalität

Spricht über die Bedeutung von Logik und Vernunft bei der Entscheidungsfindung und befürwortet ein von der Vernunft und nicht von Emotionen beherrschtes Leben.

- Tugend und Güte

Diskutiert die stoischen Ideale der moralischen Tugend und Güte als wesentliches menschliches Merkmal.

- Die Kunst, Weisheit zu erlangen

Konzentriert sich auf die kontinuierliche Reise des Lernens, der Weisheitsgewinnung und die Wichtigkeit der Mentorschaft.

- Mut und Standhaftigkeit

Betrachtet den stoischen Ansatz zu Herausforderungen und Schwierigkeiten. Es bietet Einblicke, wie Mut ein Nebenprodukt eines gut gelebten Lebens ist.

- Selbstvertrauen

Erforscht, wie ein Stoiker Selbstvertrauen aufbaut, nicht durch externe Validierung, sondern durch eine Erfolgsgeschichte von Integrität und Handlungen, die mit Prinzipien übereinstimmen.

- Mäßigung und Einfachheit

Behandelt die stoische Sicht auf Einfachheit und Mäßigung als Wege zu einem erfüllten Leben.

- Reflexion und Überprüfung

Dieser Punkt dient als Zeit für Reflexion über das vergangene Jahr und wie die stoischen Prinzipien angewendet wurden oder besser umgesetzt werden könnten.

## Stärken und Schwächen

**Stärken**

1. Zugänglichkeit: Die Autoren haben hervorragende Arbeit geleistet, um die stoische Philosophie dem modernen Leser zugänglich zu machen. Jede Betrachtung ist kurz und prägnant, was es leicht macht, die Praxis in einen beschäftigten Lebensstil zu integrieren.

2. Umfassender Umfang: Das Buch behandelt eine breite Palette von Themen, von Selbstbewusstsein bis Mut, und gibt den Lesern einen gut abgerundeten Einblick in die stoischen Lehren.

3. Relevanz: Die realen Beispiele und modernen Interpretationen, die jedem antiken Text folgen, machen das Buch besonders relevant für zeitgenössische Themen.

4. Struktur: Die 12 Themen, die das Buch unterteilen, erleichtern es, sich auf verschiedene Aspekte des Lebens zu konzentrieren oder ein Thema zu finden, das aktuell mit dem Leser resoniert.

5. Praktische Ratschläge: Die meisten Betrachtungen enden mit praktischen Tipps, die die Leser dazu ermutigen, die Lehren in ihrem täglichen Leben umzusetzen, was es zu mehr als nur einem Buch zum Lesen, sondern zu einem Leitfaden zum Leben macht.

6. Inklusivität: Indem eine Vielzahl stoischer Philosophen einbezogen wird und nicht nur auf die bekannten wie Seneca oder Marcus Aurelius fokussiert wird, bietet das Buch einen umfassenderen Blick auf die stoische Denkschule.

7. Qualität der Schrift: Die Sprache ist klar, prägnant und fesselnd. Sie verkompliziert die Lehren nicht, sondern vereinfacht sie für das alltägliche Verständnis.

8. Zeitloser Inhalt: Das Buch ist so konzipiert, dass es Jahr für Jahr gelesen werden kann, und sein Inhalt bleibt unabhängig von Veränderungen in den äußeren Umständen anwendbar.

**Schwächen**

1. Wiederholungen: Aufgrund des täglichen Formats und der Natur der stoischen Philosophie selbst könnten einige Leser bestimmte Themen oder Ideen als wiederholend empfinden.

2. Mangelnde Tiefe: Jede Betrachtung ist kurz, und obwohl das die Zugänglichkeit fördert, bietet es möglicherweise nicht genug Tiefe für diejenigen, die tief in die stoische Philosophie eintauchen wollen.

3. Keine eigenständige Ressource: Für diejenigen, die völlig unvertraut mit dem Stoizismus sind, könnte das Buch besser als ergänzender Text denn als Einführung in die Philosophie dienen.

4. Potenzial für Überforderung: Mit 366 Betrachtungen könnten sich einige Leser von der Menge an Inhalten und dem Engagement für tägliches Lesen und Reflektieren überwältigt fühlen.

5. Keine Diskussion über Kritik am Stoizismus: Das Buch geht nicht auf Kritik oder Einschränkungen der stoischen Philosophie ein und stellt sie als eine Lösung dar, die für alle passt, was jedoch nicht für jeden der Fall sein könnte.

## Fazit

"Der tägliche Stoiker" bietet einen zugänglichen und praktischen Leitfaden zur stoischen Philosophie mit einem modernen Dreh. Obwohl es strukturiert und umfassend ist, richtet sich das Buch möglicherweise nicht an diejenigen, die eine vertiefte akademische Studie des Stoizismus suchen. Für jeden, der in die stoische Philosophie eintauchen oder handlungsorientierte Weisheit für das tägliche Leben suchen möchte, ist dieses Buch jedoch eine unschätzbare Ressource. Insgesamt gelingt es dem Buch, das historische und philosophische Wesen des Stoizismus mit zeitgenössischer Relevanz und Anwendbarkeit auszugleichen.

# Dein Hindernis ist Dein Weg:
# Mit der Weisheit der alten Stoiker Schwierigkeiten in Chancen verwandeln

*von Ryan Holiday*

## Überblick

"Dein Hindernis ist Dein Weg" von Ryan Holiday ist ein Selbsthilfebuch, das in der stoischen Philosophie verwurzelt ist. Es zielt darauf ab, dem Leser beizubringen, wie man Lebenshindernisse in Sprungbretter für Wachstum und Erfolg umwandeln kann. Holiday teilt das Buch in drei Hauptteile ein, die jeweils mit einer der Kernkomponenten des Stoizismus übereinstimmen: Wahrnehmung, Handlung und Wille.

## Zusammenfassung

**Teil 1: Wahrnehmung**

In diesem Abschnitt führt Holiday das Konzept der Wahrnehmung ein und wie sie eine entscheidende Rolle dabei spielt, wie wir mit Herausforderungen umgehen. Der Autor argumentiert, dass ein Hindernis erst dann zu einem Problem wird, wenn wir es als solches wahrnehmen. Indem wir unsere Perspektive ändern, können wir Widrigkeiten als Gelegenheit für Wachstum statt als Rückschlag sehen.

1. Objektives Urteil: Holiday rät uns, objektiv und emotionslos zu bleiben, wenn wir eine Situation bewerten. Objektivität ermöglicht es uns, das Hindernis so zu sehen, wie es ist, ohne jeglichen emotionalen Ballast, der unsere Sicht verzerren könnte.

2. Perspektivenwechsel: Das Buch bietet Beispiele, wie Rockefeller, der während einer Finanzkrise ruhig blieb, um zu zeigen, dass ein Perspektivenwechsel ein Problem in eine Gelegenheit verwandeln kann.

3. Konzentration auf das Kontrollierbare: Inspiriert von der stoischen Praxis der Dichotomie der Kontrolle, betont Holiday, dass wir unsere Energie nur auf Dinge richten sollten, die wir kontrollieren können.

**Teil 2: Handeln**

Dieser Abschnitt behandelt die Wichtigkeit, kalkulierte, konsequente Handlungen zu ergreifen, um Hindernisse zu überwinden.

1. Die Disziplin des Handelns: Holiday stellt fest, dass, sobald wir ein Hindernis objektiv wahrgenommen haben, der nächste Schritt das Handeln ist. Er hebt die Bedeutung von diszipliniertem, fokussiertem Handeln anstelle von Reaktion hervor.

2. Iterieren: Angelehnt an die Tech-Industrie, ermutigt Holiday den Leser zum Iterieren – klein anfangen, scheitern, lernen und wieder versuchen, bis man die Formel findet, die funktioniert.

3. Dem Prozess folgen: Holiday betont die Bedeutung, einen Prozess zu haben und ihm zu folgen, unabhängig von sofortigen Ergebnissen. Dies basiert auf der stoischen Idee, dass nicht Ereignisse, sondern unsere Urteile darüber uns beunruhigen.

**Teil 3: Wille**

Der letzte Teil des Buches konzentriert sich auf die Entwicklung eines starken Willens, den Holiday als die innere Stärke betrachtet, um mit allem, was das Leben auf uns wirft, umzugehen.

1. Resilienz aufbauen: Dieser Abschnitt lehrt, wie man durch Beispiele historischer Persönlichkeiten, die große Widrigkeiten ertragen, aber stärker herausgekommen sind, Resilienz aufbaut.

2. Antizipation (oder Vorwegnahme) zukünftiger Hindernisse: Angelehnt an Senecas Schriften, diskutiert Holiday die stoische Praxis der negativen Visualisierung, die uns mental auf zukünftige Herausforderungen vorbereitet.

3. Die Kunst der Akzeptanz: Manchmal sind Hindernisse zu groß, um überwunden zu werden. In solchen Fällen rät Holiday uns, das, was wir nicht ändern können, zu akzeptieren und unsere Hindernisse in Vorteile umzuwandeln, so wie Thomas Edison es tat, nachdem sein Labor abgebrannt war.

Holiday schließt das Buch ab, indem er die zyklische Beziehung zwischen Wahrnehmung, Handlung und Wille betont. Die Beherrschung dieser drei Disziplinen bietet einen praktischen Rahmen, um Hindernisse in Gelegenheiten umzuwandeln. Er argumentiert, dass es nicht nur darum geht, Hindernisse zu überwinden, sondern sie als Weg zu nutzen, um Stoizismus zu praktizieren und im Prozess widerstandsfähiger, weiser und tugendhafter zu werden.

## Stärken und Schwächen

**Stärken**

1. Umsetzbare Ratschläge: Eine der größten Stärken des Buches ist, dass es umsetzbare, schrittweise Ratschläge bietet, wie man mit Hindernissen umgeht. Es präsentiert nicht nur Theorien, sondern verknüpft diese mit Handlungen, was für diejenigen enorm nützlich sein kann, die es schwierig finden, Philosophie in die Praxis umzusetzen.

2. Historischer Kontext: Das Buch ist reich an historischen Anekdoten und Beispielen, von John D. Rockefeller bis Amelia Earhart, was komplexe Konzepte leichter verständlich und relatable macht. Dieser erzählerische Ansatz macht das Buch auch fesselnder.

3. Einfache Sprache: Ryan Holiday verwendet eine einfache Sprache, die leicht zu verstehen ist, und macht damit die stoische Philosophie für jeden zugänglich, auch für diejenigen, die keine Erfahrung in Philosophie haben.

4. Gut strukturiert: Die Einteilung in Wahrnehmung, Handlung und Wille ermöglicht einen sehr strukturierten Ansatz zur Bewältigung von Hindernissen. Das Buch baut sequenziell auf, indem es lehrt, wie man sein Hindernis betrachtet, welche Handlung man ergreifen sollte und wie man seinen Willen stärkt.

5. Anwendungen in der realen Welt: Holidays Interpretation der stoischen Philosophie ist modern und relevant, was es einfach macht, diese alten Lehren auf heutige reale Probleme anzuwenden.

6. Breite Anziehungskraft: Das Buch spricht eine Reihe von Zielgruppen an, von Geschäftsleuten, die mit organisatorischen Herausforderungen zu tun haben, bis hin zu Einzelpersonen, die persönliche Rückschläge erleben. Die Prinzipien können universell angewendet werden, was das Buch breit ansprechend macht.

**Schwächen**

1. Mangelnde Tiefe in der philosophischen Diskussion: Für diejenigen, die sich gut mit Stoizismus oder Philosophie auskennen, könnte das Buch etwas oberflächlich wirken. Holiday hat das Buch als praktischen Leitfaden

konzipiert, was wenig Raum für eine tiefgehende Auseinandersetzung mit der stoischen Philosophie lässt.

2. Tempo: Das Buch bewegt sich schnell von einer Idee zur nächsten, was für einige eine Stärke, für andere, die lieber jedes Konzept gründlich durchdringen möchten, jedoch eine Schwäche sein kann.

3. Redundanz: Einige Leser könnten das Buch etwas repetitiv finden, besonders wenn sie bereits mit den Grundprinzipien des Stoizismus vertraut sind.

4. Potenzial für Fehlinterpretation: Da das Buch auf Anwendungen in der realen Welt basiert, könnten einige die stoischen Prinzipien als bloße Selbsthilfestrategien missinterpretieren und die tieferen ethischen und philosophischen Implikationen übersehen.

5. Kulturelle Begrenztheit der Beispiele: Während die historischen und modernen Beispiele die Punkte lebendig machen, stützt sich das Buch stark auf die Errungenschaften bekannter, meist westlicher Figuren. Die Einbeziehung einer vielfältigeren Auswahl an Beispielen hätte das Buch bereichern können.

## Fazit

Insgesamt ist "Dein Hindernis ist Dein Weg" ein höchst praktischer und zugänglicher Leitfaden für jeden, der stoische Prinzipien anwenden möchte, um die Herausforderungen des Lebens zu überwinden. Obwohl es für Leser, die eine intensive Studie des Stoizismus suchen, an Tiefe fehlen mag, zeichnet es sich durch umsetzbare Ratschläge, historischen Kontext und einen strukturierten Ansatz aus, der sofort angewendet werden kann, um das eigene Leben zu verbessern.

# Dein Ego ist dein Feind:
# So besiegst du deinen größten Gegner

*von Ryan Holiday*

## Überblick

"Dein Ego ist dein Feind" ist ein philosophisches Werk von Ryan Holiday, das auf der stoischen Philosophie, historischen Beispielen und persönlichen Anekdoten basiert. Das Buch befasst sich mit dem Konzept, dass unser eigenes Ego - unser Selbstwertgefühl und unsere Selbstherrlichkeit - unser größtes Hindernis für den Erfolg sein kann. Holiday unterteilt das Buch in drei Abschnitte, die jeweils einer Phase im Leben entsprechen: Aufstieg, Erfolg und Scheitern.

## Zusammenfassung

**1. Aufstieg**

• Weniger reden, mehr tun: Holiday betont, wie wichtig es ist, zu schweigen, zu beobachten und zu lernen, anstatt mit seinen Ambitionen zu prahlen. Die Menschen sollten ihre Taten für sich selbst sprechen lassen.

• Werden Sie ein Student: Um bescheiden zu bleiben, muss man immer ein Schüler sein. Man sollte immer lernen und die Unermesslichkeit dessen, was man nicht weiß, anerkennen.

• Seien Sie nicht leidenschaftlich, sondern zielstrebig: Blinde Leidenschaft kann mehr schaden als nützen. Das Wesentliche sind Sinn und Verstand.

• Bleibe Sie geerdet: Auch wenn Sie ein wenig Erfolg haben, vermeiden Sie es, ein Gefühl der Verliebtheit zu entwickeln. Erinnern Sie sich an Ihre Wurzeln und bleiben Sie geerdet.

**2. Erfolg**

• Lernen Sie weiter: Auch wenn man erfolgreich ist, sollte man die Mentalität eines ewigen Schülers beibehalten.

• Vermeiden Sie die Ich-Krankheit: Wenn man Erfolg hat, besteht die Gefahr, dass man egozentrisch wird und glaubt, allein für seine Leistungen verantwortlich zu sein. Erkennen Sie die Beiträge anderer und die Rolle des Glücks an.

• Bleiben Sie nüchtern: Genauso wie Misserfolge uns nicht erdrücken sollten, sollte auch der Erfolg unser Ego nicht aufblähen. Es ist wichtig, nüchtern zu bleiben und sich nicht am Erfolg zu berauschen.

### 3. Scheitern

• Immer lieben: Nutzen Sie Misserfolge als Chance, um zu lernen und zu wachsen. Lieben Sie den Weg und den Prozess, und nehmen Sie Misserfolge nicht persönlich.

• Hüten Sie sich vor der Gefahr des Stolzes: Lassen Sie sich durch frühe Erfolge nicht zur Selbstzufriedenheit verleiten. Es gibt immer mehr zu lernen und zu erreichen.

• Finden Sie ein Ziel, das über Sie selbst hinausgeht: Richten Sie Ihre Bemühungen auf ein Ziel aus, das größer ist als Ihre persönlichen Erfolge. Das sorgt für Perspektive und Demut.

• Führen Sie Ihre eigene Scorecard: Beurteilen Sie sich nicht nach den Maßstäben anderer. Kennen Sie Ihre Werte und beurteilen Sie Ihre Handlungen auf der Grundlage dieser Werte.

Im Laufe des Buches bringt Holiday Geschichten von historischen Persönlichkeiten ein, um diese Lektionen zu illustrieren. Er verweist auf Persönlichkeiten wie Howard Hughes, Dschingis Khan und Bill Belichick, um zu zeigen, wie das Ego entweder ein Hindernis war oder wie Demut zu Größe führen kann.

Die Hauptaussage von Holiday ist, dass ein unkontrolliertes Ego Lernen und Wachstum behindert. Es führt zu einem Wahn der Selbstherrlichkeit und macht uns anfällig für die Launen der äußeren Bestätigung. Wenn wir unser Ego im Zaum halten, können wir ein zielgerichtetes, konzentriertes und sinnvolles Leben führen.

## Stärken und Schwächen

### Stärken

1. Vielfältige Beispiele: Eine der größten Stärken des Buches ist die große Bandbreite an historischen und aktuellen Beispielen. Von antiken Persönlichkeiten wie Marcus Aurelius bis hin zu modernen Persönlichkeiten wie

Howard Hughes und Steve Jobs liefert Holiday vielfältige Beispiele dafür, wie das Ego den Fortschritt entweder fördern oder behindern kann.

2. Praktische Ratschläge: Das Buch ist nicht nur theoretisch. Holiday bietet umsetzbare Ratschläge und Strategien, um das eigene Ego in Schach zu halten, was es zu einem praktischen Leitfaden für die Selbstverbesserung macht.

3. Gut strukturiert: Die Einteilung des Buches in die Phasen "Aufstieg", "Erfolg" und "Scheitern" bietet einen umfassenden Fahrplan für die menschliche Reise. Diese Struktur macht es den Lesern leichter, den Inhalt zu identifizieren und sich auf ihre aktuelle Lebensphase zu beziehen.

4. Fesselnder Schreibstil: Der Schreibstil von Holiday ist klar und fesselnd. Er schafft es, tiefgründige philosophische Konzepte auf eine zugängliche Art und Weise zu präsentieren, ohne deren Essenz zu verwässern.

5. Betonung des kontinuierlichen Lernens: Das immer wiederkehrende Thema, unabhängig von den eigenen Erfolgen ein ständiger Schüler zu bleiben, ist eine wertvolle Lektion in Demut und Wachstum.

**Schwächen**

1. Wiederholbarkeit: Einige Leser könnten bestimmte Abschnitte des Buches als repetitiv empfinden, insbesondere dort, wo die Gefahren des Egos betont werden. Während die Wiederholungen für einige von Vorteil sein können, könnten sie von anderen als Redundanz empfunden werden.

2. Vereinfachung komplexer Figuren: Bei dem Versuch, historische Persönlichkeiten als Beispiele zu verwenden, wird ihr Leben manchmal zu sehr vereinfacht. Das Leben eines Menschen mit all seiner Komplexität kann nicht allein auf die Bewältigung (oder Missbewältigung) seines Egos zurückgeführt werden.

3. Potenzial für Fehlinterpretationen: Obwohl die Botschaft des Buches von der Schädlichkeit eines unkontrollierten Egos handelt, könnten manche es fälschlicherweise als einen Ratschlag zur völligen Selbstverleugnung oder zum Mangel an Selbstvertrauen interpretieren.

4. Nicht universell vermittelbar: Einige Beispiele und Anekdoten, vor allem aus dem Bereich der Wirtschaft oder des Spitzensports, sind nicht für jedermann nachvollziehbar. Lesern mit unterschiedlichem Hintergrund könnte es schwerfallen, die Relevanz bestimmter Geschichten für ihr eigenes Leben zu erkennen.

5. Subjektivität: Wie bei jedem Selbsthilfe- oder philosophischen Buch sind viele der Ideen subjektiv. Was für den einen tiefgreifend sein mag, ist es für den anderen nicht. Manche mögen mit den Interpretationen oder Schlussfolgerungen von Holiday nicht einverstanden sein.

### Fazit

"Dein Ego ist dein Feind" ist eine nachdenklich stimmende Untersuchung darüber, wie unsere eigene Wahrnehmung von Selbstwert und Bedeutung sowohl eine treibende Kraft als auch ein potenzieller Fallstrick sein kann. Auch wenn das Buch seine Schwächen hat, so ist es doch aufgrund seiner vielfältigen Beispiele, seiner umsetzbaren Ratschläge und seines strukturierten Ansatzes eine lohnende Lektüre für alle, die sich persönlich weiterentwickeln wollen.

# GRIT - Die neue Formel zum Erfolg: Mit Begeisterung und Ausdauer ans Ziel

*von Angela Duckworth*

| Überblick |
|---|

Angela Duckworths "Grit" erforscht die Kraft von Leidenschaft und Ausdauer bei der Erreichung langfristiger Ziele. Das Buch zielt darauf ab, die Idee zu widerlegen, dass allein Talent zum Erfolg führt, und argumentiert stattdessen, dass "Grit" der wahre bestimmende Faktor ist. Duckworth, eine Psychologin und Forscherin, verbindet anekdotische Beweise mit wissenschaftlichen Studien, um ihre Argumentation zu stützen.

| Zusammenfassung |
|---|

Duckworth beginnt das Buch mit der Definition von "Grit" als einer einzigartigen Kombination aus Begeisterung und Ausdauer. Sie argumentiert, dass, obwohl Talent wichtig ist, es uns oft davon ablenkt, den Wert von Anstrengung zu erkennen. Duckworth stellt die Formel auf:

Talent x Anstrengung = Fähigkeit; Fähigkeit x Anstrengung = Erfolg. Das Schlüsselwort in beiden Gleichungen ist "Anstrengung."

**Was Grit ist und warum es wichtig ist**

Im ersten Teil diskutiert Duckworth die Bedeutung von Grit und wie es mit Erfolg in verschiedenen Bereichen, von der Akademie bis zur Karriere, korreliert. Sie beschreibt ihre Erfahrungen im Unterrichten und wie sie bemerkte, dass IQ oder natürliche Fähigkeit nicht unbedingt die Leistung vorhersagten; stattdessen machte das Engagement der Schüler für langfristige Ziele den Unterschied.

**Grit von innen heraus wachsen lassen**

Hier vertieft sich Duckworth in die internen Faktoren, die zu Grit beitragen. Sie unterteilt dies in vier psychologische Vermögenswerte:

1. Interesse: Lieben, was man tut, ist die Grundlage von Grit.

2. Übung: Rigoroses, konsequentes und fokussiertes Üben entwickelt Meisterschaft.

3. Zweck: Jenseits von bloßem Interesse ist Zweck, wenn man seine Leidenschaft nutzt, um anderen zu nutzen.

4. Hoffnung: Der Glaube, dass die eigenen Anstrengungen die Zukunft verbessern werden.

### Grit von außen nach innen wachsen lassen

Duckworth untersucht externe Faktoren, die Grit fördern, mit einem Fokus auf den Einfluss von Erziehung, Lehre und Kultur. Sie hebt ein Konzept hervor, bei dem sich jeder in der Familie verpflichtet, eine herausfordernde Sache zu tun, als einen Weg, um Grit bei Kindern zu kultivieren. Sie erforscht auch die Kraft einer Kultur von Grit innerhalb von Organisationen.

### Kritik und Grenzen von Grit

Duckworth geht auf Kritik und Grenzen von Grit ein. Sie diskutiert, wie ein Übermaß an Grit Menschen in ihrer Flexibilität einschränken und sie unflexibel gegenüber notwendigen Kurswechseln machen kann. Sie spricht auch über das Gleichgewicht von Grit mit anderen Tugenden wie Freundlichkeit und Demut.

### Die Kultivierung des Grit

Duckworth ermutigt den Leser, Grit in ihrem eigenen Leben zu kultivieren und es auch bei anderen zu fördern. Sie bietet mehrere praktische Tipps und Werkzeuge an, wie die Grit-Skala, um die eigenen Grit-Niveaus zu messen und zu entwickeln.

Im gesamten Buch verbindet Duckworth persönliche Anekdoten mit realen Beispielen von Grit, von erfolgreichen Unternehmern wie Steve Jobs bis zu hochleistungsfähigen Individuen wie Kadetten der West Point und National Spelling Bee Champions. Am Ende bietet "Grit" ein überzeugendes Argument, dass es nicht nur Talent, sondern eine fokussierte Ausdauer – Grit – ist, die den Unterschied ausmacht, wie weit wir im Leben kommen.

| Stärken und Schwächen |
|---|

### Stärken

1. Forschungsbasierte Inhalte: Duckworths Hintergrund in der Psychologie verleiht ihren Erkenntnissen empirisches Gewicht. Sie bezieht zahlreiche

Studien ein, um ihre Argumente zu untermauern, was dem Buch Glaubwürdigkeit verleiht.

2. Fesselnde Geschichten: Duckworth verwendet geschickt Geschichten aus verschiedenen Bereichen – Bildung, Sport, Geschäftswelt – um ihre Punkte zu veranschaulichen. Dies hält nicht nur den Leser bei der Stange, sondern zeigt auch, dass die Prinzipien von Grit universell anwendbar sind.

3. Praktikabilität: Das Buch bietet umsetzbare Ratschläge und Strategien, die Leser in ihrem eigenen Leben anwenden können, um Grit zu kultivieren.

4. Interdisziplinärer Ansatz: Duckworth bezieht Erkenntnisse aus Psychologie, Soziologie und sogar Geschichte ein, um eine gut abgerundete Diskussion über Grit zu bieten.

5. Motivierende Botschaft: Das Buch ist erhebend und zugänglich und ermächtigt die Leser zu glauben, dass auch sie Grit entwickeln können, um ihr Leben zu verbessern.

6. Ausgewogene Perspektive: Im späteren Teil des Buches scheut Duckworth nicht davor zurück, Kritik und die Grenzen von Grit anzusprechen, was ihrem Argument eine nuancierte Note verleiht.

**Schwächen**

1. Überbetonung von Grit: Obwohl Duckworth andere Faktoren wie Glück und Talent anerkennt, liegt der Fokus stark auf Grit als Schlüssel zum Erfolg, was das komplexe Netz von Faktoren, die zum Erfolg beitragen, möglicherweise vereinfacht.

2. Begrenzter Umfang: Trotz eines interdisziplinären Ansatzes konzentriert sich das Buch hauptsächlich auf Beispiele, die an sich eine langfristige Verpflichtung erfordern, und adressiert möglicherweise nicht Szenarien, in denen ein kurzfristiger Fokus ebenfalls vorteilhaft sein könnte.

3. Wiederholungen: Das zentrale Argument hätte kondensiert werden können; das Buch wirkt manchmal repetitiv, indem es die Kernidee mehr als nötig ausdehnt.

4. Mangel an vielfältiger Kritik: Während Duckworth einige Kritiken an Grit anerkennt, ist die Behandlung kurz und könnte als nachträglich empfunden werden, was beim Leser den Wunsch nach einer umfassenderen Betrachtung gegensätzlicher Standpunkte hinterlässt.

5. Anekdotische Voreingenommenheit: Das Buch stützt sich stark auf Erfolgsgeschichten, die zwar inspirierend sind, aber von Natur aus voreingenommen sind, da sie sich auf Personen konzentrieren, die bereits ein hohes Maß an Erfolg erreicht haben.

6. Überschattung anderer Tugenden: Duckworths Fokus auf Grit könnte so gesehen werden, als würde sie die Bedeutung anderer wertvoller Qualitäten wie Empathie, Freundlichkeit und Teamarbeit reduzieren.

### Fazit

"Grit: Die Macht von Leidenschaft und Ausdauer" bietet ein überzeugendes Argument dafür, warum fokussierte Ausdauer oft natürliches Talent übertrumpft. Obwohl das Buch von einer nuancierteren Diskussion anderer Erfolgsfaktoren und einer tiefergehenden Erforschung von Kritiken profitieren könnte, machen seine Stärken es zu einer wichtigen Lektüre für alle, die an persönlicher Entwicklung und Psychologie interessiert sind.

# Mach dein Bett:
# Die 10 wichtigsten Dinge, die ich als Navy SEAL gelernt habe und die auch dein Leben verändern

*von Admiral William H. McRaven*

## Überblick

"Mach dein Bett" ist ein motivierendes Buch, geschrieben von Admiral William H. McRaven, einem pensionierten Navy SEAL. Das Buch basiert auf McRavens Abschlussrede 2014 an der Universität von Texas in Austin und zielt darauf ab, die Lebenslektionen, die er aus seinem Militärtraining und seinen Erfahrungen gelernt hat, in praktische Ratschläge für den Alltag umzusetzen.

## Zusammenfassung

Die zentrale Botschaft des Buches ist strukturiert um 10 Lebenslektionen, die McRaven aus seiner Zeit als Navy SEAL gezogen hat:

1. Beginne deinen Tag mit einer erledigten Aufgabe: Der Titel des Buches stammt von dieser Lektion. Jeden Morgen sein Bett zu machen, verschafft einem einen kleinen Sieg, um den Tag zu beginnen, was dann einen positiven Schwung für die Erledigung weiterer Aufgaben schafft.

2. Allein schaffst du es nicht: Diese Lektion betont die Wichtigkeit von Teamarbeit, Zusammenarbeit und das Suchen von Hilfe, wenn nötig. Niemand erreicht etwas Bedeutendes ganz allein.

3. Nur die Größe deines Herzens zählt: McRaven betont, dass Mut und Entschlossenheit oft wichtiger sind als deine physische Größe oder Fähigkeit.

4. Überwinde das „Zuckerplätzchen"-Sein: Dieses Kapitel konzentriert sich darauf, das Scheitern zu akzeptieren. Bei der SEAL-Ausbildung waren „Zuckerplätzchen" die Auszubildenden, die bei Aufgaben versagten, es aber erwartet wurde, dass sie zurückschlagen und Resilienz zeigen.

5. Hab keine Angst vor Herausforderungen: McRaven bezieht sich auf zusätzliches körperliches Training für kämpfende SEAL-Auszubildende und

nutzt es als Metapher dafür, Herausforderungen und Unannehmlichkeiten anzunehmen, um stärker zu werden.

6. Rutsche kopfüber das Hindernis hinunter: Diese Lektion handelt davon, kalkulierte Risiken einzugehen und es zu wagen, anders zu sein. Risikobereitschaft unterscheidet dich von der Masse und bietet oft den direktesten Weg zum Erfolg.

7. Weiche nicht vor den Haien zurück: Dies ist eine Lektion darin, deinen Ängsten direkt zu begegnen. McRaven berichtet von einer Lektion aus dem SEAL-Training, wie man einen Haiangriff bewältigt, was die Herausforderungen des Lebens symbolisiert.

8. Sei in deinen dunkelsten Momenten die Beste Version von dir selbst: McRaven teilt die Wichtigkeit mit, in Drucksituationen Ruhe zu bewahren und ein Ziel zu haben, was sowohl bei militärischen Missionen als auch im täglichen Leben entscheidend ist.

9. Beginne zu singen, wenn du bis zum Hals im Schlamm steckst: Dieses Kapitel handelt von der Kraft der Hoffnung und des Optimismus. Der Autor erzählt von einer anstrengenden Trainingssequenz, die stundenlanges Feststecken im eiskalten Schlamm beinhaltete, und wie eine einzige Hoffnungstat andere inspirieren kann.

10. Läute niemals die Glocke: Diese letzte Lektion handelt von der Bedeutung von Ausdauer und Engagement. In der SEAL-Ausbildung können Auszubildende aufgeben, indem sie eine Messingglocke in der Mitte des Geländes läuten. Die Lektion hier ist, niemals den leichten Weg zu wählen.

Jede dieser Lektionen wird mit Anekdoten und Erfahrungen aus McRavens militärischer Karriere illustriert, was ihnen zusätzliches Gewicht und Kontext verleiht. Die übergreifende Idee ist, dass diese Prinzipien nicht nur für SEAL-Auszubildende sind, sondern universelle Lektionen in Resilienz, Teamarbeit und Entschlossenheit, die jedem helfen können, ein erfüllteres und wirkungsvolleres Leben zu führen.

| Stärken und Schwächen |
|---|

**Stärken**

1. Praktikabilität: Einer der stärksten Aspekte dieses Buches ist seine Praktikabilität. Die Lektionen sind unkompliziert und umsetzbar, etwas, das jeder in sein tägliches Leben integrieren kann.

2. Kürze: Das Buch ist kurz und auf den Punkt. Jedes Kapitel ist um eine spezifische Lektion herum strukturiert, was es leicht verständlich und nachvollziehbar macht. Das Buch kann in einer einzigen Sitzung gelesen werden, was es für diejenigen zugänglicher machen könnte, die neu in der Lektüre von Sachbüchern oder Selbsthilfebüchern sind.

3. Inspirierende Beispiele aus der realen Welt: Die militärischen Anekdoten verleihen den Botschaften des Buches Gewicht. Sie sind nicht nur inspirierend, sondern dienen auch dazu, McRavens Punkte zu validieren, was die Lektionen einprägsamer macht.

4. Breite Anziehungskraft: Die Prinzipien des Buches sind universell und können auf jeden angewendet werden, unabhängig von seinem Karriereweg oder Lebensumständen. Dies erweitert seinen Reiz und Nutzen.

5. Qualität des Schreibens: McRaven ist ein geschickter Geschichtenerzähler. Das Buch ist gut geschrieben, mit einem fließenden Erzählfluss, der den Leser von Anfang bis Ende fesselt.

6. Motivationswirkung: Das Buch dient als Motivationswerkzeug, das den Leser dazu anregt, seine Entscheidungen, Verhaltensweisen und Einstellungen zu überdenken. Seine Lektionen sind darauf ausgelegt, Widerstandsfähigkeit, Teamarbeit und eine positive Sicht auf die Herausforderungen des Lebens zu fördern.

7. Empathie und Verständnis: McRaven schafft es hervorragend, das Militärleben und seine Herausforderungen so zu übersetzen, dass Zivilisten es verstehen können, wodurch mehr Empathie und Respekt für diejenigen gefördert wird, die dienen.

**Schwächen**

1. Mangel an Tiefe: Die Kürze des Buches, eine Stärke in Bezug auf die Lesbarkeit, ist auch eine Schwäche, wenn es um den Inhaltstiefgang geht. Einige Leser könnten das Buch etwas oberflächlich finden und sich eine gründlichere Behandlung der präsentierten Lektionen wünschen.

2. Übermäßige Abhängigkeit vom militärischen Kontext: Während die militärischen Anekdoten die Lektionen eindrucksvoller machen, mögen sie nicht für jeden nachvollziehbar sein. Einige Leser könnten es schwierig finden, die Erfahrungen eines Navy SEAL auf ihr eigenes Leben zu übertragen.

3. Vorhersehbarkeit: Das Format jedes Kapitels ist etwas schematisch. Die wiederkehrende Struktur – Einführung einer Lektion, Angebot einer

militärischen Anekdote und dann Verallgemeinerung für eine breitere Anwendung – kann vorhersehbar werden.

4. Begrenzte Leserbeteiligung: Das Buch enthält keine Übungen, Fragen oder Aufforderungen, die den Leser auf eine tiefere, interaktivere Weise einbeziehen. Einige könnten es eher als Monolog denn als Dialog empfinden, was sein Potenzial als Selbstverbesserungswerkzeug einschränkt.

5. Überlappende Lektionen: Einige der Lebenslektionen überschneiden sich thematisch, was den Lesern ein Gefühl der Redundanz vermitteln könnte, wenn sie von einem Kapitel zum nächsten übergehen.

### Fazit

"Mach dein Bett" ist eine leicht verdauliche Lektüre, gefüllt mit Weisheit und praktischen Ratschlägen. Obwohl es Einschränkungen wie einen Mangel an Tiefe und eine etwas repetitive Struktur hat, überwiegen seine Stärken seine Schwächen. Es dient als zugänglicher Einstiegspunkt für jeden, der an persönlicher Entwicklung interessiert ist und bietet wertvolle Lebenslektionen, die aus einer einzigartigen und herausfordernden Umgebung gezogen wurden.

# 12 Rules For Life:
# Ordnung und Struktur in einer chaotischen Welt

*von Jordan B. Peterson*

| Überblick |
|---|

In "12 Rules For Life" bietet Jordan B. Peterson einen umfassenden Leitfaden für ein Leben voller Zweck, Bedeutung und Ordnung. Die Regeln beziehen sich nicht nur auf individuelles Verhalten, sondern sind miteinander verbunden, wobei jede die anderen in einem komplexen Netz verstärkt. Peterson vertieft sich in tiefe philosophische, psychologische und spirituelle Ideen, und dennoch bleibt das Buch praktisch und umsetzbar. Es dient als Wegweiser für jeden, der sich in einer scheinbar chaotischen Welt seinen Platz fragt.

| Zusammenfassung |
|---|

**Die Regeln**

**1. Steh aufrecht und mach die Schultern breit**

Diese Regel dient als Metapher dafür, den Herausforderungen des Lebens direkt, mutig und widerstandsfähig zu begegnen. Inspiriert von den hierarchischen sozialen Verhaltensweisen, die bei Hummern beobachtet wurden, argumentiert Peterson, dass die Haltung die Gefühle, Handlungen und die Wahrnehmung durch andere beeinflussen kann.

**2. Betrachte dich als jemanden, dem du helfen musst**

Peterson betont die Wichtigkeit von Selbstfürsorge und Selbstachtung. Er hinterfragt, warum Menschen oft besser für ihre Haustiere sorgen als für sich selbst, und fordert die Leser auf, ihre eigenen Betreuer zu sein.

**3. Freunde dich mit Menschen an, die es gut mit dir meinen**

Sich mit positiven Einflüssen zu umgeben, ist entscheidend für persönliches Wachstum. Diese Regel ermutigt Menschen, Beziehungen zu wählen, die für beide Seiten vorteilhaft sind, und sich von toxischen Umgebungen zu distanzieren.

### 4. Vergleiche dich mit dem, der du gestern warst, nicht mit irgendwem von heute

Statt in die Falle von Neid und Selbstverachtung zu tappen, rät Peterson dazu, sich auf persönliches Wachstum zu konzentrieren. Ziel ist es, kontinuierliche Verbesserung anzustreben, anstatt sich um die eigene Position im Vergleich zu anderen zu sorgen.

### 5. Lass nicht zu, dass deine Kinder etwas tun, das sie dir unsympathisch macht

Elternschaft erfordert Disziplin, und Kinder brauchen Grenzen, um kompetente Erwachsene zu werden. Peterson warnt davor, zu nachsichtig oder zu autoritär zu sein.

### 6. Räum erst einmal dein Zimmer auf, ehe du die Welt kritisierst

Es ist entscheidend, Verantwortung für das eigene Leben zu übernehmen, bevor man die Gesellschaft oder andere für seine Probleme verantwortlich macht. Diese Regel fordert zur Introspektion und persönlichen Verantwortung auf.

### 7. Strebe nach dem, was sinnvoll ist (nicht nach dem, was vorteilhaft ist)

Peterson stellt die Verfolgung von sofortiger Befriedigung der Verfolgung langfristiger Ziele gegenüber. Er argumentiert, dass sinnvolle Arbeit und Verantwortlichkeiten wahres Glück bringen.

### 8. Sag die Wahrheit – oder lüge zumindest nicht

Ehrlichkeit wird als grundlegendes Prinzip für eine funktionierende Gesellschaft und ein erfülltes Leben präsentiert. Peterson diskutiert das zerstörerische Potenzial von Lügen und ermutigt zum Sagen der Wahrheit.

### 9. Gehe davon aus, dass die Person, mit der du sprichst, etwas weiß, was du nicht weißt

Offener Dialog und Zuhören sind entscheidend für persönliches Wachstum und Verständnis. Diese Regel fördert Empathie und die Idee, dass andere wertvolle Einsichten bieten können.

### 10. Sei präzise in deiner Ausdrucksweise

Klare Kommunikation ist für die Lösung von Problemen unerlässlich. Vage und unpräzise Sprache kann zu Missverständnissen, Konflikten und sogar Chaos führen.

**11. Störe nicht deine Kinder beim Skateboard fahren**

Diese Regel spricht die Wichtigkeit an, Menschen, insbesondere jungen Männern, zu erlauben, Risiken einzugehen und sich an Aktivitäten zu beteiligen, die gefährlich sein können, aber entscheidend sind, um Kompetenz und Mut zu entwickeln.

**12. Läuft dir eine Katze über den Weg, dann streichle sie**

Das Leben ist voller Leid, und diese Regel erinnert uns daran, Trost in einfachen Vergnügungen und Momenten des Friedens zu finden.

## Stärken und Schwächen

**Stärken**

1. Intellektuelle Tiefe: Eine der Stärken des Buches ist seine intellektuelle Strenge. Peterson greift auf eine umfangreiche Palette von Quellen und analytischen Rahmenwerken zurück, was dies zu einer anregenden Lektüre macht. Für diejenigen, die sich für einen tiefen Einblick in die menschliche Kondition interessieren, bietet dieses Buch reichlich.

2. Praktikabilität: Trotz der akademischen Grundlagen bleibt das Buch praktisch. Jeder Regel folgt umsetzbarer Rat, den die Leser in ihrem täglichen Leben anwenden können.

3. Interdisziplinärer Ansatz: Das Buch integriert Ideen aus verschiedenen Disziplinen und bietet eine facettenreiche Sichtweise auf jedes Thema. Die Verflechtung von Psychologie, Mythologie und religiösen Lehren bietet einen reichen Teppich von Perspektiven zur Betrachtung.

4. Emotionale Resonanz: Peterson integriert oft Geschichten aus seinem eigenen Leben und seiner klinischen Praxis, was dem Buch eine emotionale Resonanz verleiht, die es nachvollziehbar und wirkungsvoll macht.

5. Gut strukturiert: Jedes Kapitel ist einer Regel gewidmet, was es leicht zu folgen macht. Dies ermöglicht es auch den Lesern, das Buch an jedem Kapitel aufzunehmen, ohne sich verloren zu fühlen.

**Schwächen**

1. Komplexität: Eine der auffälligsten Schwächen des Buches ist seine Komplexität. Die Verwendung von hochrangiger intellektueller Sprache und Verweisen auf obskure Theorien könnte es für den durchschnittlichen Leser weniger zugänglich machen.

2. Kontroverse Ansichten: Petersons Sichtweise auf Themen wie Geschlechterrollen, gesellschaftliche Strukturen und politische Ideologien kann polarisierend sein. Seine Interpretationen könnten nicht bei jedem Anklang finden und potenzielle Leser abschrecken.

3. Länge und Tempo: Das Buch ist lang und manche könnten es als wortreich empfinden. Dies ist besonders in Kapiteln zu spüren, die tief in philosophische oder psychologische Theorien eintauchen, wo das Tempo langsam wirken kann.

4. Selektive Voreingenommenheit: Die Abhängigkeit von jüdisch-christlichen Erzählungen, insbesondere biblischen Verweisen, ist möglicherweise nicht ansprechend für diejenigen aus anderen religiösen oder kulturellen Hintergründen.

5. Mangel an empirischen Daten: Trotz Petersons akademischem Hintergrund stützt sich das Buch nicht stark auf empirische Daten. Während dies für eine fesselnde Erzählung sorgt, kann es ein Nachteil für diejenigen sein, die evidenzbasierte Argumente bevorzugen.

| Fazit |
|---|

"12 Rules for Life" bietet eine einzigartige Mischung aus intellektueller Tiefe und praktischer Weisheit, gestützt auf eine breite Palette interdisziplinärer Ressourcen. Die Komplexität, kontroversen Standpunkte und der Mangel an empirischen Daten könnten es jedoch nicht zu einem allgemein akzeptierten Leitfaden machen. Dennoch bietet das Buch für diejenigen, die mit Petersons Ansichten resonieren und auf der Suche nach einer intellektuell anregenden Lektüre sind, wertvolle Einsichten für ein sinnvolleres Leben.

# Die Traumjoblüge:
# Warum Leidenschaft die Karriere killt

*von Cal Newport*

## Überblick

Cal Newports "So gut, dass sie dich nicht ignorieren können" stellt die konventionelle Weisheit "Folge deiner Leidenschaft" in Frage. Newport behauptet, dass dieser Ratschlag irreführend und sogar schädlich sein kann. Stattdessen plädiert er für eine strategischere und fähigkeitsorientierte Herangehensweise an die Gestaltung einer sinnvollen Karriere.

## Zusammenfassung

**Die wichtigsten Punkte**

**1. Die Passionshypothese ist fehlerhaft**

- Newport beginnt mit der Entlarvung der "Passionshypothese", die besagt, dass der Schlüssel zu einer angenehmen und befriedigenden Karriere darin liegt, dem zu folgen, wofür man eine Leidenschaft hat.

- Er weist darauf hin, dass viele Menschen entweder keine bereits vorhandenen Leidenschaften haben, die sich in eine Karriere verwandeln lassen, oder aber Leidenschaften haben, die sich nicht gut in eine Erwerbstätigkeit umsetzen lassen.

- Außerdem kann die ausschließliche Konzentration auf die Leidenschaft zu chronischem Job-Hopping und Unzufriedenheit führen, wenn die Arbeit nicht den eigenen Idealvorstellungen entspricht.

**2. Handwerkliche Denkweise vs. Leidenschaftliche Denkweise**

- Newport stellt zwei Denkweisen über die Arbeit vor: die "handwerkliche Denkweise" und die "leidenschaftliche Denkweise".

- Die handwerkliche Denkweise konzentriert sich auf das, was Sie der Welt anbieten können (Ihre Fähigkeiten und Ihren Wert). Die leidenschaftliche Denkweise konzentriert sich auf das, was die Welt Ihnen bieten kann (Zufriedenheit, Bestätigung).

- Newport argumentiert, dass die handwerkliche Denkweise ein effektiverer Ansatz für den Aufbau einer erfüllenden Karriere ist. Wenn Sie sich darauf konzentrieren, in etwas Wertvollem exzellent zu werden, ist es wahrscheinlicher, dass Sie sich für Ihre Karriere begeistern können.

### 3. Die Macht des Karrierekapitals

- Newport führt das Konzept des "Karrierekapitals" als die Fähigkeiten, das Wissen und die Fertigkeiten ein, die Sie im Laufe Ihrer Karriere sammeln.

- Indem Sie die Denkweise eines Handwerkers annehmen und wertvolle Fähigkeiten verbessern, können Sie Karrierekapital anhäufen, das Ihnen mehr Karriereoptionen, Autonomie und Einfluss ermöglicht.

### 4. Die Wichtigkeit von Kontrolle

- Newport erörtert die Rolle von Autonomie und Kontrolle für die Arbeitszufriedenheit.

- Er warnt jedoch davor, zu früh im Berufsleben zu viel Kontrolle anzustreben. Bevor man volle Autonomie anstrebt (z. B. durch die Gründung eines eigenen Unternehmens), sollte man über ein ausreichendes Karrierekapital verfügen, um sicherzustellen, dass der Schritt kein Fehler ist.

### 5. Auftrag und Ziel

- Newport schlägt vor, dass man sich, sobald man genügend Karrierekapital aufgebaut und eine größere Autonomie erreicht hat, darauf konzentrieren kann, eine Aufgabe oder einen Zweck zu finden, der klare Ziele bietet und ein Gefühl der Erfüllung vermittelt.

### Abschließende Überlegungen

Anstatt einer schwer fassbaren Leidenschaft nachzujagen, empfiehlt Newport eine strukturiertere Herangehensweise:

1. Konzentrieren Sie sich auf den Aufbau wertvoller Fähigkeiten.

2. Setzen Sie diese Fähigkeiten als Hebel ein, um Autonomie und Kontrolle über Ihre Karriere zu erlangen.

3. Verfeinern Sie kontinuierlich Ihren Karriereweg, um ihn mit einer Mission oder einem Ziel in Einklang zu bringen, während Sie mehr Karrierekapital ansammeln.

Newport ist davon überzeugt, dass der Einzelne durch die Befolgung dieses Konzepts Karrieren gestalten kann, die nicht nur erfolgreich, sondern auch erfüllend sind und Spaß machen.

## Stärken und Schwächen

**Stärken**

1. Kontraintuitive Einsicht: Newports Infragestellung des konventionellen Ratschlags "Folge deiner Leidenschaft" ist erfrischend und bietet eine neue Perspektive. Diese kontraintuitive Sichtweise zwingt den Leser dazu, vorgefasste Meinungen über berufliche Zufriedenheit zu hinterfragen.

2. Forschungsbasiert: Newports Argumente werden durch eine Vielzahl von Beispielen, Interviews und akademischen Untersuchungen untermauert und verleihen seinen Behauptungen Glaubwürdigkeit.

3. Praktische Implikationen: Über die Theorie hinaus bietet Newport greifbare Schritte und Strategien an, wie z. B. die Übernahme einer handwerklichen Denkweise, die der Leser in seiner eigenen Karriere anwenden kann.

4. Gut strukturiert: Das Buch ist kohärent gegliedert, so dass es einfach ist, Newports Gedankengang zu folgen.

5. Relevant für verschiedene Zielgruppen: Ob Hochschulabsolvent, Berufstätiger in der Mitte seiner Laufbahn oder jemand, der einen Karrierewechsel in Erwägung zieht, die Erkenntnisse des Buches sind allgemein anwendbar.

**Schwächen**

1. Nicht universell anwendbar: Newport kritisiert zwar die "Passionshypothese", aber es gibt unbestreitbare Beispiele dafür, dass Menschen ihren Leidenschaften mit großem Erfolg gefolgt sind. Das Buch könnte die Rolle der Leidenschaft in manchen Kontexten unterbewerten.

2. Potenzial für Übergeneralisierung: Die handwerkliche Denkweise ist möglicherweise nicht für jeden geeignet, insbesondere nicht für Berufe, in denen die persönliche Ausrichtung und die Werte entscheidend sind.

3. Überbetonung der Autonomie: Zwar sind Kontrolle und Autonomie für die Arbeitszufriedenheit von entscheidender Bedeutung, doch könnte Newport ihre Bedeutung überbetonen. Andere Faktoren, wie Arbeitskultur, Beziehungen und Sinnhaftigkeit, spielen ebenfalls eine entscheidende Rolle.

4. Mangelndes Eingehen auf sozioökonomische Faktoren: Nicht jeder hat das Privileg, sich ausschließlich auf den Erwerb von Fähigkeiten zu konzentrieren, ohne die unmittelbaren finanziellen Bedürfnisse zu berücksichtigen. Das Buch könnte für diejenigen, die sich in einer prekären finanziellen Situation befinden, als idealistisch erscheinen.

5. Mögliche Fehlinterpretation: Die Leser könnten Newports Ratschläge dahingehend missverstehen, dass er eine rein käufliche Herangehensweise an die eigene Karriere befürwortet und dabei möglicherweise andere wichtige Aspekte der Arbeitszufriedenheit opfert.

## Fazit

Cal Newports "So gut, dass sie dich nicht ignorieren können" ist ein Denkanstoß, wie man berufliche Zufriedenheit erreichen kann. Indem er den Status quo in Frage stellt und eine neue Sichtweise auf die berufliche Entwicklung bietet, liefert Newport wertvolle Erkenntnisse für alle, die in ihrer Arbeit Erfüllung finden wollen. Obwohl das Buch ein überzeugendes Argument gegen das Mantra "Folge deiner Leidenschaft" bietet, sollten die Leser die Ratschläge mit Bedacht angehen und verstehen, dass eine Einheitsstrategie selten universell anwendbar ist. Alles in allem ist Newports Buch eine Pflichtlektüre für alle, die ihre Karriere zielstrebig und mit dem Wunsch nach echter Zufriedenheit angehen wollen.

# Konzentriert arbeiten:
# Regeln für eine Welt voller Ablenkungen

*von Carl Newport*

## Überblick

"Konzentriert arbeiten" von Cal Newport ist ein Buch, das die Bedeutung von fokussierter, ungestörter Arbeit für das Erreichen außergewöhnlicher Ergebnisse und das Erreichen des eigenen höchsten Potenzials behandelt. Newport stellt "Tiefenarbeit" ("Deep Work") der "Oberflächenarbeit" ("Shallow Work") gegenüber und argumentiert, dass erstere in einer von Ablenkungen geprägten Welt zunehmend seltener wird. Das Buch ist in zwei Hauptteile gegliedert: Der erste Teil plädiert für Deep Work, und der zweite Teil bietet Regeln und Strategien für die Integration von Deep Work in das eigene Leben.

## Zusammenfassung

**Teil I: Die Idee**

1. Deep Work ist wertvoll: Newport beginnt mit dem Argument, dass Deep Work gleichzeitig wertvoller und seltener wird. Deep Work hilft dabei, qualitativ hochwertige Arbeit schnell zu produzieren, erleichtert den Erwerb von Fähigkeiten und trägt zum Karriereerfolg bei.

2. Deep Work ist selten: Newport beobachtet, dass die moderne Arbeitsumgebung, die den Schwerpunkt auf sofortige Kommunikation und Multitasking legt, Deep Work entmutigt. Viele Organisationen betonen "Geschäftigkeit" als Ersatz für Produktivität, was zu einem Zyklus von Oberflächenarbeit führt.

3. Deep Work ist bedeutsam: Newport argumentiert, dass Deep Work nicht nur effizient ist, sondern auch ein Gefühl der Erfüllung und Bedeutung vermittelt. Die fokussierte Aufmerksamkeit, die Deep Work erfordert, aktiviert die Fähigkeit des Gehirns, Sinn und Befriedigung zu finden.

**Teil II: Die Regeln**

Regel 1: Konzentriert arbeiten: Newport schlägt praktische Wege vor, um Deep Work in das tägliche Leben zu integrieren. Strategien beinhalten die

"Mönchsphilosophie" (vollständige Eliminierung von Oberflächenarbeit für längere Zeiträume), die "Bimodale Philosophie" (Unterteilung der Zeit in Blöcke für Tiefen- und Oberflächenarbeit), die "Rhythmische Philosophie" (Festlegung regelmäßiger, fester Zeiten für Deep Work) und die "Journalistische Philosophie" (Einpassen von Deep Work in den Zeitplan, wann immer es möglich ist).

Regel 2: Willkommen Langeweile: Newport argumentiert, dass eine Toleranz für Langeweile für Deep Work notwendig ist. Er schlägt vor, das Gehirn zu trainieren, indem man "Internet-Blöcke" plant, Zeiträume, in denen die Nutzung des Internets erlaubt ist, und durch produktive Meditation die Konzentration übt.

Regel 3: Verlassen Sie die digitalen sozialen Netzwerke: Newport rät, selektiv mit den Werkzeugen umzugehen, die wir verwenden, und solche zu vermeiden, die ablenken. Er stellt den "Handwerkeransatz" zur Werkzeugauswahl vor, bei dem man ein Werkzeug nur dann übernimmt, wenn seine positiven Auswirkungen die Nachteile deutlich überwiegen.

Regel 4: Legen Sie seichte Tümpel trocken: Newport bespricht, wie man Oberflächenarbeit minimieren kann, indem man jede Minute des Tages plant, die Tiefe jeder Aktivität quantifiziert und den Arbeitstag zu einer festgesetzten Zeit beendet ("Produktivität nach festem Zeitplan").

**Zusätzliche Überlegungen**

- Newport spricht über "Abschalt-Rituale" zum Beenden des Arbeitstages, um sicherzustellen, dass der Geist von arbeitsbezogenen Gedanken befreit wird und damit die nötige Ruhe bekommt, um am nächsten Tag in Deep Work einzusteigen.

- Er betont die Bedeutung von Freizeit und argumentiert, dass strukturierte Hobbys weiter zur Fähigkeit, Deep Work zu leisten, beitragen können.

Newport liefert überzeugende Argumente für die dringende Notwendigkeit, den Wert von Deep Work in einer Welt anzuerkennen, die zunehmend von verschiedenen Ablenkungen fragmentiert wird. Er präsentiert nicht nur das Problem, sondern bietet auch umsetzbare Strategien und Regeln für jeden, der diese unverzichtbare Fähigkeit kultivieren möchte. Damit legt Newport ein robustes Framework für konzentrierten Erfolg und die Realisierung des vollen Potenzials im beruflichen und persönlichen Leben vor.

## Stärken und Schwächen

**Stärken**

1. Gut recherchierte Argumente: Newport bringt eine Vielzahl von Quellen, von wissenschaftlichen Studien bis hin zu Fallgeschichten, zur Unterstützung seiner Argumente ein. Das Buch basiert nicht nur auf Meinungen, sondern ist durch umfangreiche Forschung untermauert.

2. Praktische Anleitung: Das Buch geht über die Theorie hinaus und gibt praktische Ratschläge, wie man Deep Work in das tägliche Leben integrieren kann. Es umfasst Taktiken zur Zeitplanung, Strategien zur Eliminierung von Ablenkungen und Tipps zur Schaffung einer Umgebung, die Deep Work begünstigt.

3. Reich an Fallstudien: Newport zitiert oft Beispiele aus seinem eigenen Leben und dem Leben erfolgreicher Personen, um zu zeigen, wie Deep Work entscheidend für das Erreichen hoher Erfolgsniveaus war. Dies bietet einen realen Kontext, der für Leser sehr motivierend sein kann.

4. Vielseitigkeit der Ansätze: Der Autor bietet mehrere Wege zur Deep Work an und erkennt an, dass das, was für eine Person funktioniert, für eine andere möglicherweise nicht funktioniert. Dies erleichtert es den Lesern, eine Strategie zu finden, die in ihr eigenes Leben passt.

5. Fokus auf Qualität und Bedeutung: Ein auffälliger Punkt ist der Zusammenhang, den Newport zwischen Deep Work und einem erfüllten Leben herstellt. Er argumentiert, dass Deep Work nicht nur beruflichen Erfolg bedeutet, sondern auch zu einem tieferen Gefühl der Zufriedenheit und des Zwecks beiträgt.

6. Anwendbarkeit in verschiedenen Bereichen: Obwohl Newport oft Beispiele aus der Akademie und der Technikwelt anführt, sind die von ihm umrissenen Prinzipien breit auf verschiedene berufliche und persönliche Bestrebungen anwendbar.

**Schwächen**

1. Nicht universell anwendbar: Das Konzept der Deep Work ist möglicherweise nicht in Berufen anwendbar, die ständige sofortige Reaktionen erfordern, wie z. B. im Kundenservice oder in der Notfallmedizin. Newport geht nicht vollständig darauf ein, wie diese Arten von Arbeitnehmern von den Prinzipien der Deep Work profitieren können.

2. Kann als elitär wahrgenommen werden: Das Buch befürwortet stark die Entfernung oder Minimierung von Oberflächenarbeit, was als Missachtung von Aufgaben interpretiert werden könnte, die notwendig, aber nicht kognitiv anspruchsvoll sein mögen.

3. Mögliche Überbetonung der Arbeit: Obwohl Newport die Bedeutung von Auszeiten und Freizeit anspricht, liegt der Schwerpunkt des Buches in einem Maße auf der Arbeit, das für einige Menschen überwältigend sein könnte und potenziell zu Burnout führen kann.

4. Mangelnde Betonung von Teamarbeit: Das Buch konzentriert sich hauptsächlich auf die solitäre Deep Work und diskutiert nicht ausführlich, wie die Prinzipien der Deep Work in einem Teamsetting angewendet werden könnten.

5. Vereinfachung komplexer Themen: Obwohl Newports Ansichten zu sozialen Medien und digitalen Ablenkungen fesselnd sind, können sie komplexe Themen im Zusammenhang mit Technologie und gesellschaftlichen Veränderungen vereinfachen.

## Fazit

"Konzentriert arbeiten" ist eine fesselnde Lektüre für jeden, der seinen Fokus, die Arbeitsqualität und das allgemeine Gefühl der Zufriedenheit verbessern möchte. Das Werk ist durch solide Forschung untermauert und reich an praktischen Ratschlägen. Allerdings sind seine Grundsätze möglicherweise nicht universell anwendbar, und es könnte von einer umfassenderen Diskussion über die Vereinbarkeit von Arbeit und anderen Aspekten des Lebens profitieren. Trotz dieser kleinen Mängel bietet es Lesern, die die Kunst des konzentrierten Arbeitens beherrschen wollen, einen erheblichen Wert.

# The One Thing:
# Die überraschend einfache Wahrheit über außergewöhnlichen Erfolg

*von Gary Keller und Jay Papasan*

## Überblick

"The One Thing" von Gary Keller und Jay Papasan ist ein Buch, das darauf abzielt, die Art und Weise, wie Menschen ihre Arbeit und ihr Leben angehen, zu revolutionieren, indem es sich auf das konzentriert, was die Autoren als "The One Thing" bezeichnen. Die Prämisse ist einfach: Indem man seine Bemühungen jeweils auf eine wichtige Aufgabe oder ein Ziel konzentriert, kann man außergewöhnliche Ergebnisse erzielen. Das Buch ist in verschiedene Abschnitte gegliedert, die den Wert des singulären Fokus, die Fallstricke des Multitaskings und die Strategien zur Identifikation und Bearbeitung Ihrer "EINEN Sache" behandeln.

## Zusammenfassung

**Der Dominoeffekt**

Das Buch diskutiert den "Dominoeffekt" und zieht die Metapher heran, wie das Umwerfen eines einzigen Dominosteins eine Kettenreaktion auslösen kann, die eine exponentiell größere Anzahl von Dominosteinen zu Fall bringen kann. Ähnlich kann man durch Konzentration auf eine entscheidende Aufgabe einen Kaskadeneffekt erzeugen, der hilft, größere und zahlreichere Aufgaben später zu bewältigen.

**Märchen, die uns in die Irre führen**

Keller und Papasan identifizieren sechs Lügen, die Menschen häufig davon ablenken, sich auf ihre EINE Sache zu konzentrieren:

1. Alles ist gleichermaßen wichtig: Die Autoren argumentieren, dass nicht alle Aufgaben gleich geschaffen sind; manche sind wichtiger und wirkungsvoller.

2. Mit Multitasking schaffe ich mehr: Multitasking verwässert den Fokus und reduziert die Produktivität, so die Autoren.

3. Wer erfolgreich sein will, muss ein diszipliniertes Leben führen: Disziplin bedeutet nicht, streng zu leben, sondern die richtigen Gewohnheiten aufzubauen.

4. Willenskraft lässt sich jederzeit herstellen: Willenskraft ist endlich und muss strategisch eingesetzt werden.

5. Eine gute Work-Life-Balance ist Voraussetzung für Erfolg: Zu versuchen, alle Lebensbereiche auszugleichen, ist unrealistisch; Gegengewichtung ist ein erreichbareres Ziel.

6. Groß ist böse: Die Gesellschaft lehrt uns oft, klein zu denken, um sicher zu sein, aber groß zu denken ist entscheidend, um außergewöhnliche Ergebnisse zu erzielen.

## Die Fokus-Frage

Die Autoren führen ein zentrales Konzept ein, das als "Die Fokus-Frage" bezeichnet wird: Was ist die EINE Sache, das Sie tun können, sodass durch deren Erledigung alles andere leichter oder unnötig wird? Diese Frage soll Ihnen helfen, Ihre wichtigste Aufgabe zu jedem gegebenen Zeitpunkt zu identifizieren.

## Die vier Diebe der Produktivität

Keller und Papasan diskutieren, was sie als "Die vier Diebe der Produktivität" bezeichnen:

1. Die Unfähigkeit, Nein zu sagen: Ja zu allem zu sagen, verwässert Ihren Fokus.

2. Die Angst vor Chaos: Wenn man sich auf eine Sache konzentriert, können andere Bereiche vorübergehend leiden, und das ist in Ordnung.

3. Schlechte Gesundheitsgewohnheiten: Eine schlechte körperliche Verfassung kann Ihnen die Energie rauben, sich zu konzentrieren.

4. Eine Umgebung, die Ihre Ziele nicht unterstützt: Eine förderliche Umgebung ist entscheidend, um den Fokus aufrechtzuerhalten.

## Zielsetzung zum Jetzt

Die Autoren stellen ein Planungsframework vor, das von langfristigen Zielen rückwärts bis zu dem arbeitet, was Sie gerade jetzt tun sollten. Dieses Framework hilft Ihnen, eine klare Sichtlinie von Ihren unmittelbaren Handlungen zu Ihren Lebenszielen zu bewahren.

**Die EINE Sache leben**

Keller gibt Tipps, wie man "Die EINE Sache" zur Gewohnheit und zu einem Teil des täglichen Lebens machen kann. Er spricht über Verantwortlichkeit, das Bilden von Erfolgsgewohnheiten und die Integration Ihrer EINEN Sache in alle Lebensbereiche.

## Stärken und Schwächen

### Stärken

1. Einfachheit des Konzepts: Die Idee hinter dem Buch ist unkompliziert, aber kraftvoll, was es leicht verständlich und umsetzbar für Leser aus allen Lebensbereichen macht.

2. Gut strukturiert: Das Buch ist logisch aufgebaut, beginnend mit der zugrunde liegenden Philosophie, bevor es zu praktischen Anwendungen übergeht, was es leicht zu folgen macht.

3. Umfassender Ansatz: Es behandelt verschiedene Lebensaspekte, auf die das Prinzip angewendet werden kann, wie Karriere, persönliches Wachstum und Beziehungen, was dem Buch eine ganzheitliche Reichweite verleiht.

4. Umsetzbare Erkenntnisse: Das Buch bietet praktische Tipps, einschließlich der "Fokusfrage" und "Zielsetzung zum Jetzt", die Leser sofort anwenden können.

5. Beispiele aus der realen Welt: Die Autoren bringen Beispiele aus verschiedenen Bereichen ein, um die Anwendbarkeit des "EINE-Sache"-Prinzips zu demonstrieren, was ihre Argumentation stärkt.

6. Psychologische Einsichten: Die Diskussion über die sechs Lügen und vier Produktivitätsdiebe bietet einen tiefen Einblick in die menschliche Psychologie und ein Verständnis für die Barrieren, denen Menschen oft gegenüberstehen.

7. Inspirierend: Der Grundton des Buches ist ermächtigend und inspiriert den Leser, darüber nachzudenken, wie er bisher seine Ziele und Aufgaben angegangen ist, und motiviert ihn, außergewöhnliche Ergebnisse anzustreben.

### Schwächen

1. Mangel an Tiefe in der Forschung: Obwohl das Buch einige Forschungsergebnisse liefert, stützt es sich oft stark auf Anekdoten und Metaphern, was

für Leser, die einen strengeren wissenschaftlichen Ansatz suchen, nicht zufriedenstellend sein könnte.

2. Nicht für jeden geeignet: Die Idee, sich nur auf "eine Sache" zu konzentrieren, mag für manche, insbesondere für diejenigen mit vielfältigen Rollen oder mehreren Verantwortlichkeiten, nicht praktisch oder realistisch sein.

3. Potenzial für Ungleichgewicht: Das Buch spielt die Notwendigkeit eines ausgewogenen Lebens herunter und impliziert, dass man auf Chaos und Ungleichgewicht vorbereitet sein sollte, was für einige ein Rezept für Burnout sein könnte.

4. Wiederholend: Das zentrale Thema, obwohl wirkungsvoll, wird mehrfach in verschiedenen Formen im Buch wiederholt, was als repetitiv angesehen werden könnte.

5. Überbetonung der Arbeitsproduktivität: Trotz des Anspruchs eines umfassenden Ansatzes konzentriert sich das Buch stark auf die Steigerung der Produktivität im Arbeits- oder Geschäftskontext, was es für Menschen, die an persönlicher Entwicklung unabhängig von ihrer Karriere interessiert sind, weniger ansprechend macht.

| Fazit |
|---|

"The ONE Thing" ist eine einflussreiche Lektüre, die darauf abzielt, neu zu definieren, wie man Leben und Arbeit angehen sollte. Das einfache, aber mächtige zentrale Konzept ist seine stärkste Eigenschaft und bietet ein klares Framework für Leser, um ihre Produktivität zu steigern und ihre Ziele zu erreichen. Allerdings sind der Mangel an tiefergehender wissenschaftlicher Forschung und das Potenzial, Ungleichgewichte zu fördern, Nachteile, die ein kritischer Leser berücksichtigen sollte. Dennoch bietet das Buch für diejenigen, die sich von den vielfältigen Anforderungen des modernen Lebens überwältigt fühlen, einen überzeugenden alternativen Weg zum Erfolg und persönlicher Erfüllung.

# Can't Hurt Me:
# Beherrsche deinen Geist und erreiche jedes Ziel

*von David Goggins*

## Überblick

"Can't Hurt Me" ist ein autobiografisches Buch von David Goggins, einem Navy SEAL im Ruhestand, Ultramarathon-Läufer und Motivationsredner. Das Buch ist ein schonungsloser Einblick in Goggins' Leben und beschreibt die Schwierigkeiten, die er ertragen und überwunden hat, von Armut und Missbrauch bis hin zu den zermürbenden Trainingsprogrammen, die er als Navy SEAL und Ausdauersportler absolviert hat.

## Zusammenfassung

### Frühes Leben

Goggins beginnt mit der Beschreibung seiner schwierigen Kindheit, die von Armut und Missbrauch durch einen misshandelnden Vater geprägt war. Er erzählt, wie diese frühen Erfahrungen zu einem Mangel an Selbstachtung und Selbstwertgefühl führten, den er bis ins frühe Erwachsenenalter mit sich trug.

### Anfängliche Misserfolge

Goggins scheiterte zunächst bei seinen Versuchen, etwas aus seinem Leben zu machen. Er erzählt von seinen gescheiterten Versuchen, der Luftwaffe beizutreten, was vor allem an seinem Übergewicht und seiner mangelnden körperlichen Fitness lag. Doch anstatt sich mit der Niederlage abzufinden, wirkten diese Misserfolge wie ein Katalysator für Veränderungen.

### Navy SEAL-Ausbildung

Goggins schildert seine zermürbende Reise durch die berüchtigte "Hell Week" der Navy SEALs, einen Test, den 90 % der Kandidaten nicht bestehen. Er beschreibt die physischen und mentalen Hürden, die er überwinden musste, wobei er im Wesentlichen die Mentalität entwickelte, "unzerbrechlich" zu sein, um diese Erfahrung zu überleben.

**Das Leben nach der Navy**

Nachdem er Navy SEAL geworden war, nahm Goggins weitere Herausforderungen an. Er tauchte in die Welt der Ultramarathons und Triathlons ein und nahm oft daran teil, um Geld für Militärfamilien zu sammeln. Obwohl er kein traditionelles Langstreckenlauftraining hatte, konnte er dank seiner mentalen Stärke diese Wettkämpfe absolvieren und sogar überragen.

**Die 40%-Regel**

Eines der wichtigsten Konzepte, die Goggins vorstellt, ist die "40%-Regel", die besagt, dass man, wenn man denkt, man sei fertig und könne nicht mehr weiter, in Wirklichkeit nur zu 40% fertig ist. Er argumentiert, dass die Grenzen, die wir uns selbst auferlegen, oft mentale Konstrukte sind, die mit der richtigen Denkweise durchbrochen werden können.

**Spiegel der Rechenschaftspflicht**

Goggins spricht über den "Spiegel der Rechenschaftspflicht", einen Spiegel, auf den er seine Ziele und Unzulänglichkeiten auf Post-It-Zettel schrieb. Indem er sich täglich mit sich selbst konfrontierte, wollte er die nötige Disziplin aufbauen, um sich zu ändern und die Herausforderungen des Lebens frontal anzugehen.

**Seelen nehmen**

Das Konzept der "Seelenübernahme" bezieht sich darauf, einen psychologischen Vorteil gegenüber Konkurrenten, Gegnern oder sogar gegenüber den eigenen Schwächen zu erlangen. Es geht nicht darum, andere zu entmenschlichen, sondern vielmehr darum, die Machtdynamik zu Ihren Gunsten zu verschieben, indem Sie extreme Beharrlichkeit und Disziplin an den Tag legen. Wenn andere Zeuge dieses unerschütterlichen Engagements werden, können sie demoralisiert werden, was Ihnen einen mentalen Vorteil verschafft.

**Die Keksdose**

Die "Keksdose" ist ein metaphorisches Gefäß, in dem Sie alle Ihre bisherigen Erfolge, auch wenn sie noch so klein sind, sowie die Schwierigkeiten und Herausforderungen, die Sie erfolgreich gemeistert haben, aufbewahren. Wann immer Sie sich in einer schwierigen Situation befinden und einen Vertrauensschub oder eine Erinnerung daran brauchen, dass Sie Schlimmeres überstanden haben, können Sie in Ihre "Keksdose" greifen und einen "Keks" herausziehen - eine frühere Errungenschaft oder einen Triumph.

### Den Status Quo in Frage stellen

Im gesamten Buch betont Goggins, wie wichtig es ist, gesellschaftliche Normen in Frage zu stellen und Beschränkungen zu hinterfragen, seien sie nun selbst auferlegt oder von außen auferlegt. Dies gilt nicht nur für körperliche Anstrengungen, sondern auch für persönliche und berufliche Bestrebungen.

### Lektionen und Schlussfolgerungen

Das Buch bietet am Ende jedes Kapitels eine Reihe von "Herausforderungen", die den Leser ermutigen, die Lektionen aus seinem Leben auf sein eigenes anzuwenden. Diese reichen von der Konfrontation mit den eigenen Unsicherheiten über das Überschreiten der eigenen körperlichen Grenzen bis hin zur Schaffung eines eigenen "Spiegels der Rechenschaftspflicht".

"Can't Hurt Me" dient sowohl als Memoiren als auch als Selbsthilfebuch und offenbart die transformative Kraft der mentalen Widerstandsfähigkeit. Goggins zeigt, dass wir alle zu viel mehr fähig sind, als wir denken, und dass der Schlüssel zur Freisetzung dieses Potenzials eine disziplinierte und unnachgiebige Denkweise ist, die es ablehnt, sich den Widrigkeiten zu beugen. Er betont die Bedeutung eines zielgerichteten Lebens und ermutigt die Leser, sich ihren Ängsten zu stellen und über ihre vermeintlichen Grenzen hinauszugehen.

## Stärken und Schwächen

**Stärken**

1. Unverfälschte Authentizität: Goggins beschönigt weder seine Erfahrungen noch seine Sprache, was seiner Botschaft Authentizität verleiht.

2. Praktische Einsichten: Das Buch ist nicht nur ein Erinnerungsbericht, sondern bietet praktische Tipps und Übungen zur Verbesserung der mentalen Stärke und Disziplin.

3. Narrative Struktur: Goggins erzählt seine Lebensgeschichte auf eine Weise, die den Leser fesselt und gleichzeitig seine Philosophien veranschaulicht.

4. Umsetzbare Herausforderungen: Am Ende jedes Kapitels enthält das Buch "Herausforderungen", die dem Leser helfen sollen, die Prinzipien, über die Goggins spricht, umzusetzen.

5. Psychologischer Tiefgang: Konzepte wie "Die Keksdose" und "Seelen nehmen" bieten nuancierte psychologische Strategien zur Überwindung von Widrigkeiten.

6. Inspirierend: Goggins' persönlicher Weg ist beeindruckend und hat das Potenzial, jeden zu motivieren, der mit seinen eigenen Lebensherausforderungen zu kämpfen hat.

7. Breites Spektrum an Themen: Das Buch konzentriert sich nicht nur auf körperliche Herausforderungen, sondern geht auch auf emotionale, psychologische und sogar berufliche Herausforderungen ein, was es auf vielen Ebenen nachvollziehbar macht.

**Schwächen**

1. Starke Sprache: Das Buch enthält eine harte Sprache und rohe Beschreibungen von Leid und Missbrauch, die möglicherweise nicht für alle Leser geeignet sind.

2. Möglicherweise überwältigend: Goggins' Intensität und Disziplin sind unübertroffen, so dass sich manche Leser eher eingeschüchtert als inspiriert fühlen könnten.

3. Fehlende wissenschaftliche Untermauerung: Die Ratschläge und Methoden scheinen zwar praktisch und wirksam zu sein, sind aber größtenteils anekdotisch und nicht wissenschaftlich untermauert.

4. Nicht für jedermann: Der extreme Lebensstil und die Ratschläge von Goggins sind möglicherweise nicht auf die Lebensumstände aller Menschen übertragbar oder anwendbar.

5. Könnte triggernd sein: Für diejenigen, die Missbrauch oder ein Trauma erlitten haben, könnte der explizite Inhalt auslösend sein.

## Fazit

"Can't Hurt Me" ist eine intensive, fesselnde und motivierende Lektüre, die Sie dazu anregt, Ihre wahrgenommenen Grenzen zu überdenken. Das Buch ist zwar nicht für jeden geeignet, vor allem nicht für diejenigen, die eine weniger intensive Herangehensweise an die Selbstverbesserung bevorzugen, aber es hat das Potenzial, das Leben derjenigen zu verändern, die sich von Goggins' knallhartem Stil angesprochen fühlen. Die praktischen Tipps und Übungen machen es zu mehr als nur einer Autobiografie; es ist ein Leitfaden für mentale Widerstandsfähigkeit und Selbstverbesserung.

# Still: Die Kraft der Introvertierten

*von Susan Cain*

## Überblick

Susan Cains "Still: Die Kraft der Introvertierten" ist ein bahnbrechendes Buch, das die gesellschaftliche Vorliebe für Extrovertiertheit in Frage stellt und für die Bedeutung der Introvertiertheit plädiert. Das Buch ist in einige Hauptteile gegliedert, die jeweils unterschiedliche Facetten von Intro- und Extrovertiertheit beleuchten.

## Zusammenfassung

**Das Ideal der Extraversion**

Cain beginnt mit einer Untersuchung des kulturellen Wandels in den Vereinigten Staaten hin zu dem, was sie als das "Ideal der Extraversion" bezeichnet, eine Reihe von Eigenschaften wie Geselligkeit, Durchsetzungsvermögen und Kontaktfreudigkeit, die in der amerikanischen Gesellschaft allgemein geschätzt werden. Sie geht der Frage nach, wie dies alles beeinflusst hat, von Geschäftsstrategien bis zu Selbsthilfeprogrammen. Die Autorin kontrastiert dies mit früheren Kulturen, die eher introvertierte Eigenschaften wie Bescheidenheit und Introspektion schätzten.

**Unsere Biologie, unser Selbst?**

Dieser Abschnitt befasst sich mit der Biologie und Psychologie der Introversion. Cain zitiert verschiedene Studien, die darauf hindeuten, dass extrovertierte und introvertierte Menschen unterschiedlich stark stimuliert werden, was zu ihren unterschiedlichen Verhaltensweisen und Vorlieben führt. So reagieren Introvertierte im Allgemeinen empfindlicher auf äußere Reize und suchen daher eine ruhigere Umgebung.

**Gibt es in allen Kulturen ein extrovertiertes Ideal?**

Hier untersucht Cain, wie verschiedene Kulturen Introversion und Extraversion wahrnehmen. Sie erörtert, dass zum Beispiel asiatische Kulturen dazu neigen, introvertierte Eigenschaften mehr zu schätzen als westliche Kulturen. Dies wird als Kontrast zum extrovertierten Ideal in den Vereinigten Staaten dargestellt.

## Formen der Liebe und Arbeit für Introvertierte

In diesem Abschnitt des Buches gibt Cain Ratschläge, wie sich Introvertierte an eine extrovertierte Welt anpassen können, ohne das Wesentliche ihres Wesens zu verlieren. Sie erörtert die Beziehungen zwischen Introvertierten und Extrovertierten, die Rolle von Introvertierten in der Führung und wie introvertierte Qualitäten in verschiedenen beruflichen und persönlichen Situationen tatsächlich Stärken sein können.

Cain stellt auch mehrere Beispiele aus der Praxis und Fallstudien erfolgreicher Introvertierter vor und zeigt, dass Introvertiertheit nicht gleichbedeutend ist mit einem Mangel an Erfolg oder Ambition. Stattdessen argumentiert sie, dass die Welt sowohl Introvertierte als auch Extrovertierte braucht, um optimal zu funktionieren.

## Wichtige Konzepte und Erkenntnisse

1. Das extrovertierte Ideal: Cain argumentiert, dass die Vorliebe der Gesellschaft für Extrovertiertheit die Stärken, die Introvertierte mitbringen, oft vernachlässigt und unterbewertet.

2. Die Biologie der Introvertiertheit: Cain erörtert wissenschaftliche Theorien, die darauf hindeuten, dass Introvertiertheit und Extrovertiertheit nicht nur soziale Konstrukte sind, sondern tief in unserer Biologie verwurzelt sind.

3. Kulturelle Unterschiede: Das Buch untersucht, wie die Wahrnehmung von Introversion und Extraversion je nach kulturellem Kontext stark variieren kann.

4. Introvertierte in Beziehungen und im Beruf: Cain bietet praktische Ratschläge für Introvertierte, um sich in einer Welt zurechtzufinden, die auf Extrovertiertheit ausgerichtet zu sein scheint, einschließlich der Frage, wie man in Beziehungen und am Arbeitsplatz erfolgreich sein kann.

5. Die Stärken der Introvertiertheit: Im Laufe des Buches betont Cain, dass introvertierte Eigenschaften wie tiefes Denken, die Fähigkeit, sich zu konzentrieren, und die Neigung zu bedeutungsvollen Gesprächen keine Schwächen, sondern Stärken sind, die gefeiert und genutzt werden sollten.

Am Ende von ihrem Buch plädiert Cain überzeugend für eine ausgewogenere Sichtweise von Introvertiertheit und Extravertiertheit und setzt sich für eine Welt ein, die die Gaben der Introvertierten anerkennt und respektiert. Sie ermutigt Introvertierte, ihre natürlichen Neigungen anzunehmen, und

Extrovertierte, die Stärken zu verstehen, die Introvertierte in unser aller Leben einbringen.

## Stärken und Schwächen

**Stärken**

1. Gründliche Recherche: Einer der stärksten Aspekte dieses Buches ist die akribische Recherche, die Cain betreibt. Sie führt ein breites Spektrum an Studien aus den Bereichen Psychologie, Soziologie und Neurowissenschaften zusammen, um ihre These überzeugend zu untermauern.

2. Erzählungen und Fallstudien: Cain bezieht viele Beispiele aus der Praxis und Fallstudien ein, die ihre Argumente veranschaulichen. Diese Geschichten machen das Buch nachvollziehbar und bieten praktische Einsichten.

3. Differenziertes Verständnis: Cain geht über bloße Stereotypen hinaus und erforscht die Komplexität von Introversion und Extraversion. Sie taucht in die Wissenschaft ein, die hinter diesen Persönlichkeitstypen steht, und bietet so eine abgerundete Sichtweise, die in populären Diskussionen oft fehlt.

4. Kulturelle Analyse: Cains vergleichende Studie darüber, wie verschiedene Kulturen Introvertiertheit wahrnehmen, fügt dem Diskurs eine unschätzbare Ebene hinzu und stellt ethnozentrische Ansichten über den "richtigen" Persönlichkeitstyp in Frage.

5. Praktische Ratschläge: Das Buch zeigt nicht nur Probleme auf, sondern bietet auch konstruktive Ratschläge für Introvertierte, wie sie sich in einer von Extrovertierten dominierten Welt zurechtfinden können. Das macht es nicht nur zu einer Kritik, sondern auch zu einem Ratgeber.

6. Zugänglicher Schreibstil: Das Buch ist in einem Stil geschrieben, der akademisch genug ist, um glaubwürdig zu sein, aber auch für ein allgemeines Publikum zugänglich ist.

7. Emotionale Resonanz: Für viele Introvertierte wird dieses Buch eine Bestätigung sein. Cains eigene Erfahrungen und die Geschichten, die sie erzählt, könnten für introvertierte Menschen, die sich ausgegrenzt fühlen, eine dringend benötigte Bestätigung sein.

**Schwächen**

1. Westlicher Fokus: Das Buch erforscht zwar, wie verschiedene Kulturen mit Introvertiertheit umgehen, aber der Hauptfokus liegt immer noch auf

den westlichen Gesellschaften. Dies könnte seine Anwendbarkeit für ein weltweites Publikum einschränken.

2. Weniger Berichterstattung über Extrovertiertheit: So sehr das Buch eine notwendige Verteidigung der Introvertiertheit ist, so sehr vernachlässigt es manchmal eine ausgewogene Sichtweise, indem es auch die Stärken und Schwächen der Extrovertiertheit detailliert beschreibt.

3. Wiederholbarkeit: Bestimmte Punkte, insbesondere in Bezug auf die gesellschaftliche Voreingenommenheit gegenüber Introvertierten, werden mehrfach wiederholt, was als etwas repetitiv empfunden werden könnte.

4. Länge: Einige Leser könnten das Buch als etwas lang empfinden, vor allem diejenigen, die schnelle, praktische Tipps suchen und nicht tief in das Thema eintauchen wollen.

5. Begrenzte praktische Lösungen für systemische Probleme: Während Cain individuelle Ratschläge für Introvertierte gibt, geht sie nicht näher darauf ein, wie gesellschaftliche Strukturen verändert werden könnten, um beiden Persönlichkeitstypen besser gerecht zu werden.

## Fazit

"Still: Die Kraft der Introvertierten" ist sowohl ein Manifest als auch ein Leitfaden für Introvertierte und diejenigen, die mit ihnen leben oder arbeiten. Cains gut begründete Argumente, die sich auf umfangreiche Forschungsergebnisse und Beispiele aus dem wirklichen Leben stützen, machen es zu einer fesselnden Lektüre, die gesellschaftliche Normen in Frage stellt. Es hat zwar einige Einschränkungen, vor allem in Bezug auf den westlichen Fokus und die Wiederholungen, aber die Stärken des Buches überwiegen bei weitem seine Schwächen. Es hat das Potenzial, nicht nur die Augen zu öffnen, sondern auch das Leben zu verändern, insbesondere für Introvertierte, die in einer überwiegend extrovertierten Welt nach Bestätigung und Orientierung suchen.

# Ikigai: Gesund und glücklich hundert werden

*von Héctor García und Francesc Miralles*

## Überblick

"Ikigai: Gesund und glücklich hundert werden" ist ein inspirierendes Buch, das sich mit dem japanischen Konzept des Ikigai befasst – einem Begriff, der sich am besten als "der Grund, für den man morgens aufsteht" übersetzen lässt. Die Autoren, Héctor García und Francesc Miralles, untersuchen, wie sich die Idee des Ikigai in der japanischen Kultur manifestiert und konzentrieren sich auf die Bewohner der japanischen Insel Okinawa, die für ihre Langlebigkeit und hohe Lebensqualität bekannt sind. Auf der Grundlage von Interviews, historischen Zusammenhängen und moderner Psychologie erstellen die Autoren einen umfassenden Leitfaden zum Verständnis und zur Umsetzung der Prinzipien von Ikigai im eigenen Leben.

## Zusammenfassung

### Finden Sie Ihr Ikigai

Zu Beginn des Buches wird erklärt, dass man sein Ikigai finden muss, indem man das, was man liebt, was man gut kann, was die Welt braucht und wofür man bezahlt werden kann, miteinander verknüpft. Im Gegensatz zu westlichen Philosophien, die das Arbeitsleben von den persönlichen Leidenschaften trennen, besteht Ikigai darauf, dass die Verschmelzung dieser Elemente ein erfülltes Leben ermöglichen kann.

### Die Okinawa-Studie

Die japanische Insel Okinawa hat einen der weltweit höchsten Prozentsätze an Hundertjährigen. Die Autoren führen dies nicht nur auf Ernährung und Bewegung zurück, sondern auch auf den starken Gemeinschaftssinn der Okinawaner und ihre individuellen Ikigais. Die Bedeutung sozialer Bindungen und eines zielgerichteten Lebens wird hier eingehend erforscht.

### Geist-Körper-Verbindung

Das Buch unterstreicht die enge Verbindung zwischen einem erfüllten, zielgerichteten Leben und körperlichem Wohlbefinden. Ikigai bezieht sich nicht nur auf das Berufsleben, sondern umfasst eine ganzheitliche Sichtweise des

Wohlbefindens und ermutigt die Menschen, Aktivitäten aufzunehmen, die sowohl den Geist als auch den Körper beschäftigen.

**Die Rolle der Ernährung**

Ernährungsgewohnheiten, wie z. B. das Essen, bis man nur noch zu 80 % satt ist ("Hara Hachi Bu"), werden als eine der Komponenten eines Lebens im Einklang mit Ikigai vorgestellt. Die Autoren untersuchen, wie wichtig es ist, achtsam zu essen und eine Vielzahl von Lebensmitteln in die Ernährung einzubeziehen, wobei sie sich stark an die okinawanische Ernährung anlehnen, die reich an Gemüse, Tofu und Meeresfrüchten ist.

**Der Flow-Zustand**

Das Konzept des "Flow" wird als ein wesentlicher Aspekt des Ikigai eingeführt. Einen Flow-Zustand zu erreichen bedeutet, völlig in eine Aktivität einzutauchen und dabei Zeit und Raum aus den Augen zu verlieren, was nicht nur erfüllend, sondern auch psychologisch vorteilhaft ist. Die Autoren ermutigen die Leser, Aktivitäten zu finden, bei denen sie diesen Zustand erreichen können.

**Resilienz**

Die Idee der Resilienz und Antifragilität ist ebenfalls mit Ikigai verbunden. In der japanischen Kultur, die durch Beispiele wie Kintsugi (die Kunst, zerbrochene Töpferwaren mit Gold zu reparieren) veranschaulicht wird, wird die Widerstandsfähigkeit zelebriert und das Potenzial und die Schönheit in der Reparatur gesehen, anstatt das Zerbrochene wegzuwerfen.

**Kleine, stetige Schritte**

Die Philosophie, mit kleinen Schritten ein größeres Ziel zu erreichen (bekannt als "Kaizen"), wird als mit Ikigai übereinstimmend dargestellt. Indem man sich auf eine kleine Verbesserung nach der anderen konzentriert, kann der Einzelne auf seinem Weg, sein Ikigai zu finden und zu leben, langfristig bedeutende Fortschritte erzielen.

**Fallstudien**

Die Autoren liefern zahlreiche Fallstudien, Interviews mit japanischen Hundertjährigen und Beispiele von Menschen, die ihr Ikigai gefunden haben. Diese Beispiele aus der Praxis zeigen, dass die Suche nach dem eigenen Ikigai nicht nur ein hehres Ideal ist, sondern ein praktischer Weg zu einem längeren und erfüllteren Leben.

Das Buch schließt mit einer Zusammenfassung der wichtigsten Konzepte und ermutigt die Leser, proaktiv nach ihrem eigenen Ikigai zu suchen, denn es ist eine lebenslange Reise und kein Ziel. Im Wesentlichen dient es als umfassender Leitfaden zum Verständnis dieser tief verwurzelten japanischen Philosophie und bietet praktische Ratschläge, wie man sie in die verschiedenen Aspekte des eigenen Lebens einbeziehen kann.

## Stärken und Schwächen

**Stärken**

1. Kulturelle Einblicke: Einer der stärksten Aspekte des Buches ist die eingehende Erforschung der japanischen Kultur und Mentalität. Es ist nicht nur ein Selbsthilfebuch, sondern auch eine kulturwissenschaftliche Studie, die die Botschaft des Buches noch vielschichtiger macht.

2. Ganzheitlicher Ansatz: Das Buch konzentriert sich nicht nur auf einen Aspekt des Lebens, sondern stellt Ikigai als ein ganzheitliches Unterfangen dar, das Arbeit, Beziehungen, Leidenschaften und sogar Ernährung und Sport umfasst.

3. Beispiele aus der realen Welt: Die Einbeziehung von Fallstudien aus dem wirklichen Leben und Interviews mit japanischen Hundertjährigen verleiht dem Buch ein authentisches Gefühl. Es macht die Philosophie des Ikigai zugänglich und nachvollziehbar.

4. Umsetzbare Ratschläge: Das Buch ist voll von praktischen Übungen, Reflexionsfragen und umsetzbaren Schritten, die dem Leser helfen, sein eigenes Ikigai zu erkennen und zu verfolgen.

5. Interdisziplinär: Die Autoren integrieren Aspekte der Psychologie, Soziologie und sogar der Diätetik, um eine abgerundete Sichtweise darauf zu bieten, wie man ein Gefühl von Sinn und Freude im Leben erreichen kann.

6. Einfacher Schreibstil: Die Prosa ist einfach gehalten und macht komplexe Themen leicht verdaulich. Das Buch ist gut strukturiert, was dem Leser hilft, dem logischen Fluss zu folgen.

7. Kurz und leicht zugänglich: Das Buch ist nicht übermäßig lang, sodass man es schnell lesen kann, ohne dass es einen überwältigt. Das macht es auch für Menschen zugänglich, die das Konzept noch nicht kennen.

**Schwächen**

1. Übergeneralisierung: Während das Buch sich mit der japanischen Kultur befasst, besteht manchmal die Gefahr, dass bestimmte Aspekte zu sehr verallgemeinert werden, so dass sie universell anwendbar erscheinen. Dies kann irreführend sein, da kulturelle Nuancen oft nicht übertragbar sind.

2. Nicht zutiefst akademisch: Obwohl das Buch auf verschiedene Studien und akademische Konzepte verweist, tut es dies auf eine leichte Art und Weise, die diejenigen, die eine tiefgründige wissenschaftliche Analyse suchen, vielleicht nicht zufrieden stellt.

3. Wiederholbarkeit: Manche Leser könnten bestimmte Abschnitte als repetitiv empfinden. Die Wiederholungen dienen zwar dazu, die Kernaussagen des Buches zu verstärken, hätten aber für eine prägnantere Lektüre gestrafft werden können.

4. Mangel an Gegenargumenten: Das Buch äußert sich überwiegend positiv über die Ikigai-Philosophie und geht nicht auf mögliche Kritikpunkte oder Einschränkungen dieser Lebensweise ein.

5. Breiter Umfang: Der ganzheitliche Ansatz des Buches ist zwar eine Stärke, aber auch eine Schwäche, da er so viele Aspekte (Ernährung, Bewegung, Arbeit, Beziehungen) berührt, dass keiner davon in der Tiefe behandelt werden kann.

6. Kann einige Leser überfordern: Das Spektrum der vorgeschlagenen Änderungen des Lebensstils könnte für jemanden, für den das Konzept neu ist oder für den erhebliche Änderungen des Lebensstils eine Herausforderung darstellen, überwältigend sein.

### Fazit

"Ikigai: Gesund und glücklich hundert werden" bietet einen faszinierenden Einblick in eine Lebens- und Denkweise, die vielen ein langes und erfülltes Leben beschert hat. Das Buch ist informativ, leicht zu lesen und bietet praktische Schritte für jeden, der seinen Lebenszweck und sein Glück neu überdenken möchte. Für diejenigen, die eine gründlichere oder wissenschaftlichere Auseinandersetzung mit dem Thema suchen, geht es jedoch vielleicht nicht weit genug in die Tiefe. Insgesamt ist es eine lohnenswerte Lektüre für alle, die sich für persönliche Entwicklung, Wohlbefinden und Kulturwissenschaften interessieren.

# Selbstbild:
# Wie unser Denken Erfolge oder Niederlagen bewirkt

*von Carol S. Dweck*

| Überblick |
|---|

Carol S. Dwecks "Selbstbild: Wie unser Denken Erfolge oder Niederlagen bewirkt" ist ein bahnbrechendes Buch, das erforscht, wie unsere Überzeugungen und Einstellungen unser Leben erheblich beeinflussen können. Das Buch liefert überzeugende Belege für die Kraft eines dynamischen Denkens im Gegensatz zu einem statischen Denken und beleuchtet dessen Einfluss in verschiedenen Bereichen wie Geschäft, Beziehungen, Bildung und persönliches Wachstum.

| Zusammenfassung |
|---|

Dweck eröffnet das Buch mit ihren eigenen Erfahrungen und Beobachtungen als junge Studentin. Sie geht schnell auf die Bedeutung der Denkweise ein und umreißt die beiden Hauptkategorien, die sie im Rest des Buches besprechen wird. Sie stellt die zentrale These vor, dass die Denkweise einer Person ihr Verhalten, ihre Beziehungen und ihren Erfolg im Leben prägt.

**Statisches Denken**

In den Kapiteln, die sich auf das statische Denken konzentrieren, erforscht Dweck das Glaubenssystem, in dem Menschen denken, dass ihre Eigenschaften wie Intelligenz und Talent feste Merkmale sind. Sie diskutiert, wie Personen mit einem statischen Denken in der Regel darauf fokussiert sind, intelligent zu erscheinen, und deshalb Herausforderungen vermeiden, leicht aufgeben, nützliches Feedback ignorieren und sich durch den Erfolg anderer bedroht fühlen. Diese Denkweise begrenzt das Wachstum und reduziert das Potenzial, Ziele zu erreichen.

**Dynamisches Denken**

Dweck stellt dem das dynamische Denken gegenüber, das sie als die gesündere Alternative betrachtet. Menschen mit einem dynamischen Denken glauben, dass Fähigkeiten und Intelligenz durch Hingabe, harte Arbeit und konstruktives Feedback entwickelt werden können. Sie sind eher bereit, Herausforderungen zu genießen, Schwierigkeiten durchzustehen und sich an Feedback anzupassen. Nach Dweck ermöglicht diese Denkweise mehr Freiheit und führt zu einem erfolgreichen und erfüllten Leben.

**Unternehmen und Führung**

Dweck wendet ihre Theorie auf verschiedene Sektoren an, wie Unternehmen und Führung. Anhand von Fallstudien von Unternehmen wie Enron und IBM veranschaulicht sie, wie ein statisches Denken ein Geschäft lähmen kann, während ein dynamisches Denken kollektive Intelligenz anregen und Mitarbeiter motivieren kann.

**Beziehungen**

Sie untersucht auch, wie Denkweisen Beziehungen beeinflussen. Personen mit statischem Denken neigen dazu, ihre Partner auf ein Podest zu stellen und sie dann zu kritisieren, wenn sie ihre Erwartungen nicht erfüllen, was zu Konflikten und Unzufriedenheit führt. Personen mit dynamischen Denken hingegen verstehen, dass jeder Unvollkommenheiten hat und glauben, dass Anstrengung und konstruktiver Dialog helfen können, Probleme zu lösen.

**Elternschaft und Bildung**

Dweck argumentiert, dass Denkweisen bereits im frühen Leben durch Elternschaft und Bildung entwickelt werden können. Lob, sagt sie, kann ein zweischneidiges Schwert sein. Kinder für ihre Intelligenz zu loben, fördert ein statisches Denken, während das Loben ihrer Anstrengung ein dynamisches Denken fördert. Sie zitiert mehrere Klassenzimmerszenarien, in denen Schüler, die in einer dynamischen Denkweise gefördert wurden, akademisch und sozial besser abschnitten.

**Veränderung der Denkweisen**

Das Buch schließt mit einer Diskussion darüber, wie man seine Denkweise ändern kann. Dweck schlägt vor, sich unserer Denkweise bewusst zu werden, zu erkennen, dass wir eine Wahl haben, wie wir an Probleme und Herausforderungen herangehen, mit unserer statischen "Stimme" zu sprechen und Aktionen zugunsten des dynamischen Denkens zu ergreifen.

Carol S. Dweck betont die tiefgreifende Auswirkung, die die Denkweise auf den Erfolg und das Wohlbefinden einer Person hat. Durch eine Mischung aus Forschung, Fallstudien und persönlichen Anekdoten macht sie deutlich, dass die Denkweise nicht nur eine kognitive Fähigkeit, sondern ein Prisma ist, durch das wir unsere Welt sehen und navigieren. Der Wechsel von einem statischen zu einem dynamischen Denken kann transformative Effekte auf jeden Aspekt des Lebens haben.

## Stärken und Schwächen

**Stärken**

1. Starkes theoretisches Gerüst: Eine der bedeutendsten Stärken des Buches ist sein gut erforschtes und gut argumentiertes theoretisches Gerüst. Dweck untermauert ihre Aussagen mit einer Reihe von psychologischen Studien, was das Buch zu einer wissenschaftlich fundierten Lektüre macht.

2. Breite Anwendung: Das Buch wendet die Theorie des statischen vs. Dynamischen Denkens auf mehrere Bereiche an. Ob es um Unternehmenskultur, Ehe, Elternschaft oder Bildung geht, Dweck zeigt dem Leser, wie die Denkweisen-Theorie universell anwendbar ist.

3. Zugänglichkeit: Dwecks Schreibstil ist leicht verständlich, was psychologische Theorien einem Laienpublikum zugänglich macht. Sie vermeidet Fachjargon und präsentiert Konzepte auf zugängliche Weise.

4. Umsetzbare Ratschläge: Dweck geht über die bloße Identifizierung der Probleme eines statischen Denkens hinaus. Sie bietet praktische Tipps und Übungen für den Übergang von einem statischen zu einem dynamischen Denken, was dem Buch einen enormen praktischen Wert verleiht.

5. Fallstudien und Beispiele: Das Buch ist voll von realen Beispielen und Fallstudien, die ihre Punkte illustrieren, was es einfacher macht, sich auf den theoretischen Inhalt zu beziehen.

6. Betont die Bedeutung von Anstrengung: Eine wichtige Erkenntnis ist, dass Talent nicht alles ist; Anstrengung und Ausdauer können erheblich zum Erfolg beitragen, eine ermächtigende Botschaft für viele.

7. Bildungseinblick: Für Pädagogen und Eltern bietet dieses Buch unschätzbare Einblicke, wie Lob und Kritik die Denkweise eines Kindes prägen können. Es ist eine nützliche Ressource für diejenigen, die ein dynamisches Denken bei jungen Menschen fördern möchten.

**Schwächen**

1. Einfachheit: Einer der Kritikpunkte an Dwecks Arbeit ist, dass sie komplexe menschliche Verhaltensweisen und Eigenschaften tendenziell

vereinfacht, indem sie diese in nur zwei Kategorien einteilt: statisches und dynamisches Denken. Diese Zweiteilung berücksichtigt nicht immer die Nuancen oder das Spektrum von Denkweisen, die zwischen diesen beiden Extremen existieren.

2. Wiederholung: Das Buch, obwohl umfassend, neigt zur Wiederholung. Dweck wiederholt ihre Sichtweise viele Male auf ähnliche Weise, was nicht allen Lesern zusagen könnte.

3. Fehlen von Gegenargumenten: Während das Buch gründlich für das dynamische Denken eintritt, bietet es keine ausreichenden Gegenargumente oder diskutiert Szenarien, in denen ein statisches Denken Vorteile haben könnte, was es etwas einseitig erscheinen lässt.

4. Nicht genug Fokus auf externe Faktoren: Während das Buch die Rolle der individuellen Denkweise beim Erfolg betont, könnte es systemischen Fragen und externen Faktoren, die den Erfolg einer Person beeinflussen können, mehr Beachtung schenken.

5. Potenzial für Fehlinterpretation: Die Botschaft des Buches kann fehlinterpretiert werden als „Man kann alles erreichen, wenn man ein dynamisches Denken hat", was nicht immer der Fall ist.

## Fazit

"Selbstbild: Wie unser Denken Erfolge oder Niederlagen bewirkt" ist ein aufschlussreiches und potenziell lebensveränderndes Buch. Es ist gut erforscht und auf eine Weise geschrieben, die für ein breites Publikum zugänglich ist. Die vereinfachende Dichotomie und Wiederholung des Buches könnten jedoch für einige Leser Nachteile darstellen. Insgesamt überwiegen seine positiven Aspekte jedoch seine negativen, was es zu einer sehr empfehlenswerten Lektüre für jeden macht, der verstehen möchte, wie unsere Denkweise unser Leben prägt und wie wir sie zum Besseren verändern können.

# Lean Startup:
# Schnell, risikolos und erfolgreich Unternehmen gründen

*von Eric Ries*

## Überblick

"Lean Startup" von Eric Ries revolutioniert unser Verständnis von Unternehmertum und Produktentwicklung. Das Buch führt einen systematischen, wissenschaftlichen Ansatz ein, um erfolgreiche Startups in einer Zeit zu schaffen, in der Unternehmen mehr denn je innovieren müssen. Basierend auf Prinzipien, die aus dem Lean Manufacturing entlehnt sind, befürwortet das Buch eine neue Form des Unternehmertums, die schnelle Experimente, validiertes Lernen und iterative Produktveröffentlichungen nutzt.

## Zusammenfassung

**Kernkonzepte**

Startup: Ein Startup ist eine Organisation, die sich der Schaffung von etwas Neuem unter Bedingungen extremer Unsicherheit widmet.

• Validiertes Lernen: Anstatt Geschäftsentscheidungen auf Basis traditioneller Geschäftskennzahlen zu treffen, sollten Unternehmer sich auf validiertes Lernen konzentrieren, um ihre Vision kontinuierlich zu testen. Dieses Lernen kann wissenschaftlich validiert werden, indem man die Metriken misst, die wichtig sind.

• Bauen-Messen-Lernen: Das Buch beschreibt eine kontinuierliche Schleife der Produktentwicklung, die den Bau eines minimal funktionsfähigen Produkts (MVP - Minimum Viable Product), das Messen seiner Auswirkungen auf den Markt und das Lernen aus den Ergebnissen umfasst.

• Minimal Funktionsfähiges Produkt (MVP): Dies ist die einfachste Form eines neuen Produkts, das einem Startup erlaubt, die maximale Menge an validiertem Lernen mit dem geringsten Aufwand zu sammeln.

- Den Kurs wechseln oder Durchhalten: Basierend auf dem Feedback zum MVP muss ein Startup entscheiden, ob es eine grundlegende Änderung am Produkt vornehmen oder durchhalten (das MVP weiterentwickeln) soll.

- Unternehmer gibt es überall: Man muss nicht in einer Garage arbeiten, um ein Startup zu sein. Dieses Prinzip betont, dass Startups in jedem organisatorischen Umfeld existieren können.

- Unternehmertum ist Management: Ein Startup ist eine Institution, die Management erfordert, aber es ist eine spezielle Art von Management, die auf den Kontext extremer Unsicherheit zugeschnitten ist.

- Innovatives Rechnungswesen: Um unternehmerische Ergebnisse zu verbessern und Innovatoren zur Rechenschaft zu ziehen, müssen wir uns auf das langweilige Zeug konzentrieren: Wie man Fortschritte misst, Meilensteine festlegt und Arbeit priorisiert.

**Teil Eins: Vision**

- Start: Dieser Punkt plädiert für ein neues Rahmenwerk des unternehmerischen Managements, das Startups antreibt – traditionelle Geschäftsplanung ersetzen durch eine 'Startup'-Methode.

- Definition: Unterscheidet zwischen verschiedenen Arten von Unternehmern und betont, dass jeder, der unter Bedingungen extremer Unsicherheit ein neues Produkt schafft, ein Unternehmer ist, unabhängig von seinem Standort oder der Größe seiner Organisation.

- Lernprozesse: Führt "validiertes Lernen" als Fortschrittseinheit in Startups ein und argumentiert, dass Startups versuchen sollten, ihre Geschäftshypothesen so schnell und effizient wie möglich zu validieren.

**Teil Zwei: Steuerung**

- Sprung: Bevor man eine Idee in ein fertiges Produkt umsetzt, gibt es viele Annahmen, die getestet werden müssen.

- Tests: Konzentriert sich auf den Bau des MVP, das hilft zu lernen, was Kunden wirklich wollen.

- Messungen: Sobald das MVP gestartet ist, sollte der Fokus darauf liegen, wie Kunden reagieren.

- Kurswechsel: Diskutiert, wann man eine neue Richtung einschlagen oder in der bestehenden Strategie durchhalten sollte.

**Teil Drei: Beschleunigung**

- Batchgrößen: Befürwortet die Verwendung von kleinen Batches, um das Produkt schneller durch die Bauen-Messen-Lernen-Schleife zu bewegen.
- Wachstum: Diskutiert neue und nachhaltige Wachstumsstrategien, die im Fokus stehen sollten, sobald das Startup auf dem richtigen Weg ist.
- Anpassung: Spricht über die Bedeutung, anpassungsfähig an neue Informationen und Feedback zu sein.
- Innovation: Ermutigt Startups, immer nach Innovation zu streben, um im Markt voraus zu sein.

Das Buch endet mit einem Aufruf zum Handeln und fordert die Leser auf, Führungspersonen zu werden, die sich anpassen und die Lean-Startup-Methodik in ihren Organisationen umsetzen können. Ries betont die Bedeutung der Schaffung einer Umgebung, in der Experimentieren und Lernen gefördert werden und in der Misserfolg als Chance zur Verbesserung gesehen wird.

## Stärken und Schwächen

**Stärken**

1. Praktischer Ansatz: Eine der größten Stärken von "Lean Startup" ist seine Praktikabilität. Ries bietet handlungsorientierte Richtlinien, nicht nur Theorien, darüber, wie man ein nachhaltiges Geschäft aufbaut.

2. Universalität der Konzepte: Die Prinzipien im Buch sind nicht nur auf Software- oder Tech-Startups beschränkt, sondern können auf verschiedene Branchen angewendet werden.

3. Wissenschaftliche Strenge: Ries wendet einen wissenschaftlichen Ansatz bei Geschäftsentscheidungen an und betont die Notwendigkeit von Metriken und validiertem Lernen. Dies verleiht seiner Methodik Glaubwürdigkeit.

4. Klare Terminologie: Das Buch ist hervorragend darin, neue Begriffe einzuführen und zu definieren, die Teil des unternehmerischen Lexikons geworden sind, wie MVP und validiertes Lernen.

5. Beispiele aus der realen Welt: Ries stützt seine Behauptungen mit zahlreichen Fallstudien und Beispielen aus seiner eigenen Erfahrung, was die Ratschläge leicht verständlich macht.

6. Umgang mit Unsicherheit: Das Framework ist so konzipiert, dass es unter Bedingungen extremer Unsicherheit funktioniert, was es zu einem wertvollen Leitfaden in der heutigen schnelllebigen Geschäftswelt macht.

7. Fokus auf Anpassungsfähigkeit: Das Buch fördert eine Kultur der Anpassungsfähigkeit und ermutigt zu einer Denkweise kontinuierlicher Verbesserung, die für den langfristigen Erfolg entscheidend ist.

**Schwächen**

1. Überbetonung des MVP: Obwohl das Konzept des MVP kraftvoll ist, wird im Buch manchmal der Eindruck erweckt, dass es ein Allheilmittel für alle Probleme von Startups ist, was zu einer Vereinfachung komplexer Geschäftsherausforderungen führen kann.

2. Kein Schritt-für-Schritt-Leitfaden: Obwohl das Buch darauf abzielt, ein praktisches Handbuch für Startups zu sein, bietet es keinen Schritt-für-Schritt-Leitfaden für jeden Aspekt des Startup-Managements, was manche Leser bevorzugen könnten.

3. Wiederholungen: Bestimmte Ideen und Konzepte werden im Buch mehrmals wiederholt, was als redundant angesehen werden könnte.

4. Begrenzter Fokus auf Teamdynamik: Das Buch konzentriert sich stark auf die Mechanik eines Lean-Startups, schenkt aber der Bedeutung von Teamdynamik, Kultur und Führungsstilen, die ebenfalls entscheidend für den Erfolg eines Startups sind, nur wenig Aufmerksamkeit.

5. Risiko der Fehlanwendung: Da die Lean-Startup-Methodik hoch strukturiert ist, besteht das Risiko, dass einige Praktiker die Prinzipien zu starr anwenden, wodurch Kreativität gehemmt oder Chancen verpasst werden, die nicht sauber in den Bauen-Messen-Lernen-Rahmen passen.

6. Nicht für jeden geeignet: Während das Buch versucht, die Lean-Startup-Prinzipien auf alle Arten von "Startups" zu verallgemeinern, neigen die Fallstudien und Beispiele stark zu Tech-Startups, was es für Unternehmer in anderen Bereichen etwas weniger anwendbar macht.

| Fazit |
|---|

"Lean Startup" ist ein Muss für jeden, der in der Welt der Startups oder des Innovationsmanagements involviert ist. Es kombiniert erfolgreich wissenschaftliche Strenge mit praktischen Ratschlägen und bietet einen neuen Rahmen für die Geschäftsentwicklung. Obwohl es seine Grenzen hat und möglicherweise nicht in jeder Situation oder für jeden Geschäftstyp anwendbar ist, bieten seine Kernprinzipien wertvolle Einblicke, die Unternehmern und Managern gleichermaßen zugutekommen können. Die Stärken dieses Buches überwiegen bei weitem seine Schwächen, was es zu einem grundlegenden Werk im Bereich des Unternehmertums und der Startup-Methodik macht.

# Crushing it:
# Großartige Strategien für mehr Umsatz und mehr Einfluss in sozialen Medien

*von Gary Vaynerchuk*

| Überblick |
|---|

"Crushing It" ist Gary Vaynerchuks Nachfolger zu seinem vorherigen Buch "Crush It!". In diesem Werk taucht er tiefer in die Welt des Personal Branding ein und erklärt, wie moderne Unternehmer verschiedene Social-Media-Plattformen nutzen können, um ihr Unternehmen zu vergrößern und ihren Einfluss zu erweitern.

| Zusammenfassung |
|---|

### Einführung

Gary beginnt mit einer Einführung, in der er die Bedeutung einer persönlichen Marke betont. Er ist der Meinung, dass eine robuste persönliche Marke für den unternehmerischen Erfolg im heutigen digitalen Zeitalter entscheidend ist.

### Wesentliche Aspekte

1. Begeisterung: Gary erläutert, wie wichtig es ist, sich für das, was man tut, zu begeistern. Wenn Sie sich für Ihre Marke und Ihre Botschaft begeistern, wird dies in Ihren Inhalten durchscheinen und bei Ihrem Publikum ankommen.

2. Worauf es (noch) ankommt: Dieser Punkt dient als Auffrischung von "Crush It!". Gary bekräftigt die Bedeutung von Authentizität, Leidenschaft, Geduld und Schnelligkeit beim Aufbau einer Marke.

3. Der Inhalt: Im digitalen Zeitalter sind Inhalte das A und O. Gary gibt Einblicke in die Erstellung überzeugender Inhalte, die das Publikum anziehen und fesseln.

4. Was hindert Sie daran? Gary geht auf häufige Ängste und falsche Vorstellungen ein, die Menschen davon abhalten, soziale Medien zu nutzen, wie z.

B. die Angst vor Überbelichtung oder der Irrglaube, es gäbe bereits zu viele Inhalte.

5. Plattformspezifische Ratschläge:

- Dies ist das Herzstück des Buches. Jeder Punkt ist einer bestimmten Social-Media-Plattform wie Facebook, Instagram, Snapchat, Twitter, YouTube und anderen gewidmet.

- Gary schlüsselt die einzigartigen Merkmale und Stärken jeder Plattform auf.

- Er gibt maßgeschneiderte Ratschläge für die Erstellung von Inhalten und Strategien, die für jede Plattform am besten geeignet sind.

- Er berichtet über Erfolgsgeschichten von Menschen, die jede Plattform gemeistert haben.

6. Eine Community schaffen: Es reicht nicht aus, nur Inhalte zu veröffentlichen. Engagement ist entscheidend. Gary erläutert, wie wichtig es ist, eine Online-Community aufzubauen und zu pflegen. Die Beantwortung von Kommentaren, die Teilnahme an Meetings und die Interaktion mit Ihren Anhängern können Ihre Marke festigen und die Loyalität fördern.

7. Live-Streaming und Podcasting: Gary erforscht die aufkommenden Trends des Live-Streaming und Podcasting. Diese Plattformen ermöglichen die Interaktion mit dem Publikum in Echtzeit und können bei richtiger Anwendung unglaublich wirkungsvoll sein.

8. Musikkünstler: Gary zeigt auf, wie Musiker Plattformen wie SoundCloud nutzen und soziale Medien einsetzen können, um ihre Marke aufzubauen und mit ihren Fans in Kontakt zu treten.

9. Mit der Monetarisierung beginnen: Das ultimative Ziel für viele ist es, ihre Marke und ihre Leidenschaft zu Geld zu machen. Gary gibt Einblicke, wie man vom Aufbau einer Marke zum Geldverdienen übergeht, sei es durch Sponsoring, Merchandise oder andere Möglichkeiten.

In "Crushing It" betont Vaynerchuk, dass jeder, unabhängig von Alter, Hintergrund oder Erfahrung, die Macht der sozialen Medien nutzen kann, um seine Unternehmerträume zu verwirklichen. Der Weg zum Erfolg erfordert jedoch harte Arbeit, Authentizität und ein tiefes Verständnis für die Feinheiten der einzelnen Plattformen. Anhand verschiedener Erfolgsgeschichten veranschaulicht Gary die transformative Kraft der sozialen Medien in der Unternehmenslandschaft.

## Stärken und Schwächen

**Stärken**

1. Plattform-spezifische Strategien: Eine der größten Stärken des Buches ist, dass es ganze Kapitel den einzelnen Social-Media-Plattformen widmet. Dies ermöglicht den Lesern ein tiefgreifendes Verständnis des Potenzials jeder Plattform und wie sie am besten genutzt werden kann.

2. Beispiele aus der realen Welt: Vaynerchuk zitiert häufig Unternehmer und Influencer, die Social Media erfolgreich für den Aufbau ihrer Marken genutzt haben. Diese konkreten Erfolgsgeschichten bieten nicht nur Inspiration, sondern dienen den Lesern auch als Fallstudien zur Nachahmung.

3. Umsetzbare Ratschläge: Das Buch ist vollgepackt mit umsetzbaren Tipps und Strategien. Ob es um die Erstellung von Inhalten, das Engagement in der Community oder die Monetarisierung geht, Vaynerchuk bietet den Lesern klare Schritte, mit denen sie ihre Ziele erreichen können.

4. Authentische Stimme: Vaynerchuks authentischer und sachlicher Stil zieht sich wie ein roter Faden durch das Buch. Seine Offenheit in Bezug auf den erforderlichen Aufwand und die Notwendigkeit von Authentizität beim Personal Branding wirkt erfrischend und motivierend.

5. Berichterstattung über aufkommende Plattformen: Durch die Erörterung relativ neuer Plattformen wie Live-Streaming und Podcasting stellt Vaynerchuk sicher, dass die Leser über alle potenziellen Möglichkeiten der Markenbildung informiert sind.

**Schwächen**

1. Überwältigend für Einsteiger: Für diejenigen, die völlig neu in der Welt des Social Media Branding sind, kann die schiere Menge an Informationen und Strategien in diesem Buch überwältigend sein. Ein stufenweiser Ansatz oder ein einleitendes Kapitel für absolute Anfänger wäre vielleicht von Vorteil gewesen.

2. Sich schnell verändernde Landschaft: Es liegt in der Natur der sozialen Medien, dass sich die Plattformen schnell weiterentwickeln. Einige der spezifischen Ratschläge könnten veraltet sein, wenn die Plattformen neue Funktionen einführen oder sich in ihrer Popularität verändern.

3. Verkaufsorientierter Ton: Manchmal wirkt das Buch wie Eigenwerbung, da Vaynerchuk häufig auf seine früheren Arbeiten oder Unternehmungen

verweist. Dies unterstreicht zwar sein Fachwissen, könnte aber für einige Leser abschreckend wirken.

4. Fehlende Vertiefung in die Monetarisierung: Das Buch geht zwar auf die Monetarisierung ein, aber angesichts ihrer Bedeutung wäre eine detailliertere Betrachtung von großem Wert gewesen.

5. Nicht allumfassend: Einige Leser könnten feststellen, dass ihre spezifische Nische oder Branche nicht angemessen behandelt wird. Während zum Beispiel Musiker ein eigenes Kapitel erhalten, wünschen sich andere Kreativschaffende vielleicht mehr maßgeschneiderte Ratschläge.

### Fazit

"Crushing It" ist ein aufschlussreicher Leitfaden für alle, die das Potenzial der sozialen Medien in der Unternehmenswelt verstehen wollen. Vaynerchuks Enthusiasmus ist ansteckend, und sein Fachwissen ist offensichtlich. Auch wenn das Buch voller Stärken steckt, sollten sich die Leser darüber im Klaren sein, dass die Landschaft der sozialen Medien fließend ist und es wichtig ist, sich über das Buch hinaus auf dem Laufenden zu halten. Insgesamt ist es eine wertvolle Lektüre sowohl für angehende als auch für etablierte Unternehmer.

# Frag immer erst: warum:
# Wie Top-Firmen und Führungskräfte zum Erfolg inspirieren

*von Simon Sinek*

## Überblick

Simon Sineks "Frag immer erst: warum" geht der Idee nach, dass erfolgreiche Individuen und Organisationen diejenigen sind, die ihren Zweck (ihr "Warum") klar verstehen, welcher ihre Handlungen und Entscheidungen antreibt, anstatt sich nur auf das zu konzentrieren, was sie tun oder wie sie es tun.

## Zusammenfassung

Durch ein Modell namens "Der Goldene Kreis" erklärt Sinek den Unterschied zwischen diesen Konzepten:

**1. Warum** – Dies ist der Kernglaube des Unternehmens oder der Person. Es ist der Grund, warum das Unternehmen existiert.

**2. Wie** – Dies beschreibt, wie das Unternehmen diesen Kernglauben erfüllt oder wie die Person im Einklang mit ihren persönlichen Überzeugungen oder Werten handelt.

**3. Was** – Dies ist, was das Unternehmen tut, um seine Kernüberzeugungen zum Leben zu erwecken, oder was eine Person in ihrem täglichen Handeln tut.

Während die meisten Organisationen klar artikulieren können, 'was' sie tun und 'wie' sie es tun, können nur sehr wenige wirklich darlegen, 'warum' sie tun, was sie tun. Doch nach Sinek sind diejenigen, die mit "Warum" beginnen, erfolgreicher und besser in der Lage, Innovationen zu schaffen und Veränderungen zu navigieren.

**Sinek verwendet mehrere Beispiele, um seinen Punkt zu veranschaulichen**

• Apple Inc. – Statt damit zu beginnen, was sie herstellen (Computer, Telefone, Musikplayer), beginnt Apple mit dem Warum ihrer Existenz: "den Status quo herausfordern" und "anders denken". Diese leitende Überzeugung informiert alle ihre Produkte und ihr Marketing, was ihre Produkte für Verbraucher attraktiver macht.

• Martin Luther King Jr. – Er hatte nicht nur einen Plan, Dinge zu verändern; er hatte einen Traum, ein "Warum". Seine klare Artikulation seines Glaubens an eine Welt der Gleichheit bedeutete, dass 250.000 Menschen am Tag seiner berühmtesten Rede erschienen, weil sie an dasselbe glaubten.

• Die Gebrüder Wright – Während viele versuchten, bemannten Flug zu erreichen, gelang es den Gebrüdern Wright, weil sie von dem Glauben an die Möglichkeit angetrieben wurden, selbst angesichts zahlreicher Misserfolge.

**Haupterkenntnisse**

1. Menschen kaufen nicht, was du tust; sie kaufen, warum du es tust. Dies gilt sowohl für Organisationen, die Produkte verkaufen, als auch für Führungskräfte, die versuchen, ihre Teams zu inspirieren.

2. Klarheit über Ihr "Warum" zu haben, ist ein Filter, der Ihnen hilft, Entscheidungen zu treffen, die mit Ihren Kernüberzeugungen übereinstimmen.

3. Mit "Warum" zu beginnen, ist herausfordernd. Es erfordert tiefe Selbstreflexion, und im Falle von Unternehmen ist es möglicherweise nicht sofort profitabel. Langfristig schafft es jedoch loyale Kunden, Mitarbeiter und Stakeholder.

4. Vertrauen und Loyalität entstehen aus dem Verständnis des "Warum". Wenn Kunden oder Mitarbeiter eine Übereinstimmung mit Ihrem "Warum" spüren, entwickeln sie natürlich eine stärkere emotionale Verbindung mit Ihnen oder Ihrer Marke.

5. Die Rolle der Führung besteht darin, sicherzustellen, dass das "Warum" klar ist und dass alle Handlungen, Entscheidungen und Kommunikationen mit diesem Glauben übereinstimmen.

Das Buch ermutigt Leser - ob Einzelpersonen oder Unternehmen - ihr Denken zu verändern. Anstatt sich auf Wettbewerber und externe Kennzahlen zu konzentrieren, sollte der Fokus nach innen gerichtet sein - auf den Kernzweck und -glauben. Indem man dies tut, ist es möglich, effektiver zu inspirieren und zu führen.

## Stärken und Schwächen

**Stärken**

1. Überzeugende Zentralidee: Die zentrale Prämisse des Buches, Der Goldene Kreis, ist sowohl einfach als auch mächtig und bietet eine frische Perspektive darauf, wie Individuen und Organisationen sich differenzieren und andere inspirieren können.

2. Beispiele aus der realen Welt: Sinek verwendet vielfältige und nachvollziehbare Beispiele, von Apple Inc. bis Martin Luther King Jr., um seine Punkte zu illustrieren, was seine Argumente sowohl fesselnd als auch überzeugend macht.

3. Anwendbarkeit: Die gewonnenen Erkenntnisse sind für ein breites Publikum relevant, von Unternehmern bis hin zu Pädagogen, Managern und Führungskräften in verschiedenen Bereichen.

4. Gut strukturierter Inhalt: Die Abfolge des Buches ist logisch und ermöglicht es den Lesern, das Konzept des 'Warum', dann 'Wie' und schließlich 'Was' zu verstehen, was dem Goldenen Kreis selbst entspricht.

5. Fördert Selbstreflexion: Das Buch regt die Leser zur Introspektion an und entdeckt ihr persönliches "Warum", was für viele transformativ sein kann.

**Schwächen**

1. Wiederholungen: Eine der häufigsten Kritiken ist, dass Sinek seine zentrale These im Buch oft wiederholt. Obwohl die Kernidee in der Tat fesselnd ist, könnten einige Leser die häufige Wiederholung als unnötig empfinden.

2. Mangel an praktischen Schritten: Obwohl das Buch hervorragend die Bedeutung des "Warum" veranschaulicht, bleibt es etwas kurz darin, einen detaillierten, schrittweisen Ansatz für Leser oder Organisationen zu bieten, um ihr eigenes "Warum" zu entdecken oder umzusetzen.

3. Verallgemeinerungen: Einige der Beispiele, obwohl illustrativ, könnten komplexe Situationen oder Erfolgsgeschichten durch die Zuschreibung des Erfolgs weitgehend auf die Macht des "Warum" vereinfachen, ohne tiefer in andere beitragende Faktoren einzugehen.

4. Einige unbelegte Behauptungen: Es gibt Fälle, in denen Sinek Behauptungen aufstellt, ohne ausreichende Beweise oder Daten zur Unterstützung zu liefern.

5. Resoniert möglicherweise nicht mit Skeptikern: Diejenigen, die einen datengesteuerten Ansatz oder konkrete Strategien suchen, könnten die Betonung des Buches auf Glauben und Inspiration zu abstrakt finden.

### Fazit

"Frag immer erst: warum" ist eine aufschlussreiche Lektüre, die herkömmliche Weisheiten in Frage stellt und eine frische Perspektive auf Führung, Motivation und Erfolg bietet. Die Stärke des Buches liegt in seiner einfachen, aber kraftvollen zentralen Idee und der überzeugenden Art und Weise, wie Sinek sie präsentiert. Wer jedoch ein praktisches Handbuch oder umsetzbare Schritte sucht, könnte feststellen, dass es in bestimmten Bereichen fehlt. Es ist am besten für Leser geeignet, die offen für Introspektion und eine konzeptionelle Erforschung dessen sind, was Erfolg über bloße Metriken und Taktiken hinaus antreibt.

# Der Millionär gleich nebenan: Erstaunliche Geheimnisse des Reichtums

*Dr. Thomas J. Stanley und Dr. William D. Danko*

## Überblick

"Der Millionär gleich nebenan", geschrieben von Dr. Thomas J. Stanley und Dr. William D. Danko, basiert auf einer umfangreichen Umfrage und Interviews mit Millionären in den Vereinigten Staaten. Das Buch stellt gängige Stereotypen über Millionäre in Frage und bietet Einblicke in die wahren Charakteristika und Gewohnheiten, die erklären, wie sie reich wurden.

## Zusammenfassung

**Kernkonzepte**

1. Prodigious Accumulators of Wealth (PAWs – dt. große Reichtumsanhäufungen) vs. Under-Accumulators of Wealth (UAWs – dt. unzureichende Reichtumsanhäufungen): Die Autoren kategorisieren Menschen in zwei Hauptgruppen basierend darauf, wie gut sie im Verhältnis zu ihrem Einkommen Vermögen ansammeln. PAWs sind sehr effektiv im Ansammeln von Vermögen, während UAWs dazu neigen, über ihre Verhältnisse zu leben.

2. Das "Großer Hut, keine Rinder"-Syndrom: Viele Menschen, die reich aussehen, sind nicht unbedingt wohlhabend; sie geben einfach viel für Konsumgüter wie Autos, Häuser und Kleidung aus. Diese sind oft die UAWs.

3. Vermögensgleichung: Nach den Autoren kann eine einfache Formel schätzen, wie viel Vermögen eine Person in jedem Alter angesammelt haben sollte: (Alter x Vorsteuer-Jahreseinkommen) / 10.

4. Sparsamkeit: Einer der bedeutendsten Faktoren, der PAWs von UAWs unterscheidet, ist ihr Umgang mit Ausgaben. PAWs leben tendenziell weit unter ihren Verhältnissen und führen einen sparsamen Lebensstil.

5. Wirtschaftliche Unterstützung der Familie (Economic Outpatient Care – EOC): Der Begriff bezieht sich auf die finanziellen Geschenke und "Hilfen", die wohlhabende Eltern oft ihren erwachsenen Kindern geben.

Ironischerweise hemmt dies oft deren finanzielle Unabhängigkeit und Fähigkeit, Vermögen anzusammeln.

6. Einkommen vs. Vermögen: Die Autoren machen eine klare Unterscheidung zwischen Einkommen und Nettovermögen und argumentieren, dass es nicht darauf ankommt, was man verdient, sondern was man behält und vermehrt.

**Charakterisierung der PAWs**

• Selbstständige und Geschäftsinhaber: Die Mehrheit der PAWs besitzt ihre eigenen Unternehmen, was ihnen mehr Kontrolle über ihr Einkommen und ihre finanzielle Zukunft ermöglicht.

• Fokus auf finanzielle Unabhängigkeit: Im Gegensatz zu UAWs priorisieren PAWs finanzielle Unabhängigkeit über das Anzeigen eines hohen sozialen Status.

• Budget und Planung: Die Wohlhabenden verbringen viel mehr Zeit mit der Planung ihrer finanziellen Zukunft. Sie sind gewissenhaft im Budgetieren und durchdachten Ausgeben.

• Wert auf Bildung: Dies bedeutet jedoch nicht unbedingt formale Bildung. Viele der befragten Millionäre hatten keine Abschlüsse von renommierten Schulen, schätzten aber lebenslanges Lernen und finanzielle Bildung.

• Kluge Investitionen: Sie investieren stark, aber nicht leichtsinnig, in Aktienmärkte, Immobilien und ihre eigenen Unternehmen.

• Zeit, Energie und Geld: PAWs weisen ihre Zeit, Energie und Geld effizient zu, auf eine Weise, die dem Vermögensaufbau förderlich ist.

• Widerstand gegen Gruppenzwang: Sie fallen nicht in die Konsumgewohnheiten ihrer verdienenden Altersgenossen und tendieren dazu, sich von UAWs zu isolieren.

• Finanzielle Klugheit schon in jungen Jahren: Viele von ihnen begannen schon in jungen Jahren, Vermögen anzusammeln, oft indem sie frivolere Ausgaben vermieden, denen ihre Altersgenossen nachgingen.

• Begrenzte EOC: Sie begrenzen oder vermeiden ganz die Gewährung von EOC an ihre Kinder und konzentrieren sich stattdessen darauf, finanzielle Weisheit und Unabhängigkeit zu vermitteln.

"Der Millionär gleich nebenan" widerlegt die Mythen um Millionäre als extravagant, auffällig oder privilegiert. Stattdessen zeichnet es ein Bild von Millionären als disziplinierten, sparsamen und klugen Menschen in Bezug auf das Management ihrer Finanzen. Indem man diese Gewohnheiten und Eigenschaften übernimmt, kann potenziell jeder denselben Erfolg erzielen.

Das Buch ermutigt die Leser, einen disziplinierten und informierten Ansatz im Umgang mit Geld zu übernehmen, warnt vor den Fallstricken des Konsums und bietet eine Roadmap zur finanziellen Unabhängigkeit.

## Stärken und Schwächen

**Stärken**

1. Forschungsgestützte Einblicke: Eine der bedeutendsten Stärken des Buches ist seine Fundierung in rigoroser Forschung, einschließlich umfangreicher Umfragen und Interviews. Dies verleiht den Ergebnissen der Autoren Glaubwürdigkeit.

2. Entmystifizierung von Reichtum: Das Buch demontiert erfolgreich gängige Mythen über Reichtum und wohlhabende Menschen und bietet Lesern einen erreichbaren und realistischeren Weg zum finanziellen Erfolg.

3. Praktikabilität: Das Buch ist voll von praktischen Ratschlägen, Strategien und Aktionspunkten, die sofort umgesetzt werden können. Ob es um Budgetierung, Investitionen oder Karriereentscheidungen geht, die Autoren bieten umsetzbare Schritte an.

4. Zugängliches Schreiben: Stanley und Danko verwenden eine einfache Sprache, wodurch komplexe finanzielle Konzepte für Leser ohne Finanzhintergrund zugänglich gemacht werden.

5. Schwerpunkt auf Verhalten statt Umstände: Der Ansatz des Buches ist universell anwendbar; es legt nahe, dass Verhalten und nicht Einkommen oder sozialer Stand der Schlüsselfaktor beim Vermögensaufbau ist.

6. Inspirierend: Die realen Beispiele, die im Buch zitiert werden, sind nicht nur lehrreich, sondern auch inspirierend und machen den Traum, Millionär zu werden, für den Durchschnittsmenschen erreichbar.

7. Konzepte wie PAW und UAW: Die Einteilung von Individuen in Prodigious Accumulators of Wealth (PAWs) und Under Accumulators of Wealth (UAWs) bietet den Lesern einen nützlichen Rahmen für die Selbsteinschätzung.

**Schwächen**

1. Veraltete Daten: Das ursprüngliche Buch wurde 1996 veröffentlicht, und einige der Daten und sozialen Dynamiken könnten als veraltet angesehen werden, obwohl die Kernprinzipien zeitlos sind.

2. Eingeschränkter Fokus: Das Buch konzentriert sich hauptsächlich auf eine bestimmte demografische Gruppe - ältere, weiße, männliche Millionäre. Eine vielfältigere Auswahl an Beispielen hätte das Buch inklusiver gemacht.

3. Mangelnde Tiefe in Anlagestrategien: Während das Buch die Bedeutung von Investitionen betont, geht es nicht detailliert auf die Nuancen verschiedener Anlageinstrumente oder -strategien ein.

4. Überbetonung der Sparsamkeit: Für einige Leser könnte die ständige Betonung der Sparsamkeit als einschränkend empfunden werden, fast so, als ob jeglicher Konsum schlecht sei, was nicht bei jedem Anklang findet.

5. Wiederholungen: Einige Leser finden das Buch vielleicht etwas repetitiv, besonders da es immer wieder die gleichen Schlüsselprinzipien betont.

6. Annahme rationellen Verhaltens: Das Buch geht davon aus, dass Menschen rational handeln, wenn sie die richtigen Informationen erhalten, und übersieht emotionale und psychologische Barrieren, die oft finanzielle Entscheidungen behindern.

## Fazit

"Der Millionär gleich nebenan" bietet einen tiefen Einblick, was es braucht, um in Amerika reich zu werden. Mit seinen forschungsbasierten Einblicken dient das Buch sowohl als Augenöffner als auch als Leitfaden für diejenigen, die Vermögen ansammeln möchten. Während es einige Einschränkungen hat - insbesondere seine etwas veralteten Daten und die enge demografische Ausrichtung - sind die Prinzipien, die es darlegt, für jeden, der seinen finanziellen Stand verbessern möchte, von unschätzbarem Wert. Insgesamt ist es ein Muss für jeden, der die Mechanismen des Wohlstands verstehen und sich auf den Weg zur finanziellen Freiheit machen will.

# Über die Psychologie des Geldes: Zeitlose Lektionen über Reichtum, Gier und Glück

*von Morgan Housel*

## Überblick

"Über die Psychologie des Geldes" befasst sich mit den emotionalen und psychologischen Feinheiten der persönlichen Finanzen und betont, dass individuelle Verhaltensweisen und Überzeugungen eine wichtige Rolle für finanzielle Ergebnisse spielen. Morgan Housel, der Autor, beleuchtet, wie die Beziehung zu Geld Entscheidungen und Ergebnisse stärker beeinflusst als bloßes Finanzwissen.

## Zusammenfassung

### Schlüsselkonzepte

### 1. Erfahrungen prägen die Überzeugungen über Geld

Die Überzeugungen der Menschen in Bezug auf Geld werden mehr durch ihre persönlichen Erfahrungen als durch Wirtschaftstheorien geprägt. Zwei Personen können ein und dasselbe Finanzereignis beobachten und es aufgrund ihrer Lebenserfahrungen auf zwei völlig unterschiedliche Arten interpretieren.

### 2. Glück und Risiko

Finanzielle Ergebnisse haben oft mehr mit Glück und Risiko zu tun, als wir zugeben wollen. Viele erfolgreiche Menschen spielen die Rolle des Glücks bei ihren Erfolgen herunter, aber es ist ein wichtiger Faktor.

### 3. Genug ist Genug

Zu erkennen, wann man "genug" hat, ist entscheidend. Das ständige Streben nach mehr kann zu Unzufriedenheit führen und wird oft durch das Ego oder die Relativität (den Vergleich mit anderen) und nicht durch echte Bedürfnisse angetrieben.

### 4. Zinsen

Housel unterstreicht die Macht der Aufzinsung. Auch wenn er sich anfangs nur langsam auswirkt, kann er mit der Zeit zu einem exponentiellen Wachstum des Vermögens führen.

### 5. Emotionale Kontrolle

Die Fähigkeit, während wirtschaftlicher Turbulenzen ruhig und rational zu bleiben, ist eine seltene, aber entscheidende Eigenschaft. Viele finanzielle Fehler werden durch emotionale Reaktionen auf Marktereignisse verursacht.

### 6. Flexibilität

In der Finanzwelt ist es vorteilhafter, flexibel und anpassungsfähig als brillant zu sein. Die Wirtschaft und die Märkte entwickeln sich ständig weiter, und Starrheit kann ein großer Nachteil sein.

### 7. Seltene Gelegenheiten nutzen

Ein großer Teil der finanziellen und wirtschaftlichen Ereignisse wird durch Ausreißer (extrem seltene Ereignisse) bestimmt. Es ist wichtig, diese Ereignisse zu erkennen und sich so zu positionieren, dass man aus ihnen Kapital schlagen kann, wobei man sich ihrer Seltenheit bewusst sein muss.

### 8. Freiheit

Reichtum ist das, was man nicht sieht. Es sind die nicht gekauften Autos, die nicht gemachten Urlaube. Wahrer Reichtum ist finanzielle Freiheit und die Flexibilität und die Möglichkeiten, die sie mit sich bringt.

### 9. Der Mann im Auto-Paradoxon

Wenn Sie ein 100.000-Dollar-Auto fahren, sind Sie in der Lage, Leute zu beeindrucken, die auch ein 100.000-Dollar-Auto fahren wollen. Diejenigen, die wirklich Reichtum haben, werden jedoch wahrscheinlich nicht beeindruckt sein oder es sogar bemerken.

### 10. Sparen Sie Geld

Ohne konsequentes Sparen werden Sie keine Investitionserträge erzielen. Sparen ist nicht nur ein finanzieller Akt, sondern eine Einstellung, die von Geduld und Zufriedenheit geprägt ist.

Durch fesselnde Anekdoten und überzeugende Erzählungen überbrückt Morgan Housel die Kluft zwischen Finanzen und Psychologie und zeigt, dass finanzieller Erfolg weniger mit harten Zahlen zu tun hat als mit dem Verständnis des eigenen Verhaltens, der eigenen Emotionen und der eigenen Vorurteile gegenüber Geld. Das Verstehen und Anpassen der eigenen Psychologie in Bezug auf Geld kann zu besseren, fundierteren Entscheidungen und letztlich zu finanziellem Wohlstand führen.

## Stärken und Schwächen

**Stärken**

1. Einzigartige Perspektive: Housels Ansatz zur Vermittlung von Finanzwissen, indem er sich mit der Psychologie hinter finanziellen Entscheidungen befasst, ist sowohl erfrischend als auch wichtig. Er verlagert erfolgreich den Schwerpunkt von den reinen Zahlen auf das Verhalten und bietet eine ganzheitliche Sicht der persönlichen Finanzen.

2. Fesselnde Anekdoten: Das Buch ist voll von fesselnden Geschichten aus Geschichte, Wirtschaft und Alltag, die die Lektionen, die Housel vermitteln will, effektiv illustrieren und verstärken.

3. Zugänglicher Schreibstil: Housels Schreibstil ist klar, prägnant und frei von unnötigem Finanzjargon, was das Buch für Leser mit unterschiedlichem Hintergrund zugänglich macht.

4. Zeitlose Lektionen: Die vorgestellten Konzepte sind universell und zeitlos und betonen die grundlegenden Prinzipien gegenüber flüchtigen Finanztrends.

5. Betonung der Zufriedenheit: Housels Erkundung des Konzepts des "Genug-Habens" und des Verständnisses persönlicher finanzieller Ziele ist eine dringend benötigte Perspektive in der heutigen konsumorientierten Gesellschaft.

**Schwächen**

1. Mangel an praktischen Schritten: Während das Buch tiefe Einblicke in die Psychologie des Geldes bietet, fehlt es an praktischen Schritt-für-Schritt-Anleitungen für Leser, die nach umsetzbaren finanziellen Ratschlägen suchen.

2. Wiederholbarkeit: Einige Leser könnten bestimmte Konzepte, insbesondere diejenigen zum Sparen und zur Bedeutung persönlicher Erfahrungen, als etwas repetitiv empfinden.

3. Breite Themen: Angesichts des Umfangs des Buches werden einige Themen auf hohem Niveau behandelt, ohne in die Tiefe zu gehen. Leser, die bestimmte Themen vertiefen möchten, benötigen möglicherweise zusätzliche Lektüre.

4. Westliche Sichtweise: Die Anekdoten und Beispiele stammen in erster Linie aus westlichen, insbesondere amerikanischen, Erfahrungen. Dies könnte bei Lesern, die eine vielfältigere Perspektive zum Thema Geld suchen, keinen Anklang finden.

## Fazit

"Über die Psychologie des Geldes" ist ein erfrischender Blick auf die Welt der persönlichen Finanzen, der die Bedeutung des Verständnisses der eigenen Beziehung zum Geld hervorhebt. Morgan Housels fesselnde Erzählungen und aufschlussreiche Beobachtungen machen das Buch zu einem Muss für alle, die ein ganzheitliches Verständnis von Geld jenseits von Zahlen und Formeln gewinnen wollen. Auch wenn es nicht als praktischer Finanzratgeber dienen mag, so legt es doch den Grundstein für ein gesundes Finanzverhalten und eine gesunde Denkweise, die beim Streben nach Reichtum oft übersehen werden.

# Die Mäusestrategie für Manager: Veränderungen erfolgreich begegnen

*von Dr. Spencer Johnson*

| Überblick |
|---|

"Die Mäusestrategie für Manager" ist eine motivierende Geschäftsfabel, die 1998 von Dr. Spencer Johnson veröffentlicht wurde, und die die psychologischen und emotionalen Dimensionen des Umgangs mit Veränderungen erforscht. Das Buch ist in einem unkomplizierten Stil geschrieben und spielt in einem metaphorischen Labyrinth, in dem vier Charaktere nach "Käse" suchen. Es ist eine schnelle Lektüre, die es schafft, wichtige Lebenslektionen zu vermitteln. Es ist für alle Leser zugänglich, unabhängig von Alter oder Beruf.

| Zusammenfassung |
|---|

**Elemente der Geschichte**

In dem Buch gibt es vier Charaktere:

1. Schnüffel: Eine Maus, die Veränderungen früh erkennt und sich schnell anpasst.

2. Wusel: Eine andere Maus, die schnell aktiv wird.

3. Grübel: Ein Zwerg, der sich gegen Veränderungen wehrt.

4. Knobel: Eine weiterer Zwerg, der schließlich lernt, Veränderungen anzunehmen.

Diese Figuren leben in einem "Labyrinth" und sind auf der Suche nach "Käse", der Glück, Erfolg, Beziehungen, Geld oder andere Dinge symbolisiert, nach denen die Menschen im Leben suchen.

**Handlung**

Die vier Charaktere entdecken eine große Käsequelle an der "Käsestation C", und eine Zeit lang ist alles gut. Schnüffel und Wusel behalten ihre Laufschuhe um den Hals und halten sich so für den Einsatz bereit. Grübel und Knobel hingegen werden bequem und legen ihre Laufschuhe ab.

Eines Tages ist der Käse weg. Schnüffel und Wusel sind nicht überrascht; sie hatten den schwindenden Vorrat bemerkt und sind schnell losgerannt, um neuen Käse zu finden. Grübel und Knobel sind vor Schreck und Angst wie gelähmt. Sie fühlen sich betrogen und beschweren sich über die Ungerechtigkeit der Situation.

**Schlüsselpunkte der Geschichte**

• Erste Reaktionen: Schnüffel und Wusel verschwenden keine Zeit und begeben sich sofort in das Labyrinth, um nach neuem Käse zu suchen. Grübel und Knobel hingegen verschwenden Zeit damit, wütend zu sein und sich als Opfer zu fühlen.

• Anpassung an den Wandel: Knobel beginnt zu erkennen, dass er seine Ängste überwinden und sich anpassen muss. Er stellt sich vor, dass ihm der neue Käse schmeckt, was ihm den Mut gibt, wieder in das Labyrinth zu gehen. Während er das Labyrinth erkundet, schreibt er Botschaften an die Wand, wie "Wenn du dich nicht veränderst, kannst du aussterben" und "Was würdest du tun, wenn du keine Angst hättest?".

Die Reise: Knobel findet neue Käsestücke und fühlt sich durch seinen neugewonnenen Mut und seine Anpassungsfähigkeit gestärkt. Er wünscht sich, dass Grübel sich ihm anschließt, weiß aber, dass er diese Entscheidung nicht für ihn treffen kann.

• Neuer Käse: Schließlich findet Knobel einen neuen, noch größeren Vorrat an Käse und trifft sich wieder mit Schnüffel und Wusel. Er denkt über seine Reise nach und ist dankbar für die Lektionen, die er gelernt hat. Er gelobt, in Zukunft mehr auf subtile Veränderungen zu achten, um sich darauf einzustellen, dass der Käse wieder woanders sein könnte.

**Themen**

1. Veränderung ist unvermeidlich: Das zentrale Thema ist, dass Veränderung ein ständiger Aspekt des Lebens und der Arbeit ist.

2. Auf die Einstellung kommt es an: Die Art und Weise, wie man mit Veränderungen umgeht, kann entweder Stress und Angst erzeugen oder zu neuen Chancen führen.

3. Anpassungsfähigkeit: Diejenigen, die Veränderungen schnell erkennen und sich ihnen anpassen können, sind die Erfolgreichen.

4. Antizipation: Es ist besser, zukünftige Veränderungen zu antizipieren und sich darauf vorzubereiten, als selbstgefällig zu werden.

5. Die Kontrolle übernehmen: Die Geschichte unterstreicht, wie wichtig es ist, sein Leben selbst in die Hand zu nehmen, anstatt sich für Glück und Erfolg auf externe Faktoren zu verlassen.

"Die Mäusestrategie für Manager" ist eine einfache, aber wirkungsvolle Parabel über den konstruktiven Umgang mit Veränderungen. Es fordert die Menschen dazu auf, aus ihrer Komfortzone herauszutreten, sich anzupassen und zu gedeihen.

## Stärken und Schwächen

**Stärken**

1. Einfachheit: Eine der wichtigsten Stärken des Buches ist seine Einfachheit. Die Allegorie ist leicht zu verstehen und die Lektionen sind einfach. Das macht das Buch für Menschen jeden Alters und aus verschiedenen Lebensbereichen zugänglich.

2. Relativität: Die vier Charaktere - Schnüffel, Wusel, Grübel und Knobel - bringen die unterschiedlichen Haltungen gegenüber Veränderungen gut zum Ausdruck. Dadurch können sich die Leser leicht mit mindestens einer der Figuren identifizieren, was die Botschaft des Buches persönlicher und umsetzbarer macht.

3. Umsetzbare Ratschläge: Die Geschichte bietet umsetzbare Schritte zur Bewältigung des Wandels, wie z. B. die Antizipation des Wandels, die rasche Anpassung und die Freude an der Suche nach neuem "Käse". Damit ist es nicht nur eine Geschichte, sondern ein Leitfaden für die Bewältigung des Wandels.

4. Motivierend: Die Geschichte kann Menschen inspirieren, die in ihrer Komfortzone feststecken. Insbesondere Knobels Reise dient als Ermutigung, Schritte ins Unbekannte zu wagen.

5. Geringer Zeitaufwand: Das Buch ist so knapp gehalten, dass man es leicht in einer Sitzung lesen kann, aber seine Wirkung kann ein Leben lang anhalten. Dies ist besonders nützlich für vielbeschäftigte Berufstätige oder Studenten, die vielleicht keine Zeit für längere Selbsthilfebücher haben.

6. Vielseitigkeit: Das Buch ist sowohl für das private als auch für das berufliche Leben geeignet. Ganz gleich, ob Sie eine berufliche Veränderung,

persönliche Beziehungsänderungen oder Veränderungen in Ihrer Gemeinschaft durchmachen, die Lektionen der Geschichte bleiben relevant.

**Schwächen**

1. Übermäßige Vereinfachung: Die Einfachheit des Buches kann auch eine Schwäche sein. Es verdichtet komplexe emotionale und psychologische Reaktionen auf Veränderungen in einer sehr kurzen Geschichte. Wer nuanciertere und detailliertere Erkundungen des Themas bevorzugt, wird dieses Buch als unzureichend empfinden.

2. Vorhersehbarkeit: Aufgrund der fabelähnlichen Struktur ist die Geschichte ziemlich vorhersehbar. Leser, die eine komplexere Erzählung oder überraschende Wendungen suchen, werden mit diesem Buch möglicherweise nicht zufrieden sein.

3. Fehlender Tiefgang: Das Buch behandelt zwar die grundlegenden emotionalen Phasen des Umgangs mit Veränderungen, geht aber nicht auf die komplexen Zusammenhänge ein, warum Veränderungen für viele Menschen schwierig sind. Themen wie kognitive Voreingenommenheit, kulturelle Einflüsse und tiefer gehende psychologische Fragen werden nicht erörtert.

4. Klischeehafte Momente: Einige Leser könnten die motivierenden Sprüche an den Wänden des Labyrinths als klischeehaft oder abgedroschen empfinden, was die Wirkung der Geschichte möglicherweise beeinträchtigen könnte.

5. Kommerzieller Ton: Das Buch wirkt oft so, als ob es sich direkt an ein Unternehmenspublikum als Teil eines Change-Management-Trainings richtet, was vielleicht nicht bei jedem auf Gegenliebe stößt. Einige haben kritisiert, dass es ein Werkzeug ist, um Mitarbeiter zu ermutigen, sich an Veränderungen anzupassen, auf die sie keinen Einfluss haben, wie z. B. Entlassungen oder Umstrukturierungen, ohne sie in Frage zu stellen.

| **Fazit** |
|---|

"Die Mäusestrategie für Manager" bietet wertvolle Einblicke in den Prozess der Bewältigung von Veränderungen in einem leicht verdaulichen Format. Seine Zugänglichkeit ist seine größte Stärke, aber das ist ein zweischneidiges Schwert, denn es führt zu einer zu starken Vereinfachung eines komplexen Themas. Nichtsdestotrotz ist es ein hervorragender Ausgangspunkt für alle, die besser verstehen wollen, wie man mit den unvermeidlichen Veränderungen, die das Leben mit sich bringt, effektiv umgehen kann.

# Denken Sie groß!: Erfolg durch großzügiges Denken

*von David J. Schwartz*

## Überblick

"Denken Sie groß!" von David J. Schwartz ist ein Selbsthilfebuch, das darauf abzielt, Menschen dabei zu helfen, ihr volles Potenzial zu erreichen, indem sie ihre Denkweise ändern. Das Buch, das erstmals 1959 veröffentlicht wurde, ist nach wie vor ein Standardwerk im Bereich der persönlichen Entwicklung. Die zentrale Botschaft des Buches ist, dass die Größe der Gedanken eines Menschen die Größe seiner Ergebnisse bestimmt. Das Buch ist in verschiedene Kapitel unterteilt, die jeweils einem spezifischen Konzept oder einer Strategie des großen Denkens gewidmet sind.

## Zusammenfassung

### Schlüsselprinzipien

### Die Kraft des Glaubens

Schwartz beginnt mit der Betonung der Wichtigkeit des Glaubens. Er argumentiert, dass der Geist als eine "Gedankenfabrik" fungiert und das Produkt – Ihre Gedanken – entweder positiv oder negativ sein können. Um Ihr Leben zu verändern, müssen Sie zunächst Ihre Gedanken ändern, und das beginnt damit, dass Sie glauben, dass Sie Großes erreichen können.

### Hohe Ziele setzen

Der Autor befürwortet das Setzen hoher Ziele und das Anstreben von etwas über die aktuellen Umstände hinaus. Er argumentiert, dass die meisten Menschen ihre Ziele zu niedrig ansetzen, aus Angst vor Misserfolg, und dadurch ihr volles Potenzial nicht ausschöpfen.

### Die "Ausflüchtitis"-Krankheit

Eines der größten Hindernisse für das große Denken ist laut Schwartz das Finden von Ausreden, was er als "Ausflüchtitis" bezeichnet. Diese Gewohnheit, Ausreden zu machen, hält die Menschen in der Mittelmäßigkeit gefangen. Er identifiziert verschiedene Arten von Ausflüchtitis, wie Alter, Intelligenz und Glück, und liefert Gegenargumente für jede Ausrede.

**Vertrauen aufbauen und Angst zerstören**

Schwartz geht darauf ein, wie Angst aus Unzulänglichkeit entsteht und wie sie durch Handeln überwunden werden kann. Er empfiehlt, Vertrauen durch Übung und Vorbereitung aufzubauen. Darüber hinaus ermutigt er die Leser, ihr Unterbewusstsein zu nutzen, um Selbstvertrauen aufzubauen.

**Kreativ Denken**

Schwartz stellt Strategien für kreativeres Denken vor. Er argumentiert, dass kreatives Denken einfach darin besteht, neue, verbesserte Wege zu finden, um alles zu tun. Dies beginnt damit, offen für neue Ideen zu sein und nicht einfach etwas abzulehnen, nur weil es anders ist.

**Fokus und Tiefe im Denken**

Laut Schwartz führt tiefes Nachdenken über Probleme oder Situationen statt oberflächlicher Reaktionen oft zu effektiveren Lösungen. Tiefes, analytisches Denken führt häufig zu bedeutenderen Errungenschaften, während oberflächliches, reaktives Denken Sie festhält.

**Niederlage in Sieg umwandeln**

Der Autor diskutiert die Unvermeidlichkeit von Rückschlägen und wie man sie betrachten sollte. Er rät, Rückschläge als vorübergehend und als Trittsteine statt als Stolpersteine zu sehen. Diese Perspektivverschiebung verwandelt Niederlage in einen Bildungsprozess.

**Denken wie ein Anführer**

Schwartz schließt das Buch mit einem Fokus auf Führungsdenken. Er argumentiert, dass großes Denken unverzichtbar für Führung ist und diskutiert, wie man Teams inspirieren, Entscheidungen treffen und den Respekt anderer gewinnen kann. Anführer haben die Fähigkeit, das große Ganze zu sehen und so andere zu inspirieren, höher zu zielen.

Im gesamten Buch teilt Schwartz zahlreiche Anekdoten und Beispiele aus dem wirklichen Leben, um seine Theorien zu unterstützen. Er besteht darauf, dass die von ihm umrissenen Prinzipien für jeden funktionieren können, unabhängig von seiner aktuellen Situation, solange er bereit ist, seine Denkweise zu ändern. Er hinterlässt den Lesern praktische Übungen und Fragen, um ihre Gedanken und folglich ihr Leben zu bewerten.

## Stärken und Schwächen

**Stärken**

1. Zeitlose Prinzipien: Eine der Hauptstärken des Buches ist die Zeitlosigkeit seines Inhalts. Obwohl es vor über sechs Jahrzehnten veröffentlicht wurde, sind die von Schwartz umrissenen Prinzipien heute genauso relevant wie damals.

2. Einfachheit und Klarheit: Der Autor hat ein Talent dafür, komplexe psychologische Prinzipien auf eine Weise zu erklären, die leicht zu verstehen ist. Dies macht das Buch für eine breite Leserschaft zugänglich, von jungen Erwachsenen bis zu älteren Menschen.

3. Praktische Anwendung: Schwartz bietet den Lesern am Ende jedes Kapitels praktische Übungen und Fragen, die es ihnen ermöglichen, die Prinzipien sofort in ihrem täglichen Leben anzuwenden.

4. Umfassend: Das Buch behandelt eine Vielzahl von Themen, die zum Erfolg beitragen, von der Überwindung von Angst und dem Aufbau von Vertrauen bis hin zum Setzen hoher Ziele und kreativem Denken. Dieser umfassende Ansatz macht das Buch zu einer One-Stop-Quelle für persönliche Entwicklung.

5. Beispiele aus dem wirklichen Leben: Im gesamten Buch verwendet Schwartz reale Beispiele und Anekdoten, um seine Punkte zu veranschaulichen, was die Ratschläge relevanter macht.

6. Positiver Ton: Das Buch hat einen sehr optimistischen und erhebenden Ton. Die Ermutigung des Autors wirkt als Motivationsfaktor für den Leser.

7. Fokus auf Handlung: Im Gegensatz zu einigen Selbsthilfebüchern, die theoretisch bleiben, legt dieses Buch großen Wert auf Handlung und verstärkt die Idee, dass Veränderung nur durch Handeln möglich ist.

**Schwächen**

1. Veraltete Sprache und Beispiele: Einige Leser könnten die Sprache und Beispiele als etwas veraltet empfinden, wenn man das Alter des Buches berücksichtigt. Dies kann dazu führen, dass einige Abschnitte für ein modernes Publikum weniger relevant erscheinen.

2. Wiederholungen: Manchmal kann das Buch etwas wiederholend sein, indem es denselben Punkt auf mehrere Arten betont. Während dies zum

Verständnis und zur Verankerung beitragen kann, könnte es für manche Leser auch zu viel sein.

3. Mangelnde Tiefe in psychologischen Prinzipien: Obwohl das Buch einen hervorragenden Überblick über positives Denken und seine Vorteile bietet, geht es nicht tief in die psychologischen Theorien hinter diesen Konzepten ein. Leser, die ein tiefgreifendes Verständnis suchen, könnten dies als Manko empfinden.

4. Überbetonung des Individualismus: Das Buch legt großen Wert darauf, dass das Individuum Veränderungen vornehmen muss, was systemische Probleme, die Hindernisse für großes Denken oder Erfolg sein können, vernachlässigen könnte.

5. Potenzial für Überheblichkeit: Der starke Fokus des Buches auf Selbstglauben und die "Du-kannst-es-schaffen"-Einstellung könnte dazu führen, dass einige Individuen ihre Grenzen übersehen oder die Komplexität einer Situation unterschätzen.

## Fazit

Indem es die Beschränkungen anspricht, die wir uns selbst durch negative Denkmuster auferlegen, und greifbare Strategien anbietet, um diese Barrieren zu überwinden, hat sich "Denken Sie groß!" als zeitloser Klassiker in der persönlichen Entwicklung erwiesen. Das Buch bietet einen umfassenden und zugänglichen Fahrplan für jeden, der sein Leben verbessern möchte, indem er seine Denkweise ändert. Seine Stärken überwiegen bei weitem seine Schwächen, und seine anhaltende Beliebtheit bezeugt seine Wirksamkeit. Ob Sie neu im Bereich der Selbsthilfe sind oder ein erfahrener Veteran, dieses Buch bietet zeitlose Weisheiten, die jedem zugutekommen können.

# Wie wir denken, so leben wir: As A Man Thinketh

*von James Allen*

| Überblick |
|---|

"Wie wir denken, so leben wir" ist ein klassisches Selbsthilfebuch, das erstmals 1903 veröffentlicht wurde. Es ist ein prägnanter Leitfaden, der die Macht der Gedanken bei der Gestaltung des eigenen Lebens und der Umstände hervorhebt.

| Zusammenfassung |
|---|

Das Buch ist in mehrere Abschnitte unterteilt, die sich jeweils mit einem anderen Aspekt des Denkens und seiner Auswirkungen befassen:

### 1. Denkweise und Charakter

Allen führt die Idee ein, dass der Charakter eines Menschen die Summe seiner Gedanken ist. So wie Pflanzen nicht ohne den Samen existieren können, sind unsere Handlungen, ob gut oder schlecht, das direkte Ergebnis unserer Gedanken. Im Grunde genommen sind wir die Architekten unseres eigenen Schicksals und bauen unseren Charakter von Gedanke zu Gedanke auf.

### 2. Die Wirkung des Denkens auf die Umstände

Allen zufolge sind unsere äußeren Umstände eine Widerspiegelung unserer inneren Gedanken. Eine negative Denkweise kann zu widrigen Umständen führen, während positive und reine Gedanken zu Glück und Erfolg führen. Auch wenn man nicht jedes äußere Ereignis kontrollieren kann, so hat man doch die Kontrolle über die eigenen Reaktionen und Perspektiven, die wiederum die Ergebnisse beeinflussen.

### 3. Wie Gedanken auf Gesundheit und Körper wirken

Allen geht davon aus, dass unser Körper der Diener unseres Geistes ist. Krankheit und Gesundheit, so seine These, haben oft ihre Wurzeln in unserem Denken. Negative Emotionen wie Angst, Furcht und Hass können zu körperlichen Beschwerden führen, während harmonische Gedanken Gesundheit und Vitalität fördern.

## 4. Gedanken und Ziele

Ohne ein klares Ziel lässt sich der Mensch durch das Leben treiben. Allen betont, wie wichtig es ist, einen zentralen Zweck oder ein zentrales Ziel zu haben, seine Gedanken darauf zu richten und fleißig darauf hinzuarbeiten. Dieses zielgerichtete Denken sorgt für eine Konzentration der Energien und hilft dabei, die eigenen Ziele zu erreichen.

## 5. Die Rolle des Denkens auf dem Weg zum Erfolg

Erfolg entsteht nicht durch Glück oder Zufall, sondern durch entschlossenes und beharrliches Verfolgen der eigenen Ziele. Starke, zielgerichtete Gedanken führen zu erfolgreichen Handlungen.

## 6. Visionen und Ideale

Allen betont, wie wichtig es ist, große Träume zu haben. Er ist der Meinung, dass die Träumer von heute die Retter von morgen sind. Indem man seine Gedanken auf eine hochfliegende Vision oder ein Ideal richtet und beharrlich darauf hinarbeitet, kann der Traum Wirklichkeit werden.

## 7. Klarheit und Gewisheit

Ein ruhiger Geist, unbeeinflusst von äußeren Umständen, ist ein Zeichen für einen weisen und tiefgründigen Denker. Eine solche Gelassenheit lässt sich erreichen, indem man sich auf konstruktive und harmlose Gedanken konzentriert.

Im gesamten Buch weist James Allen darauf hin, dass unsere Gedanken unsere Persönlichkeit, unsere Lebensumstände, unsere Gesundheit, unsere Ziele, unsere Erfolge und sogar unser spirituelles Wachstum prägen. Er vertritt die Auffassung, dass die Beherrschung des eigenen Geistes, die Förderung positiver Gedanken und die Beseitigung negativer Gedanken der Schlüssel zu einem erfüllten Leben sind.

"Wie wir denken, so leben wir" ist ein Aufruf zu Achtsamkeit, Eigenverantwortung und dem Verständnis, dass unsere Gedanken - positive wie negative - unsere Realität formen. Im Grunde genommen werden wir zu dem, woran wir ständig denken.

# Stärken und Schwächen

## Stärken

1. Knappheit und Klarheit: Das knappe Format des Buches ist eine seiner größten Stärken. In nur wenigen Seiten gelingt es James Allen, eine zutiefst philosophische und umformende Botschaft zu vermitteln. Das macht es leicht verdaulich und zu einer schnellen Lektüre für jedermann.

2. Zeitlose Weisheit: Die Kernbotschaft von der Macht der Gedanken ist universell und immer aktuell. Unabhängig vom kulturellen oder zeitlichen Kontext sind die Lehren des Buches von großem Wert.

3. Eloquenz: Allens Prosa ist wunderschön geschrieben. Sein eloquenter und poetischer Stil verleiht dem Inhalt Tiefe und macht das Buch nicht nur informativ, sondern auch angenehm zu lesen.

4. Praxisnähe: Das Buch ist zwar philosophischer Natur, aber es basiert auf praktischer Weisheit. Allen bietet umsetzbare Erkenntnisse darüber, wie man seine Gedanken beherrschen kann, um ein erfülltes Leben zu führen.

5. Universalität: Das Buch richtet sich nicht an eine bestimmte Religion oder ein bestimmtes Glaubenssystem. Seine Lehren können von jedem angewendet werden, unabhängig von seinen religiösen oder philosophischen Überzeugungen.

## Schwächen

1. Mangel an empirischen Beweisen: Obwohl das Buch inspirierend und motivierend ist, stützt es sich stark auf philosophische Argumente und nicht auf empirische Beweise. Für Leser, die einen eher wissenschaftlichen oder evidenzbasierten Ansatz bevorzugen, könnte dies ein Nachteil sein.

2. Vereinfachung: Einige Kritiker argumentieren, dass Allen komplexe Lebenssituationen zu sehr vereinfacht, indem er alles auf Gedankenprozesse zurückführt. Externe Faktoren, systemische Fragen oder die schiere Unvorhersehbarkeit des Lebens werden nicht eingehend behandelt.

3. Wiederholbarkeit: Aufgrund der Kürze des Buches werden einige Punkte in verschiedenen Abschnitten des Buches mehrfach wiederholt. Dies dient zwar dazu, die Kernbotschaft zu unterstreichen, könnte aber für manche Leser als Wiederholung empfunden werden.

4. Überholte Sprache: Da das Buch zu Beginn des 20. Jahrhunderts geschrieben wurde, kann die Sprache auf moderne Leser archaisch wirken. Dies könnte es für manche Leser etwas schwierig machen, das Wesentliche bestimmter Passagen zu erfassen.

5. Fehlen von detaillierten Techniken: Das Buch liefert zwar ein überzeugendes Argument für die Macht der Gedanken, geht aber nicht näher auf spezifische Techniken oder Übungen zur Beherrschung der eigenen Gedanken ein. Lesern, die eine Schritt-für-Schritt-Anleitung suchen, könnte dies fehlen.

| Fazit |
|---|

"Wie wir denken, so leben wir" ist zweifellos ein bahnbrechendes Werk auf dem Gebiet der Selbsthilfe und der persönlichen Entwicklung. Seine tiefe Weisheit, die in einem kurzen Format zusammengefasst ist, macht es zu einer Pflichtlektüre. Es hat zwar seine Schwächen, aber seine Stärken überwiegen und machen es zu einem zeitlosen Klassiker, der auch weiterhin Generationen erleuchtet und inspiriert.

# Outliers: Die Geheimnisse erfolgreicher Menschen

*Malcolm Gladwell*

| Überblick |
|---|

In "Outliers" untersucht Malcolm Gladwell, was Hochleister von anderen unterscheidet, und argumentiert, dass individuelle Verdienste allein ihren enormen Erfolg nicht erklären. Das Buch stellt die Vorstellung in Frage, dass Erfolg ausschließlich das Ergebnis persönlicher Initiative und angeborenen Talents ist. Gladwell geht auf die "verborgenen Vorteile" und "außergewöhnlichen Möglichkeiten" ein, die Menschen dabei helfen, erfolgreich zu werden. Das Buch ist in zwei Hauptabschnitte gegliedert, die jeweils verschiedene Faktoren betrachten, die zum Erfolg beitragen.

| Zusammenfassung |
|---|

**Teil Eins: Chance**

1. Der Matthäus-Effekt: Gladwell beginnt mit der Untersuchung, wie sich kleine Vorteile im Laufe der Zeit ansammeln können, am Beispiel der kanadischen Junioren-Hockeyligen. Diejenigen, die in den ersten Monaten des Kalenderjahres geboren wurden, haben einen leichten Altersvorteil, der, wenn früh erkannt, zu besserem Training, mehr Übung und letztendlich zu einer höheren Erfolgswahrscheinlichkeit führt.

2. Die 10.000-Stunden-Regel: Anhand von Beispielen wie Bill Gates und den Beatles argumentiert Gladwell, dass Übung und harte Arbeit zur Meisterschaft führen können. Er schlägt vor, dass etwa 10.000 Stunden Übung nötig sind, um Meisterschaft in einem Bereich zu erreichen.

3. Das Problem mit den Genies, Teil 1: Hier untersucht Gladwell den IQ-Wert und seine Grenzen. Er argumentiert, dass ein höherer IQ über einem bestimmten Niveau nicht unbedingt zu höherem Erfolg führt. Er führt das Konzept der "praktischen Intelligenz" ein, das die Fähigkeit beinhaltet, Situationen zu lesen und das zu bekommen, was man will, als einen Schlüsselfaktor für Erfolg.

4. Das Problem mit den Genies, Teil 2: Gladwell diskutiert, wie kulturelle und soziale Hintergründe den Erfolg beeinflussen können. Am Beispiel von

Chris Langan, einem Mann mit sehr hohem IQ, aber relativ geringem Erfolg, zeigt Gladwell, dass ein armer Hintergrund ein schwerwiegender Nachteil sein kann, auch wenn man einen hohen IQ hat.

5. Die drei Lektionen des Joe Flom: Anhand der Lebensgeschichte eines erfolgreichen New Yorker Anwalts führt Gladwell drei Faktoren für weltverändernden Erfolg ein: jüdisch sein (kulturelles Erbe), Eltern haben, die in einem bestimmten Berufsfeld tätig sind (soziale Bedingungen) und während der Großen Depression geboren sein (historischer Kontext).

**Teil Zwei: Vermächtnis**

6. Harlan, Kentucky: Gladwell diskutiert die Bedeutung kultureller Vermächtnisse am Beispiel einer langjährigen Fehde zwischen zwei Familien. Er zeigt, wie die Kultur der Ehre langfristige Auswirkungen auf das Verhalten haben kann.

7. Flugzeugabstürze und Kultur: Die Rolle kultureller Vermächtnisse wird weiter durch die Linse der Flugsicherheit untersucht. Gladwell weist darauf hin, wie die hierarchische Natur einiger Kulturen die effektive Kommunikation behindern und so zu Katastrophen beitragen kann.

8. Reisfelder und Mathematik: Gladwell argumentiert, dass die Arbeitsethik und Präzision, die beim Reisanbau in asiatischen Ländern erforderlich sind, kulturelle Vermächtnisse sind, die dazu beitragen, dass Asiaten in Mathematik hervorragend sind.

9. Maritas Handel: Gladwell beschreibt eine einzigartige Schule in New York, die KIPP Academy, die trotz ihrer benachteiligten Schüler bemerkenswert hohe Erfolgsraten hat. Er argumentiert, dass der Ansatz der Schule zum Unterrichten und die Zeit, die für das Lernen aufgewendet wird, der Schlüssel zu den Erfolgen der Schüler sind.

10. Eine Geschichte aus Jamaika: Das Buch schließt mit einem persönlichen Kapitel über Gladwells eigene Familiengeschichte ab und verknüpft die vorgestellten Konzepte. Er argumentiert, dass der Erfolg seiner Mutter nicht nur auf ihr Ehrgeiz und ihre Intelligenz zurückzuführen war, sondern auch auf eine Reihe anderer Faktoren, von denen viele außerhalb ihrer Kontrolle lagen.

Am Ende präsentiert "Outliers" ein neues Framework für das Verständnis von Erfolg, das die Rollen von Umständen, kulturellem Hintergrund und gemeinschaftlichen Anstrengungen neben individueller harter Arbeit und Talent betont.

## Stärken und Schwächen

**Stärken**

1. Fesselnde Erzählweise: Gladwell ist ein Meister des Erzählens. Jedes Kapitel konzentriert sich auf faszinierende reale Beispiele, die seine Punkte illustrieren und komplexe Ideen leicht verdaulich machen.

2. Forschungsgestützte Argumente: Das Buch ist gefüllt mit statistischen Analysen, akademischen Studien und Expertenmeinungen, die Gladwells Argumenten Glaubwürdigkeit verleihen.

3. Provokative Ideen: Das Buch stellt erfolgreich konventionelle Weisheiten über Erfolg in Frage und fordert die Leser auf, breiter über die Rolle von Gesellschaft und Umständen bei individuellen Leistungen nachzudenken.

4. Interdisziplinär: Gladwell beschränkt sich nicht auf ein Fachgebiet. Von Psychologie bis Geschichte, von Wirtschaft bis Soziologie, zieht das Buch eine breite Palette von Disziplinen heran, um seine Argumente zu unterstützen.

5. Breite Anziehungskraft: Die behandelten Themen sind für ein breites Publikum relevant. Ob Student, Unternehmer, Lehrer oder Elternteil, das Buch bietet Einsichten, die allgemein anwendbar sind.

6. Komplexität entpacken: "Outliers" gelingt es hervorragend, komplexe Probleme in verständliche Komponenten zu zerlegen, sodass es für die Leser leicht ist zu verstehen, wie mehrere Faktoren zusammenkommen können, um Erfolg zu schaffen.

7. Handlungsorientierte Ratschläge: Obwohl es kein Selbsthilfebuch ist, hat "Outliers" das Potenzial, die Art und Weise zu verändern, wie die Leser ihren eigenen Weg zum Erfolg angehen, und bietet eine neue Linse, durch die sie Chancen und Herausforderungen betrachten können.

**Schwächen**

1. Vereinfachung: Während Gladwells zugängliche Schreibweise eine Stärke ist, ist sie auch eine Schwäche. Bei seinem Bestreben, zu verallgemeinern und Punkte verdaulich zu machen, übergeht er oft die Komplexität und Nuancen der diskutierten Themen.

2. Korrelation vs. Kausalität: Das Buch präsentiert manchmal korrelationale Daten, als ob sie Kausalität implizieren, was irreführend sein kann.

3. Begrenzter Umfang: Das Buch konzentriert sich größtenteils auf Ausreißer aus westlichen Kulturen, was die Anwendbarkeit seiner Argumente in einem weltweiten Kontext einschränken könnte.

4. Umstrittene Behauptungen: Einige Punkte, wie die 10.000-Stunden-Regel, wurden kritisiert, da sie nicht ausreichend empirisch unterstützt sind oder als zu deterministisch gelten.

5. Kein Schritt-für-Schritt-Leitfaden: Leser, die einen Schritt-für-Schritt-Leitfaden zur Erreichung von Erfolg suchen, könnten enttäuscht sein, da das Buch mehr darauf abzielt, die Wahrnehmung von Erfolg zu verändern, als praktische Ratschläge zu bieten.

6. Narrativgetrieben: Während die Erzählungen fesselnd sind, werden sie sorgfältig ausgewählt, um einen Punkt zu beweisen, was potenziell zu einer verzerrten Perspektive auf das Thema führen kann.

### Fazit

"Outliers" ist eine fesselnde Lektüre, die unser konventionelles Denken über Erfolg herausfordert. Es kombiniert erzählerisches Können mit akademischer Forschung, um einen nuancierten Blick auf die verschiedenen Faktoren zu werfen, die zu hohem Erfolg beitragen. Das Buch ist jedoch nicht ohne Schwächen, darunter eine Tendenz zur Vereinfachung komplexer Sachverhalte und ein weitgehend westlich geprägter Fokus. Trotz dieser Schwächen bleibt "Outliers" eine anregende Lektüre, die uns dazu einlädt, über die individuellen Verdienste hinauszublicken und die umfassenderen sozialen und kulturellen Kräfte zu berücksichtigen, die unser Leben und unsere Erfolge prägen.

# Kompromisslos verhandeln: Die Strategien und Methoden des Verhandlungsführers des FBI

*von Chris Voss*

## Überblick

Chris Voss, ein ehemaliger FBI-Verhandlungsführer bei Geiselnahmen, hat das Buch "Kompromisslos verhandeln" geschrieben, um eine Insiderperspektive auf Verhandlungstaktiken zu bieten. Die zentrale Prämisse des Buches ist, dass herkömmliche Verhandlungsstrategien unzureichend sind, weil sie sich oft auf Logik, Fairness und Kompromisse stützen, die in einer Verhandlung, bei der viel auf dem Spiel steht, nicht die wichtigsten Faktoren sind. Voss argumentiert, dass ein tiefes Verständnis der menschlichen Psychologie und emotionalen Intelligenz für erfolgreiche Verhandlungen unerlässlich ist, ganz gleich, ob Sie versuchen, ein Lösegeld zu erpressen oder nur ein höheres Gehalt auszuhandeln.

## Zusammenfassung

**Die Prinzipien**

Das Buch dreht sich um Kernprinzipien, die Voss als wesentlich für eine erfolgreiche Verhandlung ansieht:

1. Anerkennung von Ängsten und Bedenken: Bei diesem Konzept geht es darum, Ihr Gegenüber zu entwaffnen, indem Sie seine Ängste und Bedenken von vornherein anerkennen. Dadurch wird die Situation entschärft und Ihr Gegenüber wird empfänglicher für Ihre Ideen.

2. "Machen Sie sich zum Spiegel": Dieser Grundsatz rät Verhandlungsführern, das Verhalten, den Ton und die Sprache des Gegenübers zu spiegeln. Dadurch wird eine Verbindung hergestellt und ein gutes Verhältnis geschaffen.

3. "Verstricken Sie sich nicht in Emotionen – nutzen Sie sie": Anstatt den emotionalen Zustand Ihres Gegenübers nachzuempfinden, sollten Sie ihn benennen. Verwenden Sie Sätze wie: "Es hört sich an, als ob Sie wegen dieser Situation frustriert sind."

4. "'Ja' heißt gar nichts, 'Nein' ist Geld wert": Voss warnt vor der Falle, positive Antworten zu suchen, denn ein "Ja" kann vieles bedeuten und verpflichtet oft zu nichts. Andererseits befreit ein "Nein" den Gegenüber und macht ihn verhandlungsfähiger.

5. "Zwei Worte, die jede Verhandlung sofort verändern": Diese zwei magischen Worte lauten: "Das ist richtig." Wenn Sie diese Antwort erhalten, fühlt sich Ihr Gegenüber verstanden, was den Weg für produktivere Gespräche ebnet.

6. "Beeinflussen Sie die Realitätswahrnehmung Ihres Verhandlungspartners in Ihrem Sinne": Voss schlägt vor, psychologische Hebel wie Fristen, Verlustaversion und die "Fairness"-Karte zu nutzen, um die Wahrnehmung des Verhandlungspartners zu verändern, was in der Verhandlung realistisch ist.

7. "Erzeugen Sie die Illusion von Kontrolle": Geben Sie Ihrem Gegenüber das Gefühl, die Kontrolle zu haben, indem Sie gezielte, offene Fragen stellen, die mit "wie" oder "was" beginnen.

8. "Wie Sie die Umsetzung der erzielten Vereinbarung garantieren": Hier geht es darum, sicherzustellen, dass die Gegenpartei die vereinbarten Bedingungen einhalten wird. Voss rät zur Anwendung der "7-38-55"-Regel, bei der neben den eigentlichen Worten auch die Intonation und die Körpersprache eine wichtige Rolle spielen.

9. "Zur Sache – das harte Feilschen um die Details": Voss erklärt Techniken wie das "Ackerman-Modell", das Sie dazu anleitet, die Gegenseite dazu zu bringen, gegen sich selbst zu bieten, um letztendlich auf Ihrem Zielpreis zu landen.

10. "Finden Sie den schwarzen Schwan": Voss stellt die Idee der "Black Swan Rule" vor, die besagt, dass es bei jeder Verhandlung unbekannte Variablen gibt, die das Ergebnis dramatisch verändern können. Das Ziel besteht darin, diese verborgenen Elemente aufzudecken, indem man die Gegenseite dazu ermutigt, Informationen weiterzugeben und so die eigene Position in der Verhandlung zu verbessern.

**Anwendungen aus dem wirklichen Leben**

Im Laufe des Buches ergänzt Voss diese Prinzipien mit Anekdoten aus seiner beruflichen Laufbahn, um zu veranschaulichen, wie sie in einer Vielzahl von realen Situationen angewendet werden können. Er betont, dass diese Taktiken nicht nur für Szenarien geeignet sind, in denen es um Leben und Tod geht, sondern auch bei alltäglichen Verhandlungen wie dem Autokauf, Gehaltsverhandlungen oder sogar der Beilegung von Familienstreitigkeiten Anwendung finden.

Abschließend fordert Voss die Leser auf, diese Techniken in alltäglichen Situationen zu üben, denn "keine Fähigkeit wird praktisch, bevor sie nicht zur zweiten Natur geworden ist". Er behauptet, dass es bei effektiven Verhandlungen um taktisches Einfühlungsvermögen geht, um das Verstehen der Perspektive des Gegenübers und um die Beeinflussung der Entscheidungsfindung durch gezielte Fragen und emotionale Etikettierung.

Das Buch endet mit einem Abschnitt darüber, wie man sich auf jede Verhandlung vorbereitet, indem man einen umfassenden Plan entwickelt, der auf den in den vorangegangenen Kapiteln dargelegten Prinzipien und Taktiken basiert.

"Kompromisslos verhandeln" zielt darauf ab, traditionelle, rationale und akademische Verhandlungsmethoden durch einen nuancierten Ansatz zu ersetzen, der auf realen Erfahrungen und menschlicher Psychologie beruht. Es ist ein Handbuch für effektive Verhandlungen, das die Bedeutung von emotionaler Intelligenz, strategischem Denken und der Fähigkeit, sich in einer fließenden, unvorhersehbaren menschlichen Interaktion anzupassen und zu gedeihen, hervorhebt.

## Stärken und Schwächen

### Stärken

1. Praxiserfahrung: Eine der wichtigsten Stärken ist die Glaubwürdigkeit und der Erfahrungsschatz des Autors. Chris Voss' Hintergrund bei Verhandlungen mit Terroristen, Entführern und Kriminellen verleiht dem Buch einen Hauch von Authentizität, der in anderen Verhandlungs- oder Geschäftsbüchern oft fehlt.

2. Praktische Techniken: Das Buch ist voll von praktischen Strategien, die in verschiedenen Szenarien sofort anwendbar sind. Sie bieten konkrete Schritte, um durch komplexe Verhandlungen zu navigieren.

3. Psychologische Einsichten: Das Buch erklärt in hervorragender Weise die psychologischen Prinzipien, die der menschlichen Entscheidungsfindung zugrunde liegen. Durch die Nutzung dieser Prinzipien bietet Voss Methoden an, um die Realität Ihres Gegenübers zu beeinflussen und sicherzustellen, dass beide Parteien aus einer Verhandlung zufrieden hervorgehen.

4. Fesselnder Schreibstil: Der Autor hat einen unkomplizierten, nachvollziehbaren und manchmal humorvollen Schreibstil, der das Buch ansprechend und zugänglich macht. Die realen Geschichten aus Voss' Karriere dienen als faszinierende Fallstudien, die die Prinzipien einprägsam machen.

5. Breite Anwendbarkeit: Obwohl die Strategien für Verhandlungen mit hohen Einsätzen konzipiert sind, stellt Voss sicher, dass sie auch in alltäglichen Szenarien anwendbar sind. Dies macht das Buch für praktisch jeden relevant, nicht nur für diejenigen, die in der Strafverfolgung oder bei Geschäftsverhandlungen tätig sind.

6. Struktur und Fluss: Das Buch ist gut gegliedert und gliedert komplexe Themen in leicht verdauliche Kapitel, die sich jeweils auf ein bestimmtes Prinzip oder eine bestimmte Technik konzentrieren. Dies macht es einfach, bestimmte Abschnitte zum Nachschlagen wieder aufzurufen.

**Schwächen**

1. Mangel an Gegenargumenten: Während Voss seine Techniken nachdrücklich befürwortet, wird kaum erörtert, wann diese Techniken möglicherweise nicht anwendbar sind oder welche ethischen Überlegungen es gibt.

2. Überbetonung von Anekdoten: Einige Leser könnten der Meinung sein, dass die starke Verwendung von Anekdoten, die zwar ansprechend sind, manchmal die breitere Anwendbarkeit der Techniken überschatten. Es wäre von Vorteil, wenn man sich etwas mehr darauf konzentrieren würde, wie der durchschnittliche Leser diese Techniken in alltäglicheren Situationen anwenden könnte.

3. Kann manipulativ wirken: Während das Buch argumentiert, dass diese Techniken effektiv sind, weil sie zu den zugrunde liegenden Wahrheiten gelangen, könnten einige sie als manipulative Taktiken ansehen, die unethisch eingesetzt werden könnten.

4. Nicht genügend Tiefe in einigen Bereichen: Bestimmte Grundsätze, wie die "7-38-55"-Regel der Kommunikation, könnten gründlicher erklärt werden. Das Buch fasst diese Ideen zwar gut zusammen, aber manche Leser wünschen sich vielleicht ein tieferes Eintauchen.

5. Potenzielle Komplexität: Während die Techniken als einfach dargestellt werden, könnte ihre Umsetzung in der Hitze einer realen Verhandlung komplizierter sein als im Buch angedeutet.

## Fazit

"Kompromisslos verhandeln" bietet eine Fundgrube an umsetzbaren Ratschlägen für alle, die ihre Verhandlungsfähigkeiten verbessern wollen. Mit seiner fesselnden Erzählung, den psychologischen Einsichten und den praktischen Tipps ist es ein Muss für alle, die die Kunst des Verhandelns beherrschen wollen. Die Schwächen sind relativ gering und schmälern den Gesamtwert des Buches kaum. Allerdings sollte man sich darüber im Klaren sein, dass die in diesem Buch beschriebenen Taktiken, wenn sie in die falschen Hände geraten, zu unethischen Zwecken ausgenutzt und ernsthaften Schaden anrichten können.

# Flow: Das Geheimnis des Glücks

*von Mihaly Csikszentmihalyi*

## Überblick

"Flow: Das Geheimnis des Glücks" ist ein bahnbrechendes Werk auf dem Gebiet der Positiven Psychologie von Mihaly Csikszentmihalyi. Das Buch befasst sich mit dem Konzept des "Flow", einem Zustand völliger Absorption und Fokussierung auf eine Tätigkeit, der die eigene innere Kapazität optimiert. Das Buch ist in mehrere Kapitel unterteilt, die das Konzept aus verschiedenen Blickwinkeln beleuchten, einschließlich seiner psychologischen Wurzeln, seiner Erscheinungsformen in verschiedenen Lebensaktivitäten und der Möglichkeiten, es zu erreichen.

## Zusammenfassung

### Einführung und Hintergrund

Csikszentmihalyi skizziert zunächst die Unzufriedenheit, die viele Menschen trotz materiellen Überflusses empfinden, und weist darauf hin, dass das, was das Leben wirklich befriedigend macht, nicht ein höheres Einkommen oder mehr Besitz ist, sondern die Qualität der Lebenserfahrungen. Hier führt er das Konzept des "Flow" als Schlüssel zur Steigerung der Lebensqualität ein.

### Kernkonzepte

### Die Anatomie des Bewusstseins

Der Autor geht auf die Funktionsweise des Bewusstseins ein und erklärt, dass die psychische Energie es uns ermöglicht, Informationen zu verarbeiten. Indem wir unsere Aufmerksamkeit auf eine Weise lenken, die zu Flow-Erlebnissen führt, können wir unsere Lebensqualität verbessern.

### Die Flow-Erfahrung

Csikszentmihalyi beschreibt die Merkmale des Flow-Erlebnisses: ein Gleichgewicht zwischen Können und Herausforderung, völliges Eintauchen in eine Tätigkeit, Klarheit der Ziele und Rückmeldung, verändertes Zeitgefühl und Verlust des Selbstbewusstseins. Das Buch geht davon aus, dass Flow universell ist und in verschiedenen Kontexten erlebt werden kann - sei es bei der Arbeit, in der Freizeit oder in Beziehungen.

## Bedingungen für Flow

Damit Flow eintreten kann, muss ein Gleichgewicht zwischen der Herausforderung und dem eigenen Können bestehen. Zu viel Können ohne ausreichende Herausforderung führt zu Langeweile; zu viel Herausforderung ohne ausreichendes Können führt zu Ängsten.

## Flow bei täglichen Aktivitäten

Der Autor fährt fort zu untersuchen, wie Flow auf verschiedene Aspekte des Lebens angewendet werden kann, einschließlich Arbeit, Beziehungen und Freizeitaktivitäten. Er weist darauf hin, dass selbst alltägliche Aktivitäten zu Flow-Erlebnissen werden können, wenn man sie mit der richtigen Einstellung angeht.

## Arbeit als Flow

Csikszentmihalyi hebt die Vorteile hervor, die das Erleben von Flow im Beruf mit sich bringt, und beschreibt, wie es zu höherer Produktivität und Zufriedenheit führt. Er betont, dass die Arbeit selbst intrinsisch lohnend sein kann, wenn sie Flow-Erfahrungen ermöglicht.

## Die Einsamkeit und andere Menschen genießen

In diesem Kapitel wird dargelegt, wie Beziehungen und Einsamkeit beide Flow-Erlebnisse bieten können. Der Schlüssel liegt darin, sich voll und ganz auf Interaktionen oder Einzelaktivitäten einzulassen, offen für Herausforderungen zu sein und seine Fähigkeiten zu erweitern.

## Das Chaos betrügen

Hier geht der Autor auf die Idee ein, dass das Leben chaotisch und voller Entropie ist. Um dem entgegenzuwirken, schlägt er vor, eine autotelische Persönlichkeit zu kultivieren - einen Persönlichkeitstyp, der Herausforderungen und neue Erfahrungen sucht, um sie in Flow-Aktivitäten zu verwandeln.

## Die Herstellung von Bedeutung

Csikszentmihalyi erörtert, dass ein sinnvolles Leben ein Leben ist, das regelmäßig Flow-Erfahrungen beinhaltet. Indem man die Ziele und Zwecke des Lebens auf den Flow ausrichtet, kann man ein tieferes Gefühl der Erfüllung erlangen.

Im letzten Kapitel fasst Csikszentmihalyi die Bedeutung von Flow-Erfahrungen für das Erreichen einer höheren Lebensqualität zusammen. Er argumentiert, dass wir unser Leben bereichern und ein größeres Maß an Glück und Erfüllung erreichen können, wenn wir die routinemäßigen, alltäglichen oder herausfordernden Aspekte des Lebens in Flow-Erfahrungen verwandeln.

Das Buch ist sowohl ein akademischer Text als auch ein praktischer Leitfaden, der Einsichten und Richtlinien für das Erreichen von Flow in den verschiedenen Facetten des Lebens bietet. Es vertritt die Ansicht, dass man durch das Verstehen und Verfolgen von Flow ein Maß an Beherrschung und Zufriedenheit erreichen kann, das die Lebensqualität insgesamt bereichert.

## Stärken und Schwächen

**Stärken**

1. Akademische Strenge: Das Buch ist gut recherchiert und durchdrungen von psychologischer Theorie. Csikszentmihalyi stützt sich auf jahrelange Forschung und Studien und liefert empirische Belege für seine Behauptungen. Dies verleiht dem Buch Glaubwürdigkeit.

2. Praktische Nützlichkeit: Das Buch ist nicht nur Theorie; es bietet umsetzbare Einsichten für das Erreichen von Flow in verschiedenen Aspekten des Lebens - sei es Arbeit, Beziehungen oder Freizeitaktivitäten.

3. Universalität des Konzepts: Csikszentmihalyi stellt fest, dass Flow eine universelle Erfahrung ist, die unabhängig von kulturellem Hintergrund oder persönlichen Interessen erreicht werden kann, wodurch das Buch für ein breites Publikum relevant wird.

4. Klarheit und Organisation: Das Buch ist gut organisiert und in logische, aufeinander aufbauende Kapitel unterteilt. Dadurch ist es sowohl für Leser zugänglich, die neu in der Psychologie sind, als auch für solche, die bereits einen Hintergrund in diesem Bereich haben.

5. Spricht verschiedene Lebensbereiche an: Der Autor beschränkt die Diskussion nicht auf einen bestimmten Bereich oder eine bestimmte Tätigkeit. Er zeigt, wie Flow in verschiedenen Lebensbereichen erlebt werden kann, was das Buch vielseitig und umfassend macht.

6. Langfristige Wirkung: Die Ratschläge und Strategien, die in dem Buch gegeben werden, sind keine schnellen Lösungen, sondern eher langfristige Ansätze zur Verbesserung der Lebensqualität, was die Wirkung des Buches nachhaltig macht.

7. Psychologischer und philosophischer Tiefgang: Das Buch bietet nicht nur psychologische Einsichten, sondern berührt auch philosophische Themen wie den Sinn des Lebens, was der Diskussion zusätzliche Tiefe verleiht.

**Schwächen**

1. Komplexe Terminologie: Das Buch befasst sich gelegentlich mit komplexen psychologischen Theorien und verwendet einen akademischen Jargon, der für manche Leser schwer zu verstehen sein könnte.

2. Überblick auf hohem Niveau: Während das Buch das Konzept des Flow in verschiedenen Lebensbereichen behandelt, bleibt es manchmal auf einem hohen Niveau, ohne detaillierte, schrittweise Anleitungen für das Erreichen von Flow in jedem Bereich anzubieten.

3. Sich wiederholend: Bestimmte Punkte werden in verschiedenen Kapiteln wiederholt, was dazu führen kann, dass sich Teile des Buches wiederholen.

4. Keine schnelle Lösung: Das Buch könnte Leser enttäuschen, die nach sofortigen Lösungen für ihre Probleme suchen. Die Strategien zum Erreichen von Flow erfordern Zeit und ausdauernde Bemühungen, was vielleicht nicht jedem zusagt.

5. Kulturelle Voreingenommenheit: Trotz des Anspruchs auf die Universalität des Flow-Konzepts stammen die meisten Forschungsergebnisse und Beispiele aus westlichen Kontexten, was möglicherweise nicht bei allen Menschen Anklang findet.

6. Individuelle Unterschiede können übersehen werden: Das Buch geht davon aus, dass jeder Mensch unabhängig von seinen Lebensumständen Flow erreichen kann, was möglicherweise unbeabsichtigt individuelle Einschränkungen oder gesellschaftliche Zwänge herunterspielt.

| Fazit |
|---|

"Flow: Das Geheimnis des Glücks" ist ein bahnbrechendes Werk, das wertvolle Einblicke in ein erfülltes Leben bietet. Seine Mischung aus akademischer Strenge und praktischem Nutzen macht es zu einer Pflichtlektüre für alle, die sich für Psychologie, Selbstverbesserung oder einfach nur die Verbesserung ihrer Lebensqualität interessieren. Der akademische Ton und der Überblick auf hohem Niveau können jedoch dazu führen, dass es für manche Leser weniger zugänglich ist. Insgesamt überwiegen die Stärken des Buches deutlich seine Schwächen und machen es zu einer sehr empfehlenswerten Lektüre.

# Die vier Versprechen: Ein Weg zur Freiheit und Würde

*von Don Miguel Ruiz*

## Überblick

"Die vier Versprechen", verfasst von Don Miguel Ruiz, ist ein Selbsthilfebuch, das in der alten toltekischen Weisheit wurzelt. Das Buch zielt darauf ab, einen Rahmen für ein erfülltes und sinnvolles Leben durch die Festlegung von vier grundlegenden Versprechen zu schaffen. Diese Versprechen dienen als Leitprinzipien, die dem Einzelnen helfen, selbstbegrenzende Überzeugungen und Verhaltensweisen zu überwinden.

## Zusammenfassung

**Die vier Versprechen**

1. Verwenden Sie mit Bedacht Ihre Worte: Das erste Versprechen unterstreicht die Macht der gesprochenen Sprache. Ruiz zufolge kommunizieren unsere Worte nicht nur, sondern haben auch die Macht, die Realität zu formen und zu manifestieren. Makellos im Umgang mit deinen Worten zu sein bedeutet, wahrheitsgemäß, freundlich und positiv zu sprechen und Klatsch, Lügen oder jegliche Äußerungen zu vermeiden, die Ihnen oder anderen schaden könnten.

2. Nehmen Sie nichts persönlich: Das zweite Versprechen fordert den Leser auf, den persönlichen Selbstwert und die eigenen Gefühle von den Meinungen und Handlungen anderer zu trennen. Ruiz argumentiert, dass der Einzelne auf der Grundlage seiner eigenen Wahrnehmungen und Überzeugungen handelt. Daher beziehen sich ihre Handlungen und Worte nicht auf Sie, sondern spiegeln vielmehr ihre eigene Realität wider. Indem Sie die Dinge nicht persönlich nehmen, bewahren Sie sich vor unnötigem Leid und emotionalem Aufruhr.

3. Ziehen Sie keine voreiligen Schlüsse: Die dritte Vereinbarung warnt vor der Tendenz, über alles Vermutungen anzustellen. Ruiz zufolge schaffen Annahmen die Voraussetzungen für eine Vielzahl von Missverständnissen, Konflikten und Enttäuschungen. Um dies zu vermeiden, sollte man den Mut

haben, Fragen zu stellen und Wünsche klar zu äußern, um eine offene und ehrliche Kommunikation anzustreben.

4. Tun Sie immer Ihr Bestmögliches: Die vierte Vereinbarung ist die Verpflichtung, immer Ihr Bestes zu geben, egal unter welchen Umständen. Ruiz argumentiert, dass unser Bestes von Moment zu Moment variiert und von Faktoren wie Gesundheit, Stimmung und äußeren Umständen beeinflusst wird. Indem wir uns immer bemühen, unser Bestes zu geben, vermeiden wir Selbstverurteilung und Reue.

**Die Auflösung alter Versprechen**

Ruiz räumt ein, dass die Einhaltung dieser vier Versprechen eine Herausforderung darstellt, da es bereits bestehende gesellschaftliche und innere "Versprechen" gibt, die unsere Überzeugungen und Verhaltensweisen prägen. Um wirklich nach den vier Versprechen zu leben, muss man sich von diesen einschränkenden, oft negativen Glaubenssätzen befreien. Ruiz schlägt eine Form der spirituellen Kriegerschaft vor, die durch erhöhtes Bewusstsein und disziplinierte Praxis gekennzeichnet ist, um das eigene Leben zu transformieren.

**Der Weg zur persönlichen Freiheit**

In den abschließenden Kapiteln betont Ruiz, dass ein Leben nach den vier Versprechen zu persönlicher Freiheit führt - Freiheit von gesellschaftlichen Erwartungen, Freiheit von selbstbegrenzenden Überzeugungen und Freiheit von emotionalem Leiden. Der Leser wird ermutigt, klein anzufangen und diese Prinzipien gewissenhaft zu praktizieren, um allmählich eine Veränderung zu erfahren.

Don Miguel Ruiz bietet diese vier Versprechen als einen Weg zu persönlicher Freiheit, Glück und einem erfüllten Leben an. Durch die Einbeziehung dieser Prinzipien in das tägliche Leben wird der Einzelne in die Lage versetzt, sich aus dem Kreislauf von Gedanken und Verhaltensweisen zu befreien, die sein Potenzial einschränken und Leiden verursachen. Durch nachvollziehbare Anekdoten und eine geradlinige Sprache macht Ruiz die Weisheit der alten Tolteken für moderne Leser zugänglich und bietet einen zeitlosen Leitfaden für ein sinnvolles Leben.

## Stärken und Schwächen

**Stärken**

1. Einfachheit der Sprache: Eine der größten Stärken des Buches ist seine einfache Sprache. Ruiz vermeidet Fachjargon und komplexe Theorien und macht das Buch so für Leser mit unterschiedlichem Hintergrund zugänglich.

2. Universelle Themen: Die von Ruiz dargelegten Prinzipien sind universeller Natur, d.h. sie lassen sich auf praktisch jede Lebenssituation übertragen und anwenden.

3. Praktikabilität: Auf jedes Versprechen folgen umsetzbare Ratschläge, die es den Lesern erleichtern, die Prinzipien in ihrem täglichen Leben anzuwenden.

4. Kompakte Größe: Das Buch ist relativ kurz, so dass es schnell gelesen werden kann und ein einfaches Nachschlagewerk für den zukünftigen Gebrauch ist.

5. Emotionale Resonanz: Die vermittelten Weisheiten schwingen oft auf einer emotionalen Ebene mit und helfen dem Leser, sie mit seinen eigenen Erfahrungen in Verbindung zu bringen, was eine größere Wirkung haben kann als eine rein intellektuelle Auseinandersetzung.

6. Ganzheitlicher Ansatz: Ruiz wendet sich an den ganzen Menschen - Geist, Körper und Seele - und nicht an einzelne Bereiche, die verbessert werden sollen.

**Schwächen**

1. Mangel an Tiefe: Die Einfachheit der Sprache ist zwar eine Stärke, kann aber auch als Schwäche angesehen werden. Das Buch kann nicht so tief in die Komplexität der einzelnen Versprechen eindringen oder die Gegenargumente oder Grenzen dieser Prinzipien untersuchen.

2. Kultureller Kontext: Die Verankerung des Buches in der toltekischen Weisheit könnte als Einschränkung oder Exotisierung eines bestimmten kulturellen Rahmens angesehen werden, der nicht bei allen Lesern Anklang findet.

3. Fehlen von Beispielen aus der realen Welt: Das Buch leistet zwar gute Arbeit bei der Beschreibung der einzelnen Versprechen, bietet aber keine

umfassenden Beispiele aus der Praxis oder Fallstudien, um die praktische Anwendung dieser Versprechen zu demonstrieren.

4. Keine Follow-up-Strategie: Das Buch könnte von einem Abschnitt profitieren, der sich mit der langfristigen Aufrechterhaltung dieser Versprechen befasst. Die Umsetzung einer neuen Denkweise ist ein fortlaufender Prozess, der möglicherweise mehr erfordert als nur das intellektuelle Verständnis der Versprechen.

5. Potenzial für Fehlinterpretationen: Manche Leser könnten den Grundsatz "Nimm nichts persönlich" als Aufforderung missverstehen, sich aus der sozialen Verantwortung zu stehlen oder konstruktive Kritik zu ignorieren.

6. Überbetonung der individuellen Veränderung: Das Buch konzentriert sich auf die persönliche Veränderung und geht weniger darauf ein, wie sich soziale, wirtschaftliche oder umweltbezogene Faktoren auf die Fähigkeit des Einzelnen auswirken können, diese Versprechen zu erfüllen.

## Fazit

"Die vier Versprechen" ist ein wertvoller Leitfaden für jeden, der ein erfüllteres, freieres und positiveres Leben führen möchte. Seine Stärken in Bezug auf Zugänglichkeit, Allgemeingültigkeit und praktische Anwendbarkeit machen es zu einer Pflichtlektüre. Das Buch könnte jedoch durch die Beseitigung seiner Schwächen bereichert werden, z. B. durch mehr Tiefe und Kontext, Beispiele aus der Praxis und Strategien für eine langfristige Umsetzung. Insgesamt ist es ein nützlicher Ausgangspunkt für jeden, der sich auf dem Weg zur Verbesserung seiner Persönlichkeit befindet.

# Vollendung in Liebe:
# Von der Kunst, mit sich und den anderen glücklich zu werden

*von Don Miguel Ruiz*

## Überblick

"Vollendung in Liebe" von Don Miguel Ruiz ist ein transformatives Buch, das tief in die Komplexität menschlicher Beziehungen eindringt und uns einen Einblick gibt, wie wir Liebe, Glück und Harmonie in unseren Beziehungen zu anderen kultivieren können.

## Zusammenfassung

### Einleitung

Ruiz beginnt damit, dass er die Bedeutung der Liebe in unserem Leben hervorhebt, nicht nur in romantischen Beziehungen, sondern in allen Arten von Beziehungen, einschließlich der zu uns selbst, zu anderen und sogar zum Leben selbst.

### Wesentliche Punkte

### Der verwundete Geist

Das Buch beginnt mit einer Diskussion über den "verwundeten Geist", der falsche Glaubenssätze, Ängste und emotionale Wunden birgt. Dieser verwundete Geist führt oft zu Leiden, Missverständnissen und Konflikten in Beziehungen. Ruiz argumentiert, dass unsere gesellschaftlichen Normen und falschen Überzeugungen über die Liebe die Hauptursachen für dieses Leiden sind.

### Der Verlust der Unschuld

Ruiz beschreibt den Emotionalkörper als Speicher für all unsere Emotionen. Wenn wir unsere emotionalen Wunden im Laufe der Zeit nicht heilen, sammeln sie sich an, und der Emotionalkörper wird zu einer Quelle des Schmerzes. In Beziehungen können diese ungelösten Wunden ausgelöst werden, was zu reaktiven Verhaltensweisen und weiteren Konflikten führt.

### Der Weg der Liebe, der Weg der Angst

Ruiz skizziert zwei Hauptgleise, auf denen Beziehungen verlaufen: das Gleis der Liebe und das Gleis der Angst. Auf der Spur der Liebe gibt es Verständnis, Respekt und Freude. Auf der Schiene der Angst gibt es Eifersucht, Besitzdenken und Konflikte.

### Die magische Küche

Mit der Metapher einer magischen Küche, die für die Liebe steht, beschreibt Ruiz ein Szenario, in dem Sie einen endlosen Vorrat an Lebensmitteln (Liebe) in Ihrer Küche haben. Wenn jemand mit einer Pizza kommt und dich bittet, etwas für ihn zu tun, würdest du ablehnen, weil du bereits alles hast, was du brauchst. Die Botschaft ist, dass man, wenn man sich selbst liebt, nicht im Außen nach Liebe sucht oder in Beziehungen bedürftig wird.

### Wahre Liebe

Wahre Liebe, so Ruiz, ist nicht besitzergreifend. Es geht um Akzeptanz, Verständnis und darum, andere so sein zu lassen, wie sie sind, ohne zu versuchen, sie zu verändern. Es geht darum, ohne Bedingungen zu lieben.

### Der Traum der Hölle und der Traum des Himmels

Ruiz beschreibt die menschliche Existenz in Form von zwei Träumen: dem Traum von der Hölle, der von Angst und Leid geprägt ist, und dem Traum vom Himmel, der von Liebe und Glück gekennzeichnet ist. Er suggeriert, dass der Übergang vom ersten zum zweiten Traum Selbsterkenntnis, Heilung und eine Transformation des Geistes erfordert.

### Beziehungen als Spiegel

Jede Beziehung wirkt wie ein Spiegel, der unsere Überzeugungen, Ängste und Unsicherheiten reflektiert. Wenn wir diesen Spiegeleffekt verstehen, können wir Beziehungen als Werkzeuge für Selbsterkenntnis und Wachstum nutzen.

### Den Emotionalkörper heilen

Um Liebe vollständig zu erfahren, betont Ruiz die Bedeutung der Heilung des Emotionalkörpers. Dazu gehört es, vergangene Wunden loszulassen, sich selbst und anderen zu verzeihen und die Selbstliebe zuzulassen.

Ruiz schließt mit der Erinnerung, dass Liebe unser natürlicher Zustand ist, und dass wir zu diesem Zustand zurückkehren und die Kunst der Beziehung meistern können, indem wir die falschen Überzeugungen und Ängste ablegen, die wir uns angeeignet haben.

"Vollendung in Liebe" bietet tiefe Einblicke in die Natur menschlicher Beziehungen und führt den Leser zu gesünderen, liebevolleren Interaktionen und einem tieferen Verständnis des eigenen Selbst.

## Stärken und Schwächen

**Stärken**

1. Profunde Weisheit: Ruiz' Lehren, die in der alten toltekischen Weisheit wurzeln, bieten fundierte Einsichten in Liebe, Angst und menschliche Beziehungen, die bei Lesern mit unterschiedlichem Hintergrund Anklang finden können.

2. Zugängliche Sprache: Obwohl sich das Buch mit komplexen emotionalen Themen befasst, ist es in einer einfachen, zugänglichen Sprache geschrieben, die es leicht macht, die vorgestellten Konzepte zu begreifen.

3. Anschauliche Beispiele: Die verwendeten Metaphern und Anekdoten, wie z. B. die "magische Küche", machen abstrakte Konzepte greifbarer und nachvollziehbarer.

4. Fokus auf Selbstliebe: Die Betonung der Selbstliebe als Grundlage aller anderen Formen der Liebe ist kraftvoll und kann für Leser, die mit ihrem Selbstwertgefühl kämpfen, transformierend wirken.

5. Ganzheitlicher Ansatz: Das Buch konzentriert sich nicht nur auf romantische Beziehungen. Es befasst sich mit Beziehungen im Allgemeinen, einschließlich der Beziehung zu sich selbst, was es für ein breites Publikum relevant macht.

**Schwächen**

1. Wiederholungen: Manche Leser könnten bestimmte Abschnitte oder Ideen als repetitiv empfinden, was das Tempo und die Beschäftigung mit dem Material beeinträchtigen könnte.

2. Nichts für Skeptiker: Diejenigen, die einen eher empirischen oder evidenzbasierten Ansatz bevorzugen, könnten die spirituellen und philosophischen Tendenzen des Buches nicht nach ihrem Geschmack finden.

3. Mangel an praktischen Schritten: Während das Buch Einblicke und Anleitungen bietet, wünschen sich manche Leser vielleicht mehr praktische, schrittweise Strategien, um die Lehren in ihrem Leben umzusetzen.

4. Kulturelle Besonderheit: Die Lehren, die in der toltekischen Weisheit verwurzelt sind, könnten nicht bei jedem auf Resonanz stoßen, besonders wenn sie aus einem anderen kulturellen oder philosophischen Hintergrund stammen.

5. Abstrakte Konzepte: Während die Metaphern und Anekdoten zum Verständnis beitragen, könnten manche Leser bestimmte Konzepte zu abstrakt oder esoterisch finden.

### Fazit

"Vollendung in Liebe" von Don Miguel Ruiz bietet eine erfrischende, spirituelle Sicht auf das Konzept der Liebe und der menschlichen Beziehungen. Es stellt viele moderne gesellschaftliche Normen über die Liebe in Frage und fordert die Leser auf, ihre eigenen Überzeugungen und Muster zu überdenken. Die Betonung von Selbsterkenntnis, Selbstliebe und Heilung macht es für viele zu einer potenziell transformativen Lektüre. Der philosophische und spirituelle Ansatz des Buches mag jedoch nicht jedem zusagen, vor allem nicht denen, die einen eher pragmatischen Leitfaden für Beziehungen suchen. Insgesamt ist es ein Buch, das zum Nachdenken anregt und die Leser dazu ermutigt, nach innen zu schauen und die Liebe aus einem Zustand der Ganzheit und Authentizität heraus zu kultivieren.

# Die fünf Sprachen der Liebe - Wie Kommunikation in der Partnerschaft gelingt

*von Gary Chapman*

## Überblick

In "Die 5 Sprachen der Liebe" stellt Dr. Gary Chapman die Idee vor, dass jeder Mensch eine primäre Art hat, Liebe wahrzunehmen und auszudrücken. Er schlägt vor, dass das Verstehen und Sprechen der primären Liebessprache des Partners eine Beziehung verändern und zu mehr Intimität und Verständnis führen kann.

## Zusammenfassung

**Die fünf Sprachen der Liebe**

1. Worte der Bestätigung: In dieser Liebessprache geht es darum, den Partner mit Worten zu bestätigen, zu würdigen und zu loben. Komplimente, Worte der Ermutigung und verbale Ausdrücke der Fürsorge und Liebe sind entscheidend für Menschen, die diese Sprache beherrschen.

2. Taten: Für manche sagen Taten wirklich mehr als Worte. Dinge für den Partner zu tun, wie z. B. bei Aufgaben oder Hausarbeiten zu helfen oder ihm den Tag zu erleichtern, ist ihre primäre Liebessprache. Es ist jedoch wichtig, dass diese Handlungen mit positiver Einstellung und nicht aus Pflichtgefühl getan werden.

3. Geschenke: Bei dieser Liebessprache geht es nicht um Materialismus, sondern um den Gedanken und die Absicht, die hinter einem Geschenk stehen. Geburtstage, Feiertage und Jahrestage können von besonderer Bedeutung sein. Selbst kleine, durchdachte Geschenke können bei jemandem, der diese Liebessprache schätzt, eine große Wirkung haben.

4. Quality Time: Menschen mit dieser Liebessprache legen Wert darauf, ungestörte Zeit mit ihrem Partner zu verbringen. Das bedeutet, dass man ihm seine volle Aufmerksamkeit schenkt, gemeinsame Aktivitäten unternimmt oder einfach nur redet und zuhört. In diesem Zusammenhang ist die Qualität oft wichtiger als die Quantität.

5. Körperliche Berührung: Diese Sprache umfasst körperliche Liebesbekundungen wie Umarmungen, Küsse, Händchenhalten, Kuscheln und mehr. Für Menschen mit dieser primären Liebessprache können körperliche Berührungen unglaublich bestätigend sein und ein Gefühl von Nähe und Sicherheit vermitteln.

### Entdecken Sie Ihre Liebessprache

Chapman bietet mehrere Anekdoten und Szenarien aus seiner Beratungspraxis, um zu veranschaulichen, wie Paare auseinanderdriften können, wenn sie die Sprache der Liebe des anderen nicht verstehen oder erkennen. Er stellt einen Fragebogen zur Verfügung, der den Lesern hilft, ihre primäre Liebessprache zu identifizieren, und gibt Ratschläge, wie sie die Liebessprache ihres Partners verstehen können.

### Die Anwendung der Liebessprachen

Chapman betont, dass jeder Mensch eine primäre Liebessprache hat, dass es aber wichtig ist, alle fünf Sprachen zu verstehen und gelegentlich anzuwenden, um eine gesunde Beziehung zu führen. Er gibt praktische Ratschläge und Tipps, wie man Liebe in jeder der fünf Sprachen ausdrücken kann, und betont, wie wichtig es ist, den "Liebestank" des Partners zu füllen, indem man seine primäre Liebessprache spricht.

### Herausforderungen überwinden

Chapman geht auch auf potenzielle Herausforderungen in Beziehungen ein, z. B. in Fernbeziehungen, in denen körperliche Berührungen oder qualitativ hochwertige Zeit schwer zu erreichen sind. Er bietet Strategien für die Anpassung der Liebessprachen in solchen Situationen an.

Im Mittelpunkt von "Die 5 Sprachen der Liebe" steht die Überzeugung, dass Liebe eine Entscheidung ist. Abschließend betont Chapman, dass das Verstehen der Sprache des Partners und die Entscheidung, danach zu handeln, zu einer lang anhaltenden, liebevollen Beziehung führen können. Es geht nicht nur um anfängliche Romantik, sondern darum, Liebe und Engagement durch Verständnis und Bemühungen aufrechtzuerhalten.

## Stärken und Schwächen

### Stärken

1. Praktische Einsichten: Das Buch bietet umsetzbare Ratschläge, sodass die Leser die Konzepte sofort in ihren Beziehungen anwenden können. Der

Fragebogen bietet zum Beispiel ein praktisches Instrument, um die eigene primäre Liebessprache zu bestimmen.

2. Nachvollziehbarkeit: Durch verschiedene Anekdoten und Szenarien aus seiner Beratungserfahrung macht Chapman den Inhalt nachvollziehbar. Viele Leser werden ihre eigenen Beziehungen in diesen Geschichten wiedererkennen.

3. Universalität: Das Konzept der Liebessprachen wird zwar im Zusammenhang mit romantischen Beziehungen erforscht, lässt sich aber auch auf andere Beziehungen wie Eltern-Kind-Beziehungen, Freundschaften und berufliche Interaktionen anwenden.

4. Einfach und klar: Die Struktur und die Darstellung der fünf Liebessprachen sind einfach und leicht zu verstehen, so dass der Inhalt für ein breites Publikum zugänglich ist.

5. Transformatives Potenzial: Viele Leserinnen und Leser haben nach der Anwendung von Chapmans Ratschlägen positive Veränderungen in ihren Beziehungen festgestellt, was die transformative Kraft der Kernbotschaft des Buches unterstreicht.

**Schwächen**

1. Übermäßige Vereinfachung: Das Konzept der fünf Liebessprachen bietet zwar einen nützlichen Rahmen, aber menschliche Gefühle und Beziehungen sind komplex. Man könnte meinen, dass das Buch eine etwas zu vereinfachte Perspektive auf ein so komplexes Thema bietet.

2. Kulturelle Beschränkungen: Das Buch ist weitgehend aus einer westlichen Perspektive geschrieben. Einige Leser aus anderen Kulturkreisen könnten bestimmte Konzepte oder Beispiele weniger nachvollziehbar finden.

3. Wiederholbarkeit: Einige Leserinnen und Leser haben darauf hingewiesen, dass das Buch repetitiv sein kann, vor allem in Bezug auf die zentralen Themen und Konzepte.

4. Fehlender Bezug zu tieferen Themen: Während das Buch alltägliche Beziehungsprobleme behandelt, geht es möglicherweise nicht tief genug in schwerwiegendere Beziehungsprobleme oder toxische Dynamiken ein.

## Fazit

"Die 5 Sprachen der Liebe" ist ein Eckpfeiler der Beziehungsliteratur. Seine Kernaussage, dass das Verstehen und Eingehen auf die primäre Art des Partners, Liebe auszudrücken und zu empfangen, die Beziehungsdynamik drastisch verbessern kann, ist stark. Auch wenn es keine erschöpfende Untersuchung der Komplexität menschlicher Beziehungen bietet, liegt seine Stärke in seiner Einfachheit, die die Konzepte für ein breites Publikum verdaulich und umsetzbar macht. Für alle, die die Intimität und das Verständnis in ihrer Beziehung verbessern wollen, bietet Chapmans Werk wertvolle Einsichten.

# Ein neues Ich:
# Wie Sie Ihre gewohnte Persönlichkeit
# in vier Wochen wandeln können

*von Joe Dispenza*

## Überblick

In "Ein neues Ich" kombiniert Dr. Joe Dispenza Neurowissenschaft, Quantenphysik und die Kraft der Absicht, um einen Fahrplan für die Neugestaltung des eigenen Selbst und der eigenen Realität anzubieten. Er vertritt die Ansicht, dass wir durch die Änderung unserer Denkmuster buchstäblich unser Leben verändern können.

## Zusammenfassung

### Das Problem: Das Feststecken im gewohnten Selbst

• Dr. Dispenza erörtert zunächst, wie Menschen in sich wiederholenden und selbstzerstörerischen Gewohnheiten, Gedanken und Verhaltensweisen gefangen sind, die er als "altes Selbst" bezeichnet.

• Aufgrund einer Kombination aus neurologischer Verdrahtung und chemischer Konditionierung bleiben Menschen in Denk- und Handlungsmustern stecken, die ihre gegenwärtigen Realitäten verstärken.

### Die Wissenschaft der Veränderung

• Dr. Dispenza taucht in die Welt der Neurowissenschaften ein, um zu erklären, wie das Gehirn funktioniert und wie Gedanken Realität schaffen können. Er erklärt die Neuroplastizität, d. h. die Fähigkeit des Gehirns, sich auf der Grundlage neuer Erfahrungen und des Lernens neu zu verdrahten.

• Er geht auch auf die Quantenphysik ein und legt nahe, dass unsere Gedanken das Potenzial haben, die physische Welt zu beeinflussen. Der Akt des Beobachtens und der Fokussierung der Absicht kann eine Veränderung unserer äußeren Umstände bewirken.

**Meditation als Werkzeug**

• Ein großer Teil des Buches ist der Meditation gewidmet. Dispenza glaubt, dass Meditation dem Einzelnen helfen kann, sich von seinem alten Selbst und seinen Gewohnheiten zu befreien.

• Durch Meditation kann man vom analytischen, denkenden Zustand des Gehirns (Beta-Gehirnwellen) in einen kreativen, offenen Zustand (Theta-Gehirnwellen) übergehen. Dieser Wechsel ermöglicht die Neuprogrammierung von Überzeugungen und Gewohnheiten.

**Schritte zur Veränderung**

1. Wissen: Verstehen Sie, was Sie ändern wollen und warum.

2. Kontemplation: Denken Sie über alte Gewohnheiten nach und überlegen Sie, welche neuen Gewohnheiten Sie einführen wollen.

3. Meditation: Führen Sie regelmäßig Meditationssitzungen durch und konzentrieren Sie sich dabei auf das neue Selbst, das Sie werden wollen.

4. Anwendung: Setzen Sie Ihr neues Wissen und Ihre neuen Gewohnheiten in Ihrem täglichen Leben um.

**Transformation**

• Durch die kontinuierliche Anwendung der in diesem Buch beschriebenen Prinzipien und Techniken kann sich der Einzelne von seinem alten Selbst zu seinem gewünschten neuen Selbst entwickeln.

• Bei dieser Transformation geht es nicht nur darum, die eigene Denkweise zu ändern; sie kann sich in greifbaren, physischen Veränderungen in der eigenen Realität manifestieren.

Abschließend betont Dr. Joe Dispenza das unbegrenzte Potenzial, das jeder Einzelne hat, um sein Leben neu zu gestalten. Indem man sich von den Zwängen vergangener Gewohnheiten und Überzeugungen befreit und sich die transformative Kraft der Gedanken und Absichten zunutze macht, kann man das Leben erschaffen, von dem man immer geträumt hat.

In "Ein neues Ich" bietet Dispenza eine Mischung aus Wissenschaft, Philosophie und praktischen Ratschlägen. Er ermutigt die Leser, über ihre wahrgenommenen Grenzen hinauszugehen und aktiv an der Schaffung ihrer eigenen Realität teilzunehmen.

## Stärken und Schwächen

**Stärken**

1. Interdisziplinärer Ansatz: Durch die Kombination von Erkenntnissen aus der Neurowissenschaft, der Quantenphysik und der Persönlichkeitsentwicklung bietet das Buch eine einzigartige Perspektive auf den Wandel und hebt sich damit von der Masse der Selbsthilfebücher ab.

2. Praktische Meditationstechniken: Dispenza erörtert nicht nur die Theorie, sondern gibt den Lesern konkrete Meditationspraktiken an die Hand. Diese umsetzbaren Ratschläge können für diejenigen, die bereit sind, Zeit und Mühe zu investieren, ein Katalysator für Veränderungen sein.

3. Zugängliche Erläuterung komplexer Themen: Themen wie Neuroplastizität und Quantenphysik können entmutigend sein, aber Dispenza erklärt sie auf eine für den durchschnittlichen Leser verständliche Weise.

4. Erfahrungsberichte aus dem wirklichen Leben: Im gesamten Buch erzählt Dispenza Anekdoten und Erfahrungsberichte von Menschen, die mit Hilfe seiner Methoden bedeutende Veränderungen erfahren haben. Diese Geschichten können für die Leser motivierend sein.

5. Ermächtigende Botschaft: Die übergreifende Botschaft ist die der Hoffnung und der Ermächtigung. Dispenza unterstreicht immer wieder die Idee, dass die Leser die Macht haben, ihr Leben umzugestalten.

**Schwächen**

1. Kühne Behauptungen mit begrenzter wissenschaftlicher Untermauerung: Während das Buch in die Neurowissenschaften und die Quantenphysik eintaucht, argumentieren einige Leser und Kritiker, dass Dispenza gelegentlich Behauptungen aufstellt, die die Wissenschaft überfordern oder falsch interpretieren.

2. Wiederholbarkeit: Einige Abschnitte des Buches wiederholen bereits früher gemachte Aussagen, was sich redundant anfühlen kann.

3. Komplexität der Meditationstechniken: Obwohl die vorgestellten Meditationstechniken umfassend sind, könnten einige Leser sie als etwas komplex oder langatmig empfinden, besonders wenn sie neu in der Meditation sind.

4. Quantenphysik-Kontroversen: Die Integration der Quantenphysik in die Selbsthilfe und persönliche Entwicklung ist ein umstrittenes Thema. Einige

Leser könnten der Art und Weise, wie Quantentheorien verwendet werden, um bestimmte Behauptungen über die Macht des Geistes, die Realität zu beeinflussen, zu untermauern, skeptisch gegenüberstehen.

5. Möglicherweise zu große Versprechungen: Angesichts des Buchtitels und der weitreichenden Behauptungen könnten einige Leser schnelle, tiefgreifende Veränderungen erwarten. Eine wirkliche Veränderung, insbesondere von tiefsitzenden Gewohnheiten und Überzeugungen, erfordert in der Regel Zeit, Mühe und Ausdauer.

## Fazit

"Ein neues Ich" ist ein ehrgeiziges Buch, das den Lesern die Mittel und das Wissen an die Hand geben will, um ihr Leben zu verändern. Die Mischung aus Wissenschaft und Spiritualität wird all jene ansprechen, die für einen interdisziplinären Ansatz zur persönlichen Entwicklung offen sind. Auch wenn das Buch nicht frei von Kritik ist - insbesondere in Bezug auf die Interpretation und Anwendung bestimmter wissenschaftlicher Konzepte - so bietet es doch unbestreitbar eine neue Perspektive der Selbstveränderung. Leser, die eine Synthese aus Wissenschaft und Selbsthilfe, gepaart mit praktischen Meditationstechniken, suchen, werden in Dispenzas Werk fündig. Allerdings ist eine kritische Herangehensweise ratsam, vor allem wenn es um die wissenschaftlich umstrittenen Behauptungen geht.

# Werde übernatürlich: Wie gewöhnliche Menschen das Ungewöhnliche erreichen

*von Joe Dispenza*

| Überblick |
|---|

In "Werde übernatürlich" taucht Dr. Joe Dispenza in das Reich des Außergewöhnlichen ein und erforscht, wie gewöhnliche Menschen durch die Nutzung ihrer angeborenen Fähigkeiten bemerkenswerte und ungewöhnliche Leistungen vollbringen können. Dispenza verbindet wissenschaftliche Informationen mit alten Weisheiten und beleuchtet die transformative Kraft des menschlichen Geistes.

| Zusammenfassung |
|---|

**Schlüsselkonzepte**

1. Transzendieren Sie Ihre Umgebung: Dispenza erörtert zunächst, dass die meisten Menschen Produkte ihrer Umgebung sind und gewohnheitsmäßig auf vertraute Gefühle und Gedanken reagieren. Indem wir jedoch unseren inneren Zustand ändern und uns von äußeren Einflüssen lösen, können wir einen höheren Seinszustand erreichen.

2. Quantenphysik und Möglichkeiten: An der Schnittstelle von Neurowissenschaft, Epigenetik und Quantenphysik präsentiert Dispenza die Idee, dass unsere Gedanken unsere Realität direkt beeinflussen können. Wenn man diese Prinzipien versteht und nutzt, kann man sein Gehirn neu verdrahten und seinen Körper neu konditionieren, um spürbare Veränderungen zu manifestieren.

3. Herz-Hirn-Kohärenz: Die Synchronisation zwischen Herz und Gehirn, die als "Kohärenz" bezeichnet wird, kann zu einem Zustand optimaler Funktion führen. Dispenza stellt Techniken zur Verfügung, um diese Kohärenz zu erreichen und so einen neuen, wohltuenden emotionalen Zustand zu schaffen.

4. Meditation und erhabene Zustände: Meditation taucht im gesamten Buch als primäres Hilfsmittel auf. Dispenza befürwortet spezifische Meditationspraktiken, die es dem Einzelnen ermöglichen, sich von seiner materiellen

Realität zu lösen und in das Reich der unendlichen Möglichkeiten einzutauchen, was die persönliche Umwandlung ungemein begünstigt.

5. Transformatorische Fallstudien: Im gesamten Buch erzählt Dispenza Geschichten aus dem wirklichen Leben von Menschen, die gesundheitliche Herausforderungen, Traumata und Einschränkungen durch die Anwendung der im Buch dargelegten Prinzipien überwunden haben.

6. Die Zirbeldrüse: Die Bedeutung der Zirbeldrüse, die in alten Traditionen oft als drittes Auge bezeichnet wird, wird eingehend erforscht. Dispenza beschreibt ausführlich ihre Rolle beim Zugang zu veränderten Bewusstseinszuständen und ihr Potenzial für Heilung und Verjüngung.

7. Eine neue Zukunft erschaffen: Dispenza betont die Macht der Visualisierung und der emotionalen Verstärkung bei der Gestaltung einer neuen Zukunft. Durch die lebendige Vorstellung und das Fühlen eines entrückten zukünftigen Zustands kann man beginnen, seine gegenwärtige Realität zu beeinflussen.

"Werde übernatürlich" ist ein tiefes Eintauchen in das Potenzial, das im menschlichen Geist und Körper liegt. Dr. Joe Dispenza präsentiert eine fesselnde Mischung aus Wissenschaft und Spiritualität, mit dem Ziel, den Lesern die Werkzeuge und das Verständnis an die Hand zu geben, die sie benötigen, um ihre wahrgenommenen Grenzen zu überwinden. Das Buch geht davon aus, dass der Einzelne durch die Veränderung seines inneren Zustands, das Verständnis der Prinzipien der Quantenrealität und tägliche Übungen in ein Reich des Außergewöhnlichen eintreten kann, in dem Heilung, Verwandlung und sogar "Wunder" in Reichweite sind.

## Stärken und Schwächen

**Stärken**

1. Wissenschaftliche Grundlage: Eine der größten Stärken des Buches liegt in der Integration komplexer wissenschaftlicher Theorien, wie der Quantenphysik und der Neurowissenschaften, mit alten Weisheiten und spirituellen Traditionen. Diese Verschmelzung macht den Inhalt für Leser mit unterschiedlichem Hintergrund zugänglicher und glaubwürdiger.

2. Praktische Techniken: Über die reine Theorie hinaus bietet Dispenza den Lesern konkrete Meditationstechniken und -praktiken, die zur Förderung der persönlichen Transformation angewendet werden können.

3. Fallstudien aus dem wirklichen Leben: Die Einbeziehung von Geschichten und Zeugnissen aus der realen Welt bietet den Lesern Beweise für die Prinzipien in der Praxis und verleiht der Erzählung Tiefe und Nachvollziehbarkeit.

4. Umfassender Ansatz: Dispenzas ganzheitlicher Ansatz, der Körper, Geist und Seele einbezieht, bietet eine multidimensionale Perspektive auf das Thema und macht das Buch zu einem umfassenden Leitfaden.

5. Zugänglichkeit: Obwohl Dispenza komplizierte Themen behandelt, ist sein Text klar und einfach zu verstehen, so dass der Inhalt auch für diejenigen zugänglich ist, die mit den Themen nicht vertraut sind.

**Schwächen**

1. Länge und Wiederholungen: Einige Leser könnten bestimmte Abschnitte als repetitiv empfinden, wodurch sich das Buch länger als nötig anfühlen kann.

2. Überbetonung der Meditation: Obwohl Meditation unbestreitbar ein wirksames Mittel ist, könnte die starke Betonung der Meditation in diesem Buch den Eindruck erwecken, dass sie die einzige Möglichkeit ist, die beschriebenen Ergebnisse zu erzielen.

3. Komplexität der Konzepte: Einige der wissenschaftlichen und quantenphysikalischen Konzepte können trotz ihrer Aufschlüsselung für den Laien schwierig zu verstehen sein.

4. Skepsis gegenüber anekdotischen Beweisen: Die Geschichten aus dem wirklichen Leben sind zwar inspirierend, aber anekdotisch. Skeptische Leser könnten die Verallgemeinerbarkeit und Überprüfbarkeit dieser individuellen Erfahrungen in Frage stellen.

5. Potenzielle Überversprechen: Der Titel und einige Abschnitte könnten außergewöhnlich hohe Erwartungen wecken. Obwohl die Techniken transformativ sein können, können die Ergebnisse von Person zu Person sehr unterschiedlich sein.

| Fazit |
|---|

"Werde übernatürlich" ist eine faszinierende Mischung aus Wissenschaft, Spiritualität und Selbsthilfe. Dr. Joe Dispenza stellt herkömmliche Überzeugungen über das menschliche Potenzial in Frage und gibt den Lesern Werkzeuge an die Hand, mit denen sie ihre angeborenen übernatürlichen

Fähigkeiten erforschen und nutzbar machen können. Auch wenn das Buch nicht bei allen Lesern Anklang findet, vor allem nicht bei denen, die eher streng wissenschaftlich oder skeptisch eingestellt sind, so bietet es doch einen alternativen Blickwinkel auf Realität, Gesundheit und persönliche Transformation. Für diejenigen, die offen sind für seine Lehren, kann es als Tor zu neuen Erkenntnissen und Möglichkeiten dienen.

# Warum wir uns immer in den Falschen verlieben: Beziehungstypen und ihre Bedeutung für unsere Partnerschaft

*von Amir Levine and Rachel Heller*

## Überblick

"Warum wir uns immer in den Falschen verlieben" erforscht das Konzept der Bindungstheorie und seine Anwendung auf romantische Beziehungen von Erwachsenen. Dr. Amir Levine und Rachel Heller befassen sich mit der Wissenschaft der Bindung und geben Einblicke in die Frage, warum manche Menschen scheinbar mühelos in Beziehungen zurechtkommen, während andere damit zu kämpfen haben.

## Zusammenfassung

**Grundlagen der Bindungstheorie:**

• Die ursprünglich von John Bowlby und Mary Ainsworth entwickelte Bindungstheorie geht davon aus, dass Kinder aufgrund ihrer frühen Interaktionen mit ihren Bezugspersonen einen Bindungsstil entwickeln. Dieser Bindungsstil beeinflusst ihr Verhalten, ihre Gefühle und ihre Erwartungen an Beziehungen.

• Während die Theorie ursprünglich auf Säuglinge und ihre Bezugspersonen angewandt wurde, erweitert das Buch sie auf romantische Beziehungen von Erwachsenen und legt nahe, dass unser Bindungsstil eine entscheidende Rolle in unseren romantischen Interaktionen spielt.

**Die drei Bindungsstile:**

1. Sicher: Sicheren Personen fällt es leicht, anderen nahe zu kommen, und sie fühlen sich mit Intimität wohl. Sie sind verlässlich und es fällt ihnen leicht, anderen zu vertrauen und sich auf sie zu verlassen.

2. Ängstlich: Ängstliche Menschen machen sich oft Sorgen um ihre Beziehungen. Sie sind besorgt über die Fähigkeit ihres Partners, sie zu lieben, und fürchten sich oft vor Ablehnung oder Verlassenwerden.

3. Vermeidend: Vermeidende Menschen setzen Intimität mit einem Verlust an Unabhängigkeit gleich und versuchen oft, Nähe zu minimieren. Sie senden möglicherweise gemischte Signale und versuchen, ihren Partner auf Distanz zu halten.

**Die Dynamik der Bindung in Beziehungen von Erwachsenen:**

• Beziehung zwischen Bindungsstilen: In dem Buch wird darauf hingewiesen, dass ängstliche und vermeidende Personen oft in einer Beziehung landen, obwohl sie gegensätzliche Bedürfnisse haben. Dadurch entsteht eine gegensätzliche Dynamik.

• Die Rolle des sicheren Partners: Sichere Personen haben aufgrund ihrer stabilen und beruhigenden Art die Fähigkeit, eine Beziehung zu stabilisieren. Ihre Anwesenheit kann einem ängstlichen oder vermeidenden Partner helfen, mit der Zeit sicherer zu werden.

**Sicherer werden:**

• Das Erkennen des eigenen Bindungsstils ist der erste Schritt auf dem Weg zu einem sichereren Bindungsstil. Wenn man seine Muster versteht, kann man auf eine gesündere Beziehungsdynamik hinarbeiten.

• Die Autoren geben Ratschläge, die auf jeden Bindungsstil zugeschnitten sind, und helfen den Lesern, die für ihren Stil spezifischen Herausforderungen zu bewältigen.

"Warum wir uns immer in den Falschen verlieben" bietet eine neue Sichtweise, durch die Leser ihre romantischen Beziehungen verstehen können. Durch die Identifizierung des eigenen Bindungsstils und das Erkennen seiner Muster kann der Einzelne bewusste Anstrengungen unternehmen, um zu sichereren und erfüllenderen Beziehungen zu gelangen. Das Buch unterstreicht die Bedeutung der Selbsterkenntnis in der Liebe und das Potenzial für Wachstum und Veränderung, unabhängig von der eigenen Ausgangssituation.

Dr. Levine und Heller fügen Beispiele aus dem wirklichen Leben, wissenschaftliche Studien und umsetzbare Ratschläge ein und machen das Buch so zu einem aufschlussreichen und praktischen Leitfaden für alle, die sich selbst und ihre Beziehungen besser verstehen wollen.

| **Stärken und Schwächen** |
|---|

**Stärken**

1. Zugänglichkeit für ein breites Publikum: Eine der größten Stärken des Buches ist seine Zugänglichkeit. Levine und Heller übersetzen komplexe psychologische Theorien in die Alltagssprache und stellen so sicher, dass die Leser, unabhängig von ihrer Vertrautheit mit der Psychologie, die Konzepte verstehen und anwenden können.

2. Praktische Ratschläge: Das Buch erklärt nicht nur die Bindungstheorie, sondern gibt auch praktische Ratschläge, die auf jeden Bindungsstil zugeschnitten sind, und bietet den Lesern Werkzeuge und Strategien zur Verbesserung ihrer Beziehungsdynamik.

3. Beispiele aus dem wirklichen Leben: Die Verwendung von Anekdoten und Szenarien aus dem wirklichen Leben im gesamten Buch hilft, die Konzepte zu veranschaulichen und macht den Inhalt nachvollziehbar.

4. Wissenschaftliche Grundlage: Die Autoren stützen ihre Behauptungen auf etablierte wissenschaftliche Untersuchungen, was ihren Argumenten Glaubwürdigkeit verleiht.

5. Überzeugende Botschaft: Das Buch unterstreicht die Idee, dass Menschen mit Selbsterkenntnis und Anstrengung ihren Bindungsstil und ihre Beziehungsdynamik ändern können. Dies gibt den Lesern Hoffnung und gibt ihnen Kraft.

**Schwächen**

1. Mögliche Übervereinfachung: Die Einteilung der Menschen in drei verschiedene Bindungsstile macht das Konzept zwar leicht verständlich, könnte aber die Komplexität menschlicher Beziehungen zu sehr vereinfachen. Einige Leser könnten feststellen, dass sie nicht genau in eine Kategorie passen.

2. Schwerpunkt auf der Dynamik von Angst und Vermeidung: Das Buch betont stark die Dynamik zwischen ängstlichen und vermeidenden Typen, die zwar allgemein bekannt ist, aber vielleicht nicht bei allen Lesern Anklang findet, insbesondere bei denen, die sich in einer sicher-unsicheren Dynamik befinden.

3. Mangel an Tiefe in bestimmten Bereichen: Einige Leser wünschen sich vielleicht eine tiefere Erforschung der Ursprünge von Bindungsstilen und der

Frage, wie frühkindliche Erfahrungen Beziehungen im Erwachsenenalter prägen.

4. Mögliche Voreingenommenheit: Bisweilen scheint das Buch die sichere Bindung als den "idealen" Typus darzustellen. Obwohl es als der gesündeste Stil dargestellt wird, ist es wichtig zu beachten, dass jeder Stil seine Stärken und Schwächen hat.

5. Die Empfehlungen sind vielleicht nicht für jeden geeignet: Auch wenn die Ratschläge im Allgemeinen fundiert sind, sind Beziehungen sehr persönlich, und was für den einen funktioniert, muss nicht unbedingt für den anderen gelten.

## Fazit

"Warum wir uns immer in den Falschen verlieben" bietet eine erfrischende Perspektive auf romantische Beziehungen von Erwachsenen durch die Linse der Bindungstheorie. Es ist sowohl eine aufschlussreiche Lektüre als auch ein praktischer Leitfaden. Auch wenn es seine Grenzen hat und vielleicht nicht die Feinheiten der Erfahrungen jedes Einzelnen erfassen kann, so machen seine Stärken bei der Übersetzung komplexer psychologischer Theorien in umsetzbare Ratschläge es zu einer wertvollen Quelle für alle, die ihre romantischen Beziehungen verstehen und verbessern wollen. Das Buch regt zur Selbstbeobachtung an und ermutigt die Leser, proaktive Schritte zu einer gesünderen Beziehungsdynamik zu unternehmen.

# Wie man das Eis bricht: 92 Wege, um mit jedem ins Gespräch zu kommen und Vertrauen aufzubauen

*von Leil Lowndes*

## Überblick

In "Wie man das Eis bricht" bietet Leil Lowndes 92 praktische und umsetzbare Tipps zur Verbesserung der Kommunikationsfähigkeiten und zur Steigerung des eigenen Charmes und Charismas in verschiedenen gesellschaftlichen Situationen. Diese Strategien sollen den Lesern helfen, selbstbewusster und geschickter in persönlichen und beruflichen Interaktionen zu werden.

## Zusammenfassung

**Wichtigste Erkenntnisse**

1. Der erste Eindruck zählt: Die ersten paar Sekunden einer Interaktion können den Ton für die gesamte Beziehung angeben. Lowndes betont, wie wichtig ein warmes Lächeln, guter Augenkontakt und eine offene Körpersprache für einen positiven ersten Eindruck sind.

2. Die Macht des Augenkontakts: Die Augen spielen eine zentrale Rolle in der Kommunikation. Techniken wie "den Augenkontakt etwas länger als gewöhnlich halten" und "den Augenkontakt kontinuierlich aufrechterhalten" können eine sofortige Verbindung schaffen.

3. Aktives Zuhören: Volle Aufmerksamkeit und echtes Interesse an dem, was eine Person sagt, können eine Beziehung aufbauen. Vermeiden Sie Unterbrechungen und geben Sie angemessene verbale und nonverbale Hinweise, um zu zeigen, dass Sie interessiert sind.

4. Meistern Sie die Kunst des Small Talk: Lowndes bietet verschiedene Techniken an, um ein Gespräch in Gang zu halten. Zum Beispiel können offene Fragen oder die "Nachplappermethode" (Wiederholung der letzten Worte eines Gesprächspartners) zu weiteren Diskussionen anregen.

5. Setzen Sie Komplimente klug ein: Komplimente können Sie bei jemandem beliebt machen, aber sie müssen echt sein. Übermäßiges Schmeicheln oder unaufrichtiges Lob kann kontraproduktiv sein.

6. Spiegeln und Anpassen: Das subtile Spiegeln der Körpersprache oder der Sprachmuster einer Person kann ein Gefühl der Vertrautheit und des Komforts schaffen.

7. Taktvolle Beendigung des Gesprächs: Der taktvolle Ausstieg aus einem Gespräch ist ebenso wichtig wie der Einstieg in ein Gespräch. Techniken wie die "gebrochene Schallplatte" (indem Sie den Grund für Ihren Ausstieg ein paar Mal wiederholen) können Ihnen helfen, ohne unhöflich zu wirken.

8. Networking-Techniken: Lowndes bietet verschiedene Strategien für effektives Networking im beruflichen Umfeld, einschließlich Möglichkeiten, sich vorzustellen, sich Namen zu merken und eine Beziehung zu Fremden aufzubauen.

9. Knigge für elektronische Kommunikation: Im Zeitalter der Technologie ist es wichtig zu wissen, wie man per E-Mail, Telefon oder über soziale Medien kommuniziert. Lowndes behandelt Aspekte wie die Stimmmodulation am Telefon, effektives Schreiben von E-Mails und vieles mehr.

10. Unangenehme Momente überwinden: Jeder hat gelegentlich mit sozialem Schluckauf zu kämpfen. Mit Strategien zur Bewältigung dieser peinlichen Momente kann man sein Gesicht wahren und die Integrität der Beziehung aufrechterhalten.

11. Dauerhafte Beziehungen aufbauen: Über die anfänglichen Interaktionen hinaus geht Lowndes auf die Vertiefung von Verbindungen und die Aufrechterhaltung langfristiger Beziehungen ein.

"Wie man das Eis bricht" ist ein umfassender Leitfaden, vollgepackt mit umsetzbaren Strategien für verschiedene soziale Szenarien. Ganz gleich, ob Sie schüchtern sind und kontaktfreudiger werden wollen oder einfach nur Ihre sozialen Fähigkeiten verfeinern möchten, Lowndes bietet Ihnen einen Tipp oder Trick, der Ihnen hilft. Durch die Umsetzung dieser Techniken können die Leser ihre Fähigkeit verbessern, mit anderen in Kontakt zu treten, bedeutungsvolle Beziehungen aufzubauen und sowohl im privaten als auch im beruflichen Bereich mehr Erfolg zu haben.

## Stärken und Schwächen

**Stärken**

1. Umsetzbare Ratschläge: Jeder der 92 Tricks wird als eindeutiger, umsetzbarer Tipp präsentiert, der es den Lesern leicht macht, sie in realen Situationen anzuwenden.

2. Breites Spektrum an Szenarien: Lowndes deckt ein breites Spektrum sozialer Kontexte ab und stellt so sicher, dass die Leser Ratschläge finden, die für verschiedene Facetten ihres Lebens relevant sind, sei es privat oder beruflich.

3. Nachvollziehbare Beispiele: Das Buch ist voll von Beispielen und Anekdoten aus dem wirklichen Leben, die die Tipps nachvollziehbar und leichter verständlich machen.

4. Strukturierter Aufbau: Die Gliederung des Buches, bei der jeder Trick klar abgegrenzt ist, macht es leserfreundlich. Einzelpersonen können zu bestimmten Abschnitten oder Tricks von Interesse springen, ohne sich verloren zu fühlen.

5. Inklusive Tipps: Lowndes bietet Ratschläge, die sich an Menschen unterschiedlicher Persönlichkeitstypen richten. Ob jemand introvertiert, extrovertiert oder irgendwo dazwischen ist, es gibt Tipps, die auf ihn zugeschnitten sind.

6. Moderne Kommunikationstipps: Die Einbeziehung von Ratschlägen zur elektronischen Kommunikation, wie z. B. Telefonetikette und E-Mail, macht das Buch in der heutigen technikgesteuerten Welt relevant.

**Schwächen**

1. Wiederholbarkeit: Einige Leser könnten das Gefühl haben, dass sich bestimmte Tricks überschneiden oder Variationen voneinander sind. Dies könnte zu einem Gefühl der Wiederholung führen, wenn man das Buch durcharbeitet.

2. Übermäßige Vereinfachung: Die Tipps sind zwar praktisch, aber manche Leser könnten das Gefühl haben, dass sie die komplexen menschlichen Interaktionen zu sehr vereinfachen. Nicht jeder Trick funktioniert in jedem Szenario oder bei jeder Person.

3. Potenzial für Manipulation: Einige der Tricks könnten, wenn sie missbraucht oder überstrapaziert werden, als manipulativ oder unauthentisch empfunden werden.

4. Kulturelle Unterschiede: Das Buch richtet sich in erster Linie an westliche Gesellschaftsnormen. Einige Tipps sind möglicherweise nicht anwendbar oder könnten in anderen kulturellen Kontexten falsch interpretiert werden.

5. Veraltete Beispiele: Während viele der Grundsätze in diesem Buch zeitlos sind, könnten bestimmte Anekdoten oder Beispiele für heutige Leser veraltet wirken.

## Fazit

Leil Lowndes "Wie man das Eis bricht" zeichnet sich als praktischer Leitfaden für Personen aus, die ihre Kommunikationsfähigkeiten verbessern wollen. Mit einer Fülle von umsetzbaren Tipps bietet es den Lesern greifbare Strategien zur Bewältigung verschiedener sozialer Situationen. Auch wenn das Buch seine Schwächen hat und vielleicht nicht alle Feinheiten jeder zwischenmenschlichen Interaktion abdecken kann, liegen seine Stärken in der Praxisnähe und den umfassenden Ratschlägen. Für alle, die ihr soziales Selbstvertrauen stärken und ihre Beziehungsfähigkeiten verbessern wollen, ist dieses Buch eine wertvolle Ressource.

# Big Magic:
# Nimm dein Leben in die Hand
# und es wird dir gelingen

*von Elizabeth Gilbert*

## Überblick

"Big Magic: Kreatives Leben jenseits der Angst" von Elizabeth Gilbert ist ein leidenschaftlicher Einblick in den mysteriösen und oft schwer fassbaren Prozess der Kreativität. Im Verlauf des Buches teilt Gilbert ihre Einsichten über Inspiration, Vorstellungskraft und die Herausforderungen und Freuden der Kunstschaffung. Aus ihren eigenen Erfahrungen als Schriftstellerin schöpfend, zielt sie darauf ab, ihre Leser zu einem von Neugier angetriebenen Leben anstelle eines von Angst bestimmten Lebens zu inspirieren.

## Zusammenfassung

**Wichtige Konzepte**

1. Mut statt Angst: Gilbert befürwortet, dass Individuen ihre Neugier umarmen und sich den Ängsten stellen, die sie davon abhalten, ihren kreativen Interessen nachzugehen.

2. Ideen als lebendige Wesen: Eine der faszinierendsten Prämissen des Buches ist die Darstellung von Ideen als empfindungsfähige Wesen, die einen menschlichen Partner suchen. Wenn man nicht auf eine Idee eingeht, kann sie weiterziehen und jemand anderen finden.

3. Das Paradox der Leidenschaft: Obwohl Leidenschaft essenziell ist, schlägt Gilbert vor, dass sie auch überwältigend und sogar einschüchternd sein kann. Stattdessen betont sie die Bedeutung, neugierig zu bleiben, und schlägt vor, dass Neugier eine sanftere und zugänglichere Inspirationsquelle ist.

4. Erlaubnis zum Schaffen: Gilbert betont, dass jeder das Recht hat, kreativ zu sein, und dass niemand externe Validierung braucht, um ein kreatives Leben zu führen. Die Menschen sollten sich selbst die Erlaubnis geben, ihre Kreativität zu erkunden und auszudrücken, ohne externe Zustimmung zu suchen.

5. Das Mystische umarmen: "Big Magic" enthält Geschichten, die von mystischen Erfahrungen, Synchronizitäten und glücklichen Fügungen handeln. Gilbert ermutigt die Leser, offen für die unerklärliche Natur von Kreativität und Inspiration zu sein.

6. Perspektive auf Scheitern und Erfolg: Gilbert teilt ihre Kämpfe und Misserfolge und veranschaulicht, dass eine kreative Reise ihre Höhen und Tiefen hat. Sowohl Scheitern als auch Erfolg sind vergänglich, und das Wichtigste ist das Engagement für den Prozess selbst.

7. Das Heilige und das Alltägliche: Während Kreativität eine transzendente Erfahrung sein kann, diskutiert Gilbert auch die praktischen und oft mühsamen Aspekte des kreativen Prozesses. Disziplin, Hingabe und Resilienz spielen eine ebenso wichtige Rolle wie Inspiration und Genialität.

In "Big Magic" nimmt Elizabeth Gilbert die Leser mit auf eine Reise durch die Landschaft der Kreativität, entlarvt Mythen und fördert einen befreiteren, ungezwungeneren Ansatz zur Kunst. Sie drängt Einzelpersonen, die inhärente Magie im alltäglichen Leben zu umarmen und ihre kreativen Wahrheiten zu leben, ohne dass Angst ihren Weg behindert. Das zugrundeliegende Motto des Buches ist klar: Jeder ist fähig, ein kreatives Leben zu führen, und es ist nie zu spät, damit zu beginnen.

## Stärken und Schwächen

**Stärken**

1. Persönliche Anekdoten: Eine der Hauptstärken des Buches ist Gilberts Offenheit bezüglich ihrer eigenen kreativen Reise, was ihre Einblicke und Ratschläge tief persönlich und nachvollziehbar macht.

2. Erfrischende Perspektive auf Ideen: Die Darstellung von Ideen als empfindsame Wesen, die nach Mitarbeitern suchen, ist eine einzigartige und erfrischende Sichtweise, die die Leser dazu einlädt, ihre Beziehung zu Inspiration und Kreativität zu überdenken.

3. Zugänglicher Schreibstil: Gilberts gesprächiger Ton und klare Schreibweise machen komplexe Konzepte leicht verständlich und das Buch zu einem vergnüglichen Lesen.

4. Motivierend: "Big Magic" ist sehr motivierend und ermutigt die Leser, ihren Leidenschaften nachzugehen, ihre Ängste zu konfrontieren und ihre angeborene Kreativität zu umarmen.

5. Ausgewogene Sicht auf Kreativität: Indem sowohl die mystischen als auch die alltäglichen Aspekte der Kreativität besprochen werden, bietet Gilbert eine ausgewogene Sichtweise und betont die Bedeutung von Inspiration und Disziplin.

**Schwächen**

1. Fehlende Struktur: Einige Leser könnten die Struktur des Buches als etwas abschweifend empfinden, da es keinem streng linearen Pfad oder einem schrittweisen Anleitungsformat folgt.

2. Zu abstrakt für manche: Während das Buch voller philosophischer Einsichten über Kreativität ist, könnten diejenigen, die nach einem praktischen "Wie-mache-ich-es"-Leitfaden suchen, enttäuscht sein.

3. Subjektivität: Einige der Konzepte, insbesondere die Idee von Inspirationen als empfindsame Wesen, könnten für bestimmte Leser zu subjektiv oder esoterisch erscheinen.

4. Mögliche Überbetonung des Schicksals: Manchmal scheint das Buch stark auf die Idee von vorherbestimmtem Schicksal oder Bestimmung im kreativen Prozess zu setzen, was nicht bei jedem Anklang finden könnte.

### Fazit

"Big Magic" ist eine herzerwärmende, philosophische Erkundung der Kreativität. Obwohl es nicht als praktisches Handbuch für künstlerisches Schaffen dient, erstrahlt es als spiritueller und emotionaler Leitfaden, um die eigene kreative Seele zum Ausdruck zu bringen. Gilberts persönliche Geschichten und einzigartige Perspektiven auf Inspiration sind sowohl aufschlussreich als auch unterhaltsam. Für diejenigen, die ihre Leidenschaft wieder entfachen, ihre Ängste überwinden und tief in die mystischen Gewässer der Kreativität eintauchen möchten, dient "Big Magic" als überzeugender Kompass. Das Buch unterstreicht die Botschaft, dass Kreativität nicht nur darum geht, Kunst zu produzieren – es geht darum, das Leben mit Neugier, Mut und vor allem Freude zu leben.

# 101 Essays, die dein Leben verändern werden

*von Brianna Wiest*

| Überblick |
|---|

"101 Essays, die dein Leben verändern werden" ist eine Sammlung von Essays von Brianna Wiest, die sich mit einer Vielzahl von Themen rund um Leben, Liebe, Erfolg und Selbstbewusstsein beschäftigt. Aus ihren Erfahrungen und Beobachtungen heraus bietet Wiest den Lesern Einsichten, die zum Hinterfragen konventionellen Denkens anregen und persönliches Wachstum fördern.

| Zusammenfassung |
|---|

**Wichtige Konzepte**

1. Selbstbewusstsein: Viele Essays betonen die Wichtigkeit von Introspektion und Selbstverständnis. Indem wir wirklich wissen, wer wir sind, können wir unsere Handlungen und Entscheidungen mit unserem authentischen Selbst in Einklang bringen.

2. Herausforderungen Überwinden: Wiest diskutiert die Unvermeidlichkeit, im Leben auf Hindernisse zu stoßen. Sie betont jedoch, dass unsere Perspektive und Reaktion auf diese Herausforderungen unsere Erfahrungen und Ergebnisse definieren.

3. Die Natur der Liebe: Liebe wird in verschiedenen Formen ausführlich erkundet. Wiest reflektiert über die Nuancen romantischer Beziehungen, Selbstliebe und universeller Liebe und betont, dass echte Liebe oft Akzeptanz und Verständnis beinhaltet.

4. Zweck Finden: Ein wiederkehrendes Thema im Buch ist die Suche nach Zweck und Bedeutung. Wiest glaubt, dass wahre Erfüllung daraus entsteht, unseren Zweck zu verstehen und ihn leidenschaftlich zu verfolgen.

5. Die Illusion der Kontrolle: Mehrere Essays befassen sich mit der Idee, dass vieles im Leben unserer Kontrolle entzogen ist. Diese zu akzeptieren, kann zu einem friedlicheren und harmonischeren Dasein führen.

6. Denkweise und Überzeugungen: Unsere Überzeugungen formen unsere Realität. Wiest ermutigt die Leser, ihre tief verwurzelten Überzeugungen zu hinterfragen und herauszufordern, denn dies kann zu tiefgreifenden Veränderungen im Leben führen.

7. Glück Kultivieren: Wahres Glück, so Wiest, ist ein innerer Zustand, den wir unabhängig von äußeren Umständen kultivieren können.

8. Die Kraft der Gegenwärtigkeit: Wirklich im Moment präsent zu sein, ohne von der Vergangenheit abgelenkt oder um die Zukunft besorgt zu sein, ist ein Schlüssel, um das Leben voll zu erleben.

9. Veränderung Begrüßen: Veränderung ist eine Konstante im Leben. Anstatt ihr zu widerstehen, schlägt Wiest vor, Veränderung als Chance für Wachstum und Evolution zu begrüßen.

10. Perspektive auf Erfolg: Erfolg geht nicht nur um Errungenschaften oder materielle Gewinne. Wahrer Erfolg, so Wiest, beinhaltet inneren Frieden, Zufriedenheit und ein Leben im Einklang mit den eigenen Werten.

Brianna Wiests "101 Essays, die dein Leben verändern werden" dient als reflektierender Leitfaden, der die Leser dazu anregt, ihre Überzeugungen, Verhaltensweisen und Wahrnehmungen zu hinterfragen und neu zu bewerten. Jeder Essay ist zwar kurz, aber voller Tiefe und Weisheit. Das Buch ist nicht nur eine passive Lektüre; es fördert aktive Introspektion und Selbsterkenntnis. Durch verschiedene Themen bietet Wiest eine frische Perspektive auf die Komplexitäten des Lebens und bewegt die Leser auf einen Weg der Selbstwahrnehmung, Akzeptanz und persönlichen Verwandlung.

## Stärken und Schwächen

**Stärken**

1. Vielfältige Themenauswahl: Wiest behandelt eine breite Palette von Themen, so dass fast jeder Leser Essays findet, die mit seinen persönlichen Erfahrungen und Herausforderungen resonieren.

2. Tiefe Introspektion: Jeder Essay, unabhängig von seiner Länge, ist reich an Tiefe und Introspektion und bringt die Leser dazu, über ihre Überzeugungen, Entscheidungen und Lebenswege nachzudenken.

3. Nachvollziehbarer Schreibstil: Wiests Schreibstil ist offen und nachvollziehbar, was komplexe und tiefgründige Themen zugänglich und verständlich macht.

4. Umsetzbare Einsichten: Über philosophische Diskussionen hinaus bieten viele Essays praktische Erkenntnisse und Ratschläge, die die Leser in ihrem Leben umsetzen können.

5. Kompakte Länge: Trotz umfassender Abdeckung ermöglicht das Format kurzer Essays ein leichtes Lesen, wobei die Leser es in kleinen Teilen konsumieren oder sich auf spezifische Essays konzentrieren können, die ihr Interesse wecken.

**Schwächen**

1- Mögliche Überschneidungen: Angesichts der großen Anzahl von Essays könnten sich manche Themen oder Einsichten wiederholen oder überschneiden.

2. Tiefe vs. Breite: Während die Vielfalt der Themen eine Stärke ist, könnte sie auch eine Schwäche für diejenigen sein, die eine tiefgehende Erkundung eines einzelnen Themas suchen. Einige Essays könnten die Leser mehr wollen lassen.

3. Subjektivität: Wie bei jedem introspektiven Buch könnten einige Essays aufgrund der subjektiven Natur der Themen nicht bei jedem Leser Anklang finden.

4. Fehlender strukturierter Ablauf: Das Buch folgt keinem linearen oder thematischen Fortschritt, was für Leser, die einen strukturierteren Ansatz bevorzugen, abschreckend sein könnte.

5. Fehlen externer Referenzen: Während das Buch in Wiests Einsichten und Erfahrungen verwurzelt ist, hätte die Einbeziehung externer Referenzen oder Studien einigen Themen eine zusätzliche Ebene der Tiefe und Validierung verleihen können.

## Fazit

"101 Essays, die dein Leben verändern werden" bleibt seinem Titel treu und bietet den Lesern eine Fülle von zum Nachdenken anregenden Einsichten. Brianna Wiest hat ein Gespür dafür, in die Feinheiten des menschlichen Geistes und der Seele einzudringen, und dieses Buch ist ein Beleg dafür. Obwohl es seine Schwächen haben mag, überwiegen seine Stärken, was es zu einer wertvollen Lektüre für jeden auf dem Weg der Selbstfindung und persönlichen Entwicklung macht. Es ist ein Buch, zu dem man sich immer wieder zurückkehren findet, um immer wieder Weisheit aus seinen Seiten zu schöpfen.

# Emotionale Intelligenz 2.0

*von Travis Bradberry und Jean Greaves*

## Überblick

"Emotionale Intelligenz 2.0" von Travis Bradberry und Jean Greaves bietet ein Schritt-für-Schritt-Programm zur Steigerung der emotionalen Intelligenz (EQ) durch vier zentrale EQ-Fähigkeiten, die es einem ermöglichen, sein volles Potenzial zu erreichen: Selbstbewusstsein, Selbstmanagement, soziale Kompetenz und Beziehungsmanagement.

## Zusammenfassung

**Die vier Fähigkeiten**

**1. Selbstbewusstsein:**

• Erkennen eigener Emotionen, während sie auftreten.

• In Kontakt mit den eigenen Gefühlen sein und verstehen, wie sie Gedanken und Handlungen beeinflussen.

• Vorteile: Größeres Selbstvertrauen, verbesserte Entscheidungsfindung und ein klareres Verständnis der eigenen Stärken und Schwächen.

**2. Selbstmanagement:**

• Emotionen auf gesunde Weise handhaben.

• Auf Situationen reagieren, statt impulsiv zu agieren.

• Techniken umfassen tiefes Atmen, Zurücktreten von auslösenden Situationen und Herausforderung negativer Gedankenmuster.

• Vorteile: Widerstandsfähigkeit, Anpassungsfähigkeit und die Fähigkeit, Widrigkeiten ohne Ausbrüche zu bewältigen.

**3. Soziale Kompetenz:**

• Emotionen anderer erkennen und deren Perspektiven verstehen.

• Einfühlsam sein und emotionale Hinweise in sozialen Situationen aufnehmen.

- Vorteile: Verbesserte Beziehungen, größere Sensibilität für andere und weniger Missverständnisse.

**4. Beziehungsmanagement:**

- Aufbau und Pflege gesunder Beziehungen.

- Emotionale Wahrnehmung nutzen, um mit anderen in Verbindung zu treten und Konflikte zu managen.

- Vorteile: Bessere Teamarbeit, fruchtbarere persönliche und berufliche Beziehungen und ein stärkeres soziales Netzwerk.

**Wichtige Konzepte**

1. Die Bedeutung von EQ: Bradberry und Greaves betonen, dass EQ ein robusterer Prädiktor für Erfolg im Leben, in Beziehungen und im Beruf ist, während IQ möglicherweise in akademischen und einigen beruflichen Situationen hilft.

2. EQ vs. Persönlichkeit: Emotionale Intelligenz ist nicht festgelegt und kann im Laufe der Zeit entwickelt und verbessert werden, im Gegensatz zu Persönlichkeitsmerkmalen, die im Leben relativ stabil bleiben.

3. Bewertung: Das Buch bietet einen einzigartigen Zugangscode für eine Online-EQ-Bewertung, die es den Lesern ermöglicht, ihre EQ-Stärken und Verbesserungsbereiche zu identifizieren. Diese Bewertung kann mehrmals durchgeführt werden, um den Fortschritt zu verfolgen.

4. Strategien zur Verbesserung: Basierend auf den Ergebnissen der Bewertung bietet das Buch eine Fülle von umsetzbaren Strategien, die darauf ausgerichtet sind, jede der vier EQ-Fähigkeiten zu verbessern.

5. Beispiele aus dem echten Leben: Im gesamten Buch illustrieren Beispiele und Anekdoten aus dem wirklichen Leben, wie sich emotionale Intelligenz in alltäglichen Situationen manifestiert und wie eine verbesserte EQ verschiedene Lebensbereiche positiv beeinflussen kann.

"Emotionale Intelligenz 2.0" dient sowohl als Leitfaden als auch als Werkzeugkasten. Bradberry und Greaves bieten nicht nur ein tiefgehendes Verständnis dafür, was emotionale Intelligenz ist, sondern auch konkrete Schritte zu deren Verbesserung. Ihr Ansatz basiert auf der Idee, dass jeder, unabhängig vom Ausgangspunkt, mit Absicht und Anstrengung seine EQ verfeinern und verbessern kann, was zu einem erfüllteren, ausgeglicheneren und erfolgreicheren Leben führt.

## Stärken und Schwächen

**Stärken**

1. Zugänglicher Inhalt: Das Buch ist in einer klaren, leicht verständlichen Weise geschrieben, wodurch die Konzepte der emotionalen Intelligenz einem breiten Publikum zugänglich gemacht werden.

2. Umsetzbare Strategien: Im Gegensatz zu vielen Selbsthilfebüchern, die schwerpunktmäßig theoretisch sind, bietet "Emotionale Intelligenz 2.0" den Lesern konkrete Strategien und Techniken, um ihre EQ zu verbessern.

3. Online EQ-Bewertung: Die Einbeziehung einer Online EQ-Bewertung, die für jedes Buch einzigartig ist, stellt ein wertvolles Instrument dar. Sie ermöglicht es den Lesern, ihren aktuellen EQ-Stand zu messen und bietet eine Grundlage zur Messung des Fortschritts.

4. Relevanz: Die Bedeutung der emotionalen Intelligenz in den heutigen persönlichen und beruflichen Bereichen kann nicht genug betont werden. Dieses Buch ist unglaublich zeitgemäß und relevant und entspricht den Bedürfnissen moderner Leser.

5. Beispiele aus dem echten Leben: Durch die Verwendung von realen Szenarien und Beispielen veranschaulichen die Autoren effektiv die Prinzipien der EQ, was sie nachvollziehbarer und leichter zu verstehen macht.

**Schwächen**

1. Kürze einiger Abschnitte: Während die knappe Natur des Buches generell eine Stärke ist, könnten einige Leser das Gefühl haben, dass bestimmte Themen zu kurz behandelt werden und an Tiefe fehlen.

2. Abhängigkeit von der Bewertung: Die angebotenen umsetzbaren Strategien hängen in vielerlei Hinsicht von den Ergebnissen der Online-Bewertung ab. Wenn Leser diesen Schritt überspringen oder darauf nicht zugreifen können, erhalten sie möglicherweise nicht den vollen Nutzen der Ratschläge.

3. Begrenzter Hintergrund zur EQ-Forschung: Obwohl das Buch die Bedeutung von EQ ausgezeichnet erläutert, könnte es von einer detaillierteren Diskussion der Forschung und Studien profitieren, die den Konzepten der emotionalen Intelligenz zugrunde liegen.

5. Nicht erschöpfend: Diejenigen, die mit EQ vertraut sind, könnten feststellen, dass das Buch nicht tief in fortgeschrittenere oder nuanciertere Aspekte des Themas eintaucht.

6. Kostenbarriere für einige: Der einzigartige Zugangscode für die Online EQ-Bewertung bedeutet, dass gebrauchte Exemplare des Buches dieses Feature nicht bieten, was das Buch möglicherweise für Personen mit einem begrenzten Budget weniger zugänglich macht.

### Fazit

"Emotionale Intelligenz 2.0" ist ein wertvolles Buch für diejenigen, die ihre emotionale Intelligenz verstehen und verbessern möchten. Sein geradliniger Ansatz, kombiniert mit umsetzbaren Strategien und Werkzeugen, macht es zu einem praktischen Leitfaden für Personen in allen Lebensphasen. Obwohl es seine Grenzen hat, überwiegen seine Stärken bei weitem seine Schwächen, was es zu einer wertvollen Ergänzung für jede Selbstverbesserungsbibliothek macht. Es eignet sich besonders gut für Anfänger oder diejenigen, die eine knappe Übersicht über das Thema suchen.

# Denken hilft zwar, nützt aber nichts: Warum wir immer wieder unvernünftige Entscheidungen treffen

*von Dan Ariely*

## Überblick

"Denken hilft zwar, nützt aber nichts" von Dan Ariely ist ein bahnbrechendes Buch auf dem Gebiet der Verhaltensökonomie. Anhand einer Reihe von Erfahrungen zeigt Ariely auf, wie Menschen in verschiedenen Bereichen des Lebens oft irrationale Entscheidungen treffen, z. B. bei Kaufentscheidungen, Beziehungen und im Gesundheitswesen. Das Buch ist in verschiedene Kapitel gegliedert, die die unterschiedlichen Facetten irrationalen Verhaltens erforschen und einen tiefen Einblick geben, warum wir gegen unsere eigenen Interessen handeln.

## Zusammenfassung

**Wichtigste Punkte**

1. Die Wahrheit über die Relativität: Ariely erklärt die menschliche Tendenz, Optionen relativ zu dem zu bewerten, was um sie herum ist, und nicht in absoluten Zahlen. Anhand von Experimenten mit Zeitschriftenabonnements und anderen Entscheidungen zeigt Ariely, dass die Anwesenheit eines "Lockvogels" die Menschen zu einer bestimmten Option lenken kann.

2. Die Illusion von Angebot und Nachfrage: Der Autor erörtert, wie die anfängliche Preisgestaltung einen "Anker" setzen kann, der die Bereitschaft beeinflusst, für zukünftige Artikel zu zahlen. Ariely verwendet Beispiele von Starbucks und Immobilien, um diesen Verankerungseffekt zu veranschaulichen.

3. Der hohe Preis für Nullkosten: Ariely untersucht die irrationale Anziehungskraft von "kostenlos" und wie sie oft zu schlechten Entscheidungen führt. Menschen sind bereit, beträchtliche Opfer zu bringen, nur um etwas umsonst zu bekommen, selbst wenn es nicht ihren besten Interessen entspricht.

4. Die Kosten sozialer Normen: Der Autor unterscheidet zwischen sozialen Normen (wie Freundschaften) und Marktnormen (wie Gehälter). Wenn diese Normen kollidieren, führt dies oft zu unerwünschten Ergebnissen.

5. Der Einfluss sexueller Erregung: Ariely führt Experimente durch, die zeigen, wie Menschen in der Hitze des Gefechts unterschiedliche Entscheidungen treffen, und veranschaulicht damit, dass Menschen nicht immer in der Lage sind, ihren zukünftigen emotionalen Zustand vorherzusagen.

6. Vom ewigen Aufschieben: Anhand des Rahmens der hyperbolischen Diskontierung erörtert Ariely, wie Menschen oft sofortige Belohnungen gegenüber langfristigen Vorteilen vorziehen, was zum Aufschieben und mangelnder Selbstkontrolle beiträgt.

7. Der hohe Preis des Besitzes: Der so genannte Endowment-Effekt besagt, dass Menschen dazu neigen, Dinge zu überbewerten, sobald sie sie besitzen. Ariely geht diesem Phänomen anhand von Experimenten mit Sporttickets auf den Grund.

8. Ein Hintertürchen offen halten: Menschen sind auf irrationale Weise bestrebt, sich so viele Möglichkeiten wie möglich offen zu halten, oft unter großen Kosten oder Opfern.

9. Der Effekt von Erwartungen: Ariely zeigt, wie die eigenen Erwartungen die tatsächlichen Erfahrungen und die Wahrnehmung der Qualität beeinflussen können. So werden beispielsweise teurere Medikamente als wirksamer wahrgenommen, selbst wenn sie mit billigeren Alternativen identisch sind.

10. Die Macht des Preises: Ariely untersucht den Placebo-Effekt in Bezug auf die Preisgestaltung und zeigt, dass unsere Erfahrungen mit etwas, von dem wir glauben, dass es wertvoller ist, mit diesen Erwartungen übereinstimmen können.

11. Moral und Unendlichkeit, Teil I: Der Autor untersucht, warum Menschen betrügen und wie Rationalisierungen und soziale Normen unehrliches Verhalten beeinflussen können.

12. Moral und Unendlichkeit, Teil II: Ariely untersucht, wie Menschen in bestimmten Situationen unehrlich oder unfair sein können, während sie sich selbst für ehrlich halten, und zwar durch Kompartmentalisierung und moralische Flexibilität.

Ariely kommt zu dem Schluss, dass die menschliche Irrationalität nicht zufällig, sondern systematisch und vorhersagbar ist. Wenn wir uns dieser kognitiven Voreingenommenheit bewusst sind und das "Warum" dahinter verstehen, können wir sowohl im privaten als auch im beruflichen Leben fundiertere und rationalere Entscheidungen treffen.

**Zusätzlicher Inhalt**

Die überarbeitete und erweiterte Ausgabe enthält mehr Kapitel, darunter Diskussionen über Online-Dating und den Wert, den wir dem beimessen, was wir schaffen.

Insgesamt ist "Denken hilft zwar, nützt aber nichts" eine faszinierende Reise durch die Feinheiten der menschlichen Entscheidungsfindung, die ein überzeugendes Argument dafür liefert, dass unsere Entscheidungen oft nicht so rational sind, wie wir es glauben.

## Stärken und Schwächen

**Stärken**

1. Empirische Grundlage: Eines der herausragenden Merkmale des Buches ist sein Rückgriff auf empirische Daten. Ariely spekuliert nicht nur über menschliches Verhalten, sondern führt detaillierte Experimente durch und präsentiert die Ergebnisse auf nachvollziehbare Weise.

2. Zugängliche Sprache: Ariely hat die Gabe, komplexe Konzepte in eine unverständliche Sprache zu fassen. Man braucht keinen Abschluss in Wirtschaftswissenschaften, um das Buch zu verstehen.

3. Breiter Umfang: Das Buch deckt eine Reihe von Themen ab, so dass es für ein breites Publikum relevant ist. Egal, ob Sie sich für Marketing, Psychologie, Wirtschaft oder einfach nur für Ihr eigenes Verhalten interessieren, es ist etwas für Sie dabei.

4. Praktische Implikationen: Der Autor erörtert häufig, wie das Verständnis dieser irrationalen Verhaltensweisen die Entscheidungsfindung sowohl im privaten als auch im beruflichen Bereich verbessern kann, so dass die Erkenntnisse unmittelbar anwendbar sind.

5. Fesselndes Storytelling: Das Buch ist nicht nur eine Aneinanderreihung von Fakten und Daten; es ist voll von Anekdoten und Beispielen aus der Praxis, die für eine fesselnde Lektüre sorgen.

6. Humor: Arielys Witz sorgt für Unterhaltung und macht das Buch nicht nur lehrreich, sondern auch unterhaltsam.

7. Ethische Überlegungen: Der Autor scheut sich nicht, die ethischen Implikationen von Verhaltenstrends zu erörtern, insbesondere in den Kapiteln, die sich mit Ehrlichkeit und sozialen Normen befassen.

**Schwächen**

1. Nicht erschöpfend: Obwohl das Buch umfassend ist, erhebt es nicht den Anspruch, alle Formen der Irrationalität zu erklären. Manche Leser könnten meinen, dass es bestimmte Fragen unbeantwortet lässt.

2. Beispiele aus einem Begrenzten Kontext: Die meisten Experimente und Beispiele stammen aus einem westlichen, insbesondere amerikanischen, Kontext. Dies könnte den Bezug des Buches zu einem globalen Publikum einschränken.

3. Wiederholungen: Einige Konzepte werden in mehreren Kapiteln wiederholt, was sich als redundant erweisen kann.

4. Vereinfachung: Während die Verwendung einer einfachen Sprache im Allgemeinen eine Stärke ist, argumentieren einige Kritiker, dass sie komplexe wirtschaftliche und psychologische Phänomene zu sehr vereinfachen kann.

5. Fehlen von Gegenargumenten: Das Buch wurde geschrieben, um die Thesen des Autors zu stützen, und es wird nicht viel Zeit darauf verwendet, Gegenargumente oder alternative Erklärungen für die beschriebenen Verhaltensweisen anzuführen.

6. Keine Lösungen: Ariely diagnostiziert die Probleme zwar sehr gut, bietet aber kaum Lösungen für die Überwindung unserer irrationalen Verhaltensweisen an.

| Fazit |
|---|

Trotz seiner Schwächen ist "Denken hilft zwar, nützt aber nichts" ein bahnbrechendes Buch, das Ihre Sicht auf die Welt verändern kann. Das Buch schafft es, sowohl akademisch rigoros als auch unglaublich zugänglich zu sein, was in jedem Genre eine seltene Leistung ist. Die gut begründeten Argumente und die gründliche Recherche machen das Buch zu einem Muss für jeden, der das komplexe Labyrinth der Faktoren verstehen will, die unsere Entscheidungen und unser Verhalten beeinflussen.

# Limitless:
# Wie du schneller lernst und dein Potenzial befreist

*von Jim Kwik*

| Überblick |
|---|

"Limitless" ist ein Selbsthilfebuch von Jim Kwik, einem weltweit anerkannten Experten für beschleunigtes Lernen, Gedächtnis, Schnelllesen und Gehirnleistung. Das Buch dient als umfassender Leitfaden für die Leser, um ihr Potenzial freizusetzen, indem sie selbst auferlegte Beschränkungen überwinden und ihre kognitiven Prozesse optimieren.

| Zusammenfassung |
|---|

**Wesentliche Konzepte**

**1. Persönliche Geschichte**

Jim Kwik erzählt seine persönliche Geschichte eines Hirntraumas in der Kindheit, das dazu führte, dass er als der "Junge mit dem kaputten Gehirn" bezeichnet wurde. Diese Herausforderung war der Auslöser für sein lebenslanges Streben, die Funktion des Gehirns und das Lernen zu verstehen und zu verbessern.

**2. Das grenzenlose Modell**

Kwik stellt einen dreiteiligen Rahmen vor, um grenzenlos zu werden: Geisteshaltung, Motivation und Methoden. Alle drei müssen für optimalen Erfolg aufeinander abgestimmt sein.

**3. Denkweise**

• Die Überzeugungen und Einstellungen, die wir über uns selbst haben.

• Kwik betont, wie wichtig es ist, eine von Carol Dweck geprägte Wachstumshaltung einzunehmen, d. h. an die eigene Fähigkeit zu glauben, sich zu entwickeln und zu verbessern.

• Er stellt Werkzeuge und Techniken zur Verfügung, um einschränkende Überzeugungen zu erkennen und auszumerzen.

### 4. Motivation

- Kwik geht auf den Zweck, die Energie und die kleinen Schritte ein, die erforderlich sind, um die Motivation aufrechtzuerhalten.
- Er führt eine Formel ein: Motivation = Zweck x Energie x S^3 (Kleine einfache Schritte).
- Er erörtert, wie wichtig es ist, ein starkes Ziel zu haben, die Energie durch Gesundheit und Wohlbefinden aufrechtzuerhalten und Aufgaben in überschaubare Aktionen aufzuteilen.

### 5. Methoden

- Dieser Abschnitt ist der Kern des Buches, in dem Kwik Techniken und Strategien vorstellt, die er zur Verbesserung von Lernen und Gedächtnis entwickelt hat.
- Er stellt Methoden zum Schnelllesen, zur Verbesserung der Konzentration, zum Gedächtnisabruf, zu Lerntechniken und mehr vor.
- Techniken wie die FAST-Methode (Forget, Active, State, Teach) zum Lernen und die Memory Palace-Technik zum Abrufen von Informationen werden ausführlich besprochen.

### 6. Digitale Flut

- Kwik geht auf die Herausforderungen des digitalen Zeitalters ein, in dem die Informationsflut zu Entscheidungsmüdigkeit und verminderter kognitiver Leistungsfähigkeit führen kann.
- Er bietet Strategien an, um sich in der digitalen Welt zurechtzufinden, ohne sich überwältigt zu fühlen, und um die Technologie zu unserem Vorteil zu nutzen.

### 7. Lebenslanges Lernen und kontinuierliches Wachstum

- Kwik betont, dass das Lernen nicht nach der formalen Bildung aufhört. Lebenslanges Lernen ist der Schlüssel zu Anpassungsfähigkeit und Erfolg in einer sich ständig verändernden Welt.
- Er gibt Anregungen für die Erhaltung der kognitiven Gesundheit, z. B. durch richtige Ernährung, Schlaf, Bewegung und geistige Herausforderungen.

## 8. Schlussfolgerung

• Kwik bekräftigt die Idee, dass mit der richtigen Einstellung, Motivation und Methoden jeder aus seinen selbst auferlegten Beschränkungen ausbrechen und ein außergewöhnliches Leben führen kann.

Im Wesentlichen geht es in "Limitless" nicht nur um Techniken für ein besseres Gedächtnis oder schnelleres Lesen. Es ist ein ganzheitlicher Leitfaden zur Verbesserung des gesamten kognitiven Rahmens, zur Infragestellung selbsteinschränkender Überzeugungen und zur Umarmung eines Lebens des kontinuierlichen Wachstums und Lernens. Jim Kwiks persönliche Geschichte und die Transformationsgeschichten derer, die er unterrichtet hat, dienen als inspirierendes Zeugnis für die Kernbotschaft des Buches.

### Stärken und Schwächen

**Stärken**

1. Persönliche Anekdoten: Jim Kwiks persönlicher Weg verleiht dem Buch eine echte und inspirierende Note. Seine Geschichte ist ein Zeugnis für die Kraft der Beharrlichkeit und das Potenzial zur Veränderung.

2. Umfassender Rahmen: Der Rahmen für Denkweise, Motivation und Methode ist ein ganzheitlicher Ansatz zur kognitiven Verbesserung. Er unterstreicht die Verbindung von Überzeugung, Antrieb und praktischen Techniken.

3. Umsetzbare Techniken: Eines der herausragenden Merkmale von "Limitless" ist sein umsetzbarer Inhalt. Die Techniken, insbesondere im Abschnitt "Methoden", sind detailliert und können sofort angewendet werden.

4. Behandelt moderne Herausforderungen: Die Diskussion über die "digitale Flut" ist zeitgemäß und trifft den modernen Leser. Im Zeitalter der Informationsflut sind Kwiks Strategien zur Bewältigung digitaler Ablenkungen von unschätzbarem Wert.

5. Ermutigt zu lebenslangem Lernen: Das Buch vermittelt die Bedeutung von kontinuierlichem Wachstum und Anpassung - eine wichtige Botschaft in unserer sich schnell entwickelnden Welt.

**Schwächen**

1. Wiederholbarkeit: Manche Leser könnten bestimmte Abschnitte des Buches als repetitiv empfinden. Eine Wiederholung kann zwar für das Gedächtnis förderlich sein, sie kann aber auch zu inhaltlicher Redundanz führen.

2. Breites Spektrum: Der Umfang des Buches ist zwar eine Stärke, kann aber auch als Schwäche angesehen werden. Die Behandlung von Denkweise, Motivation und verschiedenen Methoden kann dazu führen, dass sich einige Abschnitte übereilt anfühlen oder es ihnen an Tiefe fehlt.

3. Keine Einheitsgröße für alle: Einige Techniken, insbesondere in den Abschnitten zum Gedächtnis und zum Lesen, sind möglicherweise nicht für jeden geeignet oder wirksam. Persönliches Ausprobieren ist unerlässlich.

4. Gelegentliche Überbetonung des Personal Branding: Es gibt Momente, in denen das Buch Jim Kwiks Marke, seine Kurse oder Seminare zu betonen scheint, was von der Hauptbotschaft ablenken kann.

5. Braucht praktische Übungen: Das Buch bietet zwar zahlreiche Techniken, aber es würde von mehr strukturierten Übungen oder Praxisroutinen profitieren, damit die Leser die Methoden besser nachvollziehen und verinnerlichen können.

## Fazit

"Limitless" bietet den Lesern einen umfassenden Leitfaden zur Entfaltung ihres kognitiven Potenzials. Durch eine Mischung aus persönlichen Anekdoten, wissenschaftlichen Erklärungen und umsetzbaren Methoden hat Jim Kwik ein Buch geschaffen, das wirklich als Handbuch für besseres Lernen und höhere Gehirnleistung im modernen Zeitalter dienen kann. Es hat zwar seine Schwächen, aber seine Stärken machen es zu einer lohnenswerten Lektüre für jeden, der seine geistigen Grenzen überwinden und ein Leben des ständigen Lernens und Wachstums führen möchte.

# Good Vibes, Good Life:
# Wie Selbstliebe dein größtes Potenzial entfaltet

*von Vex King*

| Überblick |
|---|

"Good Vibes, Good Life" von Vex King ist ein Leitfaden zum Verständnis und zur Kultivierung von Positivität, persönlichem Wachstum und Selbstliebe. Im gesamten Buch kombiniert King persönliche Erfahrungen, Lektionen aus spirituellen Lehren und praktische Ratschläge, was "Good Vibes, Good Life" zu einem ganzheitlichen Leitfaden für die persönliche Transformation macht.

| Zusammenfassung |
|---|

**Wesentliche Konzepte**

**1. Einführung in die Selbstliebe**

Zu Beginn betont Vex King die Bedeutung der Selbstliebe als Grundlage für allgemeines Wohlbefinden und Erfolg. Er erzählt persönliche Anekdoten, die zeigen, wie seine eigene Reise der Selbstliebe sein Leben verändert hat.

**2. Überwindung negativer Denkweisen**

King erörtert die schädlichen Auswirkungen einer negativen Denkweise und bietet umsetzbare Schritte, um sich von Negativität (sei es durch vergangene Traumata oder äußere Einflüsse) zu befreien,.

**3. Das Gesetz der Schwingung**

Aufbauend auf dem Konzept "Gleiches zieht Gleiches an", geht King auf das Gesetz der Schwingung ein und erklärt, dass unsere Energie und Schwingungen unsere Erfahrungen und die Welt um uns herum beeinflussen.

**4. Positive Energie nutzbar machen**

Der Leser lernt Praktiken kennen, die dabei helfen können, positive Energie zu kultivieren und zu erhalten, von Affirmationen bis hin zu Visualisierungsübungen.

### 5. Das Selbst verstehen

King unterstreicht die Bedeutung der Selbsterkenntnis. Indem wir unsere Stärken, Schwächen, Leidenschaften und Ängste verstehen, können wir ein Leben schaffen, das mit unserem wahren Selbst übereinstimmt.

### 6. Die Macht der Überzeugungen

Selbsteinschränkende Überzeugungen wirken als Hindernisse für unser Potenzial. King bietet Strategien, um diese Überzeugungen zu erkennen, zu konfrontieren und zu überwinden und sie durch ermutigende Überzeugungen zu ersetzen.

### 7. Beziehungen als Spiegel

Die Qualität unserer Beziehungen spiegelt oft unseren inneren Zustand wider. King rät dazu, Grenzen zu setzen, positive Beziehungen anzuziehen und bestehende Beziehungen zu pflegen. Er weist auch auf die Notwendigkeit hin, giftige Beziehungen loszulassen, die das Wachstum behindern.

### 8. Praktiken zur Selbstfürsorge

Neben der geistigen und emotionalen Selbstfürsorge geht King auch auf die körperliche Selbstfürsorge ein, wobei er die Bedeutung von Ernährung, Bewegung und Schlaf hervorhebt.

### 9. Hindernisse überwinden

Herausforderungen sind ein unvermeidlicher Teil des Lebens. King stellt sie jedoch als Chancen für Wachstum dar. Er vermittelt Techniken, mit denen man Widerstandsfähigkeit aufbauen und die Hürden des Lebens mit Anmut meistern kann.

### 10. Die kontinuierliche Reise

Persönliches Wachstum und Selbstliebe sind fortlaufende Prozesse. Abschließend ermutigt King die Leser, konsequent in sich selbst zu investieren, ihren Leidenschaften nachzugehen und sich auf ihrem Weg zu einem besseren Leben weiter zu engagieren.

## Stärken und Schwächen

**Stärken**

1. Persönliche Anekdoten: Kings eigene Lebensgeschichte, die von Herausforderungen und schließlich von Triumphen geprägt ist, verleiht der Erzählung Authentizität. Die Leser können sich leicht in seine Reise hineinversetzen, wodurch die Ratschläge mehr Resonanz finden.

2. Umsetzbare Ratschläge: Im Gegensatz zu manchen Selbsthilfebüchern, die abstrakt bleiben, bietet King konkrete Schritte, Praktiken und Übungen an, die der Leser sofort in seinem Leben anwenden kann.

3. Inklusive Sprache: Das Buch ist in einer Art und Weise geschrieben, die sich wie ein Gespräch anfühlt. Kings Tonfall ist warm, inklusiv und nicht wertend, so dass sich die Leser verstanden und bestätigt fühlen.

4. Ganzheitlicher Ansatz: King geht nicht nur auf das geistige Wohlbefinden ein, sondern auch auf die körperlichen, emotionalen und spirituellen Aspekte der Selbstliebe und des persönlichen Wachstums und bietet so eine umfassende Perspektive.

5. Gut strukturiert: Das Buch ist in übersichtliche Abschnitte gegliedert, die jeweils unterschiedliche Facetten des übergeordneten Themas ansprechen, so dass es für die Leser leicht ist, dem Buch zu folgen oder sogar zu den für sie relevanten Abschnitten zu springen.

**Schwächen**

1. Vertraute Konzepte: Obwohl King sein Verständnis von Konzepten wie dem Gesetz der Schwingung und der positiven Energie darlegt, sind diese Ideen nicht neu. Leser, die mit Selbsthilfeliteratur vertraut sind, könnten einige Abschnitte als repetitiv empfinden.

2. Subjektive Lösungen: Einige Ratschläge, vor allem in Bezug auf Spiritualität und Praktiken wie Visualisierung, mögen nicht bei jedem auf Gegenliebe stoßen. Diese Lösungen können zutiefst individuell sein, und was für den einen funktioniert, muss nicht unbedingt für den anderen gelten.

3. Fehlende wissenschaftliche Untermauerung: Obwohl King auf seine Erfahrungen und einige spirituelle Lehren zurückgreift, könnte das Buch von mehr wissenschaftlichen Beweisen oder psychologischen Studien profitieren, um seine Behauptungen zu untermauern und ein eher analytisches Publikum anzusprechen.

4. Überbetonung der Positivität: Auch wenn die Bedeutung der Positivität unbestreitbar ist, besteht die Gefahr, dass die Leser die Botschaft falsch interpretieren und sich unter Druck gesetzt fühlen, ständig positiv zu sein. Die Komplexität des Lebens erfordert oft ein Gleichgewicht der Gefühle.

### Fazit

"Good Vibes, Good Life" ist ein aufrichtiger Leitfaden für alle, die sich auf dem Weg zur Selbstfindung und Selbstliebe befinden. Es zeichnet sich durch eine authentische Erzählung und umsetzbare Ratschläge aus, könnte aber durch verschiedene Perspektiven und ein tieferes Eintauchen in die Komplexität der Gefühle noch bereichert werden. Dennoch ist es eine wertvolle Lektüre für alle, die ihrem Leben Positivität und Sinn verleihen wollen.

# Die 5 Sekunden Regel:
# Wenn du bis 5 zählen kannst,
# kannst du auch dein Leben verändern

*von Mel Robbins*

## Überblick

"Die 5-Sekunden-Regel" von Mel Robbins bietet ein einfaches und doch transformatives Werkzeug, um Handlungen zu veranlassen und die Gewohnheiten des Aufschiebens, der Selbstzweifel und der Angst zu besiegen. Der Kerngedanke des Buches dreht sich um das Konzept, dass Entscheidungen und Handlungen innerhalb der ersten fünf Sekunden nach einem Gedanken getroffen werden müssen, da das Gehirn sonst den Impuls tötet.

## Zusammenfassung

**Kernkonzepte**

**Die Regel an sich**

Die 5-Sekunden-Regel ist ganz einfach: In dem Moment, in dem Sie den Drang verspüren, etwas zu tun, müssen Sie sich innerhalb von fünf Sekunden in Bewegung setzen, sonst zieht Ihr Gehirn die Notbremse und stoppt die Idee. Robbins schlägt vor, zu zählen: "5-4-3-2-1-LOS", um sich in Bewegung zu setzen.

**Die Wissenschaft hinter der Regel**

Robbins befasst sich mit der Wissenschaft der Gewohnheiten und der Funktionsweise des Gehirns. Sie erklärt, dass die Regel nicht nur ein Hilfsmittel, sondern eine Metakognitionstechnik ist. Durch das Herunterzählen schalten Sie die Gänge in Ihrem Gehirn um, vom präfrontalen Kortex, in dem Gewohnheiten und übermäßiges Denken angesiedelt sind, zu dem Teil des Gehirns, der für Veränderungen verantwortlich ist.

**Anwendungen der Regel**

Im gesamten Buch bietet Robbins unzählige Anwendungsmöglichkeiten für die 5-Sekunden-Regel:

1. **Die Prokrastination durchbrechen:** Anstatt auf Motivation zu warten, kann die 5-Sekunden-Regel Sie dazu bringen, sofort anzufangen.

2. **Selbstvertrauen aufbauen:** Indem Sie sich zum Handeln drängen, beweisen Sie sich selbst, dass Sie fähig sind, und stärken so Ihr Selbstvertrauen.

3. **Überwindung von Ängsten:** Egal, ob es sich um eine Rede in der Öffentlichkeit oder um persönliche Ängste handelt, der 5-Sekunden-Countdown kann dazu beitragen, dass Sie handeln, bevor die Angst Sie erstarren lässt.

4. **Achtsamkeit und Gelassenheit:** Die Regel kann auch dazu beitragen, jemanden aus einer Angstspirale herauszuholen, indem der Fokus neu ausgerichtet wird.

5. **Gesundheit:** Robbins erläutert, wie man die Regel nutzen kann, um gesündere Entscheidungen zu treffen, sei es, dass man sich morgens zum Training aufrafft oder eine gesündere Mahlzeit wählt.

6. **Beziehungen:** Ob es darum geht, ein Beziehung zu reparieren oder Liebe auszudrücken, die Regel kann genutzt werden, um eine unmittelbare Verbindung herzustellen.

### Robbins' persönliche Geschichte

Mel Robbins verwebt ihre persönliche Reise mit dem Buch und beschreibt ihre Kämpfe mit Arbeitslosigkeit, finanzieller Not und Selbstzweifeln. Sie erzählt freimütig, wie die 5-Sekunden-Regel, die sie aus einer Laune heraus erfand, um eines Morgens aus dem Bett zu kommen, zu einem lebensverändernden Werkzeug wurde.

### Erfahrungsberichte

Das Buch ist gespickt mit Zeugnissen und Erfahrungsberichten von Menschen aus aller Welt, die die Regel in verschiedenen Lebensbereichen erfolgreich angewendet haben. Diese Geschichten dienen sowohl als Beweis als auch als Inspiration für die Wirksamkeit des Werkzeugs.

Abschließend unterstreicht Mel Robbins, dass die Macht, das eigene Leben zu verändern, bei jedem Einzelnen liegt. Die 5-Sekunden-Regel ist zwar ein Werkzeug, aber es sind der Mut und die Handlungen, die in diesen fünf Sekunden unternommen werden, die eine echte Veränderung bewirken. Sie betont, dass es nicht um die großen Momente des Mutes geht, sondern um die kleinen Momente der alltäglichen Tapferkeit, die zu größeren Erfolgen führen.

## Stärken und Schwächen

**Stärken**

1. Einfachheit: Die 5-Sekunden-Regel selbst ist unglaublich einfach, so dass sie leicht zu verstehen und in das tägliche Leben zu integrieren ist. Ihre Einfachheit ist ihre Stärke, denn es gibt keine komplexen Schritte oder Hilfsmittel, die man sich merken muss.

2. Zeugnisse aus dem wirklichen Leben: Im gesamten Buch finden sich Erfahrungsberichte von Personen, die von der Regel profitiert haben. Dies bestätigt nicht nur die Wirksamkeit der Regel, sondern bietet dem Leser auch eine Reihe von Szenarien, in denen sie angewendet werden kann.

3. Handlungsorientiert: Im Gegensatz zu einigen Selbsthilfebüchern, die eher theoretisch sind, ist dieses Buch vollständig handlungsorientiert. Es fordert die Leser auf, sofort und konsequent zu handeln.

4. Wissenschaftlich untermauert: Robbins geht über die bloße Erläuterung der Regel hinaus. Sie geht auf die neurowissenschaftlichen Hintergründe ein und bietet den Lesern ein umfassendes Verständnis dafür, warum es funktioniert.

5. Persönliche Note: Dass Robbins offen über ihre persönlichen Probleme berichtet und wie sie dazu kam, die Regel zu entwickeln, macht das Buch zu einem echten Erlebnis. Es vermittelt Authentizität und zeigt, dass sie aus Erfahrung spricht.

6. Vielseitig: Die Anwendungen der 5-Sekunden-Regel, wie sie von Robbins dargelegt werden, umfassen eine Vielzahl von Situationen - von Gesundheit und Beziehungen bis hin zu Arbeit und persönlichem Wachstum.

**Schwächen**

1. Wiederholbarkeit: Einige Leser könnten Abschnitte des Buches als repetitiv empfinden. Die Einfachheit der Regel bedeutet, dass ihr Kerngedanke kurz erklärt werden kann, aber das Buch widmet viele Seiten, um denselben Punkt zu vermitteln.

2. An manchen Stellen fehlt es an Tiefe: Während das Buch viele Anwendungen der Regel abdeckt, könnten einige Bereiche von einer tieferen

Erforschung profitieren. So kann die Regel zwar bei der psychischen Gesundheit helfen, sie ist aber keine Einheitslösung, und manche Leser könnten sich eine differenziertere Anleitung wünschen.

3. Überbetonung von externen Zeugnissen: Obwohl die Erfahrungsberichte aus dem wirklichen Leben die Authentizität erhöhen, stützt sich das Buch manchmal stark auf sie, was dazu führen kann, dass sich bestimmte Abschnitte eher wie eine ausgedehnte Werbung für die Wirksamkeit der Regel anfühlen, als eine Erkundung ihrer Anwendung.

4. Kein Allheilmittel: Die Regel wird als Lösung für eine breite Palette von Problemen dargestellt. Auch wenn sie tatsächlich ein Katalysator für Maßnahmen sein kann, erfordern einige tief verwurzelte Probleme möglicherweise umfassendere Ansätze.

| Fazit |
|---|

"Die 5-Sekunden-Regel" von Mel Robbins bietet ein einfaches, praktikables Instrument zur Bekämpfung von Prokrastination, Untätigkeit und Selbstzweifeln. Die Stärken des Buches liegen in seiner Einfachheit, den Erfahrungsberichten aus dem wirklichen Leben und den wissenschaftlich fundierten Erklärungen. Allerdings hätte das Buch von einer prägnanteren Darstellung und einer tieferen Erforschung bestimmter Themen profitieren können. Nichtsdestotrotz ist dieses Buch eine wertvolle Lektüre für alle, die nach einer unkomplizierten Technik suchen, die zum Handeln und zur Veränderung anregt.

# Die 7 Geheimnisse der glücklichen Ehe

*von John Gottman*

## Überblick

"Die 7 Geheimnisse der glücklichen Ehe" ist ein bahnbrechendes Werk von Dr. John Gottman, einer herausragenden Persönlichkeit in der Paarforschung und -therapie. Über vier Jahrzehnte der Forschung mit Tausenden von Paaren haben Gottman eine beispiellose Perspektive auf Ehebeziehungen verliehen – was sie gedeihen lässt und was sie scheitern lässt. In diesem Buch verbindet er umfangreiche Daten mit therapeutischen Einsichten, um sieben grundlegende Prinzipien zu präsentieren, die ein Paar auf dem Weg zu einer harmonischen und lang anhaltenden Beziehung leiten können.

## Zusammenfassung

Die sieben Geheimnisse

### 1. Bringe Deine Partnerlandkarte auf den neuesten Stand

Dr. Gottman führt das Konzept der "Liebeskarten" ein, die den Teil Ihres Gehirns darstellen, in dem Sie relevante Informationen über das Leben Ihres Partners speichern. Um eine stabile Ehe zu führen, sollten Paare mit der Welt des anderen intim vertraut sein. Dazu gehört, die Sorgen, Hoffnungen, Ziele und die Geschichte des Partners zu kennen.

### 2. Pflegt Zuneigung und Bewunderung füreinander

Das zweite Geheimnis betont die Bedeutung, ein tiefes Gefühl der Zuneigung und Bewunderung für den Partner aufrechtzuerhalten. Dies beinhaltet, sich auf die positiven Eigenschaften zu konzentrieren, echte Wertschätzung zu zeigen und gegenseitigen Respekt aufzubauen. Solche gegenseitige Bewunderung dient als Schutzpuffer gegen Gefühle der Verachtung.

### 3. Wendet Euch einander zu und nicht voneinander ab

In einer Beziehung machen Paare ständig Versuche, um die Aufmerksamkeit, Zuneigung, Humor oder Unterstützung ihres Partners zu erlangen. Positiv auf diese Versuche zu reagieren, indem man sich dem Partner "zuwendet", fördert die Verbindung. Sich abzuwenden oder abweisend zu sein, kann zu Gefühlen der Ablehnung und Isolation führen.

**4. Lasse Dich von Deinem Partner beeinflussen**

Eine erfolgreiche Ehe beinhaltet das Teilen von Macht und das gemeinsame Treffen von Entscheidungen. Das bedeutet, die Meinungen und Gefühle des Partners zu respektieren, Kompromisse zu suchen und die Durchsetzung von Dominanz in der Beziehung zu vermeiden.

**5. Löst Eure lösbaren Probleme**

Gottman identifiziert zwei Arten von Eheproblemen: lösbar und dauerhaft. Lösbar Probleme haben eine mögliche Lösung und entstehen oft aus situativen Umständen. Paare sollten über diese Problemen sanft sprechen, ohne Schuldzuweisungen und gemeinsamen Nenner suchen.

**6. Überwindet Eure Pattsituationen:** Dauerhafte Probleme entstehen andererseits aus grundlegenden Unterschieden in Werten, Temperamenten oder Bedürfnissen. Sie können zu Pattsituationen oder Stillständen führen. Um diese zu bewältigen, müssen Paare die tief verwurzelten Träume und Geschichten verstehen, die jeder Partnerhaltung zugrunde liegen, und auch in Meinungsverschiedenheiten gegenseitigen Respekt zeigen.

**7. Schafft einen gemeinsamen Sinn**

Schließlich erleben Paare, die gemeinsame Bedeutungen aufbauen – Rituale, Ziele, Rollen und Symbole, die ihre gemeinsame Reise darstellen – eine tiefere Verbindung und Erfüllung. Es geht darum, eine gemeinsame Erzählung Ihres Lebens zusammen aufzubauen.

Zusätzlich zu diesen sieben Prinzipien diskutiert Gottman auch, was er die "Vier Reiter der Apokalypse" nennt – Kritik, Verachtung, Verteidigung und Mauern. Dies sind negative Kommunikationsmuster, die die Auflösung einer Beziehung vorhersagen können. Er bietet Strategien, um diese schädlichen Verhaltensweisen zu erkennen und zu bekämpfen.

Das Buch bietet eine Reihe von Übungen und Fragebögen, um Paaren zu helfen, diese Prinzipien aktiv umzusetzen. Es ist geerdet in praktischen Ratschlägen und umsetzbaren Strategien, um eheliche Bindungen zu stärken. Das Wesen des Buches ist, dass Paare durch gegenseitigen Respekt und Verständnis durch die Komplexitäten einer ehelichen Beziehung navigieren und eine Bindung schaffen können, die die Zeit überdauert.

## Stärken und Schwächen

**Stärken**

1. Forschungsbasierte Einsichten: Eine der großen Stärken dieses Buches ist seine Grundlage in der empirischen Forschung. Statt auf bloßen Meinungen oder populären Überzeugungen basieren Gottmans Aussagen auf rigorosen Studien und Beobachtungen, was die Empfehlungen verlässlicher und umsetzbar macht.

2. Praktische Übungen: Das Buch ist nicht nur theoretisch; es bietet Paaren praktische Übungen, um jedes der sieben Geheimnisse zu verstehen und anzuwenden. Dieser interaktive Ansatz kann zu echten Verbesserungen in Beziehungen führen.

3. Tiefgehende Erkundung: Gottman geht tief in jedes Geheimnis ein, erklärt seine Bedeutung, seine Manifestationen im täglichen Leben und wie es gefördert werden kann. Diese Tiefe bietet den Lesern ein umfassendes Verständnis der Dynamik einer gesunden Beziehung.

4. Thematisierung negativer Muster: Die Identifikation und detaillierte Diskussion der "Vier Reiter der Apokalypse" - Kritik, Verachtung, Abwehr und Mauern - ist besonders nützlich. Das Erkennen dieser destruktiven Muster ist der erste Schritt, um sie zu vermeiden oder ihnen entgegenzuwirken.

5. Allgemein anwendbar: Obwohl der Titel "Ehe" spezifiziert, können die Geheimnisse und Einsichten auf jede langfristige intime Beziehung angewendet werden. Dies erweitert das Publikum und den Nutzen des Buches.

**Schwächen**

1. Möglicherweise nicht für alle Kulturen geeignet: Ehedynamiken können stark von kulturellen Hintergründen beeinflusst werden. Obwohl das Buch in umfangreicher Forschung verwurzelt ist, liegt sein Hauptaugenmerk auf westlichen Beziehungen, was möglicherweise nicht ganz mit Paaren aus unterschiedlichen kulturellen Hintergründen resoniert.

2. Dauerhafte Probleme: Obwohl Gottman anerkennt, dass einige Probleme in der Ehe dauerhaft sind, könnten die vorgeschlagenen Lösungen oder Bewältigungsmechanismen für tief verwurzelte Probleme zu simpel erscheinen.

3. Überbetonung der Positivität: Während es entscheidend ist, sich einander zuzuwenden und Zuneigung zu pflegen, scheint das Buch manchmal die Bedeutung des konstruktiven Umgangs mit negativen Gefühlen zu

unterbewerten. Einige Kritiker argumentieren, dass das Übergehen von Problemen zugunsten der Positivität langfristig schädlich sein kann.

4. Wissenschaftliches Fachjargon: Manchmal vertieft sich das Buch in die technischen Details der Forschung, die für Leser, die ein einfaches Selbsthilfebuch suchen, möglicherweise nicht leicht verständlich sind.

5. Bedarf gegenseitiger Teilnahme: Damit die Geheimnisse wirksam sind, müssen beide Partner aktiv am Prozess beteiligt sein. Wenn nur ein Partner investiert ist, können die Übungen und Prinzipien möglicherweise nicht die gewünschten Ergebnisse bringen.

## Fazit

"Die 7 Geheimnisse der glücklichen Ehe" sticht im Bereich der Beziehungsberatung durch seine starke Forschungsbasis und praktischen Ansatz hervor. Es bietet Paaren Werkzeuge, um ihre Beziehung zu verstehen, zu schätzen und zu pflegen. Obwohl es seine Grenzen hat und möglicherweise keine Einheitslösung ist, bietet es vielen wertvolle Einblicke in die Schaffung einer belastbaren und erfüllenden ehelichen Bindung.

# Nie mehr Mr. Nice Guy:
# Wie Sie als Mann bekommen, was Sie wollen

*von Robert A. Glover*

## Überblick

"Nie mehr Mr. Nice Guy" ist ein Selbsthilfebuch von Dr. Robert A. Glover, das sich mit dem "Nice-Guy-Syndrom" befasst — einem Verhaltensmuster bei einigen Männern, die versuchen, anderen zu gefallen, oft auf eigene Kosten, indem sie Anerkennung und Bestätigung suchen und Konflikte vermeiden. Dr. Glover stellt fest, dass dieses Verhalten aus Kindheitserfahrungen und gesellschaftlicher Konditionierung stammt.

Das Buch zielt darauf ab, "Netten Kerlen" zu helfen, ihre einschränkenden Glaubenssätze und Verhaltensweisen zu verstehen und zu konfrontieren. Durch eine Reihe von Erzählungen, persönlichen Anekdoten und Übungen skizziert Dr. Glover Strategien, um Männern zu helfen, ihre Kraft, Integrität wiederzugewinnen und ihre Bedürfnisse und Wünsche offen auszudrücken.

## Zusammenfassung

**Kernpunkte**

**1. Das Nice-Guy-Syndrom**

• Viele "Netten Kerle" haben Erfahrungen in ihren prägenden Jahren gemacht, die sie glauben ließen, sie seien nicht in Ordnung, so wie sie sind. Oft handelt es sich um Kindheitsumgebungen, in denen ihre Bedürfnisse nicht erfüllt oder aktiv entmutigt wurden.

• Sie verinnerlichen diese Erfahrungen oft und entwickeln den Glauben, dass sie ihre Fehler und Schwächen verstecken müssen, um geliebt zu werden oder Konflikte zu vermeiden.

**2. Wie ein Nice Guy entsteht**

• Zustimmung suchen: Sie suchen ständig nach Bestätigung von anderen.

• Konflikte vermeiden: Sie versuchen, alles reibungslos verlaufen zu lassen, selbst wenn es auf ihre eigenen Kosten geht.

- Fehler und Schwächen verbergen: Sie setzen eine Maske der Perfektion auf, um sich ständig als "gut" oder "richtig" zu präsentieren.

- Gefühle unterdrücken: Sie trennen sich von ihren Gefühlen, besonders von denen, von denen sie glauben, dass sie zu Konflikten oder Missbilligung führen könnten.

- Manipulation einsetzen: Ironischerweise nutzen sie, während sie versuchen, gut zu erscheinen, oft Manipulation, um ihre Bedürfnisse indirekt zu befriedigen.

- Geben, um zu bekommen: Sie nutzen oft "Freundlichkeit" als verdeckten Vertrag - sie erwarten Gegenleistungen, ohne ihre tatsächlichen Bedürfnisse auszudrücken.

### 3. Konsequenzen des Netten-Kerl-Syndroms

- Unerfüllte Bedürfnisse: Ihre Bedürfnisse bleiben oft unerfüllt, da sie diese nicht direkt ausdrücken.

- Gescheiterte Beziehungen: Ihre Beziehungen können leiden, weil sie nicht authentisch sind.

- Stagnierende Karrieren: Ihre Karrieren können stagnieren, weil sie Herausforderungen und Konfrontationen meiden.

### 4. Befreiung vom Netten-Kerl-Syndrom

- Selbsterkenntnis: Das Erkennen und Akzeptieren des Syndroms ist der erste Schritt.

- Gefühle ausdrücken: Netten Kerlen müssen lernen, ihre Gefühle wiederzufinden und auszudrücken.

- Grenzen setzen: Sie müssen lernen, Grenzen zu setzen und zu realisieren, dass es in Ordnung ist, nein zu sagen.

- Eigene Bedürfnisse priorisieren: Statt immer andere zuerst zu stellen, müssen nette Kerle beginnen, ihre eigenen Bedürfnisse zu priorisieren.

- Integrität entwickeln: Ehrlich und transparent in Handlungen und Absichten sein, statt Situationen zu manipulieren.

- Verbindung mit Männern: Der Beitritt zu Männergruppen oder Therapiegruppen kann eine unterstützende Umgebung für Veränderungen bieten.

### 5. Männlichkeit zurückgewinnen

• Glover betont die Bedeutung, persönliche Kraft und Männlichkeit zurückzugewinnen.

• Das Ziel ist nicht, "nicht nett" zu werden, sondern "integriert", ein Begriff, den Glover verwendet, um Männer zu beschreiben, die alle Aspekte ihrer Persönlichkeit akzeptieren können, einschließlich ihrer Durchsetzungsfähigkeit, Führungskraft und Verletzlichkeit.

### 6. Beispiele und Übungen

• Im gesamten Buch verwendet Glover Beispiele aus seinem eigenen Leben und dem Leben von Männern, mit denen er in der Therapie gearbeitet hat, um das Syndrom und seine Konsequenzen zu veranschaulichen.

• Er bietet praktische Übungen und Aktivitäten für Leser an, um sich von den Mustern des Netten Kerls zu befreien.

Im Wesentlichen fordert "Nie mehr Mr. Nice Guy" die Fehlvorstellung heraus, dass nett zu sein der Schlüssel zu Liebe, Akzeptanz und Erfolg ist. Es ermutigt Männer, authentisch zu sein, Grenzen zu setzen und Selbstfürsorge zu priorisieren.

## Stärken und Schwächen

**Stärken**

Tiefgehende Analyse: Eine der Hauptstärken des Buches ist seine umfassende Betrachtung des "Nice-Guy-Syndroms". Glover leistet lobenswerte Arbeit bei der Detaillierung seiner Ursprünge, Manifestationen und Folgen.

Nachvollziehbare Fallstudien: Im gesamten Buch verwendet Glover reale Beispiele, die den Lesern die Möglichkeit geben, sich in den Geschichten wiederzufinden. Diese Fallstudien sind sowohl nachvollziehbar als auch aufschlussreich und beleuchten die Tiefe und Verbreitung des Syndroms.

Praktische Ratschläge: Glover bietet über die theoretische Analyse hinaus konkrete Schritte und Übungen für die Leser, um ihre "Nice-Guy"-Verhaltensweisen und -Glaubenssätze herauszufordern. Dies gibt Männern greifbare Wege, ihre Reise zur Authentizität zu beginnen.

Offener Schreibstil: Glovers direkter und ehrlicher Stil ist erfrischend. Er beschönigt nicht die Realitäten des Syndroms und stellt sicher, dass die Leser sich den oft unangenehmen Wahrheiten über ihr Verhalten stellen.

Behandlung eines Tabuthemas: Die gesellschaftlichen Erwartungen an Männlichkeit lassen oft wenig Raum für offene Diskussionen über Verletzlichkeiten und emotionale Bedürfnisse. Glovers Bereitschaft, dieses Thema direkt anzugehen, ist lobenswert.

**Schwächen**

Potenzial zur Verallgemeinerung: Obwohl das "Nice-Guy-Syndrom" ein gültiges Konzept ist, besteht das Risiko, dass Leser die Verhaltensweisen übergeneralisieren und verschiedene Persönlichkeiten unter diesem einzelnen Etikett einordnen.

Kulturelle und gesellschaftliche Unterschiede: Das Buch basiert größtenteils auf westlichen gesellschaftlichen Normen und Werten. Einige internationale Leser könnten es herausfordernd finden, sich vollständig damit zu identifizieren, angesichts der unterschiedlichen kulturellen Normen rund um Männlichkeit.

Psychoanalytische Betonung: Glover betrachtet oft Kindheitserfahrungen als Ursache des "Nice-Guy-Syndroms". Obwohl dies in der psychoanalytischen Theorie gültig ist, könnte es nicht bei jedem Anklang finden, insbesondere bei denen, die an gegenwartsfokussierte therapeutische Modelle glauben.

Gelegentliche Redundanz: Einige Leser könnten das Gefühl haben, dass bestimmte Punkte oder Konzepte im Verlauf der Kapitel etwas zu oft wiederholt werden.

Potenziell konfrontierend: Für Personen mit tief verwurzelten Traumata oder Unsicherheiten könnten einige Abschnitte des Buches konfrontierend oder auslösend wirken. Obwohl Selbstreflexion ein Ziel ist, sind nicht alle Leser bereit für solch rohe Introspektion ohne professionelle Anleitung.

## Fazit

"Nie mehr Mr. Nice Guy" ist eine fesselnde Untersuchung des "Nice-Guy-Syndroms" und seiner Auswirkungen auf das Leben von Männern. Während es tiefe Einblicke und praktische Ratschläge bietet, sollten die Leser es mit offenem Geist angehen, im Bewusstsein, dass nicht jeder Aspekt universell anwendbar ist. Es ist ein Buch, das am besten für diejenigen geeignet ist, die bereit für Introspektion und Veränderung sind und ihnen Werkzeuge bietet, um ein Leben der Authentizität und echten Selbstachtung zu kultivieren.

# Gewaltfreie Kommunikation: Eine Sprache des Lebens

*von Marshall B. Rosenberg*

## Überblick

"Gewaltfreie Kommunikation: Eine Sprache des Lebens" bietet einen transformativen Ansatz zur Kommunikation. Marshall B. Rosenberg, der Autor des Buches, stellt eine Kommunikationsmethode vor, die Empathie, Authentizität und mitfühlendes Verständnis betont. Diese Methode, bekannt als Gewaltfreie Kommunikation (GFK), zielt nicht nur darauf ab, physische Gewalt zu vermeiden, sondern möchte auch den emotionalen Schaden und die Missverständnisse, die in alltäglichen Interaktionen auftreten können, entgegenwirken.

## Zusammenfassung

**Kernkonzepte**

**1. Vier Komponenten der GFK:**

• Beobachtung: Klare Beobachtung dessen, was Sie sehen oder hören, ohne zu bewerten oder zu urteilen.

• Gefühle: Echte Emotionen ausdrücken, ohne diese zu interpretieren, und sicherstellen, dass es sich um wahre Gefühle und nicht um Gedanken oder Urteile handelt.

• Bedürfnisse: Identifizieren Sie, welche Bedürfnisse, Wünsche oder Werte Ihre Gefühle verursachen.

• Anfragen: Klar um das bitten, was Sie möchten, ohne zu fordern. Stellen Sie sicher, dass die Anfrage umsetzbar und spezifisch ist.

**2. Die Kraft der Empathie:**

• Rosenberg betont die transformative Kraft der Empathie - die Fähigkeit, tiefgehend zu verstehen und sich mit der Erfahrung eines anderen zu verbinden.

- Empathisch zuzuhören bedeutet, die Nachricht des anderen vollständig zu empfangen, ohne zu analysieren, zu beraten oder zu korrigieren.

**3. Unterscheidung zwischen Beobachtungen und Bewertungen:**

- Beobachtungen sind faktische Beschreibungen ohne zusätzliche Interpretation.

- Bewertungen, Urteile oder Interpretationen können entfremden und Abwehrhaltungen erzeugen.

**4. Vermeidung von "lebensentfremdender" Kommunikation:**

- Rosenberg identifiziert verschiedene Formen der "lebensentfremdenden" Kommunikation, wie moralische Urteile, Vergleiche anstellen und Verleugnung der Verantwortung.

- Solche Kommunikationsmuster schaffen Distanz und Missverständnisse zwischen Personen.

**5. Verantwortung für unsere Gefühle übernehmen:**

- Rosenberg ermutigt die Leser dazu, Verantwortung für ihre Gefühle zu übernehmen, anstatt andere zu beschuldigen.

- Verstehen, dass die Handlungen anderer möglicherweise der Auslöser, aber nicht die Ursache der eigenen Gefühle sind.

**6. Klare Anfragen stellen:**

- Für eine effektive Kommunikation ist es entscheidend, klar zu sein, was Sie von der anderen Person erwarten.

- Vermeiden Sie vage Sprache und stellen Sie sicher, dass Anfragen umsetzbar sind.

**7. Umgang mit empfangenen Nachrichten:**

- Wenn Sie am Empfangsende einer Nachricht stehen, können Sie auf vier Arten reagieren: uns selbst die Schuld geben, anderen die Schuld geben, unsere eigenen Gefühle und Bedürfnisse wahrnehmen oder die Gefühle und Bedürfnisse anderer wahrnehmen.

- Rosenberg fördert die beiden letzteren, da sie Verständnis und Verbindung fördern.

**8. Wut vollständig ausdrücken:**

• Rosenberg schlägt vor, dass Wut aus unerfüllten Bedürfnissen entsteht. Anstatt nur Wut auszudrücken, ist es konstruktiver, die zugrundeliegenden Gefühle und unerfüllten Bedürfnisse auszudrücken.

**9. Anwendung der GFK bei der Konfliktlösung:**

• GFK kann eingesetzt werden, um Konflikte zu schlichten, sowohl innerlich als auch zwischen Individuen.

• Indem man sich auf gemeinsame Bedürfnisse konzentriert, können die Parteien von Antagonismus zu gegenseitigem Verständnis übergehen.

**10. Gewaltlosigkeit leben:**

• Rosenberg diskutiert die Idee der "schützenden Anwendung von Gewalt" und unterscheidet zwischen dem Einsatz von Gewalt zum Schutz und dem Einsatz zum Bestrafen.

• Er betont die Bedeutung von Gewaltlosigkeit, nicht nur als Kommunikationsmethode, sondern als Lebensweise.

"Gewaltfreie Kommunikation: Eine Sprache des Lebens" präsentiert einen tiefgreifenden Wandel in der Art und Weise, wie wir kommunizieren und uns auf andere beziehen. Indem sie Empathie, Klarheit und Verbindung betont, bietet die GFK ein Werkzeug für Einzelpersonen, um effektiver zu kommunizieren, bessere Beziehungen aufzubauen und zu einer mitfühlenderen Welt beizutragen. Durch Geschichten, Beispiele und einfache Schritte leitet Rosenberg die Leser zu einer erfüllenderen und friedvolleren Art der Interaktion mit anderen.

## Stärken und Schwächen

**Stärken**

1. Praktische Anwendung: Rosenberg präsentiert nicht nur Theorien; er bietet umsetzbare Schritte und Werkzeuge, die die Leser sofort in ihre täglichen Interaktionen integrieren können.

2. Beispiele aus der realen Welt: Im ganzen Buch werden Beispiele aus verschiedenen Szenarien – von intimen Beziehungen bis hin zu globalen Konflikten – dargestellt, die die Universalität und Wirksamkeit der GFK aufzeigen.

3. Ganzheitlicher Ansatz: GFK geht nicht nur ums Reden; es umfasst das Verstehen der eigenen Emotionen, das Einfühlen in andere und sogar das Management interner Konflikte.

4. Fokus auf Empathie: Die Betonung der Empathie als mächtiges Werkzeug für Verbindung unterscheidet diese Methode von anderen Kommunikationsstrategien. Das Buch hebt hervor, wie echtes Verständnis selbst die tiefsten Gräben überbrücken kann.

5. Einfach und doch tiefgründig: Die grundlegenden Komponenten der GFK sind leicht zu erfassen, aber ihre Implikationen sind tiefgreifend, was das Buch für Leser aus allen Bereichen zugänglich macht.

6. Ansprache gängiger Fallstricke: Rosenberg macht einen hervorragenden Job, indem er gängige Kommunikationsfallen anspricht und Alternativen bietet, die die Leser dazu anregen, ihre Gesprächsgewohnheiten zu überdenken und zu verbessern.

**Schwächen**

1. Übertriebener Optimismus: Einige Kritiker argumentieren, dass das Buch zu optimistisch hinsichtlich der Macht der GFK ist und impliziert, dass sie nahezu jeden Konflikt lösen kann. In Wirklichkeit kann die GFK zwar ein mächtiges Werkzeug sein, ist aber nicht die Lösung für jedes Problem.

2. Wiederholungen: Einige Abschnitte des Buches können sich wiederholen, was es für bestimmte Leser mühsam machen könnte.

Erfordert Geduld und Ausdauer: Obwohl die Konzepte klar dargestellt werden, erfordert das Beherrschen der GFK konsequente Übung und Geduld. Einige Leser könnten frustriert sein, wenn sie nicht sofort Ergebnisse sehen.

3. Kulturelle und kontextuelle Einschränkungen: In bestimmten Kulturen oder Situationen könnte direkte Kommunikation, wie von der GFK vorgeschlagen, als unhöflich oder unangemessen angesehen werden. Daher könnte die Universalität der Methode in Frage gestellt werden.

4. Leichte Fachsprache: Obwohl Rosenberg versucht, das Buch zugänglich zu machen, gibt es Fälle, in denen er Fachjargon aus Therapie und Beratung verwendet, der nicht bei allen Lesern Anklang finden könnte.

## Fazit

"Gewaltfreie Kommunikation: Eine Sprache des Lebens" ist eine transformative Lektüre, die die Leser ermutigt, ihre Art der Kommunikation und des Umgangs mit anderen zu überdenken. Ihre Stärken liegen in ihrer umsetzbaren Beratung, dem Fokus auf Empathie und der universellen Anwendbarkeit. Das Buch könnte jedoch als übertrieben optimistisch in seinen Versprechen wahrgenommen werden, und das Beherrschen der Methode erfordert konstante Anstrengung. Dennoch sind für diejenigen, die bereit sind, Zeit und Geduld zu investieren, die potenziellen Belohnungen in Bezug auf verbesserte Beziehungen und persönliches Wachstum immens.

# Think Again – Die Kraft des flexiblen Denkens: Was wir gewinnen, wenn wir unsere Pläne umschmeißen

*von Adam Grant*

## Überblick

In "Think Again – Die Kraft des flexiblen Denkens" erforscht der Organisationspsychologe Adam Grant die Kraft des Umdenkens: die Fähigkeit, unsere Meinungen, Überzeugungen und Annahmen zu überdenken. Grant behauptet, dass es zwar eine Fähigkeit ist, zu wissen, was man weiß, aber ebenso, wenn nicht sogar wichtiger, die Grenzen des eigenen Wissens zu verstehen und bereit zu sein, seine Meinung zu ändern.

## Zusammenfassung

**Kernkonzepte**

### 1. Geistige Flexibilität

Grant führt das Konzept der geistigen Flexibilität ein, die es Einzelpersonen ermöglicht, veraltete Informationen zu verlernen und ihre Überzeugungen zu aktualisieren. In einer sich schnell verändernden Welt sind oft diejenigen am erfolgreichsten, die am schnellsten umdenken und sich anpassen können.

### 2. Kognitive Trägheit

Menschen neigen dazu, an ihren bestehenden Überzeugungen festzuhalten, aufgrund kognitiver Trägheit, wobei sie den Komfort des Vertrauten dem Infragestellen ihrer eigenen Überzeugungen vorziehen.

### 3. Die drei Denkmodi

Grant beschreibt drei Modi:

- Prediger-Modus: In dem wir eine feste Überzeugung verteidigen, als wäre sie eine unveränderliche Wahrheit.

- Staatsanwalt-Modus: In dem wir versuchen, andere zu widerlegen.

- Politiker-Modus: In dem wir versuchen, die Zustimmung anderer zu gewinnen.

Grant argumentiert, dass wir, um effektive Umdenker zu sein, einen vierten Modus annehmen müssen, den Wissenschaftler-Modus, in dem wir kontinuierlich unsere Überzeugungen testen, neugierig bleiben und bereit sind, unsere Haltungen zu überdenken.

Vertrauen und Kompetenz: Oft besteht eine Diskrepanz zwischen dem Vertrauen einer Person in ihre Überzeugungen und ihrer tatsächlichen Kompetenz. Der Dunning-Kruger-Effekt wird hervorgehoben, der zeigt, dass Personen mit geringer Fähigkeit bei einer Aufgabe ihre Fähigkeit oft überschätzen.

**4. Die Kraft des Zweifels**

Grant betont die Kraft des Zweifels als Mechanismus für Wachstum. Indem wir uns selbst hinterfragen, eröffnen wir Wege zur Anpassungsfähigkeit und Innovation.

**5. Umgang mit entgegengesetzten Ansichten**

Aktives Suchen und Auseinandersetzen mit gegensätzlichen Ansichten kann zu nuancierteren und informierteren Perspektiven führen. Es geht darum, intellektuelle Demut über das Ego zu stellen.

**6. Feedback**

Konstruktiver Dissens, bei dem Menschen ermutigt werden, Feedback und abweichende Meinungen zu äußern, kann von unschätzbarem Wert sein. Organisationen und Einzelpersonen müssen Umgebungen schaffen, in denen solcher Dissens nicht nur toleriert, sondern begrüßt wird.

**7. Das Gleichgewicht zwischen Reflektion und Aktion**

Während das Umdenken entscheidend ist, besteht auch die Notwendigkeit, Reflektion mit entschlossenem Handeln auszugleichen.

In "Think Again – Die Kraft des flexiblen Denkens" betont Adam Grant, dass Intelligenz nicht nur auf Wissen basiert, sondern auch auf der Bereitschaft und Fähigkeit, umzudenken, zu verlernen und neu zu lernen. Das Buch fordert die Leser auf, ihre Überzeugungen in Frage zu stellen, das Unbekannte zu erkunden und offen dafür zu sein, ihre Meinung zu ändern. Es dient als Aufruf, neugierig zu bleiben und die Grenzen unseres Wissens zu erkennen, um sicherzustellen, dass wir in einer sich ständig entwickelnden Welt anpassungsfähig bleiben.

## Stärken und Schwächen

**Stärken**

1. Gut recherchiert: Eine der hervorstechenden Stärken Grants ist seine Fähigkeit, eine breite Palette von Studien, Forschungen und Beispielen heranzuziehen. Dies macht seine Argumente nicht nur überzeugend, sondern fügt dem Thema auch Tiefe und Breite hinzu.

2. Fesselnde Anekdoten: Grant verwendet meisterhaft reale Geschichten und Fallstudien, um seine Punkte zu veranschaulichen, wodurch abstrakte Konzepte zugänglich und nachvollziehbar werden.

3. Praktische Anwendung: Über die theoretische Erkundung hinaus bietet das Buch praktische Ratschläge für Einzelpersonen, Pädagogen und Geschäftsführer, wie Umgebungen gefördert werden können, die zum Umdenken anregen.

4. Interdisziplinäre Einsichten: Grant zieht Erkenntnisse aus verschiedenen Bereichen, einschließlich Psychologie, Wirtschaft, Bildung und Sozialwissenschaften, was den Lesern ein ganzheitliches Verständnis des Themas vermittelt.

5. Klare Struktur: Das Buch ist logisch aufgebaut, entwickelt Konzepte sequenziell und ermöglicht es den Lesern, ihr Verständnis schrittweise zu vertiefen.

**Schwächen**

1. Gelegentliche Wiederholungen: Obwohl Grants Betonung bestimmter Punkte deren Wichtigkeit unterstreichen soll, wirkt sie gelegentlich repetitiv, besonders für Leser, die mit kognitiven Verzerrungen und psychologischen Theorien vertraut sind.

2. Überwältigend für Einige: Angesichts der Fülle an Studien und Beispielen könnten einige Leser die Informationsmenge als etwas überwältigend empfinden. Das Buch hätte von einer weiteren Verdichtung bestimmter Punkte profitieren können.

3. Fehlen von Gegenargumenten: Obwohl Grant in seinen Argumenten für die Wichtigkeit des Umdenkens überzeugend ist, gibt es nur minimale

Erkundungen darüber, wann Standhaftigkeit vorteilhaft sein könnte. Einige Szenarien im Leben könnten von unerschütterlicher Überzeugung profitieren, und es wäre aufschlussreich gewesen, diesen Aspekt zu vertiefen.

## Fazit

"Think Again – Die Kraft des flexiblen Denkens" ist ein wertvoller Beitrag zur Literatur über kognitive Flexibilität, Anpassungsfähigkeit und die Wichtigkeit, unsere Überzeugungen zu hinterfragen. Obwohl das Buch nicht ohne Mängel ist, machen seine Stärken es zu einer Musslektüre für diejenigen, die an persönlichem Wachstum, Führung und Entscheidungsfindung interessiert sind. Grants Schreiben fordert uns heraus, introspektiver, aufgeschlossener und bereit zu sein, unsere Überzeugungen angesichts neuer Informationen anzupassen.

# Das Think Like a Monk-Prinzip: Innere Ruhe und Kraft finden für ein erfülltes Leben

*von Jay Shetty*

| Überblick |
|---|

"Das Think Like a Monk-Prinzip" schöpft aus Jay Shettys Zeit als Mönch in der vedischen Tradition und teilt Weisheiten darüber, wie man negative Gedanken und Gewohnheiten überwinden und dauerhaftes Glück finden kann.

| Zusammenfassung |
|---|

### Einführung in die Mönchsdenkweise

Jay führt das Konzept einer "Mönchsdenkweise" ein, die nicht bedeutet, in einem Kloster zu leben, sondern eine Lebensweise wie ein Mönch anzunehmen. Er glaubt, dass jeder dieselbe Klarheit, Freude und Bestimmung erleben kann, den Mönche durch das Training ihres Geistes erfahren.

### Teil 1 - Loslassen

- **Identität**: Viele Menschen definieren sich durch externe Faktoren wie ihren Beruf, ihre Beziehungen oder ihre Herkunft. Shetty diskutiert die Wichtigkeit, sein wahres Selbst zu entdecken und die Gefahren, die durch gesellschaftliche Erwartungen lauern.

- **Negativität**: Shetty erklärt, wie negative Erfahrungen die Entwicklung unseres Gehirns beeinflussen. Er bietet Werkzeuge und Übungen, um Negativität zu bekämpfen, einschließlich Visualisierungs- und Meditationstechniken.

- **Angst**: Shetty geht auf die Wurzeln der Angst ein und wie sie unser Potenzial begrenzen kann. Er bietet Strategien, um diese Ängste zu konfrontieren und zu überwinden.

- **Intention**: Intentionsvoll zu leben bedeutet, sein "Warum" zu verstehen. Shetty betont die Wichtigkeit, zielgerichtet zu leben und Handlungen mit tieferen Werten in Einklang zu bringen.

**Teil 2 - Wachsen**

• Bestimmung: Hier spricht Shetty über Dharma, den Zweck oder die Pflicht im Leben. Er bietet Übungen, um den Lesern zu helfen, ihr Dharma zu entdecken und zu verfolgen.

• Routinen: Shetty unterstreicht die Bedeutung einer täglichen Routine und hebt Praktiken wie Meditation, Bewegung und Reflexion hervor.

• Der Verstand: Dieses Kapitel vertieft sich in die Natur des Verstandes und den Unterschied zwischen Verstand und Intellekt. Shetty stellt verschiedene Techniken vor, um den Verstand zu trainieren und zu beruhigen.

• Ego: Shetty erklärt, wie das Ego zu Unglück führen kann, und bietet Einblicke in die Erreichung von Demut und das Erkennen der Verbundenheit des Lebens.

**Teil 3 - Geben**

• Dankbarkeit: Shetty diskutiert, wie Dankbarkeit zu dauerhaftem Glück führen kann, und bietet praktische Wege, um eine dankbare Denkweise zu kultivieren.

• Beziehungen: Shetty glaubt, dass bedeutungsvolle Beziehungen entscheidend für das Wohlbefinden sind. Er bietet Einblicke in die Stärkung von Beziehungen und das Verständnis der Rollen von Liebe, Leidenschaft und Kompatibilität.

• Dienen: Ausgehend vom mönchischen Prinzip der Selbstlosigkeit diskutiert Shetty die Freude am Geben und Dienen anderer. Er betont, dass wir aufsteigen, wenn wir andere erheben.

Im gesamten Buch verbindet Jay Shetty persönliche Anekdoten, Lehren aus der vedischen Tradition und praktische Übungen. Er überbrückt die Kluft zwischen alter Weisheit und der modernen Welt und bietet den Lesern Werkzeuge und Strategien für ein zielgerichteteres und friedlicheres Leben.

## Stärken und Schwächen

**Stärken**

1. Zugängliche Weisheit: Jay Shetty bringt die alte vedische Weisheit auf meisterhafte Weise dem zeitgenössischen Leser nahe, auf eine Art und Weise, die leicht verständlich und nachvollziehbar ist. Er beseitigt die esoterischen Barrieren, die oft mit spirituellen Lehren verbunden sind.

2. Praktische Übungen: Das Buch ist nicht nur theoretisch; es ist umsetzbar. Shetty bietet Übungen, Werkzeuge und Techniken an, die die Leser sofort in ihren Alltag integrieren können.

3. Integration persönlicher Erfahrungen: Shettys persönliche Reise und Erfahrungen als Mönch verleihen den Ratschlägen, die er bietet, Authentizität. Diese Anekdoten machen das Buch sowohl zu einem Ratgeber als auch zu einem Memoir.

4. Strukturierter Ansatz: Die Einteilung in Abschnitte wie "Loslassen", "Wachsen" und "Geben" bietet den Lesern einen klaren Weg zum Folgen. Diese lineare Progression hilft dabei, ein Konzept auf dem anderen aufzubauen.

5. Universalität: Trotz ihrer Verwurzelung in der vedischen Tradition, sind Shettys Lehren universell ansprechend und finden Anklang bei Menschen unterschiedlichster Herkünfte und Überzeugungen. Shetty hat es geschafft, die tiefgründige Weisheit der Mönche für ein breites Publikum zugänglich zu machen.

**Schwächen**

1. Gelegentliche Wiederholungen: In einigen Abschnitten scheinen bestimmte Ideen mehr als nötig wiederholt zu werden. Während Wiederholungen dazu beitragen können, einen Punkt zu vermitteln, können sie manchmal auch den Schwung der Lektüre verlangsamen.

2. Überbetonung persönlicher Anekdoten: Obwohl Shettys persönliche Erfahrungen Authentizität hinzufügen, gibt es Momente, in denen das Buch etwas zu sehr auf seine Reise zentriert scheint, anstatt eine breitere Perspektive einzunehmen.

3. Nicht tiefgründig philosophisch: Leser, die eine tiefe Auseinandersetzung mit der vedischen Philosophie suchen, könnten das Buch etwas oberflächlich finden. Shetty vereinfacht Konzepte für eine breitere Anziehungskraft, was sowohl eine Stärke als auch eine Schwäche sein kann.

4. Tempo und Länge: Das Buch, das versucht, eine Reihe von Themen abzudecken, wirkt manchmal langatmig. Ein strafferer Schnitt hätte es zu einer flotteren Lektüre machen können.

# Fazit

"Das Think Like a Monk-Prinzip" ist ein Schatz an Weisheit für jeden, der Frieden, Bestimmung und Klarheit in seinem Leben finden möchte. Jay Shettys einzigartige Perspektive als ehemaliger Mönch, der zum Social-Media-Influencer wurde, bietet frische Einblicke in jahrtausendealte Lehren. Obwohl es möglicherweise nicht tief in philosophische Feinheiten eintaucht, steht es als praktischer Ratgeber für moderne Leser. Egal, ob Sie neu im Bereich der Selbstverbesserung sind oder schon eine Weile auf dem Weg sind, dieses Buch bietet wertvolle Einsichten.

# Loslassen - Der Pfad widerstandsloser Kapitulation

*von David R. Hawkins*

| Überblick |
|---|

"Loslassen - Der Pfad widerstandsloser Kapitulation" vertieft sich in das Konzept des Loslassens tief verwurzelter negativer emotionaler Zustände, um persönliches Wachstum, Erleuchtung und Wohlbefinden zu erreichen. Verfasst von dem Psychiater und spirituellen Lehrer Dr. David R. Hawkins, bietet das Buch einen Rahmen zum Verständnis von Emotionen und präsentiert einen Mechanismus zum Loslassen von Negativität, basierend auf dem Verständnis von Bewusstsein und seinen Ebenen.

| Zusammenfassung |
|---|

**Wesentliche Aspekte**

**1. Der Mechanismus des Loslassens**

• Die von Hawkins eingeführte Kernmethode ist das Verfahren des Sich-Hingebens oder Loslassens negativer Gefühle. Es ist ein Prozess des achtsamen Umgangs mit Emotionen ohne diese zu beurteilen oder zu unterdrücken.

• Statt auf eine Emotion zu reagieren oder zu versuchen, ihr zu entkommen, beobachtet der Einzelne sie einfach, erkennt ihre Anwesenheit an und lässt sie natürlich abklingen.

**2. Die Anatomie der Emotionen**

• Emotionen sind nach Hawkins das Ergebnis unterdrückter und verdrängter Gefühle. Sie sind Energiemuster, die aus vergangenen Erfahrungen entstehen.

• Emotionen wie Apathie, Schuld, Angst, Verlangen, Wut und Stolz sind niedrigere Energiezustände. Mut, Akzeptanz, Liebe und Frieden repräsentieren höhere Energiezustände.

• Jeder emotionale Zustand entspricht einer bestimmten Bewusstseinsebene. Zum Beispiel hat Wut einen höheren Energiezustand als Apathie, ist aber immer noch niedriger als Zustände wie Liebe oder Frieden.

**3. Der Weg zur Erleuchtung**

• Indem man kontinuierlich negative emotionale Zustände loslässt, können Individuen zu höheren Bewusstseinsebenen aufsteigen und sich einem Zustand der Erleuchtung annähern.

• Die Praxis ist einfach, aber nicht leicht und erfordert Hingabe, Geduld und regelmäßige Introspektion.

**4. Heilung und Beziehungen**

• Dr. Hawkins spricht über die transformative Kraft des Sich-Hingebens in persönlichen Beziehungen. Indem man Urteile und negative Emotionen wie Groll oder Eifersucht loslässt, können Beziehungen geheilt und gedeihen.

• Auch die Gesundheit des Körpers selbst kann sich verbessern, indem man negative emotionale Zustände loslässt.

**5. Die Rolle des Egos**

• Das Ego spielt eine bedeutende Rolle in unserer Anhaftung an negative Emotionen. Es klammert sich an diese Gefühle, weil sie ein Identitätsgefühl bieten. Loszulassen erfordert daher, sich mit dem Ego und seinen vielen Masken auseinanderzusetzen.

• Indem man die Kontrolle des Egos aufgibt und es dem höheren Bewusstsein erlaubt, die Führung zu übernehmen, kann man wahres persönliches Wachstum erreichen.

**6. Der Prozess in Aktion**

• Hawkins bietet praktische Ratschläge und Übungen, um den Lesern zu helfen, die Prinzipien des "Loslassens" in ihrem täglichen Leben anzuwenden.

• Dies beinhaltet das Erkennen, wann Emotionen auftreten, das Identifizieren der zugrundeliegenden Ursache der Emotion und dann die bewusste Entscheidung, sie loszulassen.

"Loslassen - Der Pfad widerstandsloser Kapitulation" bietet Lesern eine Anleitung, um Negativität loszulassen, ihr allgemeines Wohlbefinden zu verbessern und sich auf den Weg zur Erleuchtung zu machen. Indem sie die Natur und die Quelle von Emotionen verstehen und sich entscheiden, sie loszulassen, können Menschen ihr Leben verwandeln, inneren Frieden erreichen und tiefgreifendes persönliches Wachstum erleben. Das Buch ist nicht nur theoretisch; es ist immens praktisch und macht die tiefgreifende Handlung des "Loslassens" für alle zugänglich.

## Stärken und Schwächen

**Stärken**

1. Ganzheitlicher Ansatz: Das Buch bietet ein umfassendes Verständnis von Emotionen, das über bloße physiologische oder psychologische Erklärungen hinausgeht und eine spirituelle Perspektive integriert. Diese ganzheitliche Sichtweise kann bei denen Anklang finden, die in der persönlichen Entwicklung nach tieferen, existenziellen Bedeutungen suchen.

2. Praktikabilität: Während er sich mit abstrakten Konzepten wie Bewusstseinsebenen befasst, stellt Dr. Hawkins sicher, dass das Buch mit praktischen Übungen und umsetzbaren Ratschlägen bodenständig bleibt. Dies macht es sowohl für Neulinge auf diesem Gebiet als auch für diejenigen mit einem grundlegenden Verständnis von emotionaler Intelligenz zugänglich.

3. Universelle Anziehungskraft: Die von Hawkins umrissenen Prinzipien sind nicht an eine bestimmte Religion oder Glaubenssystem gebunden. Das Buch kann daher ein vielfältiges Publikum ansprechen.

4. Wissenschaftliche Glaubwürdigkeit: Dr. Hawkins, ein ausgebildeter Psychiater, verbindet spirituelle Weisheit mit seinem wissenschaftlichen Hintergrund, was die Glaubwürdigkeit seiner Methoden erhöht.

5. Beispiele aus dem echten Leben: Der Autor liefert im gesamten Buch reale Beispiele, die komplexe Ideen verdeutlichen und die Anwendung der „Loslassen"-Technik demonstrieren.

**Schwächen**

1. Erfordert Geduld: Der Prozess des "Loslassens" ist in der Theorie einfach, kann aber in der Praxis herausfordernd sein. Einige Leser, die schnelle Lösungen erwarten, könnten enttäuscht sein, wenn sofortige Ergebnisse nicht offensichtlich sind.

2. Abstrakte Konzepte: Das Buch vertieft sich in Diskussionen über Bewusstseinsebenen, die, obwohl erleuchtend, für einige Leser zu abstrakt oder esoterisch sein könnten.

3. Wiederholungen: Einige Leser könnten bestimmte Abschnitte als repetitiv empfinden, insbesondere dort, wo Dr. Hawkins die Wichtigkeit und den Mechanismus des "Loslassen"-Prozesses wiederholt.

4. Ego-Diskussionen: Die Abschnitte, die sich mit der Rolle und Natur des Egos befassen, können komplex sein. Sie sind zwar entscheidend für das Verständnis des gesamten Prozesses, könnten aber für einige schwer vollständig zu erfassen sein.

5. Begrenzte externe Quellen: Das Buch dreht sich hauptsächlich um Dr. Hawkins' Perspektiven und Lehren. Die Einbeziehung einer breiteren Palette von Studien oder externen Quellen hätte die Erzählung weiter bereichern können.

## Fazit

"Loslassen - Der Pfad widerstandsloser Kapitulation" bietet eine transformative Reise für diejenigen, die bereit sind, sich tief mit seinen Lehren auseinanderzusetzen. Es verbindet Spiritualität mit Praktikabilität und bietet Werkzeuge, die zu echtem persönlichem Wachstum führen können. Das Buch erfordert Geduld und Aufgeschlossenheit, doch Leser, die mit seinen Lehren in Resonanz gehen, werden es zweifellos als wertvolle Ergänzung ihrer Selbsthilfe-Sammlung empfinden.

# Lass den Sch**ß sein: Dein Tagebuch für weniger Ballast und mehr Glück im Leben

*von Monica Sweeney*

## Überblick

"Lass den Sch**ß sein" von Monica Sweeney ist kein traditionelles Selbsthilfebuch, sondern ein geführtes Tagebuch mit Aufforderungen, Übungen und meditativen Praktiken, die den Lesern helfen sollen, Negativität, Stress und alles, was ihrem Wohlbefinden nicht zuträglich ist, loszulassen.

## Zusammenfassung

**Konzeptioneller Rahmen:**

• Geistige Unordnung: Das Tagebuch beginnt mit der Auseinandersetzung mit dem geistigen Durcheinander und den selbstabwertenden Gedanken, die wir oft mit uns herumtragen. Es erkennt an, dass jeder Gepäck hat, aber es ist wichtig zu wissen, wann man es loslassen muss.

• Achtsamkeit und Meditation: Der Schwerpunkt liegt auf Achtsamkeit und Meditation als Werkzeuge, um sich zu zentrieren, die Quelle von Stress und Negativität zu erkennen und sie sanft loszulassen. Das Tagebuch enthält kleine Übungen, um diese Praktiken zu kultivieren.

**Struktur und Inhalt des Tagebuchs:**

• Aufforderungen: Das Tagebuch ist um Denkanstöße herum aufgebaut. Diese Aufforderungen sollen den Leser dazu bringen, über seine Stressquellen, seine Reaktionen und seine Wünsche nachzudenken. Durch die direkte Konfrontation mit diesen Gedanken kann der Leser den Prozess des Loslassens beginnen.

• Affirmationen: Überall im Tagebuch sind Affirmationen eingestreut - positive Aussagen, die den Leser an seinen Wert, seine Stärke und sein Potenzial erinnern. Sie dienen als Mantras für Selbstliebe und Selbstvertrauen.

• Aktivitäten: Das Tagebuch enthält verschiedene Aktivitäten, wie z. B. Ausmal- und Kritzeleien. Diese sind therapeutisch gedacht und ermöglichen es den Lesern, sich auf den gegenwärtigen Moment zu konzentrieren und den Geist zu füllen.

• Zitate: Zur Inspiration und Aufmunterung sind Zitate verschiedener zeitgenössischer und historischer Persönlichkeiten in das Buch eingestreut. Sie bieten Weisheiten über Glück, Stressabbau und die Kunst des Loslassens.

• Humor: Ein besonderes Merkmal dieses Tagebuchs ist sein humorvoller Ansatz. Die Sprache ist locker und der Tonfall unbeschwert. Das macht die gewaltige Aufgabe, sich den eigenen Ängsten, Belastungen und Unsicherheiten zu stellen, ein wenig leichter.

**Wichtigste Erkenntnisse:**

1. Reflexion ist der Schlüssel: Eines der Hauptziele des Tagebuchs ist es, die Leser zum Nachdenken anzuregen. Durch diese Reflexion können die Leser Muster, Auslöser und Gewohnheiten erkennen, die möglicherweise zu ihrem Unglücklichsein oder Stress beitragen.

2. Ermächtigung: Indem sie sich aktiv mit dem Tagebuch und seinen Übungen beschäftigen, übernehmen die Leser die Kontrolle über ihr emotionales Wohlbefinden. Der Akt des Schreibens, des Nachdenkens und sogar des Ausmalens kann ermächtigend wirken.

3. Glück ist eine Reise: Das Tagebuch erinnert die Leser daran, dass Glück kein Ziel ist, sondern eine Reise. Es geht darum, ständig loszulassen, was uns nicht nützt, und das anzunehmen, was uns nützt.

Im Grunde ist "Lass den Sch\*\*ß sein" nicht nur ein Tagebuch, sondern ein Werkzeug zur Selbstentdeckung, zur Fülle des Geistes und zum Glück. Mit seinen verschiedenen Übungen, Aufforderungen und Aktivitäten ermutigt es die Leser, sich ihrem "Mist" zu stellen, Negativität loszulassen und ein glücklicheres, zufriedeneres Leben zu führen.

## Stärken und Schwächen

**Stärken**

1. Humorvolle Herangehensweise: In einem Genre, in dem oft ernste Töne vorherrschen, glänzt Sweeneys Humor als erfrischende Abweichung. Die Unbeschwertheit macht die Aufgabe der Selbstreflexion weniger einschüchternd und zugänglicher.

2. Vielfältiger Inhalt: In dem Tagebuch geht es nicht nur ums Schreiben. Es enthält Malvorlagen, Doodling-Abschnitte, Zitate und Affirmationen. Diese Vielfalt spricht verschiedene Ausdrucksformen an und sorgt dafür, dass die meisten Leser etwas finden, das sie anspricht.

3. Integration von Achtsamkeit: Das Buch fordert die Leser nicht nur auf, "loszulassen", sondern bietet auch Werkzeuge wie Achtsamkeitsübungen und Meditationspraktiken. Diese Integration bietet den Lesern umsetzbare Schritte, um ein Gefühl des Friedens zu erlangen.

4. Kompakt und tragbar: Die Größe des Tagebuchs ermöglicht es den Lesern, es während verschiedener Phasen des Tages zu nutzen, sei es beim Pendeln, in der Mittagspause oder zum Abschalten vor dem Schlafengehen.

**Schwächen**

1. Die lockere Sprache ist vielleicht nicht für jeden etwas: Die ungezwungene und manchmal schnoddrige Sprache ist zwar für viele eine Stärke, aber nicht für jeden geeignet. Einige Leser könnten sie als abschreckend oder weniger professionell empfinden.

2. Mangelnder Tiefgang: Während die Zeitschrift mit ihrer unbeschwerten Herangehensweise hervorragende Arbeit leistet, könnte sie für diejenigen, die eine tiefgreifende psychologische oder therapeutische Erforschung suchen, zu kurz kommen.

3. Wiederholbarkeit: Einige Abschnitte oder Aufforderungen könnten sich für manche Nutzer wiederholen, vor allem, wenn sie sich täglich mit dem Tagebuch beschäftigen.

4. Begrenzter Platz: Da das Tagebuch sehr kompakt ist, gibt es nur wenig Platz zum Schreiben. Für diejenigen, die tief in ihre Gedanken eintauchen möchten, könnte sich der Platz beengt anfühlen.

| Fazit |
|---|

"Lass den Sch**ß sein" von Monica Sweeney bietet eine neue Perspektive auf dem Gebiet der Selbsthilfe-Tagebücher. Seine Mischung aus Humor, abwechslungsreichen Aktivitäten und umsetzbaren Achtsamkeitsübungen macht es zu einem ansprechenden Werkzeug für Selbstreflexion und emotionale Entspannung. Es kann zwar keine tiefgehende therapeutische Behandlung ersetzen, aber es dient als zugänglicher und unterhaltsamer Einstieg, um sich selbst besser zu verstehen und eine positivere Perspektive einzunehmen.

Es eignet sich für alle, die einen unbeschwerten und dennoch effektiven Weg suchen, ihren Stress und ihre emotionalen Herausforderungen zu bewältigen.

# Stress: Warum Frauen leichter ausbrennen und was sie für sich tun können

*von Emily und Amelia Nagoski*

## Überblick

"Stress: Warum Frauen leichter ausbrennen und was sie für sich tun können" befasst sich mit dem modernen Phänomen des "Burnout", insbesondere bei Frauen. Das Buch wurde von den Schwestern Emily und Amelia Nagoski verfasst, die sich dem Thema mit ihrem jeweiligen Hintergrund in den Bereichen Gesundheitsverhaltenswissenschaft und Musik nähern.

## Zusammenfassung

**Wesentliche Aspekte**

**1. Die Wissenschaft vom Stress:** Das Buch erkundet das, was Stress aus wissenschaftlicher Sicht ist. Stressoren sind äußere Ereignisse oder Umstände, während Stress die neurologische und physiologische Veränderung ist, die in unserem Körper als Reaktion auf diese Stressoren stattfindet. Man kann mit Stressoren umgehen, aber der Stress lebt im Körper weiter, wenn er nicht bewältigt wird.

**2. Der Stress-Zyklus:** Die Nagoskis führen das Konzept des "Stresszyklus" ein. Für unsere Vorfahren war Stress oft eine physische Bedrohung, und der Kreislauf schloss sich, wenn die Bedrohung bewältigt wurde (z. B. durch Flucht vor einem Raubtier). In der heutigen Zeit können Stressoren immateriell sein (wie etwa eine unangenehme E-Mail), aber dennoch die Stressreaktion unseres Körpers auslösen. Um mit Stress umzugehen, müssen wir den Stresszyklus abschließen.

**3. Wege zur Vervollständigung des Stresskreislaufs:** Die Autoren schlagen mehrere Methoden vor:

• Körperliche Aktivität, wie Laufen oder Tanzen

• Tiefe Atemübungen

• Positive soziale Interaktionen

- Lachen

- Umarmungen und zärtliche Berührungen

- Sich ausweinen

- Kreativer Ausdruck

4. **Das "Human Giver Syndrome":** Die Nagoskis stellen ein soziologisches Konzept vor, das sie das "Human Giver Syndrome" nennen. Manche Menschen, insbesondere Frauen, sind sozialisiert, sich ständig zu verausgaben und die Bedürfnisse anderer über ihre eigenen zu stellen, was zu chronischem Burnout führt.

5. **Der Bikini-Industriekomplex:** In diesem Kapitel geht es um den gesellschaftlichen und medialen Druck, der Frauen vorschreibt, wie sie aussehen, sich verhalten und fühlen sollen. Die Autoren argumentieren, dass diese unrealistischen Erwartungen den Stress-Zyklus fördern.

6. **Die "verrückte Frau":** Hier beschreiben die Autorinnen den inneren Kritiker, mit dem viele Frauen konfrontiert sind, eine innere Stimme, die ständig Kritik übt und zu Gefühlen der Ungleichheit führt. Sie bieten Strategien für das Verständnis und den Umgang mit dieser "Verrückten".

7. **Ruhe und Beziehungen:** Die Nagoskis betonen die Wichtigkeit von Ruhe, die kein Luxus, sondern ein grundlegendes menschliches Bedürfnis ist. Sie erörtern auch die Kraft menschlicher Beziehungen bei der Bekämpfung von Burnout, einschließlich der Bedeutung einer "Liebesblase" - ein sicherer sozialer Kreis, in dem man sich gesehen, gehört und geschätzt fühlt.

8. **Freude und Sinn:** Die Autoren untersuchen, wie die Erschließung persönlicher Quellen der Freude und des Sinns als mächtige Werkzeuge gegen Burnout dienen können. Sie erörtern den Unterschied zwischen der bloßen Abwesenheit von Elend und der aktiven Präsenz von Wohlbefinden.

9. **Das "etwas Größere":** Die Nagoskis sprechen das menschliche Bedürfnis an, Teil von etwas zu sein, das größer ist als man selbst. Dies kann durch Religion, gemeinnützige Arbeit oder andere kollektive Erfahrungen geschehen.

10. **Strategien für die Zukunft:** Das Buch schließt mit praktischen Strategien und einem Aufruf zum Handeln. Die Autorinnen betonen, dass individuelle Strategien zwar nützlich sind, dass aber systemische Veränderungen am Arbeitsplatz und in der Gesellschaft unerlässlich sind.

"Stress: Warum Frauen leichter ausbrennen und was sie für sich tun können" bietet den Lesern ein umfassendes Verständnis des Stresskreislaufs, des gesellschaftlichen und internen Drucks, der Burnout vor allem bei Frauen verschlimmert, und stellt handlungsfähige Instrumente und Strategien zur Verfügung, um den Kreislauf zu durchbrechen und ein Leben in Wohlbefinden und Resilienz zu kultivieren.

## Stärken und Schwächen

**Stärken**

1. Gut recherchierter Inhalt: Die wissenschaftliche und soziologische Grundlage des Buches verleiht ihm Glaubwürdigkeit. Die Nagoski-Schwestern haben eine außergewöhnliche Arbeit geleistet, indem sie die Literatur durchforstet und komplexe Konzepte in einer zugänglichen Weise dargestellt haben.

2. Nachvollziehbarkeit: Die Autorinnen stützen sich auf persönliche Anekdoten und Erfahrungen, wodurch der Inhalt nachvollziehbar wird. Viele Leser, vor allem Frauen, werden die beschriebenen Szenarien und Belastungen wiedererkennen.

3. Praktische Lösungen: Eine der größten Stärken des Buches ist die Ausgewogenheit zwischen Theorie und umsetzbaren Ratschlägen. Die Strategien zur Beendigung des Stresskreislaufs sind praktisch und lassen sich leicht in das tägliche Leben integrieren.

4. Ganzheitlicher Ansatz: Das Buch konzentriert sich nicht nur auf den Einzelnen, sondern befasst sich auch mit dem gesellschaftlichen Druck und den systemischen Problemen, die zum Burnout beitragen. Diese ganzheitliche Sichtweise sorgt für ein umfassenderes Verständnis des Problems.

5. Klarer Schreibstil: Die Prosa ist klar und fesselnd. Den Autorinnen gelingt es hervorragend, den wissenschaftlichen Fachjargon aufzuschlüsseln und ihn für ein allgemeines Publikum verständlich zu machen.

**Schwächen**

1. Beschränktes Zielpublikum: Obwohl Burnout ein universelles Problem ist, konzentriert sich das Buch stark auf die Erfahrungen von Frauen. Dieser Schwerpunkt hat zwar seine Vorzüge, könnte aber dazu führen, dass der Inhalt für den männlichen Leserkreis weniger verständlich ist.

2. Wiederholbarkeit: Manche Leser könnten bestimmte Abschnitte als repetitiv empfinden. Wiederholungen können zwar dazu beitragen, Punkte zu verdeutlichen, sie können aber auch als überflüssig empfunden werden.

3. Mehr Tiefe bei den Lösungen erforderlich: Das Buch bietet zwar praktische Strategien, aber einige Leser könnten das Gefühl haben, dass bestimmte Lösungen noch weiter vertieft werden sollten, vielleicht in Form von Fallstudien oder detaillierteren Plänen.

4. Optimismus in Bezug auf den gesellschaftlichen Wandel: Die Autorinnen betonen die Bedeutung des gesellschaftlichen Wandels für die Linderung von Burnout. Der Optimismus, der in Bezug auf diese Veränderungen geäußert wird, mag jedoch einigen angesichts der tief verwurzelten Natur vieler gesellschaftlicher Probleme etwas idealistisch erscheinen.

### Fazit

"Stress: Warum Frauen leichter ausbrennen und was sie für sich tun können" ist eine zeitgemäße und aufschlussreiche Erforschung des modernen Phänomens des Burnout. Mit einer soliden Grundlage in der wissenschaftlichen Forschung und einer nachvollziehbaren Erzählung vermitteln die Nagoski-Schwestern den Lesern ein umfassendes Verständnis von Burnout und praktikable Strategien zu dessen Bekämpfung. Auch wenn das Buch seine Schwächen hat, vor allem weil es sich hauptsächlich auf Frauen konzentriert und sich gelegentlich wiederholt, ist es eine wertvolle Lektüre für alle, die die Ursachen von Burnout in ihrem Leben verstehen und angehen wollen.

# Wie ich die entscheidenden 10% glücklicher wurde: Meditation für Skeptiker

*von Dan Harris*

| Überblick |
|---|

"Wie ich die entscheidenden 10% glücklicher wurde" ist ein halb-autobiografischer Bericht über die Entwicklung des ABC-Nachrichtenkorrespondenten Dan Harris von einem Skeptiker zu einem Befürworter der Meditation. Das Buch beginnt mit einer persönlichen Krise von Harris: einer Panikattacke während einer Sendung bei "Good Morning America". Dieser peinliche und öffentliche Vorfall ist der Auslöser für seine Suche nach einem besseren psychischen Wohlbefinden.

| Zusammenfassung |
|---|

**Wesentliche Aspekte**

**1. Der Auslöser:** Nach seiner Panikattacke im Live-Fernsehen wird sich Harris der unaufhörlichen und unruhigen Stimme in seinem Kopf bewusst. Er erkennt, dass diese Stimme, die ihn ständig dazu drängt, mehr zu erreichen und nie zufrieden ist, die Ursache seiner Probleme sein könnte.

**2. Die Suche:** Harris begibt sich auf eine Reise, die ihn dazu führt, die Welt der Selbsthilfe, der Therapie und des Glaubens zu erkunden. Anfangs steht er diesen Bereichen skeptisch gegenüber, vor allem, wenn er bestimmten Figuren begegnet, die scheinbar Ideen propagieren, die keine feste Grundlage in der Realität haben.

**3. Entdeckung der Meditation:** Harris wird durch Dr. Mark Epstein in die Achtsamkeitsmeditation eingeführt. Er lernt, dass es bei der Meditation nicht darum geht, "den Geist frei zu machen", sondern darum, Gedanken zu erkennen und unvoreingenommen zu beobachten. Diese einfache, aber fundierte Erkenntnis fesselt Harris.

**4. Die Praxis:** Als Harris tiefer in die Meditation eintaucht, nimmt er an einem zehntägigen Schweige-Retreat teil. Hier konfrontiert er sich mit dem ständigen Geplapper seines Geistes und setzt sich mit ihm auseinander. Das

Retreat ist herausfordernd, aber transformierend, und Harris beginnt, Momente echten Friedens zu erleben.

**5. Interaktionen mit spirituellen Führern:** Harris trifft sich mit verschiedenen spirituellen Lehrern, darunter Eckhart Tolle und Deepak Chopra, und versucht, deren Sichtweisen zu verstehen. Es sind jedoch seine Begegnung mit dem Dalai Lama und ein Gespräch mit dem buddhistischen Lehrer Joseph Goldstein, die ihn tief berühren.

**6. Die Epiphanie:** Harris erkennt, dass die Kraft der Meditation in ihrer Fähigkeit liegt, sich seiner Gedanken bewusst zu werden, ohne von ihnen besessen zu sein. Diese Bewusstheit ermöglicht es, zu registrieren, statt zu reagieren, und führt zu einem ruhigeren und konzentrierteren Geist.

**7. 10% glücklicher:** Obwohl die Meditation nicht alle seine Probleme löst, kommt Harris zu dem Schluss, dass sie ihn etwa "10% glücklicher" gemacht hat. Er argumentiert, dass dieser Grad der Verbesserung, auch wenn er bescheiden erscheint, einen erheblichen Unterschied in der Lebensqualität ausmachen kann.

**8. Förderung der Meditation:** Harris erkennt die Vorteile der Meditation und wird zu einem Fürsprecher der Meditation, insbesondere für diejenigen, die ihr skeptisch oder ablehnend gegenüberstehen. Er ist der Ansicht, dass sie auf wissenschaftlich fundierte Weise dargestellt werden kann, so dass sie für ein breiteres Publikum zugänglich ist.

Im Wesentlichen ist "Wie ich die entscheidenden 10% glücklicher wurde" Dan Harris' persönlicher und offener Bericht über die Konfrontation mit seinen inneren Dämonen, die Entdeckung der Achtsamkeitsmeditation und die Suche nach einem praktischen Werkzeug, das sein Leben wirklich verbessert hat. Das Buch dient sowohl als Memoiren als auch als Brücke für Skeptiker, die zwar neugierig sind, aber gegenüber Praktiken wie Meditation zögern.

## Stärken und Schwächen

**Stärken**

1. Nachvollziehbare und ehrliche Erzählung: Einer der stärksten Aspekte des Buches ist Harris' rohe und offene Erzählweise. Er scheut sich nicht vor seinen Fehlern, Irrtümern oder peinlichen Momenten, was seine Reise sehr nachvollziehbar macht.

2. Überbrückung der Kluft für Skeptiker: Harris ist trotz seiner anfänglichen Skepsis ein hervorragender Botschafter für diejenigen, die der Meditation skeptisch gegenüberstehen. Er geht auf viele gängige Missverständnisse und Vorbehalte gegenüber der Praxis ein und macht sie so einem breiteren Publikum zugänglich.

3. Fesselnder Schreibstil: Harris' journalistischer Hintergrund kommt deutlich zum Vorschein. Das Buch ist temporeich, fesselnd und mit einer Prise Humor versehen, was es zu einer fesselnden Lektüre macht.

4. Persönliche Begegnungen: Harris' Begegnungen mit bekannten spirituellen Persönlichkeiten wie Eckhart Tolle, Deepak Chopra und dem Dalai Lama bieten dem Leser vielfältige Perspektiven auf Achtsamkeit und Spiritualität. Seine Gespräche, insbesondere mit Joseph Goldstein, bieten tiefe Einblicke in die Praxis der Meditation.

5. Wissenschaftlich fundiert: Im Gegensatz zu vielen Selbsthilfebüchern bezieht sich "Wie ich die entscheidenden 10% glücklicher wurde" häufig auf wissenschaftliche Studien und Beweise, um Behauptungen über die Vorteile der Meditation zu untermauern. Dieser Ansatz verleiht seinen Aussagen zusätzliche Glaubwürdigkeit.

6. Praxisnähe: Harris ist realistisch, was die Vorteile der Meditation angeht. Er behauptet nicht, dass Meditation ein Allheilmittel ist, sondern hebt ihre praktischen Vorteile hervor, die für viele eine entscheidende Rolle spielen können.

**Schwächen**

1. Persönliche Anekdotenlastigkeit: Während viele Leser die persönlichen Geschichten zu schätzen wissen, könnten manche sie als zu dominant empfinden und würden es vorziehen, wenn der Schwerpunkt mehr auf den handlungsorientierten Aspekten von Meditation und Achtsamkeit liegen würde.

2. Kein Leitfaden: Leser, die eine Schritt-für-Schritt-Anleitung zur Meditation suchen, werden vielleicht enttäuscht sein. Das Buch bietet zwar Einblicke und räumt mit Mythen auf, bietet aber keine umfassende Anleitung zur Meditationspraxis.

3. Leichte Wiederholbarkeit: Es gibt Momente im Buch, in denen Harris bestimmte Ereignisse oder Empfindungen wieder aufgreift. Manche Leser könnten dies als wiederholend empfinden.

4. Begrenzter Umfang der Spiritualität: Obwohl Harris verschiedene spirituelle Persönlichkeiten und Lehren erforscht, bleibt seine Perspektive weitgehend auf die Achtsamkeitsmeditation konzentriert. Leser, die an einer breiteren Erforschung der Spiritualität interessiert sind, könnten den Umfang des Buches etwas eingeschränkt finden.

## Fazit

"Wie ich die entscheidenden 10% glücklicher wurde" bietet einen aufschlussreichen, humorvollen und authentischen Einblick in den Weg eines Mannes von der Skepsis zur Befürwortung der Achtsamkeitsmeditation. Es sticht aus der Flut von Selbsthilfebüchern heraus, weil es eine nachvollziehbare Geschichte erzählt und persönliche Anekdoten mit wissenschaftlichen Erkenntnissen ausgewogen verbindet. Auch wenn es nicht als umfassender Leitfaden für die Meditation dienen kann, so liefert es doch ein überzeugendes Argument für ihre Vorteile. Das Buch ist ideal für alle, die neugierig auf Meditation sind, aber eine nachvollziehbare Perspektive brauchen, um in das Thema einzutauchen.

# Schnelles Denken, langsames Denken

*von Daniel Kahneman*

## Überblick

Daniel Kahneman, ein Nobelpreisträger in Wirtschaft, erforscht in "Schnelles Denken, langsames Denken" tiefgehend die Komplexität menschlicher Entscheidungsfindung. Das Buch untersucht, wie wir denken und die zwei Systeme, die unsere Gedanken antreiben.

## Zusammenfassung

**System 1 (Schnelles Denken):**

- Intuitiv und instinktiv.

- Trifft schnelle Urteile basierend auf bestehenden Erinnerungen und Erfahrungen.

- Beinhaltet kein bewusstes Denken.

- Kann zu Voreingenommenheiten und logischen Fehlern führen.

- Ist die meiste Zeit in Betrieb.

**System 2 (Langsames Denken):**

- Bewusst und logisch.

- Erfordert Anstrengung und bewusste Entscheidungsfindung.

- Analytisch und erfordert Aufmerksamkeit.

- Kann faul sein und oft Standardentscheidungen von System 1 übernehmen.

- Wird bei komplexen Berechnungen, Bewertung von Optionen und überlegteren Denkprozessen verwendet.

Im Verlauf des Buches präsentiert Kahneman eine Vielzahl von Experimenten, Forschungsergebnissen und Anekdoten, die die Stärken und Schwächen beider Systeme demonstrieren. Einige der wichtigsten Konzepte umfassen:

## 1. Anker-Effekt

Menschen können durch irrelevante Zahlen beeinflusst werden. Zum Beispiel, wenn man gefragt wird, ob Gandhi älter als 114 Jahre war, als er starb, könnte die anschließende Schätzung seines Todesalters höher sein als wenn gefragt wurde, ob er älter als 35 Jahre war.

## 2. Verfügbarkeitsheuristik

Menschen neigen dazu, ihre Urteile stark auf neuere Informationen zu stützen, was zu einer Voreingenommenheit gegenüber den neuesten Nachrichten führt.

## 3. Substitution

Wenn man mit einer schwierigen Frage konfrontiert wird, ersetzt System 1 oft eine einfachere Frage, ohne dass man es merkt. Zum Beispiel, wenn man nach dem Glück des eigenen Lebens gefragt wird, denkt man vielleicht stattdessen an die aktuelle Stimmung.

## 4. Prospect-Theorie

Diese Theorie erklärt, wie Menschen zwischen probabilistischen Alternativen wählen und potenzielle Verluste und Gewinne bewerten. Menschen neigen zur Verlustaversion; sie handeln eher, um einen Verlust zu vermeiden, als einen Gewinn zu erzielen.

## 5. Besitz-Effekt

Sobald Menschen etwas besitzen, schätzen sie es mehr als vorher.

## 6. Übervertrauen

System 1 führt oft dazu, dass wir übermäßig zuversichtlich sind und uns unserer Vermutungen oder Schätzungen sicherer fühlen, als wir es sein sollten.

## 7. Planungsfehlschluss

Menschen unterschätzen oft die Zeit, die Kosten und die Risiken zukünftiger Aktionen und überschätzen die Vorteile derselben Aktionen.

## 8. Rückschaufehler

Sobald ein Ereignis eingetreten ist, haben wir das Gefühl, dass wir wussten, dass es passieren würde (der "Ich-habe-es-schon-immer-gewusst"-Effekt).

## 9. WYSIATI (What You See Is All There Is)

System 1 springt zu Schlussfolgerungen basierend auf begrenzten Beweisen und sucht nicht notwendigerweise nach mehr Informationen.

Das Buch behandelt auch "Regression zum Mittelwert", ein statistisches Konzept, bei dem extreme Fälle (gut oder schlecht) wahrscheinlich von moderaten gefolgt werden, doch Menschen erfinden oft kausale Erklärungen für diese Regressionen.

Kahneman beendet das Buch mit einer Diskussion über das "erlebende Selbst" versus das "erinnernde Selbst". Wir könnten Ereignisse als positiver oder negativer in Erinnerung behalten, basierend auf Höhepunkten und Enden, anstatt auf der Gesamtsumme des Ereignisses. Dies kann unsere zukünftigen Entscheidungen und wie wir die Vergangenheit erinnern beeinflussen, oft nicht im Einklang damit, wie wir uns tatsächlich während des Erlebnisses gefühlt haben.

Insgesamt bietet "Schnelles Denken, langsames Denken" den Lesern ein tiefes Verständnis der menschlichen Denkprozesse und zeigt auf, wo wir unseren Intuitionen vertrauen können und wo sie uns in die Irre führen können.

### Stärken und Schwächen

**Stärken**

1. Tiefgreifende Einblicke: Kahneman bietet eine gründliche Erforschung der Komplexität menschlicher Entscheidungsfindung und kombiniert jahrzehntelange Forschung mit persönlichen Einsichten. Die Unterscheidung zwischen System 1 und System 2 Denken bietet ein Framework, das die Leser leicht auf ihre eigenen Denkprozesse anwenden können.

2. Gut Erforscht: Das Buch basiert auf rigoroser wissenschaftlicher Forschung. Kahneman hat viele der im Buch erwähnten Studien zusammen mit seinem Kollegen Amos Tversky durchgeführt, was ihm ein tiefes Verständnis des Materials verleiht.

3. Fesselnde Anekdoten: Die Verwendung von Beispielen aus der realen Welt und Anekdoten macht den Inhalt zugänglich und nachvollziehbar. Diese Geschichten veranschaulichen die Konzepte des Buches auf leicht verständliche und einprägsame Weise.

4. Praktische Auswirkungen: Neben theoretischen Einsichten bietet das Buch praktische Takeaways. Leser können ihre Vorurteile und kognitiven

Fallstricke erkennen, was es möglich macht, bessere Entscheidungen in persönlichen und beruflichen Kontexten zu treffen.

5. Interdisziplinär: Obwohl Kahneman Psychologe ist, hat seine Arbeit, insbesondere die Prospect-Theorie, tiefgreifende Auswirkungen in der Wirtschaft (was zu seinem Nobelpreis führte). Dieser interdisziplinäre Ansatz macht das Buch wertvoll für ein vielfältiges Publikum.

**Schwächen**

1. Dichte des Materials: Die Tiefe und Breite des Inhalts, obwohl lobenswert, kann auch ein Nachteil für einige Leser sein. Das Buch ist dicht und erfordert möglicherweise mehrere Lektüren, um alle Konzepte vollständig zu erfassen.

2. Wiederholungen: Einige Leser könnten bestimmte Abschnitte als repetitiv empfinden. Kahneman wiederholt gelegentlich Konzepte, um darauf aufzubauen, was als redundant angesehen werden könnte.

3. Probleme mit dem Tempo: Das Tempo kann inkonsistent sein. Einige Kapitel sind schnelllebig mit schnellen Einblicken, während andere tief in akademische und technische Details eintauchen, was den Gelegenheitsleser möglicherweise verlieren kann.

4. Fehlen von Lösungen: Während Kahneman hervorragend darin ist, kognitive Vorurteile und Denkfehler aufzuzeigen, fühlen sich einige Leser, dass er nicht genug darüber bietet, wie man diese Probleme überwinden oder mildern kann.

5. Potenzial zur Übergeneralisierung: Das Zwei-System-Framework, obwohl mächtig, könnte einige Leser dazu verleiten, komplexe Denkprozesse zu sehr in nur zwei Kategorien zu vereinfachen. Die Entscheidungsfindung in der realen Welt kann manchmal eine Mischung aus beiden Systemen beinhalten.

## Fazit

"Schnelles Denken, langsames Denken" ist eine Meisterleistung im Bereich der Verhaltenspsychologie und Entscheidungsfindung. Daniel Kahneman präsentiert ein überzeugendes Bild des menschlichen Geistes, gefüllt mit kognitiven Verzerrungen, die unsere Entscheidungen unterstützen oder behindern können. Die Stärke des Buches liegt in seinen reichen Einsichten und seiner Fähigkeit, Leser zur Introspektion über ihre eigenen Denkmuster anzuregen. Seine akademische Tiefe, eine Stärke für einige, kann es jedoch für diejenigen, die eine leichte Einführung in das Thema suchen, zu einer Herausforderung machen. Unabhängig davon bleibt es ein grundlegendes Werk, das Disziplinen von der Wirtschaft bis zur Selbsthilfe beeinflusst hat und ein Muss für diejenigen ist, die von den Komplexitäten des menschlichen Geistes fasziniert sind.

# Die Gewinnerformel: Für Erfolg auf ganzer Linie – Beruf, Finanzen, Privatleben

*von Darren Hardy*

## Überblick

"Die Gewinnerformel: Für Erfolg auf ganzer Linie" ist ein Motivationsbuch von Darren Hardy, dem ehemaligen Herausgeber des SUCCESS-Magazins. Das Buch beschäftigt sich mit dem grundlegenden Prinzip, dass kleine, konsequente Handlungen über die Zeit zu bedeutenden, lebensverändernden Veränderungen führen. Der "Kumulativeffekt" ist das Prinzip, enorme Belohnungen aus einer Reihe von kleinen, klugen Entscheidungen zu ernten.

## Zusammenfassung

**Wesentliche Aspekte**

**1. Der Kumulativeffekt in Aktion**

• Darren betont zu Beginn die Einfachheit und Kraft des Kumulativeffekts. Dieser Effekt geht nicht um sofortige Ergebnisse, sondern um Entscheidungen, die sich über die Zeit ansammeln, um bemerkenswerte Ergebnisse zu erzielen.

**2. Die Formel des Kumulativeffekts**

• Entscheidungen: Alles beginnt mit einer Entscheidung. Jede Entscheidung, egal wie klein, ist bedeutsam. Mit der Zeit summieren sich diese, um unsere aktuelle Realität zu schaffen.

• Gewohnheiten: Wiederholte Entscheidungen führen zu Gewohnheiten. Das Kultivieren guter Gewohnheiten und das Eliminieren schlechter können die Lebensbahn drastisch beeinflussen.

• Schwung: Wenn gute Entscheidungen und Gewohnheiten aufeinander aufbauen, entwickelt sich Schwung, der es leichter macht, eine positive Trajektorie beizubehalten.

- Einflüsse: Die Menschen und Informationen, mit denen wir uns umgeben, beeinflussen unsere Entscheidungen und Gewohnheiten. Durch bewusstes Wählen positiver Einflüsse können wir uns mit unseren gewünschten Ergebnissen in Einklang bringen.

- Beschleunigung: Wenn wir gute Entscheidungen treffen, positive Gewohnheiten entwickeln und Schwung gewinnen, beschleunigt sich der Kumulativeffekt, was zu exponentiellem Wachstum der Ergebnisse führt.

### 3. Entscheidungen: der erste Schritt

- Erfolg ist nicht das Ergebnis einiger bedeutender Entscheidungen, sondern vielmehr das Ergebnis von Tausenden kleiner Entscheidungen – den Entscheidungen, die wir jeden Tag treffen.

- Kleine, scheinbar unbedeutende Entscheidungen können zum Erfolg führen oder ihn entgleisen lassen. Zum Beispiel kann die Entscheidung, ein Training auszulassen, eine ungesunde Mahlzeit zu essen oder zu zögern, sich mit der Zeit summieren.

### 4. Gewohnheiten: Routinen, die Erfolg definieren

- Gewohnheiten sind wiederholte Entscheidungen. Der Schlüssel ist, Routinen zu entwickeln, die Erfolg automatisieren.

- Darren führt das Konzept von „Rhythmus" und „Routine" ein, um Erfolgsgewohnheiten zu schaffen und aufrechtzuerhalten.

- Das Buch bietet Strategien zur Veränderung schlechter Gewohnheiten und zur Implementierung guter, wobei der Schwerpunkt auf kleinen Veränderungen liegt.

### 5. Schwung: der große Moment

- Sobald gute Gewohnheiten etabliert sind, wird deren Aufrechterhaltung durch den aufgebauten Schwung leichter. Dies ist der große Moment – wenn Ihre Bemühungen verstärkt werden und der Fortschritt sichtbarer wird.

- Sobald Schwung auf Ihrer Seite ist, wird es leichter, auf Kurs zu bleiben und nicht vom Weg abzuweichen, einem Schneeballeffekt ähnlich.

### 6. Einflüsse: von wem und was Sie Umgeben sind

- Wir werden von den Menschen um uns herum und den Medien, die wir konsumieren, beeinflusst. Um sicherzustellen, dass der Kumulativeffekt zu unseren Gunsten wirkt, müssen wir wählerisch sein, mit wem wir Zeit verbringen und mit was wir unserem Geist füttern.

• Darren betont die Wichtigkeit, sich mit positiven, zukunftsorientierten Individuen zu umgeben.

### 7. Beschleunigung: Beherrschung des Kumulativeffekts

• Mit den richtigen Entscheidungen, Gewohnheiten, Schwung und Einflüssen beschleunigt sich der Kumulativeffekt.

• Sie bemerken vielleicht nicht sofortige Ergebnisse, aber konstante Anstrengung kombiniert mit Zeit führt zu exponentiellen Ergebnissen.

### 8. Leben des Kumulativeffekts

• Darren schließt mit der Aufforderung an die Leser, die Prinzipien des Kumulativeffekts auf jeden Aspekt ihres Lebens anzuwenden.

• Indem wir uns unserer Entscheidungen bewusst sind, den Wert von Konstanz verstehen und den Prozess schätzen, können wir das Leben schaffen, das wir uns wünschen.

Im Wesentlichen ist "Die Gewinnerformel: Für Erfolg auf ganzer Linie" ein Aufruf zum Handeln, der die Kraft von Konstanz, Entscheidungen, Gewohnheiten und Zeit betont. Es ermutigt die Leser, auf die kleinen Entscheidungen zu achten, die sie jeden Tag treffen, und versichert ihnen, dass diese Entscheidungen mit der Zeit zum Erfolg und zu dem Leben führen können, das sie anstreben.

| Stärken und Schwächen |
|---|

**Stärken**

1. Einfachheit: Eine der Hauptstärken des Buches ist seine Einfachheit. Anstatt komplexe Theorien oder mühsame Strategien anzubieten, betont Hardy das grundlegende Prinzip, dass kleine, konsequente Handlungen über die Zeit hinweg bedeutende Ergebnisse hervorbringen.

2. Bezug: Hardys Schreibstil ist zugänglich und ansprechend. Er bezieht persönliche Erfahrungen mit ein, was das Material nachvollziehbar macht. Seine Erfolge und Misserfolge machen ihn glaubwürdig, da die Leser die Prinzipien des Kumulativeffekts in seinem Leben sehen können.

3. Praktikabilität: Das Buch bietet umsetzbare Schritte und Übungen. Anstatt nur Ideen zu präsentieren, gibt Hardy den Lesern Werkzeuge und Übungen an die Hand, um den Kumulativeffekt in ihrem täglichen Leben umzusetzen.

4. Breite Anwendbarkeit: Die von Hardy umrissenen Prinzipien können auf verschiedene Aspekte des Lebens angewendet werden, von Finanzen über Beziehungen bis hin zu Gesundheit und Karrierezielen. Diese breite Anwendbarkeit macht das Buch für ein weites Publikum relevant.

5. Schwerpunkt auf Verantwortung: Hardy betont die Bedeutung, Verantwortung für die eigenen Entscheidungen zu übernehmen. Diese Betonung der persönlichen Verantwortung ist erfrischend in einem Genre, das manchmal zu schnellen Lösungen oder externen Lösungen neigt.

**Schwächen**

1. Nicht Bahnbrechend Neu: Obwohl effektiv präsentiert, ist das Konzept, dass kleine Handlungen zu großen Ergebnissen führen, nicht neu. Einige Leser könnten das Gefühl haben, dass sie diesem Prinzip bereits in anderer Entwicklungs-Literatur begegnet sind.

2. Wiederholungen: Um sicherzustellen, dass die Botschaft klar ist, wiederholt Hardy manchmal bestimmte Punkte. Während Wiederholung dabei helfen kann, den Punkt zu verdeutlichen, könnte sie für einige Leser redundant wirken.

3. Überbetonung persönlicher Anekdoten: Während persönliche Geschichten Glaubwürdigkeit und Bezug hinzufügen, gibt es Fälle, in denen sie das diskutierte Prinzip zu überschatten scheinen. Einige Leser könnten vielfältigere Beispiele oder mehr datengesteuerte Beweise bevorzugen.

4. Möglicherweise zu vereinfacht: Für diejenigen, die mit signifikanten Herausforderungen konfrontiert sind, könnte die Idee, dass einfache, kleine Entscheidungen ihre gesamte Bahn verändern können, übermäßig optimistisch oder zu vereinfacht erscheinen. Während der Kumulativeffekt mächtig ist, können andere Faktoren die Ergebnisse beeinflussen.

5. Fehlen tiefer psychologischer oder wissenschaftlicher Einblicke: Leser, die einen tiefen Einblick in die psychologischen oder wissenschaftlichen Grundlagen von Gewohnheiten und Entscheidungsfindung suchen, könnten das Buch als mangelhaft empfinden. Hardys Ansatz ist eher pragmatisch als theoretisch.

## Fazit

"Die Gewinnerformel: Für Erfolg auf ganzer Linie" bietet den Lesern einen klaren, umsetzbaren Leitfaden, um die Kraft von Konstanz und Entscheidung in ihrem Leben zu nutzen. Während einige argumentieren könnten, dass es an Tiefe fehlt oder vertraute Ideen präsentiert, liegt seine Stärke in seinem klaren, nachvollziehbaren und praktischen Ansatz. Diejenigen, die einen Motivationsschub und einen Fahrplan für positive Veränderungen in ihrem Leben suchen, werden das Buch wahrscheinlich als nützlich empfinden. Leser, die jedoch tiefgreifende neue Einsichten oder tiefe theoretische Diskussionen suchen, könnten das Gefühl haben, dass das Buch nicht tief genug eintaucht.

# Erfolg braucht kein Talent:
# Der Schlüssel zu Höchstleistungen in jedem Bereich

*von Daniel Coyle*

| Überblick |
|---|

"Erfolg braucht kein Talent" befasst sich mit den Neurowissenschaften und der Soziologie des Talents, stellt den konventionellen Glauben an ein angeborenes Genie in Frage und betont die bedeutende Rolle von gezielter Übung, kultureller Unterstützung und Neurologie bei der Entwicklung von außergewöhnlichen Fähigkeiten und Fertigkeiten.

| Zusammenfassung |
|---|

**Schlüsselkonzepte**

**1. Aktives Lernen:**

• Der Kerngedanke hinter dem aktiven Lernen ist ein gezieltes, sich wiederholendes Training, bei dem der Lernende ständig an seine Grenzen stößt und Fehler korrigiert.

• Bei dieser Art des Übens werden die Fertigkeiten in einzelne Teile zerlegt und jeder Teil gemeistert, bevor sie integriert werden.

• Beispiele aus der Musikausbildung, dem Sport und anderen Disziplinen veranschaulichen, dass aktives Lernen bei Leistungsträgern üblich ist.

**2. Initialzündung:**

• Damit tiefgreifende Übungen eingeleitet und aufrechterhalten werden können, muss ein innerer Funke der Motivation oder der Zündung vorhanden sein.

• Dies kann ein inspirierendes Vorbild, ein bestimmtes Ereignis oder eine Reihe von Ereignissen sein, die Leidenschaft und Engagement entfachen.

• Kulturelle Kräfte spielen hier eine wichtige Rolle. So lässt sich beispielsweise der explosionsartige Aufstieg der russischen Tennisstars und die Leistungen von Boris Becker erklären.

**3. Meistertrainer:**

• Coyle weist auf die entscheidende Rolle hin, die Meistercoaches oder Mentoren bei der Entwicklung von Talenten spielen.

• Diese Coaches verfügen über die Fähigkeit, präzises Feedback zu geben, effektive Lernerfahrungen zu gestalten und die Lernenden zu motivieren.

• Sie kombinieren emotionale Unterstützung mit rigorosen Forderungen nach Verbesserung.

**4. Myelin und Fähigkeitsentwicklung:**

• Auf neurologischer Seite erklärt Coyle die Rolle des Myelins beim Erwerb von Fähigkeiten. Myelin ist eine isolierende Schicht, die sich um die Nervenfasern bildet. Je mehr eine Fertigkeit geübt wird, desto stärker wird der neuronale Kreislauf für diese Fertigkeit myelinisiert, wodurch er effizienter wird.

• Durch ständiges Üben werden bestimmte Schaltkreise auf bestimmte Art und Weise befeuert, wodurch die Myelinschicht vergrößert wird und diese Schaltkreise schneller und genauer werden.

• Talent und Fähigkeiten können in dieser Sichtweise als myelinisierte Schaltkreise betrachtet werden, die durch intensive Übung entwickelt werden.

**Beobachtungen aus Talentschmieden:**

Im Laufe des Buches stellt Coyle eine Reihe von Fallstudien vor, indem er "Talentschmieden" besucht, also Orte, die eine unverhältnismäßig hohe Anzahl von Talenten hervorzubringen scheinen:

• Der Spartak Tennis Club in Moskau, der trotz seiner rudimentären Einrichtungen und eines einzigen Hallenplatzes mehr Top-20-Spielerinnen hervorgebracht hat als die gesamten USA.

• Ein Musikcamp in den New Yorker Adirondacks, das Jahr für Jahr erstaunliche musikalische Talente hervorzubringen scheint.

• Die Baseballspieler in der Karibik, insbesondere in der Dominikanischen Republik, wo die Leidenschaft für das Spiel und ein einzigartiger Trainingsansatz eine große Anzahl von Ausnahmespielern hervorgebracht haben.

Coyle's "Erfolg braucht kein Talent" stellt die Vorstellung in Frage, dass Talent nur angeboren ist. Stattdessen geht er davon aus, dass eine Kombination aus gezieltem Üben, Motivation und fachkundiger Anleitung Talent hervorbringen kann. Neurologisch gesehen spielt das wiederholte Feuern bestimmter Schaltkreise, die durch Myelin unterstützt werden, eine entscheidende Rolle bei der Entwicklung von Fähigkeiten und Talenten.

Dies hat weitreichende Folgen für Pädagogen, Trainer, Eltern und alle, die sich mit der Entwicklung von Fähigkeiten befassen, denn es zeigt sich, dass mit den richtigen Bedingungen und Praktiken Talente tatsächlich gefördert werden können.

## Stärken und Schwächen

**Stärken**

1. Forschungsgestützte Einsichten: Eine der Hauptstärken des Buches ist die Verbindung von wissenschaftlicher Forschung mit Beispielen aus der Praxis. Coyle stellt nicht nur Behauptungen auf, sondern liefert neurologische Beweise (insbesondere über Myelin), um sie zu untermauern. Dies verleiht dem Buch eine glaubwürdige Grundlage.

2. Fesselnde Anekdoten: Coyles Besuche in verschiedenen Talentschmieden auf der ganzen Welt versorgen den Leser mit fesselnden Geschichten und Fallstudien. Diese Beispiele aus der Praxis veranschaulichen die zentralen Argumente des Buches über die Förderung von Talenten.

3. Praktische Implikationen: Das Buch ist nicht nur theoretisch. Coyles Diskussionen über aktives Lernen, Initialzündung und Meistertrainer haben erhebliche Auswirkungen auf Pädagogen, Ausbilder, Eltern und Lernende. Es bietet einen Fahrplan für diejenigen, die Talente kultivieren wollen.

4. Stellt herkömmliche Weisheiten in Frage: "Erfolg braucht kein Talent" stellt die weit verbreitete Vorstellung von "angeborenem Talent" in Frage und bietet eine alternative Perspektive, die sowohl ermächtigend als auch transformativ ist. Es demokratisiert die Idee des Talents, indem es suggeriert, dass es für mehr Menschen zugänglich ist, als wir vielleicht denken.

5. Gut strukturiert: Das Buch ist in klare Abschnitte gegliedert, die schrittweise aufeinander aufbauen. Diese Struktur macht es einfach, Coyles Argumenten zu folgen und die Verbindungen zwischen verschiedenen Konzepten zu verstehen.

**Schwächen**

1. Überbetonung des Myelins: Während die Wissenschaft des Myelins zweifellos faszinierend ist und zum Erwerb von Fähigkeiten beiträgt, argumentieren einige Kritiker, dass Coyle seine Rolle möglicherweise überbewertet. Die

Entwicklung von Fähigkeiten ist ein komplexer Prozess mit vielen beitragenden Faktoren, und obwohl Myelin ein Teil des Puzzles ist, könnte es riskant sein, es in den Mittelpunkt zu stellen.

2. Braucht mehr über die "Angeborene vs. Erlernbare Talente"-Debatte: Während Coyle sich auf die Seite der erlernbaren Talententwicklung konzentriert, hätte eine eingehendere Untersuchung dieser Debatte mehr Tiefe verleihen können. Dies hätte ein ausgewogeneres Bild davon vermitteln können, wie sich seine Argumente in den breiteren Diskurs über Talente einfügen.

3. Wiederholbarkeit: Einige Leser haben bestimmte Abschnitte des Buches als repetitiv empfunden, insbesondere die zahlreichen Anekdoten. Diese Geschichten sind zwar fesselnd, hätten aber vielleicht etwas prägnanter sein können.

4. Keine Schritt-für-Schritt-Anleitung: Das Buch bietet zwar Einblicke in die Talentförderung, aber keine detaillierte Schritt-für-Schritt-Methodik. Einige Leser wünschen sich vielleicht einen Leitfaden mit mehr Vorschriften.

### Fazit

"Erfolg braucht kein Talent" von Daniel Coyle ist eine aufschlussreiche Erkundung der Natur des Talents und wie es kultiviert werden kann. Durch eine Kombination aus wissenschaftlicher Forschung und fesselnden Beispielen aus der Praxis präsentiert Coyle ein überzeugendes Argument für die Rolle von intensiver Übung, Motivation und fachkundiger Anleitung beim Erwerb von Fähigkeiten. Das Buch hat zwar seine Schwächen, darunter eine mögliche Überbetonung der Rolle des Myelins, doch seine Stärken, die darin bestehen, dass es konventionelle Weisheiten in Frage stellt und eine moderne Sichtweise des Talents bietet, machen es zu einer Pflichtlektüre für Pädagogen, Trainer und alle, die daran interessiert sind, die wahre Natur des Talents zu verstehen.

# Das Charisma-Geheimnis:
# Wie jeder die Kunst erlernen kann, andere Menschen in seinen Bann zu ziehen

*von Olivia Fox Cabane*

## Überblick

"Das Charisma-Geheimnis" dekonstruiert die Vorstellung, dass Charisma eine angeborene Eigenschaft ist, und stellt es stattdessen als eine Fähigkeit dar, die erlernt, verfeinert und perfektioniert werden kann. Die Autorin Olivia Fox Cabane identifiziert die Kernkomponenten von Charisma und bietet eine Vielzahl von Techniken zur Verbesserung der persönlichen Ausstrahlung.

## Zusammenfassung

**Wichtige Konzepte**

**1. Definition von Charisma:** Charisma wird als das Ergebnis bestimmter Verhaltensweisen beschrieben und nicht als eine angeborene Persönlichkeitseigenschaft. Es geht nicht nur darum, andere anzuziehen, sondern auch darum, ihnen das Gefühl zu geben, verstanden zu werden und sich selbst gut zu fühlen.

**2. Die drei Charisma-Stile:**

• Anwesenheit: Sich ganz auf den Moment einlassen und einer anderen Person seine volle Aufmerksamkeit schenken.

• Macht: Wir werden als fähig wahrgenommen, die Welt um uns herum zu beeinflussen, entweder durch Autorität, Fachwissen oder Konzentration.

• Wärme: Man wird als jemand wahrgenommen, dem das Wohl der anderen am Herzen liegt.

**3. Hindernisse für Charisma:** Unsere inneren Zustände können unser Charisma blockieren. Stress, Ablenkung, geringes Selbstwertgefühl und negative Selbstgespräche können unsere Fähigkeit, mit anderen in Kontakt zu treten, beeinträchtigen. Es ist wichtig, diese ungünstigen Zustände zu erkennen und ihnen entgegenzuwirken, damit unser natürliches Charisma zum Vorschein kommt.

**4. Charisma-Verstärker:**

• Visualisierung: Stellen Sie sich frühere Erfolge oder positive Ergebnisse vor, um Ihr Selbstvertrauen zu stärken.

• Entstigmatisierung von Unbehagen: Verstehen Sie, dass Unbehagen ein natürlicher Teil des Wachstums ist.

• Negative Gedanken neutralisieren: Negative Gedanken bekämpfen und in Frage stellen.

• Reframing: Ändern Sie die Darstellung von Ereignissen zu positiveren oder neutralen Interpretationen.

**5. Techniken zur Entwicklung von Charisma:**

• Anwesenheit: Um Präsenz zu kultivieren, praktizieren Sie Achtsamkeits- und Erdungsübungen.

• Kraft: Verbessern Sie Ihre Kraft, indem Sie Ihre Körperhaltung optimieren, Füllwörter beim Sprechen reduzieren und sich prägnant ausdrücken.

• Wärme: Nutzen Sie Visualisierungstechniken, um Gefühle der Wärme und Wertschätzung für Ihren Gesprächspartner zu wecken. Ein echtes Lächeln ist ein universelles Signal der Wärme.

**6. Überwindung schwieriger Interaktionen:** Charisma kann Ihnen helfen, schwierige soziale Situationen zu meistern. Dazu gehören folgende Techniken:

• Spannungen abbauen: die Emotionen der anderen Person widerspiegeln oder ihre Gefühle anerkennen.

• Kritik neu formulieren: Versuchen Sie, Kritik als Feedback zu sehen, anstatt sich zu wehren.

• Gefühle validieren: Die Gefühle des anderen anerkennen, ohne ihnen unbedingt zuzustimmen.

**7. Charisma in der Führung:** Charismatische Führungskräfte wecken Loyalität, Begeisterung und Hingabe. Charisma in der Führung beinhaltet Vision, Einfühlungsvermögen und Befähigung.

**8. Aufrechterhaltung von Charisma:** Wie jede Fähigkeit erfordert auch Charisma regelmäßiges Üben. Die Beschäftigung mit den Übungen und Techniken und das konsequente Einholen von Feedback können dazu beitragen, das Charisma auf Dauer zu erhalten und zu verbessern.

"Das Charisma-Geheimnis" bietet praktische Einsichten und Übungen zur Entwicklung der persönlichen Ausstrahlung und zur Verbesserung der zwischenmenschlichen Effektivität. Cabane räumt mit der Vorstellung auf, dass Charisma eine angeborene Eigenschaft ist, über die nur wenige Auserwählte verfügen, und macht Charisma für jeden zugänglich, der bereit ist, seine Fähigkeiten zu üben und zu verfeinern.

## Stärken und Schwächen

**Stärken**

1. Forschungsgestützte Einsichten: Olivia Fox Cabane untermauert ihre Behauptungen mit einer Mischung aus wissenschaftlichen Studien und anekdotischen Beweisen und stützt ihre Ratschläge auf empirische Forschung, wodurch der Inhalt überzeugender und glaubwürdiger wird.

2. Praktische Techniken: Im Gegensatz zu einigen Selbsthilfebüchern, die abstrakte Konzepte anbieten, liefert das Buch umsetzbare Techniken und Übungen. Die Leser können diese sofort anwenden, um ihr Charisma zu verbessern.

3. Entmystifiziert Charisma: Cabane räumt effektiv mit dem Mythos auf, dass Charisma eine angeborene Eigenschaft ist. Indem sie es in erlernbare Komponenten zerlegt, macht sie den Lesern diese Fähigkeit leichter zugänglich.

4. Breite Anwendung: Die vorgestellten Prinzipien und Techniken sind nicht nur für Wirtschaftsführer oder Persönlichkeiten des öffentlichen Lebens geeignet. Sie können im täglichen Leben angewandt werden, sei es um persönliche Beziehungen zu verbessern oder einen besseren Eindruck in sozialen Situationen zu hinterlassen.

5. Behandelt Hindernisse: Die Einbeziehung potenzieller Hindernisse für das Charisma, wie z. B. negatives Selbstgespräch oder geringes Selbstwertgefühl, ist wertvoll. Indem Cabane diese Herausforderungen direkt anspricht, gibt er den Lesern das Rüstzeug, sie effektiver zu bewältigen.

**Schwächen**

1. Wiederholungen: Einige Leser könnten bestimmte Abschnitte des Buches als repetitiv empfinden. Wiederholungen können zwar zur Vertiefung beitragen, können aber auch dazu führen, dass manche Leser den Eindruck haben, dass der Inhalt aufgefüllt wird.

2. Überbetonung der Visualisierung: Die Visualisierung ist zwar ein wirksames Mittel, aber nicht für jeden geeignet, vor allem nicht für diejenigen, die Schwierigkeiten mit mentalen Bildern haben. Eine Diversifizierung der Techniken könnte für mehr Inklusion sorgen.

3. Kann formelhaft erscheinen: Charisma hat viele Facetten, und obwohl das Buch eine hervorragende Arbeit leistet, indem es diese aufschlüsselt, könnten einige das Gefühl haben, dass die Ratschläge zu formelhaft sind, was möglicherweise zu unauthentischen Interaktionen führt.

4. Mangelnde Tiefe in einigen Bereichen: Das Buch deckt zwar ein breites Feld ab, aber einige Abschnitte könnten von einer tieferen Untersuchung profitieren. Zum Beispiel werden die Herausforderungen, die sich ergeben, wenn man zu charismatisch ist, oder die Nuancen zwischen verschiedenen kulturellen Interpretationen von Charisma nicht gründlich behandelt.

5. Braucht mehr verschiedene Beispiele: Obwohl das Buch viele Anekdoten und Beispiele enthält, hätten mehr unterschiedliche Geschichten aus verschiedenen kulturellen, beruflichen oder sozioökonomischen Hintergründen den Inhalt für ein breiteres Publikum noch verständlicher machen können.

## Fazit

"Das Charisma-Geheimnis" ist ein wertvoller Leitfaden für jeden, der seine persönliche Anziehungskraft und zwischenmenschliche Effektivität verbessern möchte. Olivia Fox Cabane bietet eine umfassende Darstellung dessen, was Charisma ausmacht und wie es kultiviert werden kann. Die Stärken des Buches liegen in seinen wissenschaftlich fundierten Erkenntnissen und der praktischen Anwendbarkeit seiner Ratschläge. Die Leser sollten sich jedoch darüber im Klaren sein, dass Charisma eine persönliche Reise ist, und obwohl das Buch einen Fahrplan bietet, kann der Weg für jeden anders aussehen.

# Die Seele will frei sein: Eine Reise zu sich selbst

*von Michael A. Singer*

| Überblick |
|---|

"Die Seele will frei sein" ist ein spiritueller Ratgeber von Michael A. Singer, der sich mit der Natur des Bewusstseins und des Selbst beschäftigt. Durch eine Reihe von introspektiven Lektionen führt Singer die Leser in die Idee ein, dass sie nicht ihre Gedanken, Emotionen oder Erfahrungen sind, sondern vielmehr der Beobachter derselben. Wer diese Sichtweise versteht und sich zu eigen macht, kann inneren Frieden, Freiheit und Selbstverwirklichung erlangen.

| Zusammenfassung |
|---|

**Schlüsselkonzepte**

1. Die innere Stimme: Singer beginnt damit, dass er auf den ständigen inneren Dialog hinweist, der in unseren Köpfen stattfindet. Diese Stimme ist oft unser schärfster Kritiker, und sie beeinflusst unsere Wahrnehmung und unsere Reaktionen auf äußere Ereignisse.

2. Der Sitz des Bewusstseins: Singer führt das Konzept des wahren Bewusstseins ein. Dies ist der stille Beobachter, der unsere Gedanken und Emotionen beobachtet, ohne sich in sie zu verstricken.

3. Schmerzhafte Emotionen loslassen: Anstatt schmerzhafte Emotionen zu unterdrücken oder zu vermeiden, schlägt Singer vor, dass wir sie durch unser Bewusstsein gehen lassen sollten. Indem wir diese Emotionen zur Kenntnis nehmen und loslassen, können wir uns von der Energie befreien, die sie verbrauchen.

4. Die Tendenz zum Festhalten: Menschen klammern sich oft an positive Erfahrungen und versuchen, negative Erfahrungen zu vermeiden. Dieses Festhalten schafft Grenzen, die unsere Erfahrungen und unser Verständnis für die Welt einschränken. Wenn wir dieses Bedürfnis nach Kontrolle loslassen, können wir wahre Freiheit erfahren.

5. Der Weg des unbedingten Glücks: Anstatt sich auf äußere Bedingungen für das Glück zu verlassen, schlägt Singer vor, dass wir uns entscheiden sollten, in jedem Moment glücklich zu sein, unabhängig von den Umständen.

6. Energie erleben: Singer befasst sich mit den östlichen Konzepten von Energie (oder "Chi") und Chakren. Er erklärt, wie blockierte Energie zu emotionalen Störungen führen kann und wie Bewusstsein dabei helfen kann, diese Energie zu befreien, was zu spirituellem Wachstum führt.

7. Die Praxis der Hingabe: Hingabe bedeutet nicht, dass man aufgibt, sondern dass man den Widerstand gegen das, was ist, loslässt. Indem wir uns dem gegenwärtigen Moment und dem Fluss des Lebens hingeben, können wir einen Zustand der Glückseligkeit erreichen.

8. Über den Tod kontemplieren: Das Nachdenken über die Vergänglichkeit des Lebens kann Klarheit darüber schaffen, was wirklich wichtig ist. Es unterstreicht, wie wichtig es ist, in der Gegenwart zu leben und sich nicht im Bedauern über die Vergangenheit oder in Zukunftsängsten zu verlieren.

9. Die Reise zur Selbstverwirklichung: Das ultimative Ziel, so Singer, ist die Erkenntnis der wahren Natur des Selbst, das unendlich und grenzenlos ist. Diese Erkenntnis befreit die Seele von der Begrenztheit der physischen und mentalen Konstrukte.

"Die Seele will frei sein" ist ein Wegweiser für alle, die sich auf eine spirituelle Reise begeben wollen. Singers Lehren, die sowohl auf östlichen als auch auf westlichen Philosophien beruhen, bieten dem Leser einen Rahmen, um seine Gedanken und Gefühle besser zu verstehen und ein Leben zu führen, das nicht von ihnen belastet ist. Die übergreifende Botschaft ist die der Hoffnung, der Freiheit und des grenzenlosen Potenzials des menschlichen Geistes. Wenn der Leser die in diesem Buch vorgestellten Konzepte versteht und sich zu eigen macht, kann er seine Reise zu innerem Frieden und Selbstverwirklichung beginnen.

## Stärken und Schwächen

**Stärken**

1. Universelle Anziehungskraft: Eine der größten Stärken des Buches ist seine Fähigkeit, komplexe spirituelle Konzepte für Leser aller Hintergründe zugänglich zu machen. Singers klarer und unterhaltsamer Schreibstil sorgt dafür, dass tiefgründige Ideen einfach und fesselnd präsentiert werden.

2. Praktische Techniken: Singer stellt nicht nur theoretische Konzepte vor, sondern bietet umsetzbare Techniken und Praktiken an, die die Leser in ihr tägliches Leben integrieren können. Dieser praktische Ansatz ist ein Segen für alle, die nach greifbaren Schritten für spirituelles Wachstum suchen.

3. Integration von Philosophien: Singer verbindet auf wunderbare Weise Einsichten aus verschiedenen spirituellen Traditionen und bietet so eine ganzheitliche Sicht auf die Reise der Seele. Dieser eklektische Ansatz gewährleistet ein breiteres Verständnis der spirituellen Prinzipien.

4. Nachvollziehbarkeit: Das Buch spricht allgemeine menschliche Erfahrungen an - vom Geplapper der inneren Stimme bis zum Schmerz emotionaler Traumata. Diese Allgemeingültigkeit macht es den Lesern leicht, sich in den Seiten wiederzufinden und sich mit dem Inhalt auf einer persönlichen Ebene zu identifizieren.

5. Progressiver Aufbau: Die Kapitel sind so aufgebaut, dass sie den Leser auf eine schrittweise Reise mitnehmen - vom Verständnis der grundlegenden Konzepte des Bewusstseins bis hin zu den fortgeschrittenen Stufen der Selbstverwirklichung.

**Schwächen**

1. Wiederholungen: Einige Leser könnten das Gefühl haben, dass bestimmte Konzepte im gesamten Buch mehrfach wiederholt werden. Während Wiederholungen das Verständnis erleichtern können, könnten sie für manche Leser als überflüssig erscheinen.

2. Abstrakte Konzepte: Obwohl Singer sein Bestes tut, um spirituelle Ideen zu vereinfachen, könnten bestimmte Abschnitte für manche Leser zu abstrakt oder esoterisch wirken.

3.Erfordert Aufgeschlossenheit: Diejenigen, die dem Buch mit Skepsis begegnen oder in bestimmten religiösen Überzeugungen verwurzelt sind, könnten es schwierig finden, alle vorgestellten Ideen zu akzeptieren.

4. Fehlende wissenschaftliche Untermauerung: Obwohl das Buch in der spirituellen Philosophie verwurzelt ist, könnten sich einige Leser mehr empirische Beweise oder wissenschaftliche Erklärungen wünschen, um bestimmte Behauptungen zu untermauern, insbesondere solche, die sich auf Energie und Bewusstsein beziehen.

5. Tempo: Das Tempo könnte für diejenigen, die nach schnellen Lösungen oder Hacks suchen, langsam erscheinen. Das Buch verlangt dem Leser Geduld und Selbstbeobachtung ab.

| **Fazit** |
|---|

"Die Seele will frei sein" von Michael A. Singer erweist sich als ein zum Nachdenken anregender Leitfaden für jeden, der sich auf einer spirituellen Suche befindet. Es erhebt nicht den Anspruch, alle Antworten zu haben, sondern bietet stattdessen Perspektiven und Werkzeuge für den Einzelnen, um seine eigene Wahrheit zu finden. Es hat zwar seine Schwächen, aber seine Stärken liegen in seiner Fähigkeit, bei den Lesern Anklang zu finden und einen Weg zur inneren Erforschung zu bieten. Es ist eine empfehlenswerte Lektüre für alle, die ihr Verständnis von sich selbst und der Welt um sie herum vertiefen wollen.

# Dienstags bei Morrie: Die Lehre eines Lebens

*von Mitch Albom*

| Überblick |
|---|

"Dienstags bei Morrie" ist ein Memoirenbuch von Mitch Albom, in dem er seine Zeit mit seinem ehemaligen Soziologieprofessor Morrie Schwartz in den Monaten vor dessen Tod an Amyotropher Lateralsklerose (ALS), auch bekannt als Lou-Gehrig-Krankheit, beschreibt. In dem Buch geht es um tiefgreifende Lebenslektionen und Weisheiten, die Morrie während ihrer dienstäglichen Treffen mitteilte.

Hintergrund: Mitch Albom, ein erfolgreicher Sportjournalist, ist in der schnelllebigen Welt seines Berufs gefangen und vernachlässigt dabei oft persönliche Beziehungen und die tieferen Bedeutungen des Lebens. Zufällig sieht er seinen alten Professor Morrie in einer Nachrichtensendung im Fernsehen, wo er über seine unheilbare Diagnose und seine Ansichten über Leben und Sterben spricht. Dies weckt in Mitch Erinnerungen an das Versprechen, das er nach seinem Abschluss gegeben hatte, mit ihm in Kontakt zu bleiben - ein Versprechen, das er nie eingehalten hat. Aus Schuldgefühlen und dem Wunsch heraus, den Kontakt wieder aufzunehmen, besucht Mitch Morrie.

| Zusammenfassung |
|---|

**Die Dienstagstreffen**

Mitch beginnt, Morrie jeden Dienstag zu besuchen. Diese Besuche entwickeln sich zu einer Reihe von Lektionen über das Leben, die Liebe, die Arbeit, das Altern, die Familie, den Tod und die Vergebung. Jeder Besuch konzentriert sich auf ein anderes Thema, und Morrie vermittelt in den Gesprächen wertvolle Einsichten.

**Zu den wichtigsten Lektionen und Erkenntnissen gehören:**

**1. Der Sinn des Lebens:** Morrie glaubt daran, authentisch zu leben und sich selbst zu verstehen. Er betont die Bedeutung von Liebe und menschlichen Beziehungen gegenüber dem Materialismus.

**2. Das Altern:** Anstatt das Alter zu fürchten, akzeptiert Morrie es. Er betrachtet das Altern als einen Prozess des Wachstums und glaubt, dass jedes Alter seine eigene Weisheit und sein eigenes Bewusstsein hat.

**3. Der Tod:** Morrie spricht über die Unvermeidbarkeit des Todes. Wenn man den Tod akzeptiert, kann man lernen, vollständiger zu leben. Morrie vertritt die Ansicht, dass man zu leben lernt, wenn man gelernt hat, zu sterben.

**4. Die Liebe:** Die Liebe ist ein zentraler Punkt in Morries Philosophie. Er glaubt daran, Liebe offen auszudrücken und behauptet, dass Liebe der einzige rationale Akt des Lebens ist.

**5. Die Arbeit:** Morrie warnt davor, sich aus den falschen Gründen zu sehr in die Arbeit zu vertiefen, z. B. auf der Suche nach Bestätigung oder materiellem Wohlstand. Er ermutigt Mitch, eine Arbeit zu finden, die seinem Leben einen Sinn gibt, und Beziehungen den Vorrang zu geben.

**6. Die Familie:** Morrie spricht über die Bedeutung der Familie, die er als Grundlage für Liebe und Lernen ansieht.

**7. Kultur und Gesellschaft:** Morrie steht vielen gesellschaftlichen Normen und Werten kritisch gegenüber, vor allem jenen, die Materialismus und Oberflächlichkeit gegenüber echter menschlicher Verbundenheit bevorzugen.

**8. Vergebung:** Er betont, wie wichtig es ist, sich selbst und anderen zu verzeihen. An Bedauern und Groll festzuhalten, so Morrie, behindert nur das persönliche Wachstum.

Im Laufe der Wochen verschlechtert sich Morries Gesundheitszustand, aber sein Geist bleibt unverwüstlich. Ihre letzte Lektion dreht sich um das Konzept des Todes, wobei Morrie betont, wie wichtig es ist, ein sinnvolles Vermächtnis zu hinterlassen.

Als Morrie schließlich verstirbt, ist Mitch von ihren Begegnungen wie verwandelt. Er beginnt, sein Leben neu zu bewerten und verlagert seinen Schwerpunkt von Ehrgeiz und materiellem Erfolg auf Beziehungen und Liebe. Die Memoiren enden damit, dass Mitch Morries Vermächtnis ehrt, indem er seine Lehren durch das Buch mit der Welt teilt.

Im Verlauf der Memoiren verwebt Albom seine Reflexionen und zeigt, wie Morries Weisheit ihn zutiefst beeinflusst und ihn dazu inspiriert, ein zielgerichtetes und verbundenes Leben zu führen.

"Dienstags bei Morrie" ist ein intimer Bericht über Mitch Alboms Besuche bei seinem sterbenden ehemaligen College-Professor Morrie Schwartz. In einer Reihe von aufrichtigen Gesprächen diskutieren die beiden tiefgründige Themen wie Leben, Tod, Liebe, Arbeit und vieles mehr. Das Buch ist nicht nur eine Hommage an einen Mann im Angesicht des Todes, sondern auch ein Weckruf für die Leser, das Leben wirklich zu leben und nicht nur die Dinge zu tun, die sie tun.

## Stärken und Schwächen

**Stärken**

1. Emotionale Tiefe: Die Erzählung taucht tief in die menschlichen Emotionen ein und spricht Themen an, die die meisten fürchten oder lieber ignorieren. Diese Tiefe bietet den Lesern die Möglichkeit, sich zu vertiefen und fordert sie auf, ihre Prioritäten neu zu bewerten.

2. Universelle Themen: Die Themen des Lebens, des Todes, der Liebe, des Alterns und der Suche nach einem Sinn sind universell und machen das Buch für Leser mit unterschiedlichem Hintergrund und Lebenserfahrung zugänglich.

3. Voller Weisheit: Morries Einsichten, die er in einfachen Gesprächen vermittelt, sind fundiert und bieten unschätzbare Lektionen zu verschiedenen Aspekten des Lebens.

4. Fesselnde Erzählung: Alboms Schreibstil ist flüssig, fesselnd und leicht zu verfolgen. Er verwebt geschickt seine gegenwärtigen Interaktionen mit Morrie mit Erinnerungen aus der Vergangenheit und bietet dem Leser so eine ganzheitliche Sicht auf ihre Beziehung.

5. Charakterentwicklung: Die Wandlung von Mitch von einem arbeitszentrierten Individuum zu jemandem, der menschliche Beziehungen und tiefere Bedeutungen im Leben schätzt, wird wirkungsvoll dargestellt.

**Schwächen**

1. Simplizität: Während der geradlinige Erzählstil viele Leser anspricht, könnten manche Leser ihn zu einfach finden oder den Mangel an literarischen Feinheiten bemängeln.

2. Sich wiederholende Themen: Einige Themen und Ideen werden in den Gesprächen mehrfach wiederholt. Für manche Leser könnte dies redundant erscheinen.

3. Sentimentalität: Das emotionale Gewicht der Erzählung könnte auf einige als übermäßig sentimental oder sogar melodramatisch wirken, vor allem auf diejenigen, die eher distanzierte oder objektive Prosa bevorzugen.

4. Vorhersehbarkeit: Angesichts der Prämisse könnte sich der Verlauf des Buches für einige Leser vorhersehbar anfühlen. Die Unausweichlichkeit von Morries Schicksal und die Lebenslektionen können antizipiert werden.

5. Kulturelle Besonderheit: Während die Lehren größtenteils universell sind, sind einige kulturelle Anspielungen oder Gesellschaftskritiken spezifisch für die amerikanische Gesellschaft und könnten bei einem internationalen Publikum nicht so stark ankommen.

### Fazit

"Dienstags bei Morrie" ist ein berührendes Erinnerungsbuch, das jeden anspricht, der über die tieferen Bedeutungen des Lebens nachgedacht hat. Es hat zwar seine Schwächen, aber seine Stärken überwiegen bei weitem und machen es zu einer empfehlenswerten Lektüre für alle, die eine herzerwärmende Geschichte über Mentorenschaft, Reflexion und die Suche nach dem wahren Sinn des Lebens suchen.

# Nachwort

Mit dem Umblättern der letzten Seite dieses Buches hoffe ich von ganzem Herzen, dass Sie dies nicht als das Ende, sondern vielmehr als den Beginn einer transformativen Reise betrachten. Im Verlauf dieses Buches wurden Weisheiten von einhundert grundlegenden Selbsthilfebüchern befasst - jedes für sich ein Leuchtturm, der den Leser zu einem Leben mit mehr Erfüllung, Sinn und Wohlstand führt.

Doch wie bei allem Wissen liegt die wahre Kraft nicht im Erwerb, sondern in der Anwendung. Die darin enthaltenen Zusammenfassungen sind nur Trittsteine, eine Landkarte, die Sie leiten soll. Das wahre Abenteuer besteht darin, die Originalwerke in ihrer ganzen Tiefe zu erforschen und - was noch wichtiger ist - ihre Lehren in Ihr tägliches Leben zu integrieren.

Was bedeutet Erfolg für Sie jetzt, nach dieser Reise? Vielleicht hat er eine breitere Dimension angenommen oder ist nuancierter geworden. Wahrer Erfolg hat, wie wir herausgefunden haben, viele Facetten und umfasst nicht nur finanziellen Reichtum, sondern auch glückliche Beziehungen, persönliches Wachstum, geistigen Frieden und ein Übermaß an Glück.

Denken Sie daran, dass die Reise zum Wohlstand für jeden von uns einzigartig ist. Es ist eine persönliche Odyssee, die von unseren eigenen Zielen, Träumen und Werten bestimmt wird. Ich hoffe, dass das Wissen in diesem Buch wie ein Katalysator wirkt, der Ihre Neugierde weckt und Sie dazu anregt, sich mit den Themen zu beschäftigen, die Ihnen am meisten zusagen.

Lassen Sie auf Ihrem Weg die Lehren aus diesen 100 Werken Ihre Wegbegleiter sein. Erlauben Sie ihnen, Sie herauszufordern, Sie zu ermutigen und Sie zu leiten. Sie sollen Sie an das grenzenlose Potenzial erinnern, das in Ihnen schlummert, und an die unzähligen Wege, die zu Ihrer persönlichen Definition von Erfolg und Wohlstand führen können.

Abschließend möchte ich Sie dringend bitten, sich an eine grundlegende Wahrheit zu erinnern: Die Reise selbst ist genauso wichtig, wenn nicht sogar wichtiger als das Ziel. Schätzen Sie jeden Schritt, jede Lektion und jeden Moment der Selbstentdeckung.

Möge Ihre Reise erfüllend sein, mögen Ihre Herausforderungen überwindbar sein, und mögen die Wege zum Erfolg immer zu Ihren Gunsten verlaufen.

Wenn dieses Buch Ihnen geholfen oder Sie inspiriert hat, würde ich mich sehr über eine positive Bewertung/Rezension auf Amazon freuen. Ihre Gedanken und Meinungen sind sehr wertvoll für mich, und Ihre Unterstützung kann anderen Lesern helfen, dieses Buch zu entdecken.

Mit Dankbarkeit und besten Wünschen

Simon Mayer

# Weitere Werke des Autors

Inhaltsangaben und Rezensionen von 100 zeitlosen Klassikern der Weltliteratur:

Meisterwerke, die man kennen muss

- Umfassender Überblick: Erfahren Sie auf effiziente Weise alles Wichtige über die zeitlosen Klassiker.
- Zeitreise durch die Literatur: Erleben Sie literarische Höhepunkte von der Antike bis zum Ende des 20. Jahrhunderts in chronologischer Reihenfolge.
- Dreifacher Einblick: Zu jedem Klassiker gibt es eine kurze Vorstellung, eine Inhaltsangabe und eine Rezension.
- Für jeden Lesertyp: Egal, ob Sie sich einen kurzen Überblick verschaffen oder Ihr nächstes Lieblingsbuch finden möchten - hier werden Sie fündig.
- Für Einsteiger und Kenner: Ideal für diejenigen, die mit den Meisterwerken erstmals in Kontakt kommen, oder für diejenigen, die ihre Kenntnisse erweitern bzw. auffrischen möchten.
- Vielfalt der Literatur: Von Shakespeares Tragödien über Dostojewskis psychologische Meisterwerke bis zu Marquez' magischem Realismus – eine Schatzkiste für Literaturliebhaber.

Erhältlich als E-Book, Taschenbuch und Hardcover auf: Amazon.de

Vincent van Gogh:

100 seiner berühmtesten und schönsten Bilder

samt Briefen, Zitaten und Skizzen

Dieses Buch enthält:

- 100 der schönsten und berühmtesten Bilder von Vincent van Gogh
- zahlreiche Briefe, Zitate und Skizzen
- eine prägnante und kurzweilige Biografie von Vincent van Gogh

Erhältlich als E-Book, Taschenbuch und Hardcover auf: Amazon.de

Grimms Märchen für Kinder:

Die 115 schönsten Märchenklassiker der Gebrüder Grimm, kindergerecht umgeschrieben

- 115 der schönsten und spannendsten Märchen der Büder Grimm wurden kindergerecht umgeschrieben
- Alles was für die Kinder schädlich ist wurde entfernt bzw. umgeändert, der Rest jedoch beibehalten, sodass die Märchen ansonsten den Originalfassungen treu bleiben
- Für Kinder von 4 - 14 Jahren und Märchenfans jeden Alters
- Jedes Märchen hat ein gutes Ende, daher eignen sich die Märchen auch bestens als Gute-Nacht-Geschichten
- Ausgeschmückt mit klassischen und zeitlosen Federzeichnungen (national wertvolles Kulturgut) von dem berühmten Illustrator Otto Ubbelohde
- Der große Umfang des Buchs garantiert zahlreiche vergnügte Lesestunden

Erhältlich als E-Book, Taschenbuch und Hardcover auf: Amazon.de

# Impressum

Anschrift:

Simon Mayer

c/o Block Services

Stuttgarter Str. 106

70736 Fellbach

E-Mail: as_kulturverlag@yahoo.com

Printed in France by Amazon
Brétigny-sur-Orge, FR